百年南开
日本研究文库

日本近世与近代文化史论

赵德宇 著

江苏人民出版社

图书在版编目（CIP）数据

日本近世与近代文化史论/赵德宇著. —南京：江苏人民出版社，2019.7（2020.4重印）
（百年南开日本研究文库）
ISBN 978-7-214-23339-4

Ⅰ.①日… Ⅱ.①赵… Ⅲ.①文化史—研究—日本 Ⅳ.①K313.03

中国版本图书馆 CIP 数据核字（2019）第 061393 号

书　　　名	日本近世与近代文化史论
著　　　者	赵德宇
责 任 编 辑	洪　扬
装 帧 设 计	刘葶葶
责 任 监 制	陈晓明
出 版 发 行	江苏人民出版社
出版社地址	南京市湖南路1号A楼，邮编：210009
出版社网址	http://www.jspph.com
照　　　排	江苏凤凰制版有限公司
印　　　刷	江苏凤凰数码印务有限公司
开　　　本	652毫米×960毫米　1/16
印　　　张	30　插页4
字　　　数	396千字
版　　　次	2019年8月第1版　2020年4月第2次印刷
标 准 书 号	ISBN 978-7-214-23339-4
定　　　价	108.00元

（江苏人民出版社图书凡印装错误可向承印厂调换）

"百年南开日本研究文库"编辑委员会

主　编：刘岳兵
副主编：杨栋梁　李　卓　宋志勇
委　员：俞辛焞　米庆余　王振锁
　　　　杨栋梁　李　卓　赵德宇
　　　　莽景石　宋志勇　刘岳兵

"百年南开日本研究文库"出版说明

2019年南开大学建校百年校庆,作为中国教育史上的大事,当然是值得纪念的。

如何使纪念百年南开的活动具有历史意义?我们很早就开始谋划和筹备。早在2015年春节期间,南开大学日本研究院原院长、教育部人文社会科学重点研究基地南开大学世界近现代史研究中心主任杨栋梁教授,向江苏人民出版社王保顶副总编提起,想以集体展示日本研究院研究成果的形式来纪念南开百年校庆。这一提议得到了保顶同志的大力支持,也得到了研究院各位同事的积极响应。后来经过商讨,编委会一致同意以"百年南开日本研究文库"作为南开日本研究者纪念百年校庆丛书的名称,本文库由江苏人民出版社和南开大学出版社分别出版。与百年校庆相适应,"百年南开日本研究文库"也应该是百年来南开日本研究业绩的展现。为此,编委会确定本文库由以下几个方面的成果构成。

第一,从南开大学创立到抗日战争胜利时期南开的日本研究成果。刘岳兵教授搜集相关文稿四十余万字,编成了《南开日本研究(1919—1945)》。这是一本专题性的南开大学校史资料集,对于研究和总结包括南开大学在内的这一时段中国日本研究的状况和特点,具有重要的史料价值。

第二，新中国建立以来，南开大学成立的实体日本研究机构研究者的成果。实体研究机构包括1964年成立的日本史研究室、2000年实体化的日本研究中心和2003年成立的日本研究院。

第三，1988年组建的南开大学日本研究中心，是以日本史研究室成员为核心，联合校内其他系所相关日本研究者成立的综合研究日本历史、经济、社会、文化、哲学、语言、文学的学术机构。在百年南开日本研究的历史发展中，日本研究中心具有重要的意义。本文库也包括该中心成员的成果。

今后，如果条件成熟，还可以将日本研究院的客座教授和毕业生的优秀成果也纳入这个文库中，希望将本文库建设成为一个开放的、能够充分且全面反映南开日本研究水平的成果展示平台。

在中国百年来的日本研究中，南开占有重要的一席之地。历史的发展和南开的先贤告示我们：日本研究对于中国的发展至关重要。中日关系值得我们认真思考，其经验教训值得认真总结。百年来，南开大学的日本研究者孜孜以求，探寻日本及中日关系的真相，取得了一定的成绩。吴廷璆先生主编的《日本史》（南开大学出版社1994年），是南开大学与辽宁大学两校日本研究者倾注近20年心血合力打造出来的。杨栋梁教授主编的十卷本"日本现代化历程研究丛书"（世界知识出版社2010年）及六卷本《近代以来日本的中国观》（江苏人民出版社2012年），也几乎是倾日本研究院全院之力而得到了学界认可的标志性研究成果。另外，在日本国际交流基金的资助下，南开大学日本研究中心从1995年开始由天津人民出版社出版的"南开日本研究丛书"，展现了中心成员在日本研究各具体专题上的业绩，产生了积极的社会影响。这些成果都是南开日本研究者集体智慧的结晶。

"百年南开日本研究文库"是南开大学日本研究院和南开大学世界近现代史研究中心相关学术成果的集体展示。我们相信，本文库将成为南开大学日本研究和南开大学世界史学科"双一流"建设的又一项标志性成果,她将承载南开精神、贯穿南开日本研究学脉,承前启后,为客观地了解日本、促进中日关系健康发展做出新的贡献;我们也想以此为实现"发展同各国的外交关系和经济、文化交流,推动构建人类命运共同体"的理想,培养全民族的国际视野和情怀,提高广大人民群众的世界历史知识和认识水平,尽我们的一份绵薄之力。

"百年南开日本研究文库"编辑委员会
2019 年 3 月 19 日

目 录

前　言 *1*
绪　论 *1*
 一、文化、文明、文化史 *1*
 二、时代界定与研究路径 *5*

第一章　近世文化的成熟与民族主义渊薮 *9*
 一、近世文化观的变迁 *10*
 二、日本庶民文化的成熟 *13*
  1. 町人文学与舞台艺术 *13*
  2. 尘世绘卷与清寂茶道 *23*
 三、儒家思想的多元并存 *32*
  1. 朱子学的上位 *33*
  2. 儒学各派的争鸣 *38*
  3. 水户学派与江户史学 *42*
 四、神道的扭曲与极端民族主义 *48*
  1. 扭曲神道释义 *48*
  2. 复古神道的起始：文化民族主义的生成 *51*
  3. 复古神道的归结：极端文化民族主义 *57*
  4. 穿越百年的对外征服案 *62*

第二章　天主教日本荣衰史　70
一、东来耶稣会士评判　70
　　1. 传统定说的盲点　71
　　2. 文化传播的使者　74
　　3. 适应策略的端绪　78
二、天主教风行日本的历史时机　80
　　1. 西洋与日本的邂逅　80
　　2. 黑暗时代的救世主　82
　　3. 同床异梦的合作者　86
三、禁教原因探析　90
　　1. 集权统治的障碍　90
　　2. 信仰伦理的异端　94
四、西方科学初传日本及其历史影响　99
　　1. 教会学校的功用　99
　　2. 自然科学技术　101
　　3. 南蛮科学的历史影响　104

第三章　兰学的兴盛　108
一、试析兰学形成的社会基础　108
　　1. 西方科学的积累　109
　　2. 日本传统科学的功用　111
二、兰学的传播　115
　　1. 兰学网络　115
　　2. 鸣泷之光　122
三、兰学的触角　125
　　1. 科学领域　125
　　2. 社会思想　128
　　3. 幕府与兰学　132
四、"江户三学"中所见中国认识辨析　136
　　1. 厚古薄今的儒学　137
　　2. 非理性的国学　142
　　3. 经世致用的兰学　148

4. 余论　153

第四章　"锁国"、开国与洋学　157
一、"江户锁国论"质疑　158
　　1. "锁国论"流变　159
　　2. "锁国"的实态　162
　　3. "锁国"的反证　164
　　4. 简短的结论　166
二、渡边华山兰学探析　167
　　1. 华山兰学的成因　168
　　2. 文明观与变革论　170
　　3. 历史影响与启示　174
三、开国与幕末洋学风潮　178
　　1. 洋学突起　178
　　2. 涉政洋学　182
　　3. 走出日本　185
　　4. 尊王攘夷　188

近世文化小议　193

第五章　明治时代的文明开化与变形　198
一、启蒙思想与教育　199
　　1. 思想的启蒙与边际　200
　　2. 教育的开化与瓶颈　207
二、近代媒体与社会生活　213
　　1. 报刊杂志的盛行　213
　　2. 衣食住的西洋化　218
三、西化与国粹　223
　　1. 鹿鸣馆的喧闹　223
　　2. 简论国粹主义　225
　　3. 文明开化悖论　232

第六章　明治三教的不同命运　237
一、国家神道横行　237
　　1. 暴力民族主义实施的国家化　237

2. 国家神道与"伪武士道"　245
　　3. 战后国家神道意识的复活及相关思考　248
二、佛教历尽磨难　254
　　1. 废佛毁释析　255
　　2. 启蒙与国粹　259
　　3. 新佛教运动　261
三、基督教的悖论　265
　　1. 初传日本的磨合　265
　　2. 基督教的日本化　270
　　3. 教育与社会主义　273

第七章　明治思想与学术　278
一、政治学与社会学　279
　　1. 明治初年的启蒙期　279
　　2. 斯宾塞学说的魔法　281
　　3. 围绕国家的诸学说　284
二、明治史学的近代更新　287
　　1. 文明史学的启蒙　287
　　2. 日本史与东洋史　290
　　3. 实证史学与学案　293
三、东西融合的哲学　295
　　1. 对西洋哲学的选择　295
　　2. 日本化的西田哲学　298
　　3. 明治学术发展线索　302

明治文化小议　305

一、文化选择的症结　305
二、文化跛行的代价　307

第八章　大正时代的文化精神　311
一、大正时代政治思想述论　311
　　1. "新时代"的社会文化氛围　311
　　2. 民主政治文化理念　314

3. 社会主义与无政府主义　319
　　　4. 法西斯主义的登场　321

　二、哲学前沿与人文思潮　324
　　　1. 新康德主义哲学　324
　　　2. 理想主义新思潮　327
　　　3. 人文思潮的扩散　329

　三、教育传媒与文化生活　332
　　　1. 自由教育的兴起　332
　　　2. 传播媒体的发达　335
　　　3. 生活文化的更新　339

　四、大正文化小议　342

第九章　中日两国西学的异同　345

　一、西方文化东来与中日两国的对应　345
　　　1. 前期中日西学的成败　345
　　　2. 后期中日西学的反转　352
　　　3. 历史错位　356

　二、耶稣会士传入天文学辨　360
　　　1. 近代科学革命是一个过程　361
　　　2. 科学革命前沿成果的传入　362
　　　3. 第谷体系的历史定位　365
　　　4. 结论　367

　三、林则徐与渡边华山的西洋研究　368
　　　1. 时代与历史角色　368
　　　2. 林则徐主持的移译之功　370
　　　3. 渡边华山的西洋研究　373
　　　4. 西洋研究的积累与动机之差异　377
　　　5. 历史影响的不同　380

　四、两国西洋认知的逆转与结局　383
　　　1. 禁教与求师　383
　　　2. 再兴与萎缩　386
　　　3. 紧迫的时代　387

4. 中日近代史的宿命　390

五、中日早期西学差异成因论析　397

1. 西学与兰学的差异　397
2. 科举制与长子继承制　399
3. 士大夫西学与民间兰学　402
4. 自主翻译与笔受移译　404

附　中日早期西学史对照年表　410

第十章　日本文化散议　426

一、战后日本文化论流变　426

1. 日本文化否定论和文化相对主义　426
2. 日本文化肯定论　431
3. 日本文化特殊论之否定　436

二、中国的日本文化研究　438

1. 新世纪之前研究格局的形成　438
2. 新世纪出版的系列丛书　442
3. 文化史研究　444
4. 哲学思想研究　448
5. 日本文化论研究　452
6. 宗教研究　454
7. 负面效应与战略文化研究　455
8. 结语　457

三、日本的文化摄取之道（代结语）　458

1. 拿来主义的实用性　459
2. 传统文化的稳固性　460
3. 多元文化的并存性　461
4. 日本文化的自卑与自傲　462

前　言

近代日本的突然崛起和巨变,从正反两个方向给予周边世界巨大的冲击,既为周边后进国家树立了一个现代化的样板,又给这些国家以及亚洲造成了史无前例的巨大灾难,甚至对作为日本人近代先生的欧美人也毫不留情地痛下杀手。历史是公正的,日本为其罪孽付出了惨痛的代价,更有学者提到:"日本曾一度接近灭亡……第二次世界大战日本的敌国之中有许多国家认为,为了全人类的安全必须消灭大和民族;甚至诸如美国罗斯福总统等人道主义者,似乎也认为这样的灭种可能对全人类是有益的。"[①]然而这个国家非但没有灭亡,反而成长为经济巨人,获得世界范围内的激赏。20世纪90年代以来的泡沫破裂,人们又开始批评日本方式。然而进入21世纪人们再次将目光聚焦于日本,因为在新世纪的2001—2016年,日本有16位若贝尔奖自然科学类获奖者,而且日本的诺奖"丰收期"似乎还在延续。如此骄人的成绩引得国人千百次地问:为什么日本人屡获诺贝尔奖？或许是凭借着世界科技大国的底气,新世纪以来的日本政治生态也随之发生根本性变化,并强力搅动着东亚和世界秩序。对此,我们不得不对近邻日本提出以下疑问,即近代以来日本

[①] 肯尼斯·韩歇尔著、李忠晋等译:《日本小史》,世界图书出版公司2007年,第2页。

"表现"的深层动因是什么,或者说支配这种"表现"的源头和文化密码何在?

作为一名中国的日本研究工作者,时常被问起对日本的印象。记得初入日本研究之门时,常常是侃侃而谈,然而随着对日本认知的积累,反而更难以为这个国家做出一个扼要的综合评定。终于有一天发现,这大概是缺乏对日本文化问题的悉心考量。要更清晰地认知日本,就必须穿越诸多历史表象而深入到扑朔迷离的日本文化内部做一番探测。有鉴于此,笔者开始潜心思考日本近世与近代文化传承对当今日本社会所产生的深层作用。

本书所收论著是笔者这些年来有关日本近世与近代文化思考的集结,其间既有相对微观的专题研究,也有抽象的理论思考,论题深度也有参差,但通过本书的重新思考和梳理,大体反映了本人对日本近世与近代日本文化的整体认知路径和基本判断。该书内容宽泛,论题庞杂,为尽量展现日本近世与近代文化的整体逻辑线索,在分章归类的同时,也对原文做了诸多整合、修改和增删。书中有分章不尽合理,或议论偏颇甚而谬误之处,诚请宽容的读者赐正。

绪　论

一、文化、文明、文化史

进入正题之前,有必要预先确认本书中文化、文明、文化史的含义。

在学术界围绕文化概念界定的争论甚是激烈、复杂,记得有学者说过,文化概念不说还明白,一说准糊涂。在以文化和文化史为题的著述中,对文化的定义和书中所述内容也是各弹各调。笔者并不想为这些已经积存了数不清的定义再添繁乱,只是在对文化概念稍加厘定的同时,按照逻辑逐步框定本书所要述说的内容。

要讲清什么是文化,就必须分清文化与文明的区别。这是因为学者们往往将文化与文明相互混用,使得本来就歧义纷繁的这两个概念相互缠绕在一起。在被公认为文化学诞生标志的爱德华·泰勒(1832—1917)的《原始文化》(1871年出版)一书中,就已然留下这桩公案。该书开卷即云:"文化,或文明,就其广泛的民族学意义来说,是包括全部的知识、信仰、艺术、道德、法律、风俗以及作为社会成员的人所掌握和接受的任何其他的才能和习惯的复合体。"[①]这里对文化与文明是作为同义词使

[①] 爱德华·泰勒著、连树声译:《原始文化》,广西师范大学出版社2005年,第1页。

用的，这一模糊的提法，被自觉和不自觉地保留到当代。比如《世界文明大系》丛书总序写道："在本书中我们基本上采取目前国际上比较通行的看法，即把'文明'理解为广泛意义上的'文化'，更具体地说，是指占有一定空间的（即地域性的）社会历史组合体，包括精神文明和物质文明两方面，即人们有目的的活动方式及其成果的总和。"①这段话有两层含义：其一，文明等于广泛意义上的文化；其二，文明是某一区域社会的人们创造过程和创造结果的一切。那么，这两层含义是否指广义文化的概念，如果是，我们只能理解为：文明等于广义文化。

那么，这两个概念的内涵和外延真的完全一致、没有区别吗？如果说是，那么为什么要用两个符号去标示同一事物呢？如果认为否，那么何为文化，何为文明？

有学者指出："文化是人类社会对于愚昧的否定过程，文明是人类社会对于野蛮的否定过程。"②笔者以为，这是区别文化与文明的一条关键性线索。

在古希腊人的理解中，"文化概念更多的涵义还是偏重于对科学、知识、哲学、教育等一些具有思辨意义的理解"。罗马著名演说家西塞罗承袭希腊人的说法，在文化问题上提出了"智慧文化""智慧耕耘""灵性培育"等概念③。可见，文化一词被逐渐引申到精神领域，带有教化、陶冶心灵、智慧、情操、社会风尚等含义。其实这个意义上的文化表述在中国起源更早，《周易》中就有"观乎人文，以化成天下"的说法，也就是中国历史上经常看到的"以文教化""文治教化"。近代日本学者就是借助古汉语中的这个说法，将英文中的 culture 译作"文化"，也就是对"文治教化"的简化表述，我们今天使用的文化一词就是由留日学生从日本引入中国的。从文化的精神层面来说，这个译语是比较合理的。可见，无论是在西方还是在中国，文化都是与缺乏教化的愚昧（无知、迷信等）相对应的概念。

---

① 叶渭渠主编：《日本文明》，中国社会科学出版社 2000 年，总序。
② 刘家和：《略说文化》，载《中国文化研究集刊》第二集，复旦大学出版社 1985 年。
③ 参阅邵汉明主编：《中国文化研究二十年》，人民出版社 2003 年，第 414 页。

文明最通俗的用法,是与未开化的人类蛮荒时代相对,指阶级社会以来至今为止的人类社会发展史,其中包括时间上的不同阶段,诸如原始文明、奴隶制文明、封建文明、资本主义文明、社会主义文明等等;从空间地域角度讲,可有古埃及文明、印度文明、中华文明、巴比伦文明、希腊—罗马文明等等。18、19世纪以后"文明"的概念被广泛使用,尤其是在人类学家们那里,把同时代处于未开化状态的原始人群视为"野蛮",也就是说,文明一词是与野蛮相对应的概念。

从上述可知,文化的反义词是愚昧,文明的反义词是野蛮,从逻辑上讲,由于愚昧与野蛮并非同义词,因而文化与文明也不应该是同义语。

文化与文明还有更本质的区别。首先,"文明与文化可以按物质和精神两个方面来加以区分,前者是物质进步的产物,后者则与精神领域的遗产相联系。这一说法可以追溯到近代德国学者,尤其是康德那里,他们把人类在物质和技术上的进步称为文明,而把人类在道德精神方面的进步称为文化"。① 钱穆说得更加精练:"文明偏在外,属物质方面。文化偏在内,属精神方面。"② 其次,"文明是文化发展到一定程度的产物,或者说文明是文化的一个较高的发展阶段"。③ 汤因比就说过:"在中美洲与安第斯世界,文化的生长已达到文明的水准。"④

上述有关文化与文明的议论,更清楚地明确了文化与文明的两个区别。其一,文化是精神的,文明是物质的。其二,文化在先,文明在后。显然,文明不能包含文化,反之,文化也不能包含文明。文明与文化都有自己的属性,是不能相互替换的概念。

按照上述逻辑,笔者把两者的区别简单化,以便更准确、更清楚地使用这两个概念,也就是说让这两个概念更具有可操作性。简而言之,人

---

① 张广智、张广勇:《史学,文化中的文化——文化视野中的西方史学》,浙江人民出版社1990年,第9页。
② 钱穆:《中国文化史导论》,商务印书馆2002年,弁言。
③ 张广智、张广勇:《史学,文化中的文化——文化视野中的西方史学》,第9页。
④ 汤因比著、徐波等译:《人类与大地母亲》,上海人民出版社2002年,第268页。

类的创造过程(包括人类的思维和活动过程)属于文化,而创造的结果,或者说通过人类的创造而被物化、固化的物质成果称为文明(包括一些成文的制度)。换言之,文化是文明的源泉,文明是文化的结果。

比如故宫紫禁城,作为被物化、固化的宫殿建筑群属于文明,而故宫的设计理念(诸如风水之说,阴阳五行之辩,前朝后市、左祖右社之布局等)和修建过程(如工匠的各种工艺)则是中国精神的综合体现,属于文化。在这个区分中,文明和文化是紧密相连的,但是另一方面,它们的区别又是很明确的。再比如,法国启蒙学家卢梭的《社会契约论》和孟德斯鸠《论法的精神》属于文化的层面,而后来据此建立的三权分立的国家政治制度,则属于文明的层面。其实中国近代史上的"中体西用"和幕末日本人提出的"和魂洋才"中的"体和魂"与"用和才"的关系,就是文化与文明的关系。

上述区分似过于简单,但却非常明确而实用,至少适用于本书所谈论的具体内容。廓清了文化与文明的概念,再回答何谓文化史的问题就无需多费笔墨了。简而言之,文化史是指文化发展轨迹的历史过程,即文化史既是文化,又是历史。之所以强调这一点,是因为多年来学界在宏观考察历史时,对文化因素缺少应有的重视,因而限制了考察者的视野。而随着20世纪80年代国内文化学研究的兴起,逐渐拓宽了史学家们的眼界,但同时也必须认清文化学研究往往偏重于抽象的理论而脱离具体的历史背景。笔者试图取二者之优势,补二者之缺陷。钱穆先生曾强调:"历史与文化就是一个民族精神的表现。所以没有历史,没有文化,也不可能有民族之成立与存在。如是我们可以说,研究历史,就是研究此历史背后的民族精神和文化精神。"①这段议论同样可以适用于研究日本文化史,当然这种精神不都是正面的。

文化史研究不可能脱离与政治、经济、社会等各专门史的联系,否则也不能完整理解文化的意义。但是文化史又不仅仅是各专门史的叠加,它又应该独立于其他专门史,那么怎么处理这种关系?有学者指出:"文

---

① 钱穆:《中国历史精神》,台北东大图书公司1976年,第7页。

化史并不是贬低历史学正在做的工作,相反,是要增加一个理解过去的向度。"①这正是本书的目标之一。为避免写成与通史类似的"大文化史",本书的内容将力求限定在精神活动的层面。具体而言,包括思想言论、教育道德、人文学术、宗教信仰、报刊媒体、社会生活等内容。鉴于文化与文明难以一刀两断,本书为潜入日本文化史的深层,将有限度地涉及作为社会历史背景的文明的层面。

还有一点需要说明。做文化史的研究,历来有两种路数,即文化学视角的文化史研究和历史学视角的文化史研究。前者可以看作是"文化学的历史研究",后者则是"史学的文化研究"。它们的区别是:前者试图从文化史中抽象出文化模式或某种文化学理论;后者更重视从史学的角度说明文化发展的脉络以及对整个历史发展进程所产生的影响。当然,近些年来有两者逐渐趋同的态势。但是似乎还没有得到完美的综合。笔者更不敢有这种野心,而是踏下心来力争做好"史学的文化研究",为宏观的历史研究提供更深层次,甚而具有历史哲学意义上的解释。

二、时代界定与研究路径

关于论题所涉历史时期的界定。在日本史研究领域一般把从明治政府建立的1868年(或者美国舰队来日本叩关的1853年)到日本战败为止的1945年称为近代史。但是,为更完整认知近代日本,本书收入了有关江户时代(1603—1868)②的论题。其实,从世界史的分期而言,江户时代已经可以被视为近代史了。不过,由于江户时代又被习称为"近世史"③,因而需要稍作解释。按照传统世界通史的时代划分方法,大致分为上古史、中世纪史和近现代史。但是,在马克思主义史学曾经十分发达的日本史学

---

① 菲利克斯·吉尔伯特著、白华山译:《雅各布·布克哈特的学生时代:通往文化史之路》,载陈恒、耿相新主编:《新史学第四辑·新文化史》,大象出版社2005年,第201页。
② 另如"南蛮文化"等少数论题,还会追溯到16世纪中期。
③ 近世一般是指江户时代,亦指从江户幕府原型形成的织丰政权(1573—1603)时期至明治维新为止约三个世纪。参阅高柳光寿、竹内理三编:《日本史词典》角川第二版,角川书店1989年。

界,却在中世纪和近代之间,加入了一段近世史。显然,近世阶段既非中世也非近代。有日本学者认为"假如将日本的近世概念直译成英文的话,就是 modern age,与近代没有区别",但事实上"是在近代前夕的意义上使用近世概念的"。① 这种说法似乎有些暧昧,其实这也正说明学者们对近世史评价的纠结,但毋庸置疑的是,近世日本确实与一般认为黑暗的西洋中世纪大相径庭。从文化史角度看,更难把近世与近代一刀两断,明治政府可以用一纸法令废除江户时代的政治经济等方面的遗制,但无法一夜之间销毁江户时代的文化传统,甚至还要继承弘扬这些传统。

无论从传统文化看,还是从吸收外来文化的角度考察,江户时代都是一个承上启下的关键时代。为全面了解日本近代文化,不可不知其传统,在今天人们谈及日本传统文化的时候,自然不能缺少日本文化"烂熟期"的江户时期的文化。很难想像一部日本文化史可以不谈歌舞伎、浮世绘等传统艺术,也很难想象可以无视儒家思想和神道的影响。因为这些已经被看作日本文化象征的符号群,而这个"文化群"大多是江户时代的产物,或者是在江户时代发生变异或定型的。日本文化自形成之初就始终靠吸吮大陆文化的乳汁不断成长,而到江户时代又打开了摄取西洋文化的窗口,为明治时代敞开大门全方位引进西洋文化作了充分的准备。缺少了江户文化这段至关重要的历史链条,明治文化就会显得很唐突。事实上,江户文化的影响至今犹存,并暗示着日本文化的发展趋向。从这个意义上讲,如果不了解江户文化,就不可能更深刻地理解明治以后的文化。

接下来,对本书的写作思路稍作交代。近代以前的日本文化一直被定位为中国文化周边的"子文化",甚至被认为是中国文化的克隆。因而近代日本的发展,令人迷惑不解,以至于人们惊叹历史的阴错阳差有些离谱。然而,在欧美以外的国家中,日本率先走上现代化道路,历史的事实千真万确不容置疑,以至于西方人认为近代日本是非西方国家的"楷

---

① 尾藤正英:《何谓江户时代》,岩波书店 1997 年,第 6 页。

模"。这种世界历史中不多见的文化跳跃现象,不仅使西方人惊异不已,也引发了世界范围内的思考。自近代以来不同国家的学者出于各自的目的,对日本进行了不同层面的研究。尤其是20世纪30年代以来,日本成为世界范围内的不同人群广泛研究的对象,国际"日本学"研究分外夺目。研究者的目的不尽相同,观点更是五花八门,见仁见智,令人眼花缭乱。当然其中不乏真知灼见,但是诸多日本文化之谜至今并没有真正解开。甚至学者们又为本来就令人费解的日本文化披上了新的层层面纱,以至于其愈发迷离。

20世纪80年代开始,国人在演绎日本文化的时候,褒扬之声不绝于耳,而在进入21世纪后中日关系的冰冻期,又走向另一个极端。任何一个民族的文化都不只有阳光和诗意,还会有诸多阴霾和磨难。日本近世,尤其是近代文化史也不能例外,它既有令人羡慕的融汇外来文化的神奇能力,又有将传统文化扭曲为蔑视人类生存权的杀戮行为。因而,上述正相对立的日本文化观皆有历史根据,实属正常现象。但是,如果根据主观好恶片面取舍而生成日本文化观,将难以客观全面地解读日本文化。笔者赞同《菊与刀》作者的态度,首先将日本文化作为研究对象,而不是当作文化样板或者批判的对象。中日两国有史以来的恩怨情仇跌宕悬殊,使得中国人太想了解真实的日本,也正因如此,我们必须摆正感情与理性的位置。

文化边际之广阔令研究者望而生畏,然而要描述一定空间范围内的整体文化史,又必须脚踏实地尽量对诸多散碎的文化现象进行全面综合的审视,因为同时代的不同文化现象会诱发不同的观感,甚至南辕北辙、大相径庭。这就要求研究者,首先要心平气和地讲述有血有肉的历史文化"故事",其次才有资格对日本文化史进行宏观的审视,并判断其得失利弊、总结其经验教训。为此,本书试图通过尽量广阔的视野和笔者以为不同时期相对重要的论题,对日本近世与近代文化做一次多领域的探查。其间既有笔者对诸多相对微观具体现象的分析,也有与宏观关联的深层思考,因为"过去不确定又不连续的事实只有交织成为故事时才能被理解"①。这就对本书提出了兼顾"文化叙事"和"文化主题"的要求,这样或许会有助于解开潜藏在诸多细碎文化表象深处的"文化密码"。如果能探查到这些密码,那么无论日本文化怎样魔幻般的复杂,我们都不会眼花缭乱。总之,本书的既定目标是:既能使读者了解日本近世与近代文化之间的发展脉络,又不能流于泛泛;既要体现作者的个性观点,又要观照相关领域研究的通说,而不至于因过于主观而至偏颇。

本书在吸收国内外诸多研究成果的基础上,以史实为依据,使用通俗易懂的学术话语,力求对诸多重大文化现象进行客观公允的解读,进而提出作者的判断和见解。对日本近世、近代文化的单线式褒扬或贬斥都会将读者引入歧途,本书的态度是:以是为是、以非为非,对诸多文化现象进行分析和定位。我们不仅要提取日本文化中的精华,还要甄别出其中的毒素,追究其给世人带来的惨痛教训,并试图以此来反省迄今为止将近代以来的日本视为非西方国家现代化样板的固化思维模式。

面对国际日本学研究中目不暇接的日本文化论,本书力求以中国学人的理性,穿越日本文化的迷雾,寻找日本文化演化的各种路径,或可建立中国人研究日本文化史的认知体系。至于议论是否客观公正,敬请读者评判。②

---

① 克伦·哈图恩著,吴子芯译:《文化史与叙事性的挑战》,载陈恒、耿相新主编:《新史学第四辑·新文化史》,大象出版社2005年,第29页。
② 绪论是在拙著《日本近现代文化史》(世界知识出版社2010年)绪论基础上,增删、修改而成。

第一章　近世文化的成熟与民族主义渊薮

　　1868年明治政府的建立虽然经历了局部短暂的戊辰战争，但没有像西欧国家推翻专制帝王那样遭受长时间腥风血雨的战争，而是通过江户幕府的"无血开城"相对和平地实现了政权的交替。随后明治维新运动雷厉风行，促发社会迅速转型，进展之神速令人难以置信。那么，其中的奥秘何在？这就需要到江户文化中去寻觅。这种说法或会招来非议，因为一般持论否定封建社会是迈入近代资本主义社会的必要前提，而江户时代属于封建社会，甚至被西方学者看做是典型西欧式的"真正的封建时代"。如此一来，否定江户时代也自然成为日本迈向近代的必经之路，即近代日本与江户时代是水火不相容的。

　　然而，上述"学术定式"是一个因机械地理解社会形态发展理论所形成的陷阱，因而"必须纠正一种误识，即把传统文化和封建文化看作同义词"。① 事实上，江户时代不仅仅是封建社会的末期，它还是"近代前史"，江户文化在一步一个脚印地向近代迈进。当然，江户文化还有另一番景象，那就是随着民族文化的不断成熟，文化寻根带来的文化民族主义也

---

① 金冲及：《传统文化不是封建文化》，载《北京日报》，2006年5月8日。

开始出现,并逐渐走向极端。这个极端民族主义也同样为近代日本所继承、放大、膨胀,直到战败毁掉了日本现代化的成果。

一、近世文化观的变迁

从方法论而言,为了解一个国家或民族的现在,就不可不追溯其历史传承下来的文化基因。那么,近代日本文化继承了哪些江户文化的基因,这些文化基因在向人们诉说着什么?这个视角是从明治维新以来人们对江户时代评价的变化过程中得到灵感的。

"文化的各个不同阶段,可以认为是发展或进化的不同阶段,而其中的每一阶段都是前一阶段的产物,并对将来的历史进程起着相当大的作用。"[1]江户文化正是日本文化史中承上启下的重要阶段。周作人在研究明治文化的时候不自觉地走入了江户时代:"对于东京与明治时代我仿佛颇有情分,因此略想知道他的人情物色,延长一点便进到江户与德川幕府时代。"[2]看来,要完整地理解、把握日本近代文化,就不得不事先对江户文化做一番探索。从文化史的角度来观察问题,就会发现江户时代充满了近代文化的萌芽:随着市民社会的逐渐形成,市民阶层有了自己的文化;在思想领域,知识层中出现了诸多批评幕府的的声音,甚至提出社会平等的思想等等,可列出一份很长的清单。宏观而言,色彩斑斓的江户文化,显示了日本传统文化的成熟、中国文化不间断地传入、西洋文化的溪流浸润、文化民族主义的抬头等四条线索,这可以说是支撑近世以来日本文化的四条根脉。而这些根脉是我们把握近代日本文化的重要线索,只不过是在表象上显得更加扑朔迷离而已,近世文化实为日本近代文化的源头。一位美国学者提醒说:"联系在文化史中至为重要,因为文化是一张有许多线织成的网;没有哪条线是自己织成的,也没有哪条线是在一个确切的日期,比如像战争爆发或政权交替这类事件发生的

---

[1] 爱德华·泰勒著、连树声译:《原始文化》,广西师范大学出版社 2005 年,第 1 页。
[2] 钟叔河编:《周作人文类编 7 日本管窥》,湖南文艺出版社 1998 年,第 105 页。

日期,被一下子切断的。"①显而易见,江户文化是连接日本近代文化的一节至关重要的链条。

然而,长期以来对江户时代的历史定位始终是一大公案,学界达到上述认识竟然经历了近百年。其间,日本学者对江户时代的评价曾是很低调而负面的,而且这种评价也传播到整个日本社会。明治政府建立之初,就在全力加固重新确立起来的天皇的权威,这就势必要否定压制皇室265年的江户幕府,以至于整个江户时代。明治维新之初发布的《五条誓文》的第四条为"破旧来之陋习",这"陋习"当然是指江户时代的事物。在明治文明开化时期,江户时代的事物受到整个社会的嘲笑,甚至在江户时代出生的人也被蔑称为"天保钱"②,由此彻底否定了江户时代。即使是在二战期间反西化的狂澜中,江户时代依旧没能翻身。

20世纪50年代后期,日本经济进入了起飞之前的"离陆"阶段,随着日本国内、国际形势的变化,来自美国学者的研究改变了"江户落后论"的单向思维,对江户时代的评价出现了转机。1957年美国社会学家罗伯特·贝拉(R·Bellah)的《德川宗教:现代日本文化的渊源》一书出版。贝拉试图从对江户时代的宗教伦理和社会发展的分析中,寻找明治以后日本建设近代国家和产业化成功的原因,即"试图揭示出日本的前现代文化渊源是如何有助于解释这一成功的"。他甚至提出:"我发现,现代日本的活力在德川时期普通日本人的生活方式中已初露端倪。"③

1960年欧美和日本的学者以现代日本为题,在箱根召开国际学术研讨会。箱根会议后,在美国形成了一种以日本为研究对象的现代化理论

---

① 雅克·巴尔赞著、林华译:《从黎明到衰落——西方文化生活五百年》,世界知识出版社2004年,"作者的话"。
② 江户幕府在天保六年(1835)发行的铜币,面额为100文,明治四年(1871)日本货币单位改为圆、钱、厘。当时旧币市场公认的价格是,100文等于1钱,但是天保钱只能兑换8厘。天保(1830—1844)年间出生的人被视为毫无社会价值的"古人"。与此相对应,战后提到明治时代出生的人经常使用的则是"明治风骨"之类的赞美之词,"明治人"至今仍然得到日本人的尊重。
③ 贝拉著、王晓山等译:《德川宗教:现代日本的文化渊源》,三联书店1998年,前言第6页。

（日本学界称之为近代化论），代表人物即是驻日本大使赖肖尔。赖肖尔提出"现代"只能从"传统"中来，并认为在欧美以外的国家中，只有日本传统社会适合于发展现代化。对这种判断笔者不敢苟同，但有一点却是事实，即讨论现代化问题时，是不能游离历史尤其是文化史的。

20世纪80年代，兴起了以欧美学者为主体的国际"日本学热"，这些研究或聚焦于日本传统文化、或着眼于日本传统文化与西洋文化的融合，其实这与现代化论是紧密相关的。随着研究的深入，江户文化越来越受到学者们的重视，对一般外国人也越发具有吸引力。

随着战后日本经济的高速发展，日本人的文化寻根意识进一步升温，许多以前遭唾弃的近世因素，被换上了新的标签，甚至曾被长期否定的"江户锁国"被说成是"战后日本奇迹的原点"。伴随着日本战后经济倍增计划的实现，日本人产生了强烈的民族优越感，认为作为日本现代化成功动力的"日本方式"的底色正是江户文化，于是乎"江户热"急剧升温，至今没有退烧迹象。此前学界对江户时代评价的传统定说，纷纷受到质疑，并被一一改写，以至于赫然打出了"江户学"的招牌，成为对传统江户时代研究的颠覆工程。曾几何时，江户文化幻化为现代日本文化的根脉。

在这种研究路径中，一些研究者们时常会有意无意中扩大近世文化的正面作用，造成矫枉过正的尴尬。笔者将超越上述单向褒贬的思路，秉承客观公正态度，在承认日本近世为封建时代末期的基础上，添加一个新的观察角度，即从文化史研究的观察出发，近世日本还是"近代文化前史"。这种双向思路，不仅仅是概念的游戏，它可以避免研究者先入为主的单向思维，会使研究结论更具客观性。因为"近代文化前史"的视角，会以近代的标准去分析认识江户文化的实质，从而更容易发现带有近代色彩的文化。笔者以为，江户文化的整体，当然不属于严格意义上的近代文化，但它已经开始显露出近代文化的因素，是日本近代文化的酝酿和准备阶段。

上述对江户时代评价的变化，国内学界并非一无所知，而且多有关于江户史不同侧面的著述出版,然而似乎还没有把江户时代与近代日本连接起来。有鉴于此,有必要以笔者提出的"四条根脉"为线索,对江户文化史做一次大景观的扫描,供同行和有志于理清日本文化的读者评鉴。

二、日本庶民文化的成熟

德川幕府于 1615 年剿灭丰臣秀赖势力之后,直到 1853 年开国的 238 年的时间里,日本始终没有称得上战争的社会动乱。正是这种相对稳定的和平环境,促进了日本文化的不断进步和逐渐成熟,形成了所谓"日本式文化"。今天所见之日本传统文化大多产生于江户时代,还有一部分虽然产生于江户时代以前,但最终定型和普及到民间则是在江户时代。在这些传统文化中,町人文化占据了很大的比例。这是因为至元禄(1688—1703)时代町人阶层的经济实力显著增长,使日本社会出现了追求人生享受的奢侈之风,显示出向往人性自然的生活意识,从而生成了代表町人阶层的町人文化。有研究者认为:"越来越多的庶民大众不仅成为文化的消费者,还积极地参与了文化的生产和传播",因而"江户时代前期文化已具备了我们今天'大众文化'的许多特征",并将这种文化称为"大众文化雏形"。① 在此,仅就其中影响深广的文艺、美术、艺道等领域做一鸟瞰。

1. 町人文学与舞台艺术

纵观日本文学史,呈现出自上而下不断扩展的历程,大致经历了贵族文学、武士文学、庶民文学诸阶段,而江户时代是庶民文学的时代。长期的和平环境促使商品经济不断成长,具有讽刺意义的是,商品经济发

---

① 张博:《浮世绘、武士道与大奥——日本江户时代的大众文化》,上海三联书店 2014 年,第 4、8、12 页。

达的最大受益者是处于四民等级制度中最下层的工商等庶民阶层,也即町人阶层。随着町人阶层经济地位的提高,诸如寺子屋等教育场所也迅速普及到庶民,而识字率的提高,也促使庶民产生了阅读的欲望,以满足精神生活的需求。为适应这种需求,描写庶民生活的作品日益增多,形成了日本文学史上的庶民文学热。这一时期的文学不仅在内容上反映了庶民阶层的真实生活景象和欣赏趣味的需求,而且不同的文学形式也各显神通。诸如:俳句、以图画为主文字为辅的浮世草子、写实地描写世态风俗的洒落本、笑谈日常生活中趣闻的滑稽本、描写男欢女爱的人情本、劝善惩恶类的读本,以及人形净琉璃、歌舞伎剧本等等,可谓百花争艳,是日本文学史上不曾有过的最丰富多彩的时代。町人文学中的故事长期流传,其中反映出来的价值观念、审美意识等,都在日本人生活中打上了诸多新的烙印。在此择取要者以窥江户文学世界之一斑。

读本是江户时代中后期最具代表性的小说形式。与草子类"看图文学"相比,读本是纯文字小说,是"读的文学",而且注重为读者带来"听"的享受,因而在文字语言上非常注意兼俱雅俗共赏。与其他以写实性、娱乐性为目的的各"本"类文体相比,读本小说多为历史题材,更着眼于道德判断的社会功能,是比较严肃高格调的小说,但也时常融入传奇、怪异、奇瑞、幻想等类故事情节。此类读本由于兼具文学性与趣味性,因而使读者在阅读过程中潜移默化地感受着作品中对道德伦理的价值判断。

一般认为,读本的发展经历了差异较大的两个阶段,即18世纪中期的前期读本和19世纪以后的后期读本。前期读本以短篇为主,大多是"翻案小说"①,寓道德观于新奇的故事之中,时而发出议论。前期读本的故事情节多取自中国小说,再辅以日本的古典、通俗史书、地志传说以及传统戏剧故事等等。作者把这些素材编入自己的总体框架,从中生发出新的趣向,这种方法成为读本小说的基本原则。例如上田秋成(1734—1809)的短篇小说集《雨夜物语》(1776)中的《浅矛之宿》的故事情节,就

---

① 模仿中国"三言二拍"等白话小说,也可以说是中国小说的翻版。

是取材于中国明代瞿佑《剪灯夜话》中的《爱卿传》。但是,《爱卿传》宣扬的是作为妻子的爱卿谨守孝道和为贞洁而自尽的儒家道德观,而《浅矛之宿》则是抛开了道德议论而颂扬夫妻之间的人间真实情感①,可谓形似神不似。暂且不去评论这种偷梁换柱的方式和所阐发主张的正确与否,前期读本至少反映了日本吸收外来文化的一种方式,同时也反映了当时市民社会价值观的取向。前期读本小说的代表作家和代表作还有:读本作家先驱都贺庭钟(1718—1794?)的"三谈"②,建部绫足(1719—1774)的《西山物语》《本朝水浒传》等。前期读本作者大多为京都地区的知名文人,因此也称为上方③读本,其中上田秋成就是兼通日本古典的国学家,建部绫足也曾拜在著名国学家贺茂真渊门下。

后期读本则是以江户为中心,也称江户读本,而且多是长篇传奇,也被称为"稗史小说"。其技法、结构多有创新,并在讲述传说中的英雄豪杰才子佳人的传奇故事中,运用佛家的因果报应说,阐发劝善惩恶的观念,这些特点都有别于前期读本。作者们竞相增添传奇色彩,以至于出现残酷杀伐和怪诞的描写,并借此极力阐发人情义理、舍生取义等理想化的人物形象。曲亭马琴的代表作《南总里见八犬传》可谓江户读本的典型代表,被誉为"江户小说之冠"④。全书180回,洋洋二百余万字,耗时28年。《八犬传》以《水浒传》情节为主要参照系,在整体构思(要写一部日本小说,而不是简单的《水浒传》翻版)、结构安排(中国演绎小说中的列传体)、主题设定(道德判断)、体裁选择(对仗章回体)、情结演绎(以《水浒传》为蓝本巧妙变通)、文体设计(借助中国小说中常见俗语,以尽量通俗化)等诸方面,大多离不开《水浒传》的影响。⑤ 该部小说还兼取《搜神记》《三国演义》《西游记》等书养分,并融入了日本历史与传说。

---

① 参阅勾艳军:《上田秋成小说观浅析》,载南开大学日本研究中心编:《日本研究论集 2001》,天津人民出版社 2001 年。
②《古今奇谈·英草纸》《古今奇谈·繁野话》《古今奇谈·莠句册》。
③ 历史上指京都大阪及周边地区。
④ 李树果:《日本读本小说与明清小说》,天津人民出版社 1998 年,第 259 页。
⑤ 参阅李树果:《日本读本小说与明清小说》,第 263—270 页。

《八犬传》模仿《水浒传》开篇"洪太尉误走妖魔"的情节,讲述了伏姬剖腹后飞出分别刻有仁、义、礼、智、忠、信、孝、悌的八颗珠子,即书中主要人物,他们的姓中第一字都是犬字,因称"八犬士"。其后又分别讲述了"八犬士"充满悬念的经历。但是,马琴的"翻案"不仅仅是改头换面,而是脱胎换骨。比如,马琴认为《水浒传》主要表现的是"强人的侠义","与世事毫无裨益",故而增加了善恶报应、警醒尘俗的"劝惩"理念,将《水浒传》中英雄们的悲剧结局,改为"八犬士"辅佐里见家成就大业后,与主人里见家的八位女儿成婚,子孙满堂的大团圆结局。从而,"实现了作者的理想世界"[①]。可见,《八犬传》绝非仅仅是对《水浒传》的简单描摹,而是道出了作者心目中的理想社会。该作品至今拥有广大读者,并被搬上银幕,对日本人的价值观念发挥着持久的影响。《八犬传》不仅是日本大众文学史上的经典之作,"在世界大众文学史上也是屈指可数的"[②]。从马琴的《八犬传》中,似乎可以悟出日本对外来文化摄取、消化、创新的理路。

能乐、人形净琉璃、歌舞伎被称为具有日本民族传统特色的有代表性的古典戏剧形式,且互相借鉴,最终由歌舞伎集大成。这些表演艺术形式作为文化的活化石,至今仍然活跃在日本乃至世界舞台上。

在谈论日本传统演剧之前,需要先简单交代一下"狂言"。狂言本来是于日本南北朝时代出现的庶民喜剧,与能、人形净琉璃、歌舞伎并列,被称为日本传统艺能的代表之一。又因狂言与能有紧密的关系,因而经常并称为"能狂言"。然而二者又有着明显的区别,能主要取自古典题材,是以幽玄为宗旨的歌舞剧,而狂言则是着眼于日常生活中的趣味,以滑稽为宗旨的"对白"剧。狂言形成的具体过程尚不清楚,但日本自古就有滑稽表演,平安时代中期的《新猿乐记》中就记载了许多观众观看"模仿滑稽剧"的场面。到南北朝时代社会变动剧烈,出现了讽刺不识时务

---

① 叶渭渠、唐月梅:《日本文学简史》,上海外语教育出版社 2006 年,第 132 页。
② 叶渭渠、唐月梅:《日本文学简史》,第 132 页。

泥古不化者的即兴表演，这种滑稽剧开始被称作狂言。到镰仓时代，在正规能的演出时，为活跃气氛开始插入引人发笑的狂言段子，由此狂言艺人也开始走向专业化。到江户时代，狂言开始有了自己的台本。现今仍在上演的狂言数量超过200番，内容多样，有的通过让人发笑而招福免灾；有的是讽刺富人、僧侣等的无知；有的通过滑稽动作、表情、声调等引人发笑。总之，狂言是一种切近庶民的艺术形式，及至今天仍然受到许多观众的喜爱。

能乐可分为田乐能①、延年能②和猿乐能，有时用于对歌舞剧的统称。其中猿乐能发达于南北朝至室町时代，到江户时代中期臻于完善，而其他各类能却逐渐衰落无疾而终。因而说到能，通常是指猿乐能，"而'能乐'一词则是明治以后才开始惯用的"。③

能乐源于从中国大陆传入的散乐④，在平安时期主要用于滑稽表演，因而改用猿乐二字。这种形式多在寺院的法会和神社的祭祀上表演，到南北朝时代在全日本诸多猿乐座（剧团）中，大和猿乐和近江猿乐脱颖而出。其中大和猿乐流派几经传承，到观阿弥（1332—1384）时代因技艺超群受到幕府将军足利义满的赏识，应召到京都。观阿弥以滑稽模仿为基调，又引入了近江猿乐的技能以及田乐中优雅的歌舞，将传统的表演风格转向幽玄意境，并导入了注重韵律的曲舞音乐，成为猿乐能发展史上的一大里程碑。其子世阿弥（1363—1443）才能不劣其父，将能乐培育成舞台艺术，创作了诸多优秀的能本（能的剧本，今称谣曲），将神佛、精灵、怨灵等搬上舞台，使被称为梦幻能的艺术几乎发展到极致。世阿弥还留下了《风姿花传》《花镜》《能作书》等约20种有关能乐的理论著述。到织丰时代，能乐又得到织田信长、丰臣秀吉的扶植，走向成熟和定型化。据

---

① 起源于平安时代，是在农耕祭祀活动中演出的一种歌舞，流行于农村。
② 起源于平安时代，东大寺等大型寺院法事后乘余兴而表演的歌舞，盛行于镰仓时代，室町末期衰落。
③ 河竹繁俊著，郭连友等译：《日本演剧史概论》，文化艺术出版社2002年，第93页。
④ 包括杂技、歌舞、口技等诸多民间艺术门类。

说织田信长曾亲自击鼓参加演出，并在安土城举办能乐演出。丰臣秀吉也是有名的能乐狂，甚至随专业演员学习，并向能乐艺人支付固定的俸禄。

到江户时代，能乐又受到德川家的保护，1603年德川家康受命征夷大将军的宣旨仪式上就举行了能乐表演。① 由此，前述"观世流"为主的能乐被正式定为幕府的式乐，服务于幕府的典礼仪式。当时的能乐四座（观世、宝生、今春、金刚）归江户幕府直接支配，幕府还准许喜多七大夫创立了喜多流，并称"四座一流"。但是，幕府的保护也产生了负面的影响，为应付幕府的需要，规定了常备剧目，同时废绝了一些其他剧目，以至于几乎没有新剧目上演。从形式上看，能乐不仅仅是表演的演员，还要有各种鼓、笛等乐器的演奏者，而这些演奏者只能演奏规定的乐器，不能兼而习之。此外，负责假面、假发、头饰、小道具者各有严格分工，这些传统一直保持到现在②。江户时代，能乐技法经过长期的磨练，成为一种高雅的贵族艺术，从而也成为屈指可数的日本传统艺能之一。但另一方面，上述固定化、程式化也限制了能乐的自由发展。艺术领域的保存传统与改革创新，大概是一个永远难以调和的悖论。

能乐是包括唱、念、做、舞在内的歌舞戏，一般可分为梦幻能和现世能两大类，前者表现神佛、精灵、怨灵等，后者则是现世的故事。起初在寺院演出的大多是与法会相关的题材，被搬上正式的艺术舞台后，开始引入诸多古典题材，诸如《源氏物语》《伊势物语》《平家物语》等等。此外，还有一些中国的古典故事。每次演出要有五番（五出戏），中间加四出短小狂言。五番题材各异：一为"肋能"，以神灵为主人公；二为"修罗能"，表现武士的勇武；三为"鬘物"，演绎柔美的女性；四为"狂女物"，男女亡灵、怨灵登场，情节变化复杂；五为"尾能"，也称"鬼畜物"，激烈地制服鬼、天狗等的场面。以上场次有时也略称为，神、男、女、狂、鬼③"五部曲"。

---

① 参阅河竹繁俊著、郭连友等译：《日本演剧史概论》，第118—119页。
② 大隅和雄：《日本的文化与思想》，放送大学振兴会1998年，第69页。
③ 大隅和雄：《日本的文化与思想》，第70页。

到德川幕府后期，原本只在寺院神社和幕府相关仪式上演出的能乐又回到民间，出现了町人创建能乐舞台的现象，甚至在吉原游廓①也曾演出能乐。明治维新后原来由武家支持的能乐一度处于困境，艺人们大多作鸟兽散。只是因岩仓具视等贵族的保护，一些能乐人才留在东京，勉强惨淡经营。到明治中期随国粹主义的兴起，能乐才又重新繁荣。其后虽经1923年的关东大地震和二战战败的打击，基本上都能迅即恢复元气。能乐于1955年被指定为文化遗产②，并屡屡到国外演出。2001年能乐和中国昆曲一起，被联合国教科文组织认定为首批世界非物质文化遗产。

室町幕府后期民间流传着一段凄美的爱情故事。一位老者祈求如来赐子，遂得一"千金"，起名净琉璃，成年后偶遇牛若（传为源义经）遂成生死之恋。关于这个故事留下了包括画卷和草子在内的许多版本。大约在江户幕府建立前后，以传入不久的三弦琴为故事说唱伴奏，并以木偶剧形式表现这段爱情故事，称为人形（即木偶）净琉璃，中文可译为木偶戏。于是原来故事中主人公的名字转化为艺术形式的名称，此即人形净琉璃的起源。③ 由于该剧分为十二段，因而也被称为"十二段草子"④。从其起源也可见这种表演形式的文化组合，即日本说唱故事、源于中国的三弦、木偶。

1684年竹本义太夫（1651—1714）创立"竹本座"促进了净琉璃的发展，在保持继承此前净琉璃的优美、哀婉、豪快等情趣基础上，使作为戏剧核心的戏剧性和表演性得到了较完美的结合。1703年近松门左卫门（1653—1725）与竹本义太夫合作创作上演了著名经典剧目《情死曾根崎》⑤，表现了贫穷小吏与下层妓女之间真挚的爱恋，最终以双双情死的

---

① 幕府承认，并限定在江户吉原一带的公娼馆聚集地。
② 参阅河竹繁俊著、郭连友等译：《日本演剧史概论》，第120—121页。
③ 《大百科事典》，平凡社1992年，"人形浄瑠璃"条。
④ 参阅河竹繁俊著、郭连友等译：《日本演剧史概论》，第130页。
⑤ 大概是这个剧的影响，日本人似乎形成了情死的习惯，甚至人们认为，渡边淳一的《失乐园》不过是该剧的现代翻版。

结局深刻地反映了封建道德的虚伪。这个剧目是在真实故事刚刚发生一个月后上演的,足见该作品与社会现实的密切关系。之后,近松门左卫门又创作了《情死天网岛》《女杀油地狱》等 20 余部以庶民为主人公,反映社会现实问题的悲剧作品,被称为"世话净琉璃""世话物",即社会剧。近松门左卫门的剧本将净琉璃的受众定位在庶民阶层,其风格与近代社会批判剧作家鼻祖易卜生(Henrico Ipsen)的近代戏剧暗合,因而被认为是开日本近代悲剧之先河,在世界戏剧史上也具有很高的价值。近松还创作了大量场面华丽的"时代物",即历史剧作品。据统计近松门左卫门一生创作"世话物"24 部、"时代物"79 部,以至于 18 世纪前半,在京都的戏剧界,净琉璃胜过歌舞伎而独占鳌头。近松门左卫门与竹本义太夫的合作,使独具日本特色的木偶剧大体定型,同时,"人形净琉璃充分展现了近世庶民艺能的本质"①,近松门左卫门也被誉为"日本的莎士比亚"②。

就在近松与竹本创作《情死曾根崎》的 1703 年,原竹本座弟子丰竹若太夫自立门户,创立了丰竹座,竹本和近松殁后,形成竹本、丰竹两座竞争的局面,进一步激发了净琉璃的活力。两派不断创出独出心裁的表演技巧和偶人服装设计等,进一步提高了净琉璃的观赏性。然而,18 世纪 60 年代,两座先后衰落,鲜有新作问世,人形净琉璃市场趋于黯淡。净琉璃界把重点放到磨练演技和传承,至 19 世纪初,由植村文乐轩创建的小剧场移到大阪,此后文乐轩系代代相传,到幕末和明治时期成为人形净琉璃界的中心。1872 年文乐轩更名为文乐座,成为净琉璃的首座。1884 年文乐轩以外的势力拥戴退出文乐座的竹本大隅大夫等在大阪建立彦六座,两座的竞争促成了明治时代大阪人形净琉璃的黄金时代。1893 年彦六座解散,文乐座遂成为净琉璃艺术的传承者团体。尔后,1909 年文乐座因经营不善转让给松竹会社经营,保存了"文乐座"的名

---

① 艺能史研究会编:《日本艺能史——近世》,法政大学出版局 1986 年,第 264 页。
② 叶渭渠、唐月梅:《日本文学简史》,第 112 页。

称。在大正和昭和时代,"文乐"成为人形净琉璃的代称。1984年国立文乐剧场揭幕,文乐开始适应当代人的欣赏趣味,并作为日本传统戏剧多次出国演出。文乐还数次来华,并与中国同行联合表演了大型木偶剧《三国志》《西游记》等剧目。尤其是2007年9月借中日邦交正常化35周年、中日文化体育交流年之际,日本影法师剧团来华演出,上演了被称为日本版《嫦娥奔月》的《竹取物语》,并融入了日本先锋舞台手段①,取得了良好的效果。这也对在我国几乎被人们遗忘的木偶剧艺术产生了一定的刺激。

如前所述,在江户时代,能乐因江户幕府的扶持和规范,逐渐成为脱离民间的武家独享的艺能而曾趋于衰微,而起源于江户时代市井草台班子的歌舞伎却如日中天。其公式为:"能—武家扶植—衰微;歌舞伎—庶民—兴隆。"②

初期歌舞伎在形式上类似今天的街舞,反映了当时年轻人的心态和时尚。演出者们自搭班子,奇装异发、歌舞越轨、表演放浪。初时因由青楼女子所创,称为歌舞妓,其后随着男演员登场,遂改称歌舞伎。歌舞伎这个名称恰如其分地涵盖了歌、舞、演技等表演形式,一直延续至今。

江户时代初期,因之前的战乱流行着在祭祀死于非命者葬仪上表演风流舞蹈的风俗,这种形式成为歌舞伎的母胎。歌舞伎一词最早出现的史料是德川幕府建立的1603年,舟桥秀贤《庆长日件录》庆长八年五月六日载:"有歌舞伎者,出云国之人。"③这一年出云大社巫女出身的出云阿国在京都首演歌舞伎。阿国身着男装扮演前呼后拥招摇过市的帅哥衙内,跳着"歌舞伎舞",曰女狂言师扮演女招待陪客,并以性感舞姿等给观众以官能刺激。这种大胆的表演,受到社会各阶层年轻人的狂热追捧,此即歌舞伎的起源。歌舞伎演出舞台多设在都市的男人游乐场所,同时也出现了一些演出班子,频繁到各地巡演,许多地方出现了由青楼

---

① 《日本艺术密集亮相北京》,载《环球时报》,2007年8月3日,第12版。
② 熊仓功夫编:《日本的近世11·传统艺能的展开》,中央公论社1993年,第112页。
③ 熊仓功夫编:《日本的近世11·传统艺能的展开》,第111页。

女子组成的歌舞伎座,歌舞伎迅速流行全国。这期间的歌舞伎也被称为"游女歌舞伎"。

面对歌舞伎带来的享乐颓废的社会风气,德川幕府终于以有伤风化为由,于1629年封杀了由女性表演的歌舞伎。之后取而代之的是"若众歌舞伎"①,又因这些少年演员多兼有男色行为,1652年又一度被幕府封杀。翌年,在歌舞伎演员承诺取消煽情舞蹈等条件下,幕府当局才对歌舞伎解除禁令。这一时期称为"野郎歌舞伎"②,表演者一反色情表演,开始注重艺术性的演技,逐渐向正规复杂的戏剧艺术演进,同时观众层也超出了年轻人群的范围而日趋广泛。

随着商品经济的发展,元禄年间城市商人市民阶层的经济生活不断富裕,各类庶民文化呈现百花齐放的景象,而歌舞伎的发展可以作为典型的代表。江户和上方产生了各自的风格,在江户,初代市川团十郎开创了适应以武士阶级为中心的新型都市风气的演出风格,人气旺盛。在京都以初代坂田藤十郎为代表,确立了以欢乐场为题材的狂言传统风格的演技。这是歌舞伎艺术积累和飞跃发展时期。元禄以后,歌舞伎的发展虽曾一度停滞,但旋即通过移植人形净琉璃剧目和表演技巧而重现辉煌,创作了诸多有代表性的传统剧目,至今仍作为歌舞伎座的保留剧目,其中《假名手本忠臣藏》③最具代表性,该剧是从人形净琉璃移植为歌舞伎的,剧情原型是1702年发生的赤穗47名武士为死去的藩主复仇而杀死仇人后,自首受死的真实故事。歌舞伎中只是把时间变为14世纪,并改换了剧中人的姓名。该剧颂扬了武士忠于主君并不惜为主君赴死的传统武士道德,并且得到广大观众的认可,反映了当时武士阶层的价值观念,也引导着庶民价值观念的武士化,这种观念在很长时期内左右着日本人的人生价值观。从这个意义上说,该剧已经远远超出文艺作品本

---

① 由俊美少年演出的歌舞伎。
② 演员剃掉美少年象征的前额发型,被称为"野郎头",故称为野郎歌舞伎。
③ 日本假名共计47个,暗指47名为主君复仇的武士;日文中的"手本"为楷模、榜样之意;"藏"表示曾一度被禁演。该剧常常简称为《忠臣藏》。

身的艺术性,无论它的影响是正面还是负面,都成为日本文化的一个重要符号。

18世纪后期,歌舞伎顺应庶民文化的需求,注重刻画都市富余消闲的风情,这一时期的歌舞伎被称为"天明(1781—1789)歌舞伎"。至化政(1804—1830)时期,在第四代鹤屋南北的作品中,以冷酷无情、病态残暴、悲怨遗恨等剧情,反映被束缚在封建道德和武士伦理之中的人们的痛苦和悲哀,同时也着力描绘了人类被本能欲望所支配的对自由的渴望,刻画了身份制度重压之下的普通男女的日常生活。残酷和怪诞的场面被大胆地搬上歌舞伎舞台,在鞭笞不合理社会的同时,在艺术上也收到了刺激感官的效果。

总之,作为日本传统舞台艺术表现形式的歌舞伎,在江户时代兴起,而其多种艺术元素也在江户时代大致定型。

2. 尘世绘卷与清寂茶道

狩野派始祖狩野正信(1434—1530)是室町幕府的御用画师,本学中国宋元时期的"汉画"派,后融入日本固有的大和绘技法,画面清新明快,颇适应日本人的感官,是日本绘画史上一次具有里程碑意义的尝试,也是迈入近世绘画阶段的第一步。狩野派于整个江户时代作为御用画师始终保持着稳固的地位,培养了众多绘画后学,可谓功不可没。然而,也正是因为狩野派在朝并长期统治绘画界的宗家地位,消磨了自身的进取心,作品趋于形式化,并严格规范其后继者,艺术创新能力几近枯竭。许多出自狩野派门下的画师反而批判狩野派的保守,从而兴起新画风的运动,狩野派成为创新者的反面教师。另外,承袭大和绘传统的土佐派被允许复归宫廷,其分支住吉家也成为幕府的御用画师,由此他们也日趋保守,同样缺乏生命力。

值得注意的是,外来绘画艺术的传入对江户时代日本绘画界的影响甚大。整个江户时代日本绘画界经历了从被动机械地模仿中国明清绘画风格,到边学习边创造,将中国画风融入日本绘画的过程。随着中国

《芥子园画传》等绘画技法书籍的传入和沈南苹、伊孚九等中国画家的渡日亲授技法,日本绘画界吸收消化了中国绘画艺术的诸多形式,成为创新的契机。据文人画家柳泽淇园(1704—1758)称:"堪称有名画作品的画人,皆学于中国。"①宝历、天保时期(1751—1789)池大雅和与谢芜村等人的南画②、圆山应举融会中西画法和日本传统装饰画于一体的写生画、曾我萧白充分表现个性的奇想画等,使京都画坛面目一新。这些流派虽然画风不同,但都具有明显的主客观并重的时代感。这也是江户时代京都美术界最后的辉煌。

至江户后期,艺术中心从京都全面转向江户,并面向大众加速向全国辐射。从18世纪末到19世纪20年代,南画流行日本各地,中心逐渐转到关东地区,著名者有谷文晁及其弟子渡边华山等,他们尝试中国明清画风,形成关东南画。此外,随着兰学研究的兴盛,出现了对西洋绘画中的透视法等技术和铜板画、油画的追随者,造就了以江户为中心的兰学家司马江汉的洋风画,关东南画派也纷纷引入洋风技法。由此,江户取代京都地区进一步巩固了日本绘画艺术中心的地位。

江户绘画的另一个重要特征就是经历了注重现实的世俗化过程。前述在朝画派不思进取的守成状态为町人绘画的发达创造了发展空间,丰富真实的日常生活激发了町人画家的创作热情,他们引领着艺术走向民众,成为创作的主体。其中,在民间发展的琳派画风洋溢着一股清新之气,繁荣于整个江户时代。琳派创始于江户初期的俵屋宗达(?—1640),大成于江户中期的尾形光琳(1658—1716)。琳派作品多为扇面画、屏风画等装饰画,在画风上也独开局面,其轻柔的水墨格调,开启了独特的日本式水墨画世界。尤其到尾形光琳时代,除绘画之外还兼做和服、漆器等的图案设计,光琳设计的洗练的图案被称为"光琳纹样""光琳创意"。由于琳派活动于民间切近生活,因而其艺术充满生命力,颇受町

---

① 笠井昌昭:《日本文化史——从雕刻的世界到绘画的世界》,鹈鹕社1988年,第244页。
② 也称南宗画,反映中国文人画中脱俗的理念,其山水画具有强烈主观主义的中国风格。

人阶层甚至公卿大名的喜爱。

江户时代世俗画中,最惹人眼球的要算是浮世绘的风行了。然而,"我们每每听到说浮世绘的美是西洋人发现的,并且介绍给了世界;并且也听说在西洋人表示惊奇,在西洋引起轰动之前,我们日本人对自己所特有的艺术的价值并不知晓"①。事情的经过是:"19世纪初,一位荷兰商人突然发现在从日本运来的一批瓷器上剥下来的包装纸上,分别印有神态生动传神的美女头像和色彩丰富、造型别致、洋溢着浓郁的东方风情的图案。之后,商人对这类版画的收藏很快便丰富起来。当他第一次公开展示这些'包装纸'时,所有前来观看的人都不禁为这些以线条勾勒、色彩平涂为特征的佳作喷喷称赞。这些作品便是后来令欧洲画坛产生巨大震动的浮世绘。"②

浮世绘是江户时代盛行的反映世俗生活的版画,它为满足庶民生活趣味而产生于民间,是具有浓郁日本特色的民族艺术。

"浮世"一词暗含着佛教厌世思想,形容人世间的虚无飘渺,即指俗世或尘世。而在江户时代,作为对厌世思想的反叛,"浮世"逐渐转意为享受生活,沉醉于歌舞声色男欢女爱的万种风情。浮世绘多是描摹上述市井风情、"虚浮世象"的图画。

"肉笔风俗画"(画家亲手绘制的风俗画)是浮世绘的渊源,从形式上说,1608年本阿弥光悦等人的木版画插图本《伊势物语》的问世是浮世绘直接的渊源。随着江户町人精神消费的规模化,反映"浮世"生活故事的插图读本身价倍增,成就了浮世绘的开山鼻祖菱川师宣。

菱川师宣(1618—1694)曾求学于狩野派、土佐派等者多绘画流派,最终形成了自己的绘画风格。他曾是插图画家,由于在描写吉原风俗故事中的木版插图极具魅力,以至于喧宾夺主,之后索性略去了讲述故事的文字而专门出版"绘本",最后发展成专供欣赏绘画的"一枚绘"(脱离

---

① 谷崎润一郎:《恋爱与色情》,载谷崎润一郎著、孟庆枢译:《阴翳礼赞》,河北教育出版社2002年。
② 宫竹正:《浮世绘的故事》,陕西师范大学出版社2005年,第7页。

读本和绘本的单幅美人画等)。最初的"一枚绘"《吉原之体》成为浮世绘版画的起源①,菱川师宣也成为公认的浮世绘版画的鼻祖。

　　菱川师宣时代的浮世绘作品大多还是单色墨印,后来经过"丹绘"②、"红绘"③、"漆绘"④,至铃木春信(1725—1770)于1765年首创"锦绘"⑤,浮世绘于色彩上趋于完善。锦绘技术丰富了春信美人画的表现力,作品中的美人楚楚动人,或稳重柔弱或风情万种,既有中国明代美人画的清纯少女的风格,又具平安时代大和绘的梦幻。春信诗话梦幻般的美人画不仅迷醉了江户庶民,也招来浮世绘画师们争相模仿。此后,鸟居清长、喜多川歌麿、东州斋写乐等浮世绘画家辈出,迎来了浮世绘的黄金时代。这时期流行的浮世绘主要题材多为美人图、歌舞伎演员、相扑力士等等。另外,春画也是浮世绘中的一大类别,可以说所有浮世绘画家都画过春画。总之,浮世绘反映的是一种及时行乐的人生自然生活态度,可以说是迎合了当时町人庶民阶层的游乐趣味。其实,这也是因为市民阶层与公家、武家生活方式不同,而产生的不同的审美意识。

　　文化文政(1804—1830)以后,随着浮世绘的迅速商品化,为更广泛适应庶民阶层的趣味而出现媚俗倾向,题材大多局限在青楼风月和戏剧,而且极尽奢华,浮世绘更加向享乐化倾斜,逐渐走向颓废。但另一方面,在大规模需求的刺激下,版画的印刷技术却也取得了飞跃的进步,"多彩套色技术大概达到世界最高水准"⑥。

　　给予浮世绘新生命力的是葛饰北斋(1760—1849)和安藤广重(1797—1858,又名歌川广重)的风景浮世绘。北斋大胆吸收了西方风景画技法的同时,又继承了日本情趣,其代表作风景组画《富岳三十六景》通过自己的眼睛观察自然,记录下了瞬间即逝的大自然千姿百态的丰富

---

① 久野健等编、蔡敦达译:《日本美术简史》,上海译文出版社2000年,第117页。
② 以朱丹为主,辅以绿黄两色。
③ 由红花瓣制成的鲜红色取代朱丹,色彩更具通透感。
④ 在红绘的基础上于着浓墨处加胶使其透出漆一般的光泽。
⑤ 用十种以上的色彩多次套印,使版画的色彩更加丰富绚丽,如同织锦。
⑥ 西山松之助等编:《江户学事典》,弘文堂2000年,第464页。

表情。广重的风景画则平易和谐地描摹着风花雪月和四季朝夕变化的情趣,其代表作品风景组画《东海道五十三次》①,与北斋的《富岳三十六景》并列为风景浮世绘的不朽名作。北斋、广重等人的作品跨越了艺术性和世俗性之间的矛盾,将浮世绘真正地变成了普罗艺术。

到幕末出现了反映混乱世情的讽刺画、描写横滨异国风情的"横滨绘",但总体看这个时期画师的画技不高,浮世绘在走向衰落。其间虽然在 1867 年巴黎万国博览会上展示的浮世绘版画引起了西欧印象派画家们的关心,但进入明治时代以后,浮世绘的色彩红得俗气,在技术上也受到了石板印刷和写真印刷的挑战,因而举步维艰。最后一位天才的浮世绘画师是月岗芳年(1839—1892),他目睹幕末维新时期战争等社会混乱,创作了大量被称为"血绘"②的充满血腥残酷的画面。到 19 世纪 80 年代,芳年的创作达到了高峰期,《月之百景》引起轰动,而记录传统风情的《风俗三十二相》反映出芳年对昔日优雅安详生活的怀念之情。这已经是浮世绘史上的夕阳,终究没能挽回浮世绘衰落的颓势。然而,作为日本绘画史上的一朵奇葩,浮世绘仍然受到后人的高度评价。

浮世绘并不是日本绘画史上的一个前后无缘的插曲。首先,人们注意到中国版画对浮世绘的影响,用日本学者的话说,浮世绘的题材"确实反映的是日本式的风俗,但是不要忘记如果没有中国明清版画作品和技法的传入,浮世绘就不可能发生和发展"③。其次,江户时代传入日本的西洋画也对浮世绘的兴起和发展产生了很大的影响,比如安藤广重就运用了西洋画中的透视法。也正因为浮世绘对外来绘画技法的广采博收,才成就了自身的辉煌。另一方面,浮世绘传入西方后,也对西洋近代绘画产生了重大的影响,不少欧洲印象派绘画大师们对浮世绘的喜爱到了痴迷的程度。莫奈、梵高、马奈都从浮世绘中吸取了诸多营养,莫奈和梵高曾临摹广重的作品,而且梵高还收藏有大量的浮世绘作品。梵高笔下

---

① 东海道五十三个驿站。
② 日文原文:血みどろ,意为满身是血。
③ 谷信一:《美术史》,山川出版社 1968 年,第 474 页。

湛蓝的天空、金色的向日葵等色彩艳丽的作品,就是从浮世绘中获得灵感的,而其油画《梅树开花》则能明显看出广重的影响。正如有学者所说:"如果说出最典型、知名度最高的日本绘画,那么就必然首推浮世绘了。浮世绘对西方的影响,是从来取惠于他国的日本艺术第一次推动了世界艺术的进程。如果没有浮世绘,日本美术将大为减色。"①

我们可以通过永井荷风的感触来理解浮世绘的内涵:"我爱浮世绘,苦海十年为双亲卖身游女之绘姿令我泣,凭依竹窗茫然眺望上游流水之艺妓身姿令我喜,卖宵夜荞面之纸灯留驻孤寂河边之夜景令我醉。雨夜啼月之杜鹃、阵阵秋雨之落叶、落花飘风之钟声、途中山路之暮雪。凡此无常、无依、无欲,不禁嗟叹此世间仅乃一梦,让我亲近,让我思恋。"②

浮世绘似乎很难加入象牙之塔的纯艺术行列,但是这并不能降低它的价值。浮世绘具有使高雅艺术自愧不如的意义,它涉及题材广泛,无数特写组成了各种栩栩如生的民众生活的长卷,贮存了供后人享受江户时代庶民日常生活的韵味,同时写实地反映了日本人对品味自然景致的细腻心性。艺术走向民众是江户时代的一大亮点,也是日本近代绘画发展的出发点。也正因如此,浮世绘已经成为日本文化中的鲜亮符号。

如果说浮世绘是张扬物质享乐的顶端,那么,茶道则体现着精神清寂的极致。

据《茶经详说》记载,"本朝圣武皇帝,天平元年(729),召百人僧讲般若,第二日有行茶之仪"。③ 一般认为是最澄和空海于九世纪初先后将茶种带回日本,并由最澄在天台宗的比叡山日吉神社旁种植茶叶,开辟了日本最初的茶园"日吉茶园"。之后出现了许多有关饮茶的诗文,不过这个时期茶还仅仅限于贵族和僧侣之间,而且有关茶的知识也是直接取自陆羽的《茶经》。后来随着平安时代国风文化的兴起,"茶处在被遗忘的

---

① 刘晓路:《日本美术史纲》,上海古籍出版社2003年,第156—157页。
② 永井荷风:《江户艺术论》,岩波书店2004年,第19—20页。
③ 千宗室著、萧艳华译、修刚校:《〈茶经〉与日本茶道的历史意义》,南开大学出版社1992年,第58页。

状态"①。直到1185年著名禅僧荣西再次从宋朝带回茶种和制茶、饮茶的方法,并于1211年完成了日本第一部有关茶的著作《吃茶养生记》。

以上是茶叶初传日本的大略,那么茶道又是如何传入日本的呢?据学者考证,日本茶道源于中国著名茶乡、陆羽撰写《茶经》的杭州径山。公元742年径山寺僧人法钦开始种茶供佛,后来径山茶声名鹊起,由宋孝宗御笔亲提的"径山兴圣万寿禅寺"也于南宋嘉定年间(1208—1224)被列为江南"五山十刹"之首。1235年日本的圣一国师圆尔来径山寺拜无准法师为师,不仅修禅大进,而且兼习种茶、制茶之法。圆尔将径山茶籽带回日本播种,并传播径山寺"抹茶"制法和"径山茶宴"仪式。② 1259年,日本大应国师南浦绍明赴径山求法,又带回径山寺茶具,并传播径山寺的"点茶"和"茶宴"仪式,促使日本"茶事"趋于规范。③ 由两位国师传入日本的"径山茶宴"经长期演进成为日本式的茶道。

由上述可见,茶之所以成为一种文化是与佛教尤其是禅宗密不可分的。其实这种现象也并不奇怪,日本茶道至今推崇的《茶经》作者陆羽自幼遭遗弃,由智积禅师收留并抚养成人,而智积禅师酷喜茶事,陆羽痴迷于茶,实出于恩师之熏陶。茶的特性与修禅生活有一种天然的联系,饮茶可使人心清气爽,又不会陶醉,因而昔日禅师多以茶为趣,而茶人也常潜心修禅,因而有"禅茶一味"之说,即:以茶行禅,以禅奉茶,两相融合,不离不弃。

之后,几经传承,京都大德寺住持一休宗纯(1394—1481)禅师及其弟子村田珠光(1422—1503)将饮茶的仪式发扬光大,在融合茶禅的基础上,又将日本人的审美情致融会其中,茶道遂成为一种专门技艺。室町幕府(1333—1568)后期,茶事活动已不仅限于上层贵族和武士之间,在百姓中间也出现了"云脚茶会",尤其是奈良地区的"淋汗茶会"名声不小,而村田珠光是其代表人物。珠光的"草庐茶室"成为后来茶道建筑的

---

① 千宗室著、萧艳华译、修刚校:《〈茶经〉与日本茶道的历史意义》,第68页。
② 参阅滕军:《中日茶文化交流史》,人民出版社2004年,第96—112页。
③ 参阅鸿宇编著:《说茶——日本茶道》,北京燕山出版社2005年,第18页。

典范,而珠光师从一休后颇得禅之三昧,并以禅改造茶事活动。珠光打破了茶道普及与发展的瓶颈,具体说就是促进了茶道的民间化,将民间的"草庵茶"和贵族的"书院茶"相结合,并使茶道与禅境进一步融合。珠光完成了茶道史上至为重要的的一步,被尊为"日本茶道之祖"。又有武野绍鸥(1502—1555)曾随当时著名学者三条西实隆学习"和歌道",并随村田珠光的门人习茶道,将"和歌道"中素、净、雅的神韵引入茶道,加速了茶道日本化的过程。以上经一休、珠光、绍鸥一脉相承,到绍鸥的弟子千利休(1521—1591)而集大成,奠定了今日的日本茶道形式,并使茶道变成一门简朴而又充满玄机的艺术。

千利休于1575年成为掌管织田信长茶事活动的"茶头",1581年参加了丰臣秀吉在姬路城举行的茶会,1584年又成为丰臣秀吉的"茶头"。千利休成为当时茶道界执牛耳者,并将茶道发展成日本传统文化精神的重要象征。利休茶道精神凝结为简素、恬静、清寂的"侘茶",可具体表述为"和敬清寂",至今仍被奉为"茶道四谛"。

和。即和悦、调和,它最充分地表现了茶道精神。早在七世纪初圣德太子就提倡"以和为贵",显然当时是出于政治和建设社会道德的需要,但毕竟不能否认"和为贵"的普遍意义。茶道精神似乎提供了通向"和为贵"的幽境,在简朴柔静的茶室气氛中,饮茶者相互交融之和,茶的清爽味道之和,古松之下茶室光线之和,点茶时情景音色之和等等。这一切将饮者诱入冥想的境界,无声地显示出气氛营造者的人格与心境。这种精神对修炼人生,人与人和谐相处大有助益,今天已成为普通日本人的处世准则。

敬。佛教意义上的敬是出于一种自身无价值的反省,即认为自身的肉体和精神都是有限的,由此生出否定自我、崇敬自然的心愿,进而又会使自身萌生谦恭之心而敬重他人的意识。点茶时上述敬的意味会油然而发,这时的敬是重返自然的真诚与纯净,以致达到"明心见性"的境界,这与世俗社会中下对上的毕恭毕敬是大相异趣的。在当今的日本人之间,深躬大礼被认为是天经地义的事,这其中深含的神奇意趣也只有拥有共同心性的日本人才能体尝到吧。

　　清。即清净。茶道用水是在被称为"露地"的茶庭内自由自在地汲取自然溪水，茶室内也是一尘不染。清净的目的在于驱除五官所感触到的污秽，使身心返归自然。目赏挂轴、鼻嗅清香、耳闻茶音、口品茗茶、正襟危坐，此五根清净之际乃意清之时。日本茶典曰："茶道之真谛在于清除世间之污垢，显露佛心，实现俳境。"①这里的"清"正与禅宗主张的"佛在心中"同趣。

　　寂。最能显示"禅茶一味"理念的要算是寂了。寂，在佛典中常指超脱生死的涅槃，但茶道中的寂是指清贫、单纯、孤寂、闲静。此为茶道之极至之趣。禅语中有"破烂袖里感清风"之说，意思是说表面并无炫目之处，但其内中却蕴寓着无价之宝。茶道即是在清贫中深寓着心情的和悦。茶室中一旦出现尘世的奢华，则一切意境会立时破灭。茶室中自然摆放的插花、字画等就象不曾存在，要使人偶然发现而领略其美。毫无虚饰，可谓是茶道的一大要义。千利休之孙宗旦说过：寂乃茶道之真髓，禅匠生活之真谛。

　　由于"禅茶一味"的关系，昔日茶人无不潜心修禅，两相融汇更能深悟禅味和茶道精神，最终达到自身修养的升华。连战国枭雄丰臣秀吉也给千利休写下了"汲水心中无底处，始成茶道真用途"②的和歌，显示了某种真诚。当然，茶道不仅仅是与禅难解难分，更有研究茶道艺术与《易经》之关系的著作出版③。茶道的精髓似乎已经成为日本人心性修养的导引。

　　千利休的孙辈"三家分千"，形成里千家、表千家、武者小路千家三个系统，一直传承至今，其中里千家最富盛名。在今天高度发达、快节奏生活的日本，茶道作为日本民族的国粹倍受青睐。家庭、朋友、同事之间经常以茶道为良剂来缓解现代生活所带来的疲劳和空虚。更多的人深悟到追求感官的强刺激只是一时的解脱，而茶的精神则可使人弱化物欲，

---

① 南方宗启著、西山松之助校注：《南方录》，西山松之助校注：《近世艺道论》，岩波书店1966年。
② 铃木大拙著，陶刚译：《禅与日本文化》，三联书店1989年，第128页。
③ 关根宗中：《作为综合艺术的茶道与易思想》，淡交社2009年。

回归自然，这才是人的永恒价值。"茶禅一味"的"静默心态"已渗入日本人的生活细节，交融在日本人的血脉之中，无形地调适着日本人的心性修养。毫无疑问，它应属于日本文化深层结构中的一个组成部分。

在现代化发展的过程中，完善于近世初期的茶道作为一种抵御"现代病"的疫苗是应该引起重视的。茶道反映了日本人重自然、尚礼仪、讲人情的审美意识和处世原则。尽管近现代生活节奏在不断加快，但在茶道的世界中，静谧和安宁仍然是不变的主题。为缓解现代生活带来的巨大压力，茶道这一传统"艺道"成为特效良药，重新受到人们的青睐。

三、儒家思想的多元并存

"儒教在维新之后只继续德川时代，而更无特色。此时西邦学术盛传兹土，刷新一切旧物。儒教会此大势，被其压倒，而甚衰退……然儒教绝不消灭，其精神广存于人心之中，而为明治教育之一大要素。即无儒教之名，其神髓骨子皆可求得于今世之教育。今之教育于伦理之说，以纯理为本。其组织及内容，非儒教所比。然如谓理想之终局在最高善（至善）行为，以完成人格为目的，善恶不取断于效果，注重于动机，皆合于儒教之旨意……更遡考之，德川时代之初以儒教为德育之主旨。日本既有此经验……维新以后，德育以儒教为先容，取其最进之体制，提以宏远普泛之人道，以众生所同归为其标目。故儒教已失其形骸，而其精神为今世德育之一大要素，将永远无灭期。"①

这是井上哲次郎（1855—1944）对明治时代承袭江户时代儒家思想的一段议论。既然"儒教在明治维新之后只继续德川时代"，那么追溯德川时代儒家思想以了解其在日本近代的状况就成为事半功倍的工作了。

丰臣秀吉侵朝夺华梦的破灭，使日本精英们认识到在东亚地区还不足以称霸，在文化上也还是个小兄弟，那么按照日本人对待中国文化的

---

① 大隈重信：《日本开国五十年史》，上海社会科学出版社 2007 年，第 714—715 页。

传统态度就只能是继续学习。江户时代的中日两国虽然没有正式的国交关系,但是通过民间交往,日本仍然在全方位地吸纳中国文化。江户时代初期,因中国明清交替的变局,形成了中国文人东渡日本的一个高潮时期,而这批中国移民成为传播中国文化的重要媒介。

纵观近世以前的日本:"儒教在古代和中世纪,盖为训诂注疏之学,思想性稀薄。"①然而,到江户时代这种状况开始发生变化,而这种变化的开端则是始于朱子学的上位。之后出现了诸多以儒家思想为母胎而又与朱子学对立的不同儒家流派,各家相互论争,呈现出日本思想史上罕见的争鸣景象。这一过程也正反映出儒者们因社会地位的不同,对中国儒家思想作出了多角度的生发。日本儒家各派的兴盛占据了江户时代思想界的绝大部分地牌儿,日本学者认为"进入到日本历史上的近世之后,儒学得到了一个飞跃性的发展"。② 可以说如果没有新儒学的营养补给,江户时代思想史将大幅减色。

1. 朱子学的上位

近世以前尤其是战国时代,深陷战乱的日本人对于现世失去信心,因而把精神投向了虚幻的彼岸,佛教之外天主教也曾兴盛一时。德川幕府建立之后,日本社会稳定下来,人心渐从彼岸迁回此岸。前此传入的朱子学适应了这个时代日本社会的精神和道德需求,幕府也发现朱子学主张的伦理道德有利于其统治秩序的稳定,这是江户时代儒学盛行的重要社会根源。

德川幕府以士农工商等级秩序维持其社会统治,其中武士为最高社会等级,也象征着武力统治的基干。然而一个和平的社会在武力为背景的统治之外,不可避免地要借助某种文化力量。随着德川幕府统治趋于稳定,统治策略也逐渐转向"文治",于是朱子学被奉为幕府的"官学",并

---

① 家永三郎:《近世思想家文集》,岩波书店 1978 年,第 5 页。
② 丸山真男著、王中江译:《日本政治思想史研究》,三联书店 2000 年,第 5 页。

顺势取代了统驭中世的佛教思想,占据了江户时代思想学问的中枢,各藩也多借重朱子学家进行藩政管理。整个江户时代,儒家理念统御着日本人的伦理道德意志和学问艺术等广泛的领域。

中国宋代理学虽然早在镰仓时代(1185—1333)中叶就由中日两国僧人传入日本,但当时"禅僧们兼习宋学,其目的不在于推广儒学,而是将宋学视为'助道之一',借以弘扬禅宗"。① 在禅僧那里,理学基本是作为禅学的附庸而存在的。至德川幕府建立,此前曾以五山禅僧②为主体统治日本思想界的佛儒一体的五山学问走向衰落,代之而起的是程朱理学从禅学中独立出来,并后来居上。

江户时代朱子学鼻祖藤原惺窝(1561—1619)从相国寺还俗而专攻朱子学,将五山禅僧用作修行的理学从禅学中独立出来并加以系统化,创立了京都朱子学派。"我久事从释氏,然有疑于心,读圣贤之书信而不疑,道果在兹,岂人伦之外哉。释氏既绝仁种又灭义理,是以为异端也。"③藤原惺窝曾计划到明朝求学,因风浪未能成行,后在滞日朝鲜朱子学者姜沆协助下,用日文编纂《四书五经倭训》。该书用朱子学的观点注解四书五经,标志着藤原惺窝转向朱子学。惺窝脱佛归儒的同时,还反戈一击对佛教的空虚之学进行了批判。曾有僧诘难藤原惺窝此举是"弃真归俗",惺窝答曰:"夫戾天理,废人伦,何以谓之真?"④这意味着藤原惺窝从中世的彼岸观回归到此岸的精神反省。藤原惺窝还曾说:"余自幼无师,独读书自谓汉唐儒者,不过记诵词章之间,说注释、音训标题事迹耳。绝无圣学诚实之见识矣……若无宋儒,岂续圣

---

① 王家骅:《儒家思想与日本文化》,浙江人民出版社 1990 年,第 59 页。
② 镰仓时代末期 1253 年,日本就曾仿照南宋也建立了"五山"制度,1380 年室町幕府分设镰仓五山和京都五山,前者为建长、圆觉、寿福、净智和净妙五寺,后者为南禅、天龙、建仁、东福、万寿五寺。1386 年因相国寺建成列于五山,遂将南禅寺升格为五山之上。两处五山的住持皆为著名禅师并兼习儒家经典。
③《惺窝先生行状》,国民精神文化研究所编:《藤原惺窝集卷上》,思文阁 1978 年。
④ 原念斋、东条琴台著:《先哲丛谈卷之一》,东学堂 1892 年。

学之绝绪哉。"①惺窝既抨击了禅中儒的空谈虚无,又反省了汉唐旧派儒者们埋头注疏之小学的无用,并试图建立植根于社会人伦的新儒学。这种学问观的实质是去虚就实,可以说是江户时代思想学问区别于中世的一大特征。

藤原惺窝为江户日本的思想史开辟了新的天地。荻生徂徕曾说过:远古日本"泯泯乎罔知觉",有了王仁日本才开始识字,有吉备真备后"经艺始传",有菅原道真后"文史可通",有惺窝后知"天语丕"。并称此四人为四君子。惺窝还培养了一批优秀的儒学家,其门下以人称藤原四天王的林罗山、松永尺五、那波活所、堀杏庵为首,俊秀辈出,"师其说者凡百五十人"②。从"四君子"到"四天王",足以证明藤原惺窝在日本文化史尤其是思想史上的耀眼地位。

藤原惺窝在日本思想史中的影响可归纳为:第一、使宋明理学脱离禅学而自立;第二、推崇朱子新注并脱离依赖于宫廷博士家们的旧注儒学,使朱子学在日本自成一家;第三、培养了一大批儒学家,使儒学在整个江户时代繁盛不衰。

德川幕府与朱子学的联姻是从 1603 年德川幕府建立开始的。是年还是建仁寺僧人的林罗山(1583—1657)在京都公开设坛讲解朱熹的《论语集注》,而当时没有朝廷准许是不得讲授儒家经典的。据此,明经博士清原秀贤向德川家康告发了林罗山,德川家康非但没有惩处林罗山,反而承认了公开讲学的形式。由此,原本只在公家、僧侣等特殊身份的人群之间传承的儒学,开始对社会开放,开创了江户时代公开讲学的先河,而朱子学也旋即成为江户时代之显学。林罗山由其师藤原惺窝推荐给幕府,深受德川家康礼遇,1607 年开始出任幕府的政治顾问,并先后担当德川家康至德川家纲四代将军的侍讲,颇得重用。"罗山于国家创业之际,大受宠任,起朝仪、定律令、大府所需文书,无不经其丕。"③林罗山还

---

① 朱谦之:《日本的朱子学》,人民出版社 2000 年,第 176 页。
② 黄遵宪:《日本国志》,上海古籍出版社 2001 年,第 334 页。
③ 原念斋、东条琴台著:《先哲丛谈卷之一》。

担当着幕府文教政策的规划、武士教育理念的制定等方面的指导者,并在古书搜集出版、史书编纂等方面做了大量的工作。可见林罗山在幕府创业之初修订祖法过程中发挥了重要的作用。也正因如此,林罗山所崇尚的朱子学也贯通了德川幕府的始终,这也说明朱子学是符合幕府的需要才得到重视的。

幕府全力扶持林家的学术权威,1630年三代将军家光赐地给林罗山兴建林家私塾。两年后尾张藩主德川义直又在江户藩邸内为林罗山建造了先圣殿,此即后来儒学圣堂的前身。林罗山殁后,三子鹫峰承继家业,林家的家塾开始招收官费学生。鹫峰请求幕府改造先圣殿获准,并被授予弘文院学士称号,加赐俸禄200石。1680年鹫峰次子凤冈(林信笃)继承林家,1690年五代将军纲吉命在江户神田的汤岛为林家兴建新的圣堂。翌年历史上著名的仿中国孔庙的汤岛圣堂落成,同时凤冈也受赐从五位下大学头,并成为圣堂的主祭,之后这份荣誉由林家世代世袭,圣堂中的仰高门经常讲经聚集众多听众。之后林家几经盛衰,到1793年第八代传人林述斋受命为大学头,趁势建议圣堂立法,1797年将圣堂学舍改为昌平坂(孔子的出生地)学问所。从此林家私塾变成幕府官立学府,作为旗本、御家人子弟教育的场所,一直活跃到幕末。其间学问所始终聚集着优秀的学者,吸引着众多倾慕者前来受教,保持着官学的地位。明治维新之初,昌平坂学问所改为昌平学校,1871年因设立文部省,结束了由林家私塾到昌平坂学问所的漫长历史。作为官学象征的学问所虽然不复存在,但汤岛圣堂的开放讲学之风和传播汉文化的传统却一直延续至今。①

---

① 笔者曾造访位于御茶水车站附近的圣堂,仅就2007年4月至2008年3月斯文会开设的有关汉学的连续讲座就有:论语素读、白乐天的诗与生涯、易经入门、十八史略讲读、汉文入门、江户的汉诗、阴阳五行说、庄子讲读、史记讲读、江户汉学讲义、汉字的起源、易经讲义、中国的名言成语、阴阳五行入门、汉诗作法初级讲座、汉诗作法入门讲座、素问素读、老子讲读、韩非子讲读、乐读论语名言、品味论语、传习录讲读、汉诗讲读、明清小说选读、唐诗鉴赏、读孟子、吟咏汉诗文、中国古典音乐、篆刻之乐、书道学习、中国画、健康太极拳等等。圣堂仍然是传播汉文化的重要窗口。

朱子学是通过思辨建立起来的道德哲学体系,于自然、政治、道德伦理等领域都贯通一个"理"字。它以思辨得来的"天理"统驭封建政治道德秩序,并使这种秩序合理化。所谓"未有天地之先,毕竟也只是理,有此理,便有此天地"①,"宇宙之间,一理而已……其张之为三纲,其纪之为五常,盖皆此理之流行,无所适而不在"。② 林罗山根据朱子学"天人一理"的原则提出:"如天尊地卑天高地低有上下之别,人又有君贵臣轻定其上下次第……无此差别,何以治国。"③由此引出了日本朱子学的天道、人道、格物穷理三环相扣的逻辑关系。而这种逻辑关系又顺应了幕府文治统治政策的需要,从而使朱子学在整个江户时代占据傲视"异学"的官学地位。

在日本,朱子学被进一步生发,认为"天道"具造化之功,主宰着世界,所谓"人类蕃息,花开果落,五谷丰登,皆天道之所为"④。天道不仅可以造物,还主宰着"君臣之义,父子之亲,男女之别,长幼之序,朋友之交"等社会道德规范,此即"人道"。初看日本朱子学的天道观似多有宗教信仰色彩,但是它与此前流行于日本的天主教和佛教大相径庭,朱子学的本质在于理性地诠释现实此岸世界的合理性。即,佛教以"人伦为幻妄",天主教也只以天主为唯一,而朱子学则是以天道解释人道,着眼于现实社会。

由上述可见,朱子学旨在论证当时日本社会的合理性,从君主到士农工商的存在都是基于天道而产生的人道,并要求社会各阶层的人们都各安其位,以维持社会的稳定。这种思想受到幕府统治者的激赏也自然是顺理成章了。正因如此,人们往往以此来批判日本朱子学的保守落后性,甚至称其为"还俗的宗教"。然而,另一方面也应该看到朱子学者们摒弃了佛教空无的宿命论,而且也向统治者提出了政治上的要求,诸如

---

① 《朱子语类·卷一·理气上》。
② 《朱文公文集·卷第七十·读大纪》。
③ 林罗山:《春鉴抄》,《日本思想大系28》,岩波书店1980年,第131页。
④ 石田一良著、王勇译:《文化史学:理论与方法》,浙江人民出版社1989年,第258页。

要秉承天意,以苍生和"天下利益"为重的理念等等,这就在客观上使统治者的权威相对化,实际上也为统治者在社会政治领域做了定位。

2. 儒学各派的争鸣

至元禄时期,儒学界打破了朱子学的一统天下,出现了诸多新学派,各派在相互论辩中深化了儒学研究,其中古学派表现突出。古学派又可分为伊藤仁斋(1627—1705)创始的古义学和荻生徂徕(1666—1728)的古文辞学。伊藤仁斋主张排除一切后世的注疏,直接回朔到孔孟,以《论语》《孟子》两书作标准,继承先秦儒家精神,对后世经典进行批判。荻生徂徕则广泛涉猎先秦古典,试图归纳说明古语,因此以古文辞学而与伊藤仁斋的古义学相区别。伊藤仁斋侧重生发古义,荻生徂徕侧重阐释古文,他们对古学的研究虽然侧重不同,但都对朱子学提出了质疑和批判。江户中期以后,两派占据着儒学界的中枢,古学这种追溯古典的精神,还对后述的国学产生了直接的影响。

古学实际上是对朱子学的扬弃,排除了佛教思想的影响,实现了较为彻底的儒佛分离。朱子学虽然与佛家分手,自立门户,但受佛教影响仍然较深,如静坐、静思、摒弃各种欲望等。在古学派看来,朱子学仍然属于脱离社会现实的坐而论道,为证实官方朱子学虚理虚义的谬误,古学派极力通过考证来确立符合社会生活需求的学问体系,从而在学问的世界兴起了经世致用的实学思潮。

伊藤仁斋否定了正统朱子学"理在气先"的唯心主义命题,认为:"非有理而后生斯气,所谓理者,反是气中之条理而已。"[①]他又说:"理字与道字相近,道以往来言,理以条理言。故圣人曰天道、曰人道,而未尝以理字命之。易曰,穷理尽性以至于命。盖穷理以物言,尽性以人言,至命以天言。自物而人、而天,其措词自有次第。以理字属之事物,则不系之天

---

① 伊藤仁斋:《语孟字义卷上》,《日本思想大系 33》,岩波书店 1980 年,第 116 页。

与人。"①在此，伊藤仁斋割断了天与人之间的锁链，将"理"限定于"事物之理"。

荻生徂徕也提出："盖先王之教，以物不以理。教以物者，必有事事焉，教以理者，言语详焉，物者众理所聚也。"②徂徕认为儒学的本质应是一种"技术行为"，具体说是体现先王统治政治学的"作为之道"。狄生徂徕除研究儒学之外，学问领域还涉及兵学、律学、经济、史学、文学等领域，尤其关心经世济民之学问，充分显示出实学性质。有研究者对此作了简洁的生发，提出："荻生徂徕孜孜以求的是儒家最高真意'道'的实现。……此道有理念与现实双重意义。理念上的道在徂徕学中被定义为'先王之道''圣人之道'，内涵即'安民'。……道的第二层意义也就是现实意义的道，即是荻生徂徕在《太平策》《政谈》《铃录》中具体谈论的政见。……包括治安、刑罚、移风易俗、婚姻家庭、财赋、官制、任贤、军事、教育、公武等十个方面。"③

总之，在古学派眼里，朱子学中思辨抽象的"理"已经转义为"作为之道"的行动原理。如果说古学派设定了"理"的内涵，那么其后的怀德堂学派④的合理主义儒学家们则进一步明确了"格物穷理"的目的和途径。五井兰州直言："真、实二字乃穷理之神明也。"⑤中井履轩更提出："格物谓往践其地、莅其事、执其劳也……此知行并进之方也。"⑥

本来在正统朱子学中，"格物致知""即物穷理"的目的在于"穷天理、明人伦、讲圣言、通世故"，从属于道德伦理范畴。而古学派们将"格物穷理"改造为以事物之理为核心的科学认识论，从而顺应了元禄时代前后

---

① 伊藤仁斋：《语孟字义卷上》，《日本思想大系33》，第124页。
② 荻生徂徕：《弁道》，《日本思想大系36》，岩波书店1980年，第205页。
③ 杨立影：《荻生徂徕经世思想研究》（南开大学博士学位论文2016年）第148—149页。
④ 开明的儒学学派，提倡实学，重视合理的穷理精神，反映当时町人阶层务实精神的学派，重视自然科学，其中的中井履轩曾通过观察从西方传入的显微镜而作《显微镜记》。这个学派培养了富永仲基、山片幡桃等诸多经世实学家。
⑤ 奈良本辰也编：《近世日本思想史研究》，河出书房新社1965年，108—109页。
⑥ 朱谦之：《日本的朱子学》，三联书店1958年，第317页。

经世实学和经验科学的需要。其实,日本的朱子学家们推崇朱子学中"格物穷理"的命题,也不仅仅是闭入书斋冥思苦想地"穷理",他们还十分注重实践中的"格物",并把格物穷理的功夫运用到科学技术领域。林罗山就非常关心医学和天文学,他遍读医书且注意观察病状,并编纂《多识编》五卷,其中介绍了李时珍的《本草纲目》,并撰有《浑天仪考序》一文。当时关心各类科学和实用技术的文人学者不乏其人①。从把"格物穷理"变成科学认识论的角度而言,古学派似乎与林罗山并无抵牾。

人们经常批判朱子学的"理"与科学思想是格格不入的,其实这种观点是过于片面了。在日本,实学思想以及后述兰学中的科学认识论正是通过对朱子学的扬弃,通过重新阐释朱子学"格物穷理"的认识论命题而形成的。日本学者对朱子学的"理"做了如下梳理:"作为认识对象的理,既有形而上学的道德性质的理,亦有经验性质的理,根据所穷之理的不同,其结果是完全不同的。"②国内学者也认为,这一时期儒学在日本分化为唯心论的伦理之教学和唯物主义的科学认识论。③ 在日本,以这种"理"的剥离和变异为中介,产生了作为科学思想基础的唯物主义自然观和经世致用的实学思潮。用日本学者的话说"日本的儒教文明,其学问之表现虽然经历了不同的过程,但最终结晶为实学这一点是不容否定的"。④

近世儒学阵营中的阳明心学也是质疑朱子学的在野异端学派,由于注重"知行合一"、尤重"实行"的社会政治功利倾向浓厚,因而其经历可谓命运多舛。与作为官学教育范本的朱子学相对,阳明学在民间影响较广。

日本阳明学鼻祖中江藤树(1608—1648)初尊朱子学,后读王龙溪⑤

---

① 参阅石田一良著、王勇译:《文化史学:理论与方法》,第274—281页。
② 源了圆:《近世初期实学思想史的研究》,创元社1980年,第109页。
③ 王家骅:《日中儒学的比较》,日本六兴出版社1988年,第158页。
④ 源了圆:《近世初期实学思想史的研究》,第9页。
⑤ 中国明代中后期阳明学核心人物,不仅以讲学为业,还注重对社会的移风易俗,属阳明学中的事功派,或称左派。

的《语录》大受启发,37岁时又读《阳明全书》而"豁然开悟,多年之疑始释矣"①。中江藤树在吸收融会王学的同时,建立起他自己的"孝本体"的学问体系。藤树秉承《大学》开篇"大学之道,在明明德,在亲民"的宗旨,认为"明德"为"万物一体之本体",因而"学问以明明德为全体之根本",作为万物一体的"明德"就是"明孝德",而"孝德既明",则万物本体便"皆在我本心孝德之中"。由此,"孝"便成为藤树哲学中的"本体"。"孝"的对象从父母、祖先到天地、大虚,现实了藤树哲学的道德伦理性。藤树还认为《中庸》之"中"即是"不偏不倚,无过无不及,天地万物,尽造化于此"的"明德"。在认识论上,藤树提出以"慎独"致"良知",进而可明明德、识万物,而良知就在人心中。可见,这是一种通过内省功夫求得人格完善的途径。但是,另一方面,藤树很注重社会实践,即"先躬行,后文词"。通过藤树的诗可以理解其学问的宗旨:"天上无心生泰阳,人间有意嘉新政;人间天上本无异,日月良知是至诚。"②虽然不能猜度藤树的"孝本体"论是否意在否定武家社会以忠为大的原则,但似乎可以看出其非体制学问的方向。

中江藤树身后的日本阳明学可大分为注重内省的德教派和主张入世的事功派。后者如熊泽蕃山(1619—1691)、佐藤一斋(1772—1859)、大盐中斋(1792—1837)、吉田松阴(1830—1859)等多有独立见识,也是日本阳明学派主流的正宗嫡传。熊泽蕃山在承袭其师中江藤树之外,又有自己的建树,比如:通过天人合一、理气合一、体用一源等命题而达到致良知的目的,致良知谓之"心之圣人"才可称为圣人。此外,蕃山在认可孝为众善之源、道德之大本的同时,又主张简化丁忧三年等形式上的礼仪,而提倡"心法尽孝"。再有,蕃山反对朱子学存天理灭人欲的命题,主张应该肯定男女之情等人类与生俱来的"生欲",反映了町人阶层的生

---

① 《藤树先生行状》,《藤树先生全集》第五卷,弘文堂1976年。
② 朱谦之:《日本的古学及阳明学》,人民出版社2000年,第230页。

活意愿。蕃山曾得到备前冈山藩主池田光政重用,参与藩政并多有建树。后因发表不同政见触怒幕府,在幽禁中去世。可见,蕃山已不仅仅是坐而论道的心性道德先生,而是面对社会现实的修齐治平的实践者。大概是由于蕃山的悲剧下场,日本阳明学在沉寂百年后,才又出现以佐藤一斋和大盐中斋为代表的复兴。

佐藤一斋为大学头林述斋的弟子,并为林家学塾之塾长,且晚年长期任幕府官学昌平坂儒官,当属林家系统。但实际上佐藤一斋信奉阳明学,因而被称为是"阳朱阴王"。也正因为这种在朝学者地位,使阳明学的影响多有扩展,幕末维新时期的风云人物渡边华山、佐久间象山、横井小楠、吉田松阴、西乡隆盛等人皆出其门,足见一斋学统在日本历史上的位置。佐藤一斋在哲学上主张天地万物皆气、肉体与精神皆气、心与物也同是一气,从而带有气一元论的倾向。在政治上一斋主张天下为公、尊王贱霸,后期又从反对洋学转而主张开放洋学,反映出日本阳明学事功主义的传统。同为阳明学家的大盐中斋于1837年,以武装暴动(史称大盐平八郎起义)的形式,表达了人人平等、重建社会道德的诉求。

综观上述,可以看出日本阳明学派异端、反体制、身体力行等诸多明显的特征。日本阳明学事功主义不仅引导了大盐平八郎的武装暴动,还留下了幕末维新时期吉田松阴、西乡隆盛等因主张并躬行自己的思想和政治主张而死于非命的系列悲剧。系列悲剧的主人公虽然并非都是顺应历史潮流之举,但却成为日本阳明学特征的有力佐证。

3. 水户学派与江户史学

对近世日本文化影响最深者莫过于儒家思想,其间影响最大的中国学人,非朱舜水莫属,谈水户学自然更不能忘记朱舜水。朱舜水(1600—1682)大半生为大明江山四处奔忙,于1659年定居长崎,并终老于日本。朱舜水赴日之前已是名士,人称"文武全才第一""开国以来第一",但他无意仕途。舜水尊实学,践实事,"学问之道,贵在实行,圣贤之道,俱在践履"。① 舜水到日本后先是在长崎讲学,后受聘于水户藩第二代藩主德川光圀。"德川光圀尊朱舜水为师,在从其学习中国优秀传统文化的同时,还经常询问有关国家施政大计、礼乐典章制度以及学术文化问题。"② 舜水也殚精竭虑将所学所思传授给邻国知己,"所谓'水户学'者,所得于舜水精神者至多"。③ 舜水在日本不但受到前所未有的礼遇,且与政界、学术界交往密切,日本弟子众多,卒后谥号为文恭先生。梁启超曾言:当时的日本知识层对舜水的敬重"如七十子之服孔子",而且"德川日本二百年,日本整个变成儒教的国民,最大的动力实在舜水"。④ 此言虽显夸张,但朱舜水对日本儒学的影响确实不可小觑。诸如,主张对朱子学采取扬弃态度的安东省庵、反对坐而论道的木下顺庵、古学派的山鹿素行、伊藤仁斋等人都从不同层次吸收了朱舜水的实学思想,从而促使江户时代日本儒学研究进入新的阶段。"朱舜水在中日文化交流史上实与鉴真前后辉映,观其伟业,中外史乘,诚属罕见。"⑤

最直接继承朱舜水学问思想体系的莫过于以《大日本史》为代表、主张大义名分、尊王攘夷的水户学。一般认为水户学是在水户藩编修《大日本史》过程中逐渐形成的学问体系,而这期间朱舜水不但与编史主持者德川光圀时常谈经说史,而且担任编纂《大日本史》的第一任总裁安积觉就是自幼就学于朱舜水门下的高足。

编纂《大日本史》的发起者德川光圀因读《史记·伯夷传》而颇为感慨,认为史书如果没有"史笔"就不能感化后人,这种修史目标成为编纂《大日本史》的指导思想。该书仿效司马迁《史记》采用中国正史体例的纪传体,所记时代上自"神武天皇",下至南北朝统一的1392年,全书共397卷。其中:本纪73卷(含100代天皇)、列传170卷(含后妃、皇子、皇

---

① 《朱舜水集》上册,中华书局1981年,第369页。
② 覃启勋:《朱舜水东瀛授业研究》,人民出版社2005年,第7—8页。
③ 梁容若:《中日文化交流史稿》,商务印书馆1985年,第213页。
④ 梁启超:《中国近三百年学术史》,东方出版社1996年,第102、101页。
⑤ 徐兴庆编著:《新订朱舜水集》补遗,台湾大学出版社2004年,徐兴庆自序。

女、群臣、孝子、逆臣等)、志表154卷。《大日本史》自德川光圀1657年在江户开设史局到1906年印刷完毕,历经250年。该书收集史料广泛,并精于史实真伪的考辨,其严谨程度在日本史学史上是史无前例的,详细注明史料的出典是该书的一大独创,中国的正史中也无此例。此外,该书的汉文水平也非常高。

  日本学者称《大日本史》与由林罗山开始主持编修的《本朝通鉴》为近世史著之双璧,然而《大日本史》除了"记治乱、陈善恶、以备劝惩之典"①的教化目的之外,对后世影响更大的则是以编纂该书为中心聚集在一起的水户学派提倡的"大义名分"理论。藤田幽谷(1774—1826)就认为,史家的任务就是要通过对历史的评价来彰显大义名分。《大日本史》也确实在贯穿着大义名分思想,以下试举两例。《本朝通鉴》把由武家实际统治南北朝时代的北朝作为正统,而《大日本史》则把虽然处于弱势地位,但持有作为天皇象征的三种神器的南朝作为正统。如果这种史笔反映了"大义",那么下一个问题则反映出"名分"原则。《本朝通鉴》认为《日本书纪》中记载的以皇后身份摄政69年的神功皇后是"本朝女主之始",因而将其列为一代天皇,而《大日本史》按名分将其列入后妃传。总之,宣扬以天皇为正统的尊皇思想、突出强调"大义名分"等国家正统观念的伦理道德,是《大日本史》的"精义"所在。该书曾被誉为"本朝史记","显示了近世史学达到的一个顶点,在成就了明治维新精神依托之一的意义上,也不能疏漏其给予后世的影响"。② 足见《大日本史》在日本史学史以至于文化史上的影响。

  从逻辑上说,作为"御三家"之一的水户藩提出自我矮小化的尊王思想似乎有些难以理解,不过从原理上讲,幕府将军权力的合法性源于天皇的认可和授予,因而强调天皇的正统性也是顺理成章。事实上《大日本史》并没有倒幕倾向,也无法想象在和平时期,源于德川家康嫡孙德川

---

① 石田一良:《日本思想史概论》,吉川弘文馆2001年,第212页。
② 坂本太郎:《修史与史学》,吉川弘文馆1990年,第422页。

光圀掌管的水户藩会提出倒幕口号。然而,尊皇思想确实为幕末倒幕运动提供了理论依据。

其实,无论是从学问的角度还是政治思想的角度,江户时代公武地位始终是学者们经常触及的论题。到后期水户学阶段,随着西方势力在日本周围活动的频繁,这种"大义名分"被突然放大,并将矛头指向外患。藤田幽谷提出了国体论和攘夷思想,又被会泽正志斋(1782—1863)、藤田东湖(1806—1855)等人继承发展。会泽正志斋将日本神话、神道、武士道等日本传统思想引入原本属于中国式"正统思想"的水户学,更提出了日本独特的国体问题,并希望用天皇的宗教性权威来支持幕府实现国家统一,从而应对来自西洋的挑战。然而,这种思想最终演变为幕末时期尊王攘夷和尊王倒幕派的核心理论,造成了天皇与幕府分道扬镳、反目成仇。正如美国学者指出的,水户学"成为了以日本天皇为中心的民族主义情感的思想源泉,并最终为日本倒幕、尊王运动提供了理论武器——这一现象到公元1868年明治维新时期达到了顶峰"。①

水户学虽然深受朱舜水的影响,但它最终还是幻化为具有强烈民族意识的日本特有的"国体思想"。水户学派学者们始终贯穿着尊皇的正统思想,可谓是主张"大义名分"的义士,从这个意义上讲,正是德川家自己推翻了自己的统治。然而,明治政府虽然承袭了"国体思想",但并没有重用为明治天皇重新号令天下而立下汗马功劳的水户学派,而是启用了复古神道集大成之平田学派,实在是辜负了水户学派的"忠义之心"。

以上分析了水户学及其《大日本史》在政治思想史坐标上的位置。在此顺便对江户时代的史学做一番梳理。史学在日本历史上始终是显学,这可以说是承袭了中国的文化传统。甚至在近代以前,一提到学问就首先想到史学。日本史学承袭中国史学传统,修史不但记录史事,还要对历史人物、事件等作出判定,这就为后人寻找前人的文化价值观念留下了珍贵的资料。江户时代是日本史学发展的重要时期,"近世日本

---

① 康拉德·西诺考尔等著、袁德良译:《日本文明史》第二版,群言出版社 2008 年,第144 页。

的修史与史学在日本史学史上占有十分重要的位置,它上承日本古代、中世的修史风格、史学思想,又发展出新的修史形式,新的史学观念,并下启近代日本的修史和史学"。①

德川幕府为论证自己的合法性并确立德川家的权威,非常热心于历史编纂事业,不仅规模之大超出历代,持续时间也几乎贯穿整个江户时代。此外,各藩国也仿效幕府修史,民间修史者也不乏其人。整个江户时代,史学流派也异彩纷呈,各派的史观各有不同,形成了日本史学史上的一个高峰期。

由幕府组织编纂的史书占据了很大的比重,按内容可大致分为三类。第一类是德川幕府的历史,诸如《武德大成记》《东武实录》《德川实纪》《朝野旧闻衷藁》等。这类史书的目的在于建立德川家的权威,从而树立一个新的正统,如:《朝野旧闻衷藁》全书1093卷,运用史料广而精,记载了德川家先祖到德川家康的时代;《德川实纪》516卷,记载了从德川家康到第十代将军德川家治的历史,该书也用功不小,但由于对历代将军极尽礼赞之笔,削弱了其史料价值。第二类是各藩大名等的历史,如《宽永诸家系图传》《宽政重修诸家谱》等。此一类史书是为了提醒大名士族们"不忘幕府厚恩,追思祖先本分",从而使大名们自觉依附于德川幕府。第三类是有关德川幕府建立之前的日本历史,如《本朝通鉴》《后鉴》《史料》等等。这类史书的政治目的相对较弱,而侧重修订客观信史的倾向更强一些。比如,由林罗山及其后人主持仿效司马光编年体《资治通鉴》编纂的《本朝通鉴》,形式规范、内容完备,反映了德川幕府初期学术进取之势。林罗山为此事业兢兢业业,曾编修了《本朝编年录》40卷,然而,在1657年(明历三年)的江户城明历火灾中这些卷帙连同林罗山引以自豪的万余卷和汉文典籍毁之一炬,林罗山为之气血耗尽心灰意冷,数日后弃世而去。之后由其第三子林春斋继承父业,续修《本朝通鉴》,于1670年脱稿。全书起始于神代,截止到后阳成天皇(1586—1611

---

① 瞿亮:《日本近世的修史与史学》(南开大学博士学位论文2012年),第3页。

在位),共310卷,是一部完整的通史。该书的目标在于究明有史以来治乱兴亡之轨迹,遵照儒家思想的理念,超越公武对立的狭隘立场,以史为鉴,修明政治、规范人伦。

此外各藩也在自觉地修史,如被称为德川氏御三家的尾张藩的《神君年谱》、纪伊藩的《创业记考异》、水户藩的《大日本史》等。前两史基本思想是立足于德川幕藩体制的正当性,而《大日本史》则显示了自己的特性,其史学思想和编纂方法等已如前述。

就个人的史学研究而论,新井白石(1657—1725)当属佼佼者,他是江户时代儒家史观的代表,也是公认的日本近世史学的高峰。新井白石的主要史著有:《藩翰谱》《读史余论》《古史通》《史疑》等。"白石史学"的特点有三:对史实精致的批判、实证方法的活用、把握历史趋势的洞察力。白石在研究关键历史人物的时候,甚至能够在对促使人物行动的心理作出分析的基础上,较为清楚地洞察到历史发展的进程。一般认为,白石不但是近世史学的高峰,而且也是近代史学的先驱。但是,白石在评价他所生活的当代历史的时候,其史观似乎突然失去了犀利的锋芒。他可以无情地批评历史上以下犯上专权的源氏和平氏集团、批判北条氏和足利氏,但是对德川家康以及德川幕府则采取了全面肯定的态度,认为德川氏是受命于天,奉天治世。此外,白石史学"只把上层的政权交替看作是历史,而对普通国民层,尤其是庶民层的动向则完全视而不见"[1]。新井白石迎合当时统治者和无视庶民的倾向,削弱了他一贯的史学批评标准的生命力,"被认为是极为保守的思想家"[2]。

儒家阵营的史家还有山鹿素行(1622—1685)。山鹿素行学于林罗山,治学领域极广,其史著《中朝事实》《武家事纪》显示了其史学风格。《中朝事实》强调日本的风土优于万国,日本的历史也是皇室一统,天地间无以伦比,反映出民族主义的思想意识。《武家事纪》中论证了武家的

---

[1] 芳贺登:《批判近代日本史学思想史》,柏书房1974年,第29页。
[2] 芳贺登:《批判近代日本史学思想史》,第30页。

出现是历史发展的必然。山鹿素行承认天皇因受神示而统治日本,但是同时又认为,当朝廷德识衰微时,武家替代朝廷掌权治理天下不但应该认可,而且是历史的必然。这样,一方面主张皇统连绵不断,另一方面又承认了武家政权的正当性。

江户史学另一个亮点就是开始接触到西洋史,虽然它还很幼稚。就著述而言应首先提到新井白石编纂的《西洋纪闻》。该书的资料来源于白石对潜入日本的传教士的询问和辩论的记录,记述了西洋各国形成的历史,而且还涉及西洋国家间的关系,记载了诸如西班牙继承战争等当时欧洲诸国的形势,尤其对天主教史的记述最为详细。《西洋纪闻》使西洋历史学开始从地理与历史混杂的"舆地学"中独立出来。随着江户中后期兰学的兴起,西洋历史也开始受到兰学家和一般学者们的关心,有关西洋历史的著述不断丰富,但这些书籍大多是有关国别的历史,诸如:荷兰史有森岛中良的《红毛杂话》、宇田川榕庵的《和兰史略》;俄国史有前野良泽的《鲁西亚本纪》、山村才助的《鲁西亚国志》;英国史有吉雄忠次郎的《谙厄利亚人性情志》等等。到幕末时期出现了整体西洋史的著述,如山村才助的《西洋杂记》、佐藤信渊的《西洋列国史略》等等。① 不过,江户时代的西洋史知识基本上是被作为一种了解西洋的信息,没能引起在历史观和史学方法等研究上的进步,在日本真正的西洋史研究还要等到明治时代。不过,这些史学书籍使日本史学跨出了东洋史的局限,把眼光扩大到世界历史,扩展了日本人史学研究的视野。

四、神道的扭曲与极端民族主义

1. 扭曲神道释义

神道教起源于日本先民原始自然信仰,是一种民族宗教。不过,自

---

① 有关江户时代西洋史著述的详情可参阅:开国百年纪念文化事业会:《锁国时代的海外知识》,原书房 1980 年,第 380—421 页。

从神道发生以来,就不间断地吸收外来宗教和思想文化,并不断变换民族信仰与外来文化的组合。宏观而言,至日本战败为止,神道经历了原发的"土著神道",与外来宗教以及文化交融而变得思想丰富的"融合神道",剥离所有外来文化之后被扭曲的狭隘的极端民族主义神道三大历史阶段。第三阶段极端民族主义的"扭曲神道"即是本书所要论述的主题。

本书所使用的"扭曲神道"一词涵指具有极端民族主义共同特征的日本江户时代出现的复古神道和近代以后形成的国家神道两个历史阶段,它们迥异于之前的传统神道。如所周知,神道源于日本古代自然崇拜,其后虽然天皇家族为证明其统治日本的合理性而编制出神皇一系的神话传说故事,但鲜有抵制外来文化的诉求。相反,传统神道还不断吸纳佛教、儒家思想等外来文化,丰富了神道文化精神的内涵,形成了神道融汇外来思想的传统。而扭曲神道是对上述传统神道精神的激烈反拨。扭曲神道以复古神道为开端(在江户时代并非复古神道理论的一统天下,诸多融合神道理论仍然同时存在),把传统神道中的外来思想文化作为"异己的他者"进行了非理性、全方位的攻击和排斥,并试图以此建构以神国史观为内核的日本民族精神的认同,由此使传统融合神道被彻底扭曲而陷入恶性排外、唯我独尊的文化民族主义的思想泥沼。扭曲神道发展到国家神道阶段,不仅承袭了神国史观等复古神道的诸多思想观念,而且将其具象为以忠君爱国和天皇崇拜为核心理念、要求全体日本臣民无条件遵从的国家意识形态,并将其运用于不断发动对外侵略战争的暴力民族主义的行动。简而言之,如果说复古神道尚属于民间学者对内宣扬的文化思想意识,那么国家神道还体现了国家对外扩张的政治意志。

国内有关日本神道的研究颇有升温之势,与此相关的著述也不在少数。诸如:张大柘:《当代神道教》(东方出版社 1999 年)、牛建科:《复古神道哲学思想研究》(齐鲁书社 2005 年)、王金林:《日本神道研究》(上海辞书出版社 2007 年)等。有代表性的相关论文,如:李秀石:《从神道国教化到靖国神社》(《世界历史》1998 年第 6 期)、牛建科:《试论国家神道之思想理论渊源》(《山东大学学报哲社版》2002年第6期)、王海燕:《日本侵华战争中的国家神道》(《抗日战争史研究》2009年第1期)等。上述论著都从各自不同的角度或多或少地接触到本书论题中的某些局部问题,对笔者多有启发,并成为本书写作的重要参考。另一方面,这些论著尚没有把复古神道和国家神道作为一个相对独立的整体放在极端民族主义的框架中进行系统研究。日本学界也基本处于同样的状态。有鉴于此,笔者以为以"扭曲神道"这一概念为依托来探求从复古神道到国家神道的异常生长机理,或可开拓新的研究路径及其研究课题。

与复古神道和国家神道相对应,本书还将近世以来的日本极端民族主义分解为文化民族主义和暴力民族主义。学界对这些概念众说纷纭褒贬各异,笔者无意参与这种理论性探讨和论争,而是旨在通过这些概念更清晰、深刻地认识扭曲神道由复古神道异化为国家神道的性质的异同和内在逻辑。为避免陷入概念论争,在此仅对本书语境下所使用的文化民族主义和暴力民族主义的含义稍加说明。所谓文化民族主义,大而言之自然是指反映在文化领域的民族主义,即"注重的不是民族主义的政治、经济侧面,而是民族主义的文化侧面。"[①]中国学者还概括指出了文化民族主义的若干特性:"把文化民族主义等同于极端复古主义,并带有原教旨主义倾向。这种观点认为文化民族主义基本属于一种自我封闭的民族意识……它是一种在其他国家的压力下做出的被迫的反映式的民族主义。"[②]日本学者也给出了相近的界定:"所谓文化民族主义是指民族的文化自我认同意识缺乏、不稳定,在受到威胁时,通过文化自我认同意识的创造、维持、强化,争取民族共同体的再生活动。"[③]上述界定中的复古主义、原教旨主义、自我封闭的民族意识、文化自我认同意识等诸多因素,基本反映了本书所使用的文化民族主义的内涵。此外,上述界定

[①] 铃木贞美著、魏大海译:《日本的文化民族主义》,武汉大学出版社2008年,第19页。
[②] 王春风:《文化民族主义研究综述》,《贵州民族研究》2008年第4期。有关文化民族主义的研究状况也可参见该文。
[③] 吉野耕作著、刘克申译:《文化民族主义的社会学》,商务印书馆2004年,第11—12页。

都提及了外部压力对形成文化民族主义的刺激作用,诸如"在其他国家的压力下""受到威胁时",这里的压力显然是指政治、军事压力。但是,在复古神道形成之初,外来的压力和威胁似乎还没有那么严重,至少在国学家们的著述中鲜有反应。因而如果要谈论复古神道与外部因素关系的话,可以表述为:通过对外来文化的"超越"来建立日本民族文化的认同。关于暴力民族主义一词,是仅在本书语境中使用的与文化民族主义相对应的用语,顾名思义即是暴力与民族主义的结合,可以理解为民族主义的暴力化。简而言之,如果说文化民族主义是依靠"极端复古主义"式的对外来文化的"超越"来试图实现日本民族文化认同的民间文化思想的话,那么暴力民族主义就是通过宣扬神国思想来建立日本军国主义武力霸权的国家政治;如果说文化民族主义是为应对外部强势文化压力的被动抵抗的思想意识,那么暴力民族主义则是为建立军事帝国而主动对外施加暴力的精神支撑及其行动。

本书旨在对扭曲神道做一番梳理分析,厘清其由文化民族主义的复古神道思想为开端,经"暴力民族主义文本"阶段(见本节第4部分《穿越百年的对外征服案》),最终恶性膨胀为以国家神道为引导的暴力民族主义行动的演化过程,并对战后国家神道意识的复活做扼要的解说(见第六章第一节)。这条历史线索不仅有助于破解近代以来"日本帝国"自我膨胀、与邻为敌、发动对外侵略战争的精神基因,也有助于我们认清战后日本右翼人群的思想根源。

2. 复古神道的起始:文化民族主义的生成

文化民族主义是世界各国历史上的普遍现象,但是如果走向极端,即在寻求民族文化认同的同时排斥别国文化甚至与别国为敌,就会异化为一个国家的精神毒瘤。复古神道即是此类典型的历史标本。

一般认为神道是日本固有的民族宗教,但是神道从发生那天起就是一种极不稳定的信仰,在历史上几经变脸,而且流派众多,从民间信仰最终发展为明治维新之后的国家神道。有学者将神道的发展变化过程形

51

容为一个不断更换衣裳的玩偶:"一旦时代变化就会灵巧地脱掉前一个时代旧思想的衣裳,而改穿下一个时代新思想的衣裳。奈良时代之初,身着为大和朝廷统一诸氏族而制作的古代统一国家的意识形态的衣服,这表现在《古事记》中。进入平安时代,从中国传来的佛教浸透于国民,于是又脱掉以前思想的衣裳,换上佛教的衣裳,成为神佛习合神道……到德川时代,中国南方的儒教开始流行,又丢弃了佛教的衣裳,改穿宋明儒学,尤其是朱子学的衣服……变成儒家神道。及至国学兴起,又迅即脱掉儒教的衣裳,换上国学的衣裳,形成神、国习合的古学神道。"①

到了江户时代,神道对佛教的利用走到了尽头,随着朱子学的传入,出现了在排斥佛教的同时,以儒家思想解释神道,并主张神儒融合的思想。首先是林罗山给神道做了大手术:"此神道即王道也,心之外别无神、别无理";"或问神道与儒道如何别之? 自我观之,理一而已矣。"②林罗山认为神道就是儒家倡导之王道,就是朱子学中的理。此即典型的儒主神从的"儒家神道"理论。此后又有吉川惟足(1616—1694)主张的神主儒从的"理学神道",从哲学本体论的太极到人间政治伦理,都贯穿着中国儒家思想的主要命题,但是却堂而皇之地声称日本神道才是高于佛儒两道的万国之根本。

与理学神道同时还有儒家神道的集大成者山崎暗斋(1618—1682)建立的"垂加神道"③。山崎暗斋笃信朱子学的同时又是一位虔诚的神道学家。山崎暗斋认为,天照大神既是太阳神又是女性的人体神,即所谓的"天人唯一"。这里对朱子学中"天人合一"的概念作了巧妙地借用,山崎暗斋认为,靠理性是无法理解"天人唯一"的关系的,而只能凭借信仰才能领悟出来。在山崎暗斋那里,把本来属于哲学意义上的天人合一思想,变成了神秘主义的神道学说。此外,垂加神道理论中强烈的天皇绝

---

① 石田一良:《日本文化史——日本的心与型》,东海大学出版社1994年,第258—259页。
② 京都史迹会编:《林罗山文集》卷62《随笔2》,鹈鹕社1979年。
③ "垂加"两字取自伊势神道经典《倭姬命世纪》:"神垂以祈祷为先,冥加以正直为本。"山崎暗斋以此为座右铭。

对崇拜意识,对后来的忠君爱国、大义名分以及神国思想产生了很大的影响。至此,已经反映出江户时代日本文化独立意识的萌芽,而距复古神道的出现也仅有一步之遥了。

　　复古神道的学问滥觞于国学。江户时代发生的国学是通过对日本古典的研究,寻求日本固有之"道"的学问。国学最初的研究对象是日本古代语言、文学、习俗、制度等日本固有的古代文化,并以文献学为研究手段,通过对古代文献的"考辨"而将日本古代社会理想化。就象古学要返回孟孔之道一样,国学则要发掘汉文化传入以前的纯日本的古典文化。国学的思考路径显然是受到古学派的影响,但其目标却与古学派大相径庭。国学试图剔除儒释道等所有外来思想和学问,而回到《古事记》《日本书纪》和《万叶集》等日本最初的古典,以复归"记纪"时代的"大和心"。即"与追索中国古代理想社会的儒家的研究相对,要极力从日本自身古代社会中挖掘出更高的理想社会,这既是支撑国学运动的强烈的信念"。[①] 国学的称呼本身也显示出与汉学相对抗的意识,因而又称"和学""皇朝学"等。观此"学名"也可知国学最终发展成为极端民族主义的复古神道也算是"顺理成章"了。

　　复古神道也称"纯神道、古道神道、国学神道、神道复古派"[②]等,是江户时代一些著名国学家为对抗中华文化及所有外来文化而创造的一种宣扬日本神皇一体、优于世界万国的神道理论。因而,作为复古神道理论的第一步,就是要颠覆自古以来长期吸纳外来文化而形成的传统融合神道理论及思考路径。宣扬复古神道的国学家们为剔除长期沉淀于神道理论深层的所有外来文化,对"记纪"等遵照皇室意志编写的日本古代神话传说做出了随心所欲的演绎。在这个演绎过程中,为确立复古神道核心内容的神国日本的绝对性,一些国学家对影响神道颇深的中国文化进行了重点诋毁和排斥。为此,国学家们索性把神话当作史实,臆造出

[①] 开国百年纪念文化事业会:《明治文化史 5》,洋洋社 1954 年,第 480 页。
[②] 国学院大学日本文化研究所编辑:《神道事典》,弘文堂 2007 年,第 422—443 页。

以神皇一脉相承的神国、皇国史观为依托的日本国至高无上的复古神道理论。这个理论不仅要使以中国思想为主的外来文化矮小化,而且还要论证由举世无双的神国日本来统治全世界的"原理"。

如前所述,国学本来是一场文学复古主义运动。国学先驱契冲(1640—1701)认为神儒佛三教可以融合于和歌之中、"记纪神话"也都是文学作品。但其后继者荷田春满(1668—1736)、贺茂真渊(1697—1769)、本居宣长(1730—1801)、平田笃胤(1776—1843)等国学大家们,则逐步把国学引向发掘日本民族精神的哲学意义上的论说,"记纪神话"也被他们奉为日本精神之源的"学术经典"。他们为建立日本民族的文化认同,就必须树立日本精神,以消除"外来文化的污染"。由此,曾作为日本文明启蒙助力的中国思想文化首当其冲,自然成为复古神道学家们主攻对象的"不能忘记的他者",这些国学家也异化为复古神道学家。

荷田春满将《日本书纪·神代卷》作为复古神道的原典置于至尊地位,在他看来,"神代卷"记录着原汁原味的日本风情与大和精神,所谓"本朝之道,简化于神代上下卷者也"。① 因而,荷田春满面对江户时代儒佛思想在日本知识界居于主流地位的状况忧心忡忡:"今也洙泗之学(孔学)随处而起,瞿昙之教(佛教)逐日而盛……神皇之教陵夷,一年甚于一年。国家之学废坠,存十一于千百……复古之学谁云问?"荷田春满认为,正是上述现状导致神道被儒佛污染而面目全非:"今之谈神道者是皆阴阳五行家之说,世之讲咏歌者大率圆钝四教仪之解,非唐宋诸儒之糟粕则胎金两部之余沥,非凿空钻穴之妄说则无证不稽之私言。曰秘、曰诀,古贤之真传何有,或蕴、或奥,今人之伪造是多。"在荷田春满看来,当时的融合神道理论已经完全被儒佛吞噬,背离了日本"古圣贤之真传",而且多为伪说,因而造成了日本原始"土著神道"的衰败。为此,荷田春满立志排儒佛之教以复归日本古道:"臣自少无寝无食以排击异端为念,

---

① 荷田春满:《日本书纪神代卷札记》,《荷田全集》第6卷,名著普及会1990年,第90页。

以学以思不兴复古道无止。"①荷田春满还预设了复古神道"学说"的结论,即:"日本乃神裔所存之国,胜于万国,教亦胜于万国也。"②可见,荷田春满最早发现了通过诋毁中国文化而抬升日本精神的"彼消此长之法",因而成为兴古道而排儒佛的鼻祖,也为其后继者定下了思想基调。

荷田春满的弟子贺茂真渊,遵循其师预设的思想路径而"言复古之学",并将"神皇之道"作为其学问的重点。贺茂真渊为论证"神皇之道"的至高无上而著书立说,其著述涉及建国神话、古文献、语言、和歌、文章等诸多领域。

贺茂真渊把"日本古语"问题作为其论证古道的切入点,将纯洁"日本古语"作为排除"汉意"的首要条件。贺茂真渊认为,汉字的传入阻碍了日本文化精神发达的进程,是导致日本人忘却自身原乡文化的根源所在:"古时虽用唐字,但只用其表音",其后又"使用表意汉字"使日文"犹如汉字之奴",继而日本受汉字影响而又成"其国之奴"。③ 在贺茂真渊看来,用汉字书写的日本记事也势必会因浸染"汉意"而逐渐成为中国文化的奴婢。

基于上述认识,贺茂真渊甚至认为以汉字成书的日本第一部正史《日本书纪》全书充斥着"汉意",因而要予以否定,并认为只有《古事记》《万叶集》等少数文献才是"纯粹皇朝之文"④,也即原汁原味的日本古书古义。此论与主张以《日本书纪》为国学原典的荷田春满相比,变得更加"纯净"。贺茂真渊发现《万叶集》才是日本古语的源点,所谓:"以古歌……可推知古代之世事……可推想神代之神事。"⑤他解释说:通过《万叶集》之和歌可知"大和国营造宫殿之际,皇威显于外,宽和成于内……民也一心尊皇",而后"唐风盛行,民不尊上,而显奸猾之心"。⑥ 尤其是

---

① 荷田春满:《创学校启》,《日本思想大系 39》,岩波书店 1972 年,第 333—335 页。
② 荷田春满:《日本书纪神代卷札记》,《荷田全集》第 6 卷,第 63 页。
③ 贺茂真渊:《国意考》,《日本思想大系 39》,第 380—381 页。
④ 贺茂真渊:《新学》,《日本思想大系 39》,第 367 页。
⑤ 贺茂真渊:《国意考》,《日本思想大系 39》,第 381 页。
⑥ 贺茂真渊:《新学》,《日本思想大系 39》,第 358、359 页。

"中古以后……贵文而贱武,于是吾皇神之道衰微,人心不直矣"。① 为此,贺茂真渊要恢复"唐风盛行"以前日本传统的统治秩序,即:"遵循在天神祖之道,天皇以庄严雄壮为表,臣下专于武勇正直。"②此即贺茂真渊设计的神皇一统治理日本的"古道",也即日本精神的根基。

依据日本"古道",贺茂真渊便剑指儒家思想:"儒教有所谓道……说在唐国以此理治世,皆属虚言。"甚至对兄弟姐妹成婚有悖人伦的说法,也提出了质疑:"我国古代以同胞为兄弟,(同父)异母所生非兄弟,因之……常有异母兄弟姐妹之间通婚者……一旦立一制度(指在中国同姓同族等近亲不婚的婚配禁忌),便以为天下之人以至后世皆须遵守,乃愚蠢之极。"③贺茂真渊之所以设此专论,是因为日本历史上近亲通婚非常普遍,尤其是上古日本天皇家为保持血统纯正,血缘内婚配乃成惯例。所谓"旧制限帝族自相为婚,亲王与内亲王相婚配"即"如帝子男为亲王,女为内亲王,制惟亲王许娶内亲王"。④ 由此,不难理解在贺茂真渊看来,天皇家族血缘内婚配的状况,也被包含在其所主张应该遵循的"神祖之道"之中。由此不难看出贺茂真渊宣扬的"神皇之道",不过是进入文明之前的日本蒙昧时代的景象而已。

观贺茂真渊之论可见,其对于中国的态度是不加区分的全面否定,其复古神道体系中的所谓"神皇之道",只不过是对日本上古蒙昧时代的神话所做的一番随意想象,其逻辑是:日本神皇之道是儒佛之说传来之前就已经自然生成的理想世界,而"人为虚伪之儒佛"的传入,淹没了"日本古道"。为此,贺茂真渊极力宣扬"神皇之道"的神圣性,并以此作为清除儒佛等"汉意"的有效工具,只有清除"汉意",才能复归"日本古道"。不难看出,贺茂真渊在反复自他(日本和中国)评判的文脉中,试图将原

---

① 贺茂真渊:《贺茂翁家集》,《贺茂真渊全集》第 21 卷,续群书类丛完成会 1982 年,第 64 页。
② 贺茂真渊:《万叶集大考》,《校本贺茂真渊全集思想篇》上,弘文堂书房 1942 年,第 148—149 页。
③ 贺茂真渊:《国意考》,《日本思想大系 39》,第 367、387—388 页。
④ 黄遵宪:《日本国志》下卷(吴振清、徐勇、王稼祥点校整理),天津人民出版社 2006 年,第 837 页。

本已然融于神道之中的"汉意"人为切除,并做出了"贵日本古道而贱外来儒佛"的硬性文化选择。这种文化对立的评判,已经隐含着厚此薄彼的文化民族主义的意愿。

可以说,荷田春满和贺茂真渊是复古神道的奠基者,他们完成了复古神道的文化民族主义的立意和"文化布局"。

3. 复古神道的归结:极端文化民族主义

本居宣长被认为是复古神道的集大成者,他不仅延续其师贺茂真渊等前辈的思考路径,还展开了大规模"追根寻源的考证研究",力图将复古神道思想作为一种"强迫观念",占据日本民族文化认同的核心地位。然而,作为日本神道之所以无与伦比的"原典"依据,也即文献学上的考证对象,本居宣长仍然毫无新意地选择了《古事记》,并将《古事记》所记神话传说当作事实来加以演绎:"世上所有事物,皆由产巢日神(包括高御产巢日神和神产巢日神)之灵而生成。皇祖神伊邪那歧、伊邪那美乃由此创始,世间一切事物,皆从此二神而开始。"而天皇的绝对统治则是由开辟天地的"祖神所定……因天照大神(伊邪那岐命洗左眼时所生)之命,无论天皇之善恶,均元伺机从旁篡夺皇位者。"①故而,所谓神道乃是"天照大神之道,天皇统治天下之道,且广及四海万国"②,此即"我国神妙之道,较外国所有之道远为纯正高贵之凭证"。③ 可见,在本居宣长看来,《古事记》所记之上述神话传说就是历史事实。

本居宣长的"溯源考证"已然荒唐,而其要证明的结论更是充满臆测。本居宣长首先用"道"和"教"将国学家的神道思想与中国的儒家思想截然分断。本居宣长认为,所谓日本的"道"是自然生成之日本神道,包括"不依德,而惟依血统"④的天皇家天下制度都是至善之道,而中国的

---

① 本居宣长:《直毗灵》,《增补本居宣长全集》第1卷,吉川弘文馆1926年,第59、61页。
② 本居宣长:《初山踏》,《增补本居宣长全集》第9卷,吉川弘文馆1927年,第480页。
③ 本居宣长:《直毗灵》,《增补本居宣长全集》第1卷,第60页。
④ 本居宣长:《葛花》,《增补本居宣长全集》第5卷,吉川弘文馆1926年,第487页。

儒家思想则是人为的说教。本居宣长对两者做出了褒贬分明的价值判断："神道无教典，乃真道之证也……以教为宗旨者，人造之小道也。"①简而言之，在本居宣长看来，虚无缥缈的"日本之道"是自然形成的朴实大道，而中国古圣先贤之"教"则是违背自然的人为小道，并认为："（中国的）圣人之道本为治国而作，反成乱国之根。"②其实本居宣长所说的"自然生成的日本之道"除神话传说之外无凭无据，是名副其实的"人造之道"。正是这凭空想象的"道"，在本居宣长那里，成了日本至高无上的依据。所谓："高天原（日本众神所在的天上的世界）者，万国所同戴之高天原。天照大神者，乃治天之神，宇宙间无与伦比……四海万国无不蒙其德光所照，无论何国，亦不能一日片时脱离大神庇荫而可自存者。"③可见，在本居宣长看来，无论在空间上还是时间上，日本都是永恒的世界主人。

对本居宣长来说，击败贯通日本历史的中国"圣人之教"，是炮制"日本之道"的必要前提。为此，本居宣长必须强行截断中国思想的渗透，把融合神道变为忠实于日本传统的"纯洁"的复古神道。本居宣长不容置疑地宣称："今之神道家皆以支那儒道来理解吾邦神道，故而大失神道之旨，愚不可及。"本居宣长批判融合神道的力度之大，甚至殃及日本第一部正史《日本书纪》："日本书纪文章多造作，且悉汉文书写，故多失古语之意。"④可怜《日本书纪》仅仅因为用汉文写成，而遭此不白之冤。本居宣长之所以对作为正史的《日本书纪》弃之不用，反将《古事记》作为论证"日本之道"的"正史"，是因为担心《日本书纪》神代卷以外的记载会成为其所论"日本之道"的反证。这种"弃正史而信神话"的"考证研究"和唯我独尊的排外思考路径，凸显出复古神道思想极端文化民族主义的虚幻自恋情结。

---

① 本居宣长：《问答录》，《增补本居宣长全集》第 6 卷，吉川弘文馆 1926 年，第 122 页。
② 本居宣长：《直毗灵》，《增补本居宣长全集》第 1 卷，第 54—55 页。
③ 本居宣长：《玉匣》，《本居宣长全集》第 8 卷，筑摩书房 1972 年，第 5 页。
④ 本居宣长：《蒹葭随笔》，《本居宣长全集》第 13 卷，筑摩书房 1971 年，第 601、605 页。

如果说本居宣长侧重于论"道",那么自称本居宣长弟子的平田笃胤的复古神道理论重心,则在于"完善"日本祖神创生宇宙的理论,以确立日本祖神之哲学意义上的世界本体地位和日本优于万国的神国——皇国史观。其实平田的所谓宇宙生成论不过是通过对"记纪神话"的随意加工而来,其目标在于论证神国史观的绝对性。《古事记》中并没有言及创世神话中最初出现的"造化三神"之间的相互关系和各自的功能,而平田笃胤却解释说:"天之御中主神寂然无为而主宰万物……高皇产灵神、神皇产灵神分天之御中主神之神德而生天地万物并主宰之"①,从而使"造化三神"获得了哲学本体的地位。

平田解释说:天之御中主神乃是"阴阳混沌之神体……生皇产灵神之男女二柱神,以二柱神之产灵生成大虚空中难以言状之物,由此分成天日与大地,此乃天地初分之时"。② 平田以如此轻而易举的思辨就杜撰出宇宙初生,天地始分的过程。那么,在这个天地衍生过程中,日本被置于怎样的位置呢?据平田的说法,日本处于天地始分前连结"天地间的蒂之处"③。按照平田杜撰的逻辑:天地生成后,最初的国家便是三柱神之嫡系后裔伊邪那岐、伊邪那美二柱神所造之日本,所以日本"位于万国之东头"的太阳初升之地,由于日本是"神所生之国,与万国乃天壤之别……确实为神国",并称此为"宇宙之公论"。④ 此等荒诞无稽的日本神国论,就是平田笃胤论证无与伦比之万世一系皇国史观的原始依据。

平田在确立了日本的神国地位之后,接下来便是建立神皇一脉相承的天皇万世一系统治日本的皇国史观。平田笃胤在论证日本"确实为神国"之后,又从神皇交接节点的天孙下凡,一直讲到19世纪初期:"自皇孙迩迩艺命(天照大神之孙),至今文化年间(1804—1817)之天皇,共一百二十代之皇统延绵不断,自世界之初至今,乃如一世……历代天皇乃

---

① 平田笃胤:《本教外篇》,石田一良编集:《神道思想集》,筑摩书房1970年,第302页。
② 平田笃胤:《玉襷》,《新修平田笃胤全集》第6卷,名著出版1977年,第147页。
③ 平田笃胤:《灵之真柱》,《日本思想大系50》,岩波书店1973年,第34页。
④ 平田笃胤:《古道大意》,《新修平田笃胤全集》第8卷,名著出版1976年,第29页

统治八隅之大君,统治八隅即统治全世界。"①由此,平田描绘出神皇一脉、万世一系、国祚无穷的神国——皇国史观。如此悠长的历史推衍,只不过是为了得出事先预设好的结论:因为"我天皇是天照大神之后裔",所以是"现人神"②。不仅如此,"皇国即天地之根源,所有事物均较万国为优",所以"日本之天子实为统治四海万国之真天子","世界万国都要服从皇国是不言而喻的"③。这就是平田笃胤创造的"日本统治世界的原理"。

要使日本优于万国之论站稳脚跟,平田还必须搬掉一块"绊脚石",那就是要推翻一个自古以来的历史常识,即日本是通过不断摄取中国文化的养分而逐渐演进为文明社会的。为此,平田又开始编造天方夜谭的故事了。其方法可谓简单易行,即把中国上古传说记事一律收归日本所有,于是中国人的祖先都被变为"记纪神话"中的日本神了。平田笃胤言之凿凿地说:"汉土盘古之后有三皇五帝。三皇者,天皇即天皇大帝或天皇上帝,即日本神典之伊邪那岐命;地皇即伊邪那美命;人皇即速须佐之男命(天照大神之弟)。又以伏羲氏为东王父,当神典之大国主命(与高天原相对的地上之国苇原国的主神);女娲氏为西王母,当须势理毗卖命(大国主命之妻)。"而"盘古氏实即皇产灵大神,燧人氏实即大国主命大神"。④ 平田的这些自娱自乐的意淫故事虽然荒唐,但却可以从根本上颠倒中日两国文化发生的顺序,如果连中国人的祖先都是日本的神,那么日本文化怎么会来自中国呢?

由上述可见,平田笃胤之论将复古神道理论进一步神秘化、随意化、"体系化",如果说本居宣长的话语还"有据可考"的话,那么平田笃胤的说法就是随心所欲地编造了,从而使复古神道变得完全无视学术和理性,走向文化民族主义的极端。

---

① 平田笃胤:《悟道辨》,《新修平田笃胤全集》第10卷,名著出版1977年,第562页。
② 平田笃胤:《玉襷》,《新修平田笃胤全集》第6卷,第543页。
③ 平田笃胤:《古道大意》,《新修平田笃胤全集》第8卷,第47、48、82页。
④ 平田笃胤:《悟道辨》,《新修平田笃胤全集》第10卷,第563页。

上述历代国学巨头们的复古神道理论虽然各有侧重，但他们的思想路径是一致的，那就是站在日本文化民族主义的立场，以日本民族之伟大和中国文化之不堪为论题，反复两相比对证明，从而编制出以"大日本而小中国"为主题、以日本优于万国为结论的极端文化民族主义的复古神道体系。及至明治政府建立，复古神道理论终于被天皇制国家所全盘继承，幻化为统治整个日本民族精神的国家神道。

其实，上述盲信古典的偏狭，也曾招来国学派内部的批判，贺茂真渊的弟子村田春海就提出，贺茂真渊告诉人们的"道"是歌学和古典解释学，除此无他，并激烈地批判本居宣长的"古道绝对信仰"是牵强附会，从而将古典文化研究与狭隘的"古道"画了一条分界线。非意识形态化的著名国学家还有专注于古文献校勘和史实考证以及研究古代制度的半信友和狩谷掖斋等人。然而，如上所示的国学家们一脉相承，不仅要贬斥中国，而且还要彻底否定中国文化，从而由"日本精神"来取代中国文化的地位。这种思想在当时就曾遭到日本知识界的严厉批判，"近时所谓国学者流，其言奇僻而其内狭隘。每每罔道诬圣，无所忌惮矣"①。但是，贺茂真渊、本居宣长、平田笃胤被称为"国学三大人"，而且"贺茂真渊、本居宣长等先唱，而庸愚之徒从和之，不啻举之其口，又笔之于书，其学日炽月增。"②可见，复古神道思想影响甚广。

有观点曾认为国学是日本的文艺复兴，从形式上看确实很相像，但是作为国学主要内容的复古神道学说是日本版的排他的神秘神学，是一种文化倒退，因为被国学家们批判的佛儒思想远比复古神道更有意义，而复古神道却演变为"反动的日本精神哲学"③。

不可否认，江户时代的国学研究为日本后来的古典研究以至于古代史研究提供了诸多学术养分。然而，国学研究却忽略了村田春海提出的

---

① 小松原:《国意考辨妄序》，鹫尾顺敬编纂:《日本思想斗争史料——国意考外九篇》，东方书院1930年。
② 小松原:《国意考辨妄序》。
③ 朱谦之:《日本哲学史》，人民出版社2002年，第94页。

国学观，而是沿着意识形态化发展下去，走向孤芳自赏的迷信，最终形成了旨在制造"神国史观""皇国史观"的"复古神道"。

4. 穿越百年的对外征服案

在从文化民族主义的复古神道转向暴力民族主义的国家神道的过程中，有一个引人注目的中间桥段，即"暴力民族主义的文本"阶段。这个"文本"的目标已不仅仅是志在"超越外来文化"的民族文化认同，而是附加了颇为具体的对外武力征服的方案。之所以把这个"文本"看作一个历史桥段，是因为它与复古神道思想相比增加了对外实施暴力的欲求。这个文本与国家神道相比虽然还停留在民间学者的文论阶段，但另一方面还必须看到，近代以后国家神道统驭下的日本军国主义国家不折不扣地贯彻实施了这个文本。

这个暴力民族主义文本的作者就是江户时代后期百科全书式的学者佐藤信渊（以下简称这个文本为"佐藤文本"）。尽管前述国学家们对日中两国文化进行了非理性的褒贬，但毕竟还停留在日本优于万国的精神层面的民族自恋，而佐藤信渊不但堂而皇之地用西洋近代科学思想诠释其荒谬的神国史观，而且还赋予神道对外武力征服的功能，越过了学者本应严守的底线。然而，在关于扭曲神道的研究中，"佐藤文本"作为承上启下的重要环节，迄今为止一直是个盲点。为此，有必要试行考察佐藤信渊由文化民族主义导出暴力民族主义的"佐藤文本"体系。

一份传为《田中奏折》（1927）的文件中，有一段众人皆知的日本征服世界步骤的"名言"，所谓："欲征服支那、必先征服满蒙、欲征服世界、必先征服支那。支那完全被我国征服、其他为小亚细亚及印度南洋等异服之民族、必畏我而降于我、使世界知东亚为日本之东亚、永不敢向我侵犯，此乃明治大帝之遗策、是亦我帝国存亡上必要之事也。"[①]笔者无意讨论无关紧要的《田中奏折》的真伪问题，因为近代以来，尤其是从"九一八

---

① 《时事月报》，1929 年 2 月。

事变"开始,日本对外侵略的线路,确与《田中奏折》所记如出一辙。换言之,如果没有《田中奏折》就能够否认日本对外侵略战争顺序的史实吗?

与此"历史公案"相关,笔者在做"近世日本人的中国观"课题时,无意中发现了"九一八事变"爆发百余年前的日本民间学者佐藤信渊的对外侵略扩张论证,或可作为近代以来日本侵略扩张线路的始作俑者。本文将通过对佐藤信渊两种著述的扼要分析,梳理出其侵华方案甚而统治世界的步骤及其思想根源,以为前车之鉴。

(1)《混同秘策》之"蓝图"

佐藤信渊(1769—1850)在其《混同秘策》(文政六年,1823)中对日本向外侵略扩张作了系统的"论证"。该文开篇即云:"皇大御国(以天照大神为祖先的天皇万世一系统治的日本国)乃最初形成大地之国,为世界万国之根本……全世界悉应为郡县,万国之君长皆应为臣仆。"①因而"皇国征讨外国其势顺且易,他国寇皇国则其势逆且难……支那虽为皇国近邻,但倾支那全国之力经略之,亦无能害皇国之策。若有暴戾之主,如强驱大众为寇之胡元忽必烈,虽兴举国之众,对于皇国丝毫不足恐惧,反于彼国有莫大损失。故虽一度来犯,不能再三来之,自不待言。如若皇国征伐支那,只要调度得法,不过五、七年,必可使其土崩瓦解……故而皇国开拓他邦,必由吞并支那始。如上所云,以支那之强大尚不能敌皇国,更何况其他夷狄哉。此乃皇国能天然混同世界之形胜之故……支那既入版图,其他西域、暹罗、印度、侏离鴃舌衣冠诡异之徒,岂能不慕德畏威稽首匍匐以为臣仆?故而,由皇国混同世界万国并非难事"。②

佐藤信渊明确提出,欲侵略中国需把中国东北作为突破口。"经略他邦之法,应始于弱而易取之处。当今世界万国之中,皇国容易攻取之土地,无如支那之满洲者。"③接下来,佐藤信渊还精心设计了侵攻中国东

---

① 佐藤信渊:《混同秘策》,《日本思想大系 45》,岩波书店 1977 年,第 426 页。
② 佐藤信渊:《混同秘策》,《日本思想大系 45》,第 427—428 页。
③ 佐藤信渊:《混同秘策》,《日本思想大系 45》,第 430 页。

北的具体步骤和进一步"扩大战果"的野心。"取得黑龙江之各地后……逐渐向西,松花江之地方亦易取之地。既得吉林城之后,则支那之鞑靼诸部必望风而归附,若有不服从者,移兵征讨。鞑靼既定,则盛京势危,支那势必全国震动。故而,皇国征服满洲,虽不知早晚何时可得,但最终为皇国所有,定而无疑。夫不啻取得满洲,支那全国之衰败亦由此开始。在取得鞑靼基础上,朝鲜、支那继而可图。"①

佐藤信渊甚至还提出了天皇亲征的方案和对全中国的统治术:

> 亲征扈从必用熊本府之兵,亲征之先要考虑各方皇师之形样,并探得支那国王所谓清主者已经困苦,而后可渡海。先阵之兵直捣江南地方,速取南京应天府,以此地为皇居。乃登用有文才之支那人,使其作大诰,周檄天下,曰:清主崇信邪魔左道,蔑视天地之神意,痛拒皇国之法教,不怜人类之无食,获罪于皇天,而(天皇)则行天罚以救苍生。应怜新归附之支那人,悉选用其有才者为官,且需立明室之子孙朱氏封上公,使其谨行先祖之祭祀,大施慈悲,专心抚育支那人。若真诚用此策,数十年间,支那全国可完全平定。②

佐藤信渊还提出了利用东北地区人民和官兵侵扰中国的险恶谋略:

> 皇国作为万国之根本,乃应号令全地球之宗国,因而以皇国人之食余抚育彼鞑夷,驾驭调练其精锐,渐使其成为令支那、印度等国臣服(于日本)之基础。世上之儒生俗士等见当今支那之强盛,闻此论笑之癫狂。详于世界之形势而考较其事体大要,四大洲中土地广大、气候良和、物产极多、人民极繁盛之国,实以支那为第一。然,破灭支那者,常出自鞑靼部,察于此,由鞑靼制支那甚为便捷,自不必论。③

---

① 佐藤信渊:《混同秘策》,《日本思想大系45》,第431页。
② 佐藤信渊:《混同秘策》,《日本思想大系45》,第435—436页。
③ 佐藤信渊:《混同秘策》,《日本思想大系45》,第472页。

佐藤信渊上述"弘论天下"并非儿戏,虽然自觉当时的日本无力实行,还是寄希望于具有"混同世界"野心之后来者:"予深感上天哺育之大恩,窃有囊括六合之意。然怎奈家贫年老,于是乎,笔记比书题名混同秘策,聊记垂暮之郁愤,固封以留与儿孙。嗟乎,后来之英主,有志于鞭挞宇内者,若先熟读此编,思过半者也。"①这一贪婪的侵略扩张"蓝图"被明治以来的日本帝国不折不扣地予以实施,尤其是与开篇所述20世纪20年代末日本扩张战略之雷同,不能不令人惊异。不知是源于不谋而合,还是明治以后"神国"军人继承了其先辈之侵略遗愿。总之,《田中奏折》的对外侵略扩张步骤与"佐藤文本"如此雷同,似乎在向人们证明扭曲神道的历史延续性。然而,近代以来日本帝国主义最终惨败的结局,却是佐藤信渊所没有料到的,更成为"神国"日本和法西斯主义者们的"千古遗恨"。

那么,是什么精神支撑着如此"宏大战略"的呢?

如果粗略地梳理一下佐藤信渊作为一位民间学者所涉及的学问领域便会发现,他颇有家学渊源,诸如:农政、农业技术、土木治水、矿山学、冶金学、渔业等等②,又周游日本学习兰学。按佐藤信渊自己的说法,他曾经"赴江户随宇田川槐园先生学习本草及和兰诸学说,又从友人木村桐斋氏受天文、地理、历数、测量等术。及学之略成,负笈游历四方,足迹所及凡四十六国,精研父祖之遗事,以至几乎家学全备"。③ 上述各类科学技术无疑属于经世致用的实学。此外,他更兼通儒佛之学,使他又具备文人学者的思维。如果佐藤信渊的学问知识体系仅限于上述,大概很难产生对外侵略扩张的思想。然而,佐藤信渊又分别"随吉川源十郎和平田笃胤学习神道和国学"④,并将国学家的复古神道定为其学问的根基。可见,佐藤信渊所学领域宽泛庞杂,集科学和迷信于一身,因而使他

---

① 佐藤信渊:《混同秘策》,《日本思想大系45》,第436页。
② 岛崎隆夫:《佐藤信渊——人物思想与研究史》,《日本思想大系45》,第605页。
③ 佐藤信渊:《经济要略》,《日本思想大系45》,第520页。
④ 上杉允彦:《江户时代日本人的中国观》,《高千穗论丛》1977年第2号。

的思想显得颇为诡异。通过分析,可以清晰地发现,统御佐藤信渊学问中枢的是充满想象和迷信的复古神道学的极端民族主义的理念,这反映在其所著《天柱记》之中。

(2)《天柱记》与神国史观

佐藤信渊在《天柱记·序说》(文政八年,1825)中讲述了他"探索学问"的历程:

> 予生甚晚,十六岁丧先考……其后游学于四方,审问慎思四十余年……于是熟推究天地运动,星月循环……然奈天造上古蒙昧事实未详,而无以明所以作其运动之基原矣,因而欲穷其理。搜索支那印度诸子百家载籍……而其所记悉皆荒唐虚诞,无有足取者也。忧愤既久,及近来读皇国神代诸纪,始知旋转天地发育万物而为造化之首者,皆系于我皇祖产灵神搅回之神机矣……盖皇国成于大地之最初者也,则开辟事实,无论乎当传于皇国矣。其后又读本居氏古事记传、服部氏三大考、平田氏灵之真柱等书,而及益精究古实,恍然悟天地生生之理悉为产灵之元运焉。心内自觉别有一神代纪……于是乎,就天地现在之运动,而推究自然之定理,则发见皇祖天神天地溶造之规则,有一大纲四定例,而为盘古不易之天纪也。所谓一大纲者,太初产灵大神搅回一元气,赖其运动之妙机,重浊早脱走至远之城,轻清迟分止于至近之郭,是也。四定例者,一曰运动,凡宇内运动必自西进东。二曰旋回,凡分生者必旋回本物之外围。三曰迟速,凡距离本物,近者行速,远者行迟。四曰形体,凡分生者必从本物之正体,是也。斯一大纲四定例者,产灵大神天地溶造之规则,而天文历数之基,万物化育之原也。予既推明天地开辟之事实,乃表彰古典纯粹之正文……照天造之规则以辅之,作千古未发之大论。①

在《天柱记》中,佐藤信渊对"一大纲四定例"一一做了解释,其中"照

---

① 佐藤信渊:《天柱记》,《日本思想大系 45》,第 364—365 页。

天造之规则"，不乏近代早期天体物理学之理论，但是其所述世界本体论的主要依据却只不过是将"产灵神搅回之神机"①解释为"太初产灵大神搅回一元气"，用日本天神的宇宙神创论替代了基督教的上帝创世说。这对于了解西洋近代天文学的学者来说，是极其荒谬而不可思议的。然而这种科学与日本神道之迷信合二为一的"论证"，却实实在在反映在佐藤信渊的著述中。在西洋，是科学的天文学击败了基督教的神创论才得以健康发展的，而在佐藤信渊那里，却又将西洋近代科学天文学抛回到遥远的"神代"。与其说佐藤信渊是从科学研究堕落为愚昧迷信，不如说他从一开始就是为证明神国观念的真实性而绑架了西洋近代科学。就这个结论而言，佐藤信渊与国学家们的复古神道之论没有什么不同，所谓："皇国乃伊奘诺、伊奘冉二神（即伊邪那岐和伊邪那美二神）曾受皇祖天神之诏而修造之所，大地之成就最初，天孙之天降以来，皇祚连绵无穷，与天地共悠久，实万国之基本……外国皆为皇国形成之后，渐渐潮泡凝结而成土地，因之其国开辟晚，自不待论。"②

接下来的问题是，要使上述"千古未发之大论"成立，还要对历史上日本人的"慕华"情结进行彻底的"理论性颠覆"，而佐藤信渊是以颠覆"中国比日本开辟更早"的历史事实为突破口的：

> 支那国之说曰，太古之初，有称盘古氏之神造此天地，日月即盘古之双眼。此应为对我伊奘诺大神禊祓之时双目乃日神（天照大神）、月神之古说之讹传。有称女娲氏之女神为世界之王，有称共工氏之神与其相争，战不能胜而自以头触撞不周山而死。因此，天柱折，女娲炼五色石以补之。此乃天照大神与须佐男神事之讹传。③

从此段毫无根据的议论中，足见佐藤信渊为构建日本独立文化而贬

---

① 所谓"搅回之神机"乃生产天照大神的伊邪那岐和伊邪那美二神用天矛搅动海水，然后由矛滴下之海水形成岛屿，以此象征创生世界。参阅安万侣著、周作人译：《古事记》，中国对外翻译出版社 2001 年，第 4 页。
② 佐藤信渊：《天柱记》，《日本思想大系 45》，第 366 页。
③ 佐藤信渊：《天柱记》，《日本思想大系 45》，第 366—367 页。

低中国文化之急切心情。很明显这种附会是承袭并生发了其前辈日本国学家平田笃胤的"高论",但是接下来的议论却是对其前辈臆断的无限扩展。佐藤信渊依次将印度、波斯、欧洲、埃及、非洲等地区和国家的创世之说与日本神代纪进行比对之后,提出所有上述创世神话,都是剽窃了日本神代创世说的不同情节。① 总之,"天地开辟之说,任何国皆荒唐,唯皇国之古传以实征为据者。故而,予祖述于此,以为穷理学之基根。若夫初学之辈,熟读此书及镕造化育之论,则对以天地之运动、万物之化育开始,兴物产、富国家、其他人世之经济、日用之要务,皆会朗然自明其理。"②

在佐藤信渊看来,不但人类起源于日本,而且了解这个起源就会对自然科学以及所有经世致用之学"自明其理"。佐藤信渊用"考证"的方法,得出了荒谬的结论,用貌似科学的话语论证了迷信的谎言。佐藤信渊自称的"千古未发之大论",其实不过是觉得国学家们的皇国论缺乏说服力,而强征了自然科学的话语来附会其人为编造的神国史观、宣倡日本神国天下独尊的思想。按照佐藤信渊的逻辑,因为日本相对世界和中国处于绝对优越地位,所以日本统治全世界也就顺理成章了。这是一个事关日本近代以来对外侵略扩张理论的精神核心,即因为日本是高居于所有国家之上的神国,因而全人类必须要由日本来统治。在这种"思考路径"指导下,生成统驭中国和征服世界的迷梦,可谓"逻辑使然",而开篇所列"先满蒙——次中国——再世界"的侵略顺序理论原型,也自然成为日本对外扩张的纲领。

之所以重提将近二百年前的旧事,就是要衬托出极端民族主义的恶劣影响。在佐藤信渊的学问体系中,西方近代科学的正面作用被鬼使神差地完全抵消了,诸如"一大纲四定例"等貌似科学的议论完全成为神国史观的理论根据。佐藤信渊广博的学问异化为赤裸裸的对外侵略扩张

---

① 篇幅所限,恕不一一引用。参见佐藤信渊:《天柱记》,《日本思想大系 45》,第 367—371 页。
② 佐藤信渊:《天柱记》,《日本思想大系 45》,第 383 页。

的理论,作为江户时代后期学贯古今东西的知名学者,可谓是最可悲的结局。这似乎也预示了近代日本现代化道路的宿命。日本明治时代也曾大规模实行现代化,然而其现代化的成果却为极端民族主义的神国史观所绑架,走上封建帝国主义类型的野蛮的对外侵略战争道路。纵观明治、大正、昭和(第二次世界大战战败为止)几个时代,日本帝国以效忠神国支撑对外侵略扩张行动的二位一体,与佐藤信渊的对外侵略扩张论证脉脉同符,难道还不能让包括日本国民在内的爱好和平的人们铭记惨痛的历史教训吗?简而言之,今天生活在高度现代化文明社会中的日本国民是该崇敬"佐藤侵华论证"的先见之明,还是谨记其为数百万日本人设计的死亡陷阱?

"佐藤文本"为近代日本提供了以神国—皇国史观为"理论依据"和精神依托发动对外侵略战争的完整战略方案,国家神道的出现已经是"万事俱备",只待天皇重新登上历史舞台了。

(本章第一、二、三节原载《日本近现代文化史》,世界知识出版社2010年;第四节第1、2、3部分原载《日本"扭曲神道"与极端民族主义》,《日本学刊》2014年第4期;第4部分原载《读书》2013年第1期)

第二章 天主教日本荣衰史

日本开辟以来始终是从中国文化中吸收养分,而从战国后期日本开始与西洋文化接触,这是一个至关重要的事件,日本文化由此开始了又一次跳跃式的进步。天主教是在1549年由耶稣会创始人之一的弗兰西斯科·沙勿略(Francisco Javier)传入日本的,在之后的约90年间,其命运波澜起伏,始有光荣与梦想,终至惨烈而幻灭。在日耶稣会利用日本战国末期政治和社会文化的无序状态,通过适应传教策略,满足了不同阶级的不同需求,以廉价的成本,使耶稣会获得了数十万教徒的丰厚回报。然而,天主教的信仰体系本来就隐含着一种否定日本传统封建统治秩序的因素,因而,传教士与日本统治者之间暂时的"蜜月"势难长久。及至封建统一政权重新建立并开始整饬统治秩序时,天主教在政治和信仰伦理领域的"异端"成分凸显无遗,立时成为统治者严厉整肃的对象。

一、东来耶稣会士评判

宗教是个多迷雾的领域,而自16世纪中后期开始,西方文化又是由天主教耶稣会传教士传来远东的,这便使人们对这次文化传播的认识众说纷纭,甚而作出截然相反的评价。因此,首先要对东来耶稣会士作出历史的定位。

1. 传统定说的盲点

1534年西班牙贵族依纳爵·罗耀拉(Ignaciode Loyola,1491—1556)集结弗兰西斯科·沙勿略等六名同道相约发起组成耶稣会,并于1540年得到罗马教皇的正式批准,1541年罗耀拉当选为第一任耶稣会总会长。该修会的主要目的之一是向全世界传播天主教,以扩展教皇的影响。因而自它诞生之日起,便遵照耶稣"你们往普天下去,传福音给万民听"①的指引,开始了向美洲和亚洲广大地区的传教活动。1542年沙勿略便到达印度的果阿,并在那里建立了修道院。之后又辗转新加坡、马六甲,于1549年到达日本,揭开了耶稣会在日本传教的序幕。1552年沙勿略又来到中国广东台山县南面的上川岛,终因没能进入中国大陆,而在遗憾中死去。在沙勿略去世同一年出生的利玛窦,于1582年终于进入中国内地,开始了耶稣会在中国的活动。

西方殖民势力于16世纪开始了海外扩张活动,对殖民地进行政治干预、经济掠夺和文化渗透。殖民主义者一方面使用炮舰政策,进行赤裸裸的武装侵略,另一方面又利用宗教进行欺骗宣传,实行文化侵略。耶稣会传教士东来,是在欧洲殖民国家大力向海外扩张的背景下发生的,派遣他们的国家和罗马教廷,都把他们当作建立和扩大自己势力范围的工具。这就很容易使人们把耶稣会士东来与殖民侵略联系在一起,尤其是耶稣会在欧洲的历史上也曾留下不大光彩的名声。人们曾指控耶稣会士组织或企图杀害教皇克莱门特八世、克莱门特十三世、法兰西国王亨利四世、葡萄牙国王乔治一世、英国女王伊丽莎白一世、奥地利皇帝利奥波德一世、瑞典国王古斯塔夫一阿道夫和美国总统亚伯拉罕·林

---

① 《新旧约全书·马可福音》第16章15,中国基督教协会印发1989年,第60页。

肯等①。又由于耶稣会属于旧教修会，人们又自然将它与罗马教廷对科学家的迫害联系在一起。由此，传统的耶稣会观认为：耶稣会是反对宗教改革的先锋，是为反对近代思想与近代科学服务的。人们评价耶稣会的习惯用语是"梵蒂冈的黑衣卫队""新教的死敌""进步科学和文化的反对者"，总之是"恶名昭著"。

人们经常把耶稣会纳入对抗新教改革的天主教的伞下加以批判，其实人们对天主教会的历史判定是不公平的，至少是不全面的。对此，中外学者都有论述。他们的研究认为：15世纪中叶起，罗马教廷开始支持文学艺术活动，不少教皇自身就是人文学者。罗马教廷大量延揽人文主义者，搜求翻译古籍，对有成就的学者或授予要职，或赠以重金，或引以为友。教廷与人文主义相结合，在宗教上比较宽和，对此应加以肯定。罗马曾出现过一系列人文主义教皇或称"文艺复兴教皇""教廷的文艺复兴"。从15世纪中叶，除佛罗伦萨之外，罗马也崛起而成为意大利艺术生活的中心。教皇曾对米开朗基罗委屈求全，利奥打算给拉斐尔一顶红衣主教的帽子，另一位教廷官员则想把侄女嫁给拉斐尔。由于教廷有大量的人文主义者，发展了对古代典籍的专心致志的研究，有学问的人便背离了基督教的正统思想，而教廷对这些新思想及异教因素则加以宽容。②"文艺复兴加强了教廷的艺术魅力，即使教廷的宗教威信下降，宗教改革则是对这种倾向的反抗。假定不是宗教改革，或许教廷的开明政策还会继续下去。改革家们反对教皇不是因为他们是世界的宗教领袖，而是因为他们不是这样的领袖。"③

再来看新教的表现。与上述罗马教皇的宽容相反，我们倒是可以举出新教迫害科学的事例。正如有学者所说："政教合一的日内瓦加尔文

---

① 贾方、段琦：《耶稣会》，载《世界宗教研究》1982年第4期。
② 参阅安希孟：《意大利文艺复兴时期的罗马教廷》，载"文化：中国与世界"编委会编：《文化：中国与世界》第四辑，三联书店1988年，第187—205页。
③ 韦尔斯著、吴文藻译：《世界史纲：生物和人类的简明史》，人民出版社1982年，811页。

派对科学的迫害尤甚。"①维萨留斯的《人体结构》一书,被称为是与哥白尼《天体运行论》并驾齐驱的科学史上的双璧。如果说《天体运行论》动摇了托勒密理论的一统天下,那么《人体结构》则是对盖伦医学的挑战。和哥白尼学说一样,《人体结构》观点的传播和发展,也经过了艰难困苦的历程。另一位医学家塞尔维特,根据维萨留斯的解剖学理论,提出了非常接近于后来哈维所发现的血液循环的假说。塞尔维特把自己的研究成果发表在《基督教复原》一书中,并从神学的角度进行了论述。他曾将文稿寄给宗教改革领袖加尔文,并希望得到支持。然而,加尔文的回答是,立即拒绝与塞尔维特发生任何关系。及至该书问世,加尔文立即谴责该书违背三位一体说,下令逮捕塞尔维特,并于1553年对塞尔维特判处火刑,加尔文亲自将他活活烤了两个钟头。不仅如此,塞尔维特的著作被全部焚烧,只有三本侥幸免遭大劫,得以流传后世。假如加尔文对"异端"稍加宽容,塞尔维特能够继续研究,那么血液循环的理论可能会提前半个世纪问世。② 可见,对"证明科学正当性乃是所有新教教派的特征"的传统观点,似乎应该予以某种程度的修正。否则,它会屏蔽研究者的视野和思路,成为该领域研究的桎梏。而下述耶稣会对于普及新知识的贡献,即是对这种传统定说的又一例反证。

诚然,人们可以罗列出耶稣会在欧洲的许多劣迹,然而,它还有另外的一面。耶稣会在欧洲大力兴办教育、尊重知识、重视学术研究的事实,就连对耶稣会深恶痛绝的人们也并不否认。"为了与其他大学抗衡,耶稣会创办的院校也被迫发展世俗教育,满足文艺复兴所唤醒的人们对知识的渴望。我们知道,他们这样做还是有成效的。"③耶稣会所办的学校在1680年达到128所。④ 当时,欧洲的一些出色学府,几乎都有耶稣会士充任教授。针对当时人们对科学知识的重视,罗耀拉极力主张,在大

---

① 鲁品越:《西方科学历程及其理论透视》,中国人民大学出版社1992年,第130页。
② 参阅鲁品越:《西方科学历程及其理论透视》,第207—208页。
③ 帕里斯著、张茹萍等译:《耶稣会秘史》,中国社会科学出版社1990年,第73页。
④ 帕里斯著、张茹萍等译:《耶稣会秘史》,第33页。

学里应该重视哲学、数学,尤其是作为文艺复兴摇篮的意大利教授们所关心的科学,必须给耶稣会士们充分的时间学习并掌握这些知识。欧洲的许多名人学者,如莫里哀、笛卡儿、孟德斯鸠、伽利略等人都曾毕业于耶稣会创办的学校。可见,耶稣会在欧洲教育史上,留下过辉煌的业绩。也正因如此,罗耀拉自己虽然算不上是学者,却被称为"学问之父"。来日本和中国的著名耶稣会传教士、西方科学的主要传播者斯比诺拉(Spinola Carlo,1564—1622)和利玛窦以及耶稣会远东巡察使范礼安(Valignani Alexandre,1538—1606)都曾是当时罗马学院①著名教授克拉维斯(Christophus Clavius)②的门生,而克拉维斯是国际现行公历——格雷历的主要修订者。我们可以从利玛窦在罗马学院学习时的教学计划中窥见耶稣会重视科学之一斑。第一学年:算术;第二学年:《几何原本》前四卷(四个月)、实用算术(一个半月)、地球仪(两个半月)、地理学(两个月),其余时间学习《几何原本》第五和第六卷;第三学年:古观测仪(两个月)、行星理论(四个月)、透视法(三个月),其余时间学习钟表和与宗教有关的计算等问题。③

耶稣会士后来在远东实行适应传教策略,正是得益于他们尊重知识、注重教育的传统,这也是耶稣会区别于天主教其他修会的最显著的特征。

2. 文化传播的使者

退一步说,即使耶稣会在欧洲留下的历史劣迹都是事实,我们还应注意到,历史上对耶稣会的恶评是在欧洲形成的。换言之,一些欧洲人对耶稣会的厌恶,是针对耶稣会在欧洲的作为。而在本论题中却可以暂且不论耶稣会在欧洲的所作所为,因为我们要研究的是耶稣会在远东的

---

① 1551年由前述耶稣会鼻祖罗耀拉创立,采用当时大学的学制,在当时的欧洲影响很大。
② 生于德国,一生科学著述颇丰,利玛窦入华后的许多译著选自克拉维斯的著作。在中国称克拉维斯为丁先生。
③ 小野中重编:《利玛窦与支那科学》,双林社1944年,第25页。

作为,而不是对耶稣会整体作出评价。因而,随着这种空间的转移,必须重新认识东来耶稣会士的特征和历史地位。

辨明早期欧洲殖民者与来华耶稣会士的关系,是对耶稣会士作出评价的一个关键所在。应该承认这样的历史事实,即中国和日本与那些已经成为西方列强殖民地的国家不同。"16世纪和17世纪,西方在舰艇和武器上并没有绝对优于远东,因而未能使它对远东取得支配地位。在远东与西方文明的第一次迂回冲突中,远东人保持了主人的地位,当他们想要断绝与西方的关系时,他们的西方来客没有力量来抵制这一举动。"①对此,对耶稣会士持强烈批判态度的中国学者也不否认。"无论这些传教士怎样热狂阴谋,偌大的中国终究不是葡萄牙(1580年合并于西班牙)或西班牙所可以轻易征服的。尤其在1588年西班牙无敌舰队被击败以后,海上的主人换成了新教的英国和荷兰,天主教士失去了武力的后盾,阴谋更不容易实现。"②当然在没有到过中国本土而并不了解中国的耶稣会士中,也曾经有极个别狂妄无知的中国盲提出过以武力强行传教的设想。1584年耶稣会士桑彻斯来到澳门,提出以利玛窦等在华传教士为引线,利用葡萄牙军队的武力,推进在中国的传教活动,甚至提出:"倘中国皇帝过于执拗,故意禁阻传教工作,尽可借军队之力,取消其治国权。"③而利玛窦等在华耶稣会士的原则是,"不单不借用武力,而且极力与佛朗机(葡萄牙)脱离干系"。④ 我们不能把像桑彻斯那样一些在澳门的耶稣会士中的极端分子与进入中国内地的耶稣会士混为一谈。换言之,把耶稣会士作为一个整体来加以全面肯定或否定的判断,都会背离历史事实。事实上,在中日两国的耶稣会士始终实行的是和平传教的方针,即使在日本丰臣秀吉和德川幕府虐杀传教士的时代,除了道义上的谴责外,并没有出现西方国家的武力干预。

---

① 汤因比著、沈辉等译:《文明经受着考验》,浙江人民出版社1988年,第262页。
② 陈庆华:《早期天主教士底武力征服中国的阴谋》,载《历史教学》1951年第8期。
③ 裴化行著、萧浚华译:《天主教十六世纪在华传教志》,商务印书馆1937年,第233—234页。
④ 裴化行著、萧浚华译:《天主教十六世纪在华传教志》,第228页。

耶稣会士们出于宗教信仰,不畏生死前来东方传教。如果能理解这种基于信念的文化传播使者的精神,大概会对他们作出更近人情的评判。据统计:"17世纪中,耶稣会由欧洲到澳门的传教士,多半死在途中。1618年,22人动身,生抵澳门者只有8人;后26年,6人动身,死者4人;又再过12年,动身者9人,生抵澳门者4人;后1年,17人动身,死者竟达12人。又后17年,被派者13人,生者仅3人。"①著名来华耶稣会士汤若望(J. Adam Schall von Bell, 1591—1666)即是上述1618年从里斯本起航,经过与惊涛骇浪、瘟疫和海盗的搏斗,劫后余生于1619年抵达澳门的。卫匡国(Martinus Martini, 1614—1661)、南怀仁(Ferdinandus Verbiest, 1623—1688)则是1657年(上述"后1年")出发来华的幸存者,其中卫匡国曾多次濒于死亡。这些传教士多在中国生活几十年,很多人的墓碑至今还树立在中国的土地上。如果联想到中国历史上为传播佛教六次东渡并因此而失明的名僧鉴真、不畏险恶的长途跋涉而去"西天取经"的玄奘,大概就更容易理解耶稣会士的宗教信念。这种献身精神如果不是出于虔诚的信仰和传播、摄取文化的信念,又能作何解释呢?

地理大发现以来,西方殖民者不断涌向世界的各个角落,亚洲国家也是他们的主要猎物。殖民者的目的是非常明确的,那就是"财富"。然而,他们却得到了本不应该得到的荣誉。人们经常这样评价新教:"如果没有给近代资本主义奠定基础的加尔文的宗教改革,就不会看到一只手捧着圣经,一只手拨弄着算盘的那些作为近代商人而自由活跃的人们。"②对于东方人来说,如果将这些遵照"新教伦理"时而以暴力追求暴利的西方商人,与为信仰而绝财、绝色,甚至不惜生命而东来传播"福音"和西方科学技术的耶稣会士相比,真不知谁是我们的朋友。正是出于这种真诚,当新教伦理武装起来的西洋商人、海盗还在中国和日本沿海地区为金钱而疲于奔命甚而杀人越货的时候,耶稣会传教士已经进入这两

---

① 罗光:《利玛窦传》,台湾学生书局1979年,第30页。
② 汤浅光朝著、张利华译:《科学文化史年表》,科学普及出版社1984年,第44—45页。

个国家的内地,并开始传播西方文化了。这就是罗耀拉所说的"为基督征服全世界"的一部分。

耶稣会在欧洲教会中属保守派,一般认为耶稣会的最大特征是绝对服从。其实耶稣会并没有忽视在欧洲以外地区传教时的灵活性,因而他们比其他修会的传教士要开明得多。尤其是在中国和日本这样具有高度文化传统的国家,耶稣会士们显得更加稳重。虽然从整体上看,耶稣会士是随着西方殖民主义的扩张而来到中国和日本的,但他们非但没有在其他国家那样居高临下的主人心态,相反,他们非常尊重并努力学习传教地的文化。利玛窦是在华传教事业的杰出人物,但他不是以传布福音的姿态登上舞台的,而是以"西儒"即哲学家、道德学家、天文历算专家的面貌出现的。事实上耶稣会不但没有征服中国,反而倾倒于汉文化。耶稣会将一批又一批传教士派来远东,在传播天主教的同时,也把西方科学传入中国和日本。16—18世纪时,东来传教士多为受过良好教育并具有真才实学的耶稣会士中的佼佼者,其中有天文学家、地理学家、数学家和哲学家。他们之中的许多人长期生活在中国和日本,对当地文化有着深入的研究并产生了亲切感。正是由于耶稣会士们的上述特点和他们的执着精神,才使这次历史上的文化传播和交流延续了近200年(在日本近百年)。《明史·意大里亚传》曰:"其国人东来者,大都聪明特达之士,意专行教,不求利禄。其所著书多华人所未道,故一时好异者咸尚之。而士大夫如徐光启、李之藻辈,首好其说,且为润色其文词,故其教骤兴。"笔者以为此段评价所言中肯。

由上述可见,来远东的耶稣会士形成了一种特殊的情况,这一切使得我们不能将来远东的耶稣会士与血腥的殖民主义联系在一起。他们既无经济要求,亦无殖民要求,他们的唯一目标就是要"为基督征服全世界"。当然对基督的虔诚,也是他们自己的信念。与西方追逐经济利益的商人相比,他们的目的是付出,即要把天主教传给东方的"选民";与以坚船利炮为后盾咄咄逼人的殖民主义者相比,他们的武器是和平的耶稣基督和他们所掌握的科学技术。时代和耶稣会士的特性注定了将由他们承担向中日两国传播西方文化的历史使命。在来到中日两国本土的耶稣会士的历史中,我们没有看到耶稣会士的殖民史,反而留下了东西方文化交流的大量记载。简而言之,耶稣会士在远东所表演的角色是文化传播的使者。

3. 适应策略的端绪

一个民族对外来文化的态度在一定程度上与外来文化传播者所采取的传播方式有着直接的关系。外来文化的传播者为避免激烈的文化冲突,往往需要讲求"软着陆"方式以适应当地文化的特性。各民族间的正常文化交往还需要相互尊重,一种文化要在另一文化圈中得到真正的认可,就必须在某些方面适应当地人的文化需求。耶稣会基于其在全世界范围传教活动的经验,已经意识到这些文化传播过程中的奥秘。他们非常注意研究传教地区的文化习俗,并在理解和尊重当地文化的基础上制订他们的传教方式。他们虽然在南美洲等文化不太发达的地区,曾经直言不讳地将天主教的信仰硬塞给当地人,但是,一旦进入被认为是高度文明的文化圈,他们便首先迎合当地的文化和习俗,采取适应主义策略,循序渐进,小心翼翼地实现他们的传教目的。东来耶稣会士既不是追求眼前利益的商人,更不是出于贪婪领土欲望而采取武力征服的殖民者。他们的目的是要获取更多的信徒,这是一种获取心灵的工作,而急于求成和借助武力都是无济于事的。因而要达到他们传播天主教目的的最好方式,就是采取文化适应主义的和平传教策略。

沙勿略初到日本即察觉到日本人具有高度的文化资质,他赞誉日本人说:"这个国家的国民是在我们接触过的国民中最杰出的。"①日本文化的水准使传教士们意识到像在其他地区那样实行强制传教的做法,在日本是不可能奏效的。据此,耶稣会在对不同阶层采取不同传教策略的同时,试图制定一整套文化适应的传教方案。这种方案的宗旨是在恪守天

---

① 阿鲁贝神父著、井上郁二译:《圣方济各·沙勿略书翰抄》,岩波书店1991年,第26页。

主教教义实质的前提下，尽量使传教方式"日本化"，以避免与日本本土文化发生冲撞。由于沙勿略于1552年去世，因而，系统制定适应传教策略的使命便落到了他的后辈、身为耶稣会远东巡察使的范礼安身上。

范礼安1538年生于意大利，毕业于当时被认为是欧洲思想先驱摇篮的意大利帕多瓦大学，并取得法学博士学位。当时欧洲大学的中心已由巴黎、牛津转到意大利的帕多瓦。帕多瓦大学曾造就了一大批后期文艺复兴时期的思想家，如彭波纳齐、泰莱西奥、康帕内拉等都曾在该校学习。此外，哥白尼和伽利略也都在帕多瓦大学渡过了他们一生中的重要时期，而与哥白尼的《天体运行论》齐名的医学著作《人体结构》的作者维萨留斯也曾在帕多瓦大学工作。人们认为帕多瓦大学是"世界上所有其余大学医学的帝国大学"，"从任何角度看，都可断言作为科学革命宝座的荣誉，帕多瓦应当是首屈一指的"。① 范礼安在学的16世纪中期，正是帕多瓦大学的鼎盛时期。一些专门研究范礼安的学者认为，范礼安也具有文艺复兴思想家的一面。② 范礼安1566年入耶稣会，1567年以后在耶稣会创立者罗耀拉创设的罗马神学院学习自然科学、形而上学、哲学以及神学，1570年为神父，继而为罗马修道院的修道长，1571年任修道院院长。1573年被任命为远东巡察使，1574年率41名耶稣会士从里斯本出发，于1577年10月抵达葡萄牙在东亚的据点澳门。

范礼安在继承沙勿略适应方针的同时，又从早期教会的传教史中得到了启发。早期教会对当时的希腊文化采取的方针是：在与其适应中徐徐渗透，进而不断扩散基督教的影响。这是一个传教适应问题，即在将基督教导入非基督教国家时，应采取什么态度，是无论付出多大代价也要将其完整的体系原封不动地搬去，还是允许渐进地渗透移植。早期教会正是通过与希腊文化的结合，才使基督教得以深入希腊世界。希腊化时代的基督教就像是撒在希腊世界土壤中的一粒种子，它利用了当地土

---

① 赫伯特·巴特菲尔德著，张丽萍等译：《近代科学的起源》，华夏出版社1988年，第43、44页。
② 井手胜美：《汤因比的高级宗教本质剥离论》，载山本新等编、杨栋梁、赵德宇译：《未来属于中国——汤因比论中国传统文化》，陕西人民出版社1989年。

壤中的各种养分，在不失自己本质的同时，也生成了一种复合文化。此外，在 1577 年范礼安初登澳门的同时，恰好活跃在拉美秘鲁和墨西哥的秘鲁教区长耶稣会士阿科斯塔（1540—1600）将题为《向印第安传布福音》(Deprocurande Indorum Salute)的论著呈献给耶稣会总会长。书中首次论述了如何适应全世界各传教地区文化(其中谈及日本、中国和印度)的系统传教理论。阿科斯塔的传教理论使范礼安更加坚定了信念，开始实施以高度评价和尊重东方文化为基础的适应政策。然而，16 世纪的天主教毕竟已经形成完整的教义、教理、教规和发达的组织。这就出现了一个问题，即在实行适应策略的时候，要对天主教和异文化圈中的文化作出鉴别，认清哪些是具有人类普遍价值的因素（可以通融的因素），哪些是各自特有而又相对稳定不变的因素（不可调和的因素）。而这种识别是一项微妙、困难而又危险的工作，其实质是：如何才能做到在不改变天主教本质的前提下，又能够与当地文化和平共处。它是摆在范礼安面前的新课题，同时也是东来耶稣会传教士们在实地传教过程中必须解决的问题。来日耶稣会士采用的适应主义和平传教的原则，也将是本章内容的关键线索之一。

二、天主教风行日本的历史时机

1. 西洋与日本的邂逅

1543 年，一艘载有葡萄牙人的帆船因遭暴风雨袭击，漂流到日本南端的种子岛①，揭开了日本有史以来接触西方文化的序幕。其后的禅僧南浦文之于 1606 年撰写的《铁炮记》天文十二年(1543)条中记载了当时的情景："八月二十五日，西村小浦有一大船漂着，不知自何国来。船客

---

① 另据当时葡萄牙商人安东尼奥·加尔班《世界发现记》记载，为 1542 年，但此说系间接辗转记录，且仅寥寥数语，过于简单。此外，尚有多种史料所记年代不一。由于《铁炮记》记事翔实，日本学者多取 1543 年说。

百余人,其人不类,其语不通,见者以为奇怪矣……胡贾之长一曰牟良叔舍,一曰喜利志多佗孟太。手携一物,长二三尺,其为体也,中通外直,而以重为质,其中虽然常通,其底宴密塞,其傍有一穴,通火之路也,形象无物之可比伦也。其为用也,入妙药于其中,添以一团铅,修其身,眇其目,而自其一穴放火,中矣。其发也,如制电之光,其鸣也,如惊雷之轰,闻者莫不掩其耳矣。"①另具《种子岛时尧谱》载:"天文十二年癸卯八月廿五日,南蛮人来。时尧见所持之铁炮,其用奇学之。然言语不通,幸客中有明儒者,以文字通之,时尧大悦,由之闻之,熟习之,得百发百中之功。群臣亦多效之。且令笹川小四郎习制其药之法。"②由是,"铁炮"使日本人有史以来第一次结识了西方文化。时隔六年后的1549年,天主教耶稣会士弗兰西斯科·沙勿略与其教友高斯麦·多尔莱斯(Cosme Torres)、约翰·费尔南德斯(Joao Fernandez)在日本人弥次郎③引导下来日本传教,正式揭开了日本文化与西方文化更大规模接触、碰撞的序幕。自此之后直至1639年德川幕府彻底驱逐所有传教士和作为传教士后援的葡萄牙人为止,耶稣会士成为在日本传播西方文化的主体。从此日本开始面临汤因比所说的"西方问题"了。

日本学界将这段历史习称为"南蛮时代"。当时的日本人援用中国人的蛮夷观念,将东南亚一带视为南蛮之地,而以葡萄牙为首的西洋人,多辗转东南亚而来日本,"故倭国人称之为南蛮人"。④ 由此,以耶稣会为首的"南蛮人"带来的天主教也被称为"南蛮宗"。"南蛮宗"传入之初,来

---

① 大槻如电著、佐藤荣七增订:《日本洋学编年史》,锦正社1964年,第2页。
② 大槻如电著、佐藤荣七增订:《日本洋学编年史》,第3页。
③ 弥次郎:1513年生,本姓里见氏,萨摩藩士之后。因犯杀人罪逃遁于寺院,又结识住萨摩藩葡萄牙商人勃阿斯,并向其请教解脱之策。勃阿斯劝其去马尼拉求教沙勿略,弥次郎从其说,于1547年乘葡萄牙商船赴马尼拉,遇沙勿略。由沙勿略介绍,到印度果阿的圣保罗学院学习天主教并葡萄牙语,翌年洗礼入天主教,教名保罗,为日本人中第一位天主教徒。沙勿略等人于日本上陆后寄居于弥次郎家,得弥次郎双亲款待,并开始传教活动。其间弥次郎为翻译,又协助沙勿略著《切支丹教义提要》《基督教信仰》等传教书籍,并译成日文,为天主教在日本传教初期作了大量工作。
④ 雪窗宗崔:《对治邪执论》,《日本思想大系25》,岩波书店1980年,第492页。

势迅猛，一般估算高潮期信徒人数达 75 万人，占总人口的约 4%[①]，而且波及从大名以至乞丐的各个社会阶层，其影响遍及日本全域。"南蛮宗"在日本以和平的方式传播之快，波及范围之广，实属世界文化交流史上罕见的现象，以至于日本史家称此为"南蛮时代"。然而，"南蛮时代"最终以德川幕府的残酷禁教而告结束。这一荣一衰过程中纷繁陆离的表象，演成日本吸收外来文化史上一个充满谜团的特异时代，同时也成为世界宗教传播史上不可多得的历史标本。

天主教徒发展简表（概数）[②]

年度	教徒人数	年度	教徒人数
1551	1,000—1,500	1582	150,000
1570	30,000	1587	200,000
1579	100,000	1605	750,000

本书旨在追寻两条基本线索，以解读这个扑朔迷离的时代。首先，将带有神秘色彩的宗教文化还原为世俗文化。因为宗教不可能脱离现实社会而变成一种超世俗的、纯精神的信仰活动，除非天主教本身具有人类普遍需要的因素，否则就很难理解"南蛮热"现象。其次，将上述表象嵌入当时日本历史的大框架中进行考察。因为要理解一种社会现象，就必须了解它赖以生存的那个时代。如果忽视当时日本社会的具体情状，就会堕入纯思辨的迷雾之中。笔者将依循上述线索，通过对这次传教过程中主体和客体的综合分析，考察在日天主教会荣衰的历史逻辑过程。

2. 黑暗时代的救世主

如前所述，从沙勿略来日之初，就明确了适应主义传教策略，他们已

[①] 阿尔曼多著、松尾多稀子译：《南蛮文化渡来记》，萨伊玛鲁出版会 1971 年，第 2 页。
[②] 福尾猛市郎：《日本史史料集成》，第一学习社 1980 年，第 149 页。

经清楚地认识到,要使更多的人皈依天主教的最佳方式,就是尽可能地尊重、迎合当地的文化和习俗,采取灵活的适应主义传教策略。在这一策略背景下,耶稣会非常尊重并努力学习日本文化,并在此基础上制定出一整套文化适应的传教方案。

范礼安曾于1579—1603年之间,先后三度滞留日本,累计时间达九年之久。他对日本人做出很高的评价:"日本人礼仪端正、遵从道德、思想深邃、聪明并颇具理解力。正是由于他们明道达理,所以要使他们信奉天主教,就必须尊重他们自己的自由意志。"①这是耶稣会在日本传教活动的总原则。范礼安在给耶稣会总会长的报告中提出:"在日本,必须适应日本人的习俗,尽量采用日本固有文化的形式来表现教义,绝不能为传教而使日本人葡萄牙化。"②为此,范礼安编成《日本传教长规程》,内中强调要通过衣、食、住而融入日本人之中。范礼安还编写了《日本教理问答》,作为耶稣会士研究日本宗教的参考书。与此同时,范礼安又命在日传教士弗罗伊斯(Frois Luis,1532—1597)编撰了《欧洲文化与日本文化》。该书对日本的宗教信仰、僧侣风俗、民间风习、饮食习惯、医疗用药、民间文学、庭院建筑等作了全面细致的介绍,并与欧洲文化进行了比较③,成为来日传教士的必读书。此外,弗罗伊斯还和另一位在日传教士罗德里格斯(Rodriguez Joao,1561—1633)分别撰著了大部头的《日本史》和《日本教会史》,对日本宗教、语言、文学艺术、道德时尚等领域进行了系统的研究。

上述措施使传教士们较顺利地适应了日本的社会文化以及民间风习。他们为便于日本人理解,甚至在传教初期将Deus(天主)译成日本佛教用语中的"大日如来",并在传教中巧妙地借用了许多佛教术语,诸如:

---

① 井手胜美:《天主教思想史研究序说》,鹈鹕社1995年,第91页。
② 井手胜美:《东印度巡察使范礼安的日本人观》,天主教研究会编:《天主教研究》第十二辑,吉川弘文馆1967年。
③ 路易斯·弗洛伊斯著、冈田章雄译注:《欧洲文化与日本文化》,岩波书店1991年。

功力、解脱、现世、后世、济渡等等。① 天主教教义以这些日本人熟知的概念为媒介逐渐渗入到日本人的意识之中。另外,许多天主教教堂就是利用了被废弃的佛教寺院,新建的教堂也多使用佛寺名称,当时日本最大的教堂(建于平户)就被命名为"天门寺"。② 这样,当传教士身着和服与日本人在教堂相聚时,呈现出一种融融气氛。此外,耶稣会还大力兴办学校教育、培养日本人传教士③,以求循序渐进地将天主教信仰融入日本社会。通过上述适应性文化沟通方式,大大减少了传教过程中因文化相异而产生的隔阂。在日耶稣会的适应主义传教策略,使他们有充分的余地,以适应当时日本社会的情状,从而使他们的文化适应主义转变、扩展为对整个日本社会的适应行为。耶稣会以上述适应主义为主导,选择了两个突破口,即贫苦庶民和权势群体。正是这种两翼的协调并进,使耶稣会获得了空前的成功。

要迅速获得大批信徒,就必须使天主教在广大下层民众中扎下根基,这是在日耶稣会的主要任务。为实现大规模传教的需要,整个南蛮时代来日传教士达290名④。战国时代是日本历史上最黑暗的时代之一,无休止的战争使大片土地荒芜,农民弃田乞食,堕胎溺婴已为常事。加之,原来聊以慰藉人们心灵的佛教,此时也堕落为世俗利益的角逐者。一些佛教教团蜕变为贪婪的新封建主,反而使民众堕入现世的地狱,佛教的殿堂坍塌了。由此,贫苦民众在肉体遭受涂炭的同时,精神也陷入了极度的痛苦和绝望之中,他们迫切期待物质和精神上的救助。正如马克斯·韦伯所说:"当一个社会出现政治、经济、伦理、宗教或心理危机时,人们就会对原有的价值观念和信仰发生动摇,转而去接受一种新的信仰和社会理念。"⑤耶稣会士扬布的天主教正是这种新的信仰和社会理念。

---

① 冈田章雄:《天主教风俗与南蛮文化》,思文阁1983年,第8页。
② 柳谷武夫编辑、村上直次郎译:《耶稣会士日本通信》下,雄松堂1987年,菲鲁南狄斯1565年9月23日书简。
③ 海老泽有道:《南蛮文化》,至文堂1958年。
④ 五野井隆史:《日本基督教史》,吉川弘文馆1990年,第2页。
⑤ "文化:中国与世界"编委会编:《文化:中国与世界》第一辑,三联书店,1987年,第172页。

84

耶稣会针对日本社会的堕落,十分注重宣扬原始基督教中具有人类普遍价值的道德伦理观念。当时,在日本通用的《天主教教理问答》中,收入了作为天主教基本戒规的"摩西十戒",其中规诫信徒:"当孝敬父母,不可杀人,不可奸淫,不可偷盗,不可贪图他人财物,勿恋他人之妻。"①这些戒律对日本人来说兰非闻所未闻,但是,在社会正义泯灭,弱肉强食的时代,它无疑唤起了无人问津的下层百姓的社会心理共鸣。尤其是传教士们作为社会基本原则,还积极宣倡上帝面前人人平等、爱人如己等基本教义。在日本近代以前的社会思想蒙昧时期,这种"从未有过的清新伦理,使日本人纯真的灵魂深受感动"②,尤其下层百姓第一次发现了能够体现自己社会人格的理想的社会秩序。马克思曾指出:"宗教是被压迫生灵的叹息,是无情世界的感情。"③耶稣会的上述作为戒规的道德伦理和作为教义的社会理念,正是这种感情,并以此博得了日本下层民众的亲和感。

耶稣会为切实争得民众,还通过开展诸多慈善事业,将自己变为现实生活中的施主。面对当时日本广大民众有病无医的状况,传教士们分别于长崎、府内等地开办医院,收容患者。当时日本流行着一种疑难症癞疮,而"经南蛮流外疗,历数月而痊愈"。④ 据当时在日耶稣会士记述,仅在府内医院,"1559 年夏季以来,接受内外科各种治疗的患者在 200 人以上"。这些医院进行着两种治疗,即"为拯救灵魂而进行说教,为治愈肉体而使用粉药、膏药以及烧伤药剂"。由此,"住院患者乐于学习祈祷,病愈以后有数次来医院者,并最终接受了洗礼"。⑤ 耶稣会还创立集义金赈济灾民,比如 1554 年山口地区发生饥馑之际,数名传教士自费从其他

---

① 《日本思想大系 25》,岩波书店 1980 年,第 48—49 页。
② 家永三郎:《外来文化摄取史论》,青史社 1974 年,第 69 页。
③ 《马克思恩格斯选集》第 1 卷,人民出版社 1972 年,第 2 页。
④ 山本孜:《江户时代荷兰语学的成立及其展开 1》,早稻田大学出版部 1976 年,第 36 页。
⑤ 柳谷武夫编辑、村上直次郎译:《耶稣会士日本通信》上,雄松堂 1976 年,巴尔迪卡尔 1559 年 11 月 1 日书简。

地区购得大量昂贵的大米,每日早上向饥民舍粥。① 此外,传教士们还于府内设立孤儿院收养病弱婴童、赎回被贩卖的人口等等。②

传教士们宣倡的道德伦理、社会理念以及切实的社会公益活动,反映了日本民众的普遍需求,树立起一套具有普遍性的社会道德价值标准,并宣传这就是"主"所创造的社会秩序。这显然属于未被封建工具化以前的早期基督教原则,它比起日本当时"善恶不二,邪正如一,弃恩入无为"的混沌、消极、虚无的"佛法",表现出明显的追求现世得救的社会价值。天主教在日本的"还俗","不仅在教徒之间,而且在异教徒中间也越来越得到信赖"。③ 耶稣取代了佛陀,树立起现世"救世主"的形象,吸引了广大生活在"末世"的贫苦大众。就连当时日本的排耶论者也不得不承认,由于耶稣会士"演说邪法,行布施以倾动男女,因之归其宗者如麻粟"。④ 由此看来,日本的天主教热潮绝非"出于好奇心的奇迹",而是传教士的主张和实践与民众需求相沟通的结果。

3. 同床异梦的合作者

为了保证传教渠道的畅通和增加天主教的权威性,在日耶稣会觊觎的另一个目标,就是处于群雄割据对峙时代的大名们。许多大名也对传教士颇感兴趣,但是,其取向却与下层百姓大相径庭。他们与耶稣会士的结合不是宗教性的,而是利益驱动,即他们的目光聚焦在战国时代最后阶段起决定作用的新式军事技术和商贸利益,以及传教士在政治上的利用价值。为在割据混战中保全自己的既得利益,大名们急需财富和战略物资,而当时国内贸易因战乱所扰已经无法正常进行,历史上与中国的传统"勘合贸易"也因倭寇猖獗而为明朝所禁。由此,便使得"南蛮胡

---

① 弗洛伊斯著、松田毅一译:《日本史 6》,中央公论社 1981 年,第 122 页。
② 海老泽有道:《南蛮文化》,至文堂 1958 年,第 17—57 页。
③《1596 年度耶稣会年报》,天主教文化研究会编:《天主教研究》第二十辑,吉川弘文馆 1980 年,第 263 页。
④ 雪窗宗崔:《对治邪执论》,《日本思想大系 25》,第 492 页。

贾"倍受青睐。尤其是九州地区的大名们,历来以外贸作为维持其经济实力的重要支柱,因此他们尤为注重"南蛮贸易"。传教士们对此洞若观火,于是与葡萄牙商人合作,为大名们准备了一份商教一体的套餐,即"福音"与贸易的硬性搭配,以贸易为诱饵(时而又以西洋奇巧之物为敲门砖),诱迫大名们认可天主教。

1550年沙勿略拜见山口地区大名大内义隆时,因两手空空而遭到冷遇,无功而退。不久沙勿略再访大内义隆,结果迥异。弗罗伊斯记载了这幕历史情节:"(沙勿略)精选了十三件进献给他(大内义隆)的贵重礼物,即:做工非常精巧又能报时的时钟、三支贵重的燧石枪、绸缎、精致的玻璃器皿、眼镜……这些礼物都是在该地不曾见过。国主(大内义隆)对它们表现了极大的满足……他愿意见到主的教诲在这个城市和领国内得到弘布,无论谁都可以自由入教而不受妨碍。他还命令他的家臣不得给神父们带来任何烦恼,并送给神父及其从者可以栖身的一座寺院。"①肥前大名大村纯忠为吸引葡萄牙人到他的领地以获取丰厚的关税收入,甚至接受了洗礼,成为日本第一位天主教大名。其后又不惜将长崎进献给耶稣会,其进献书曰:"我等蒙传教士多方恩惠,为此将长崎及领内田地无保留地永久赠与巡察使(范礼安)。传教士等可任意任命和解除该地区的行政长官……但所有入港船只必须向我们缴纳贸易税。"②最能体现商贸一体策略成果的要算鹿儿岛的例子了。该岛大名岛津贵久因初时冷淡传教士而丢掉了与葡萄牙人交易的利益,其后不得不向葡萄牙驻果阿总督"忏悔",保证今后庇护天主教,以换取葡萄牙商船到他的领地。③据统计1551—1585年,5位西南大名先后13次,以葡萄牙国王、葡萄牙驻印度总督、主教为对象,或派遣使节、或致以书信,试图与传教士建立紧密的关系。④而这些外交姿态,几乎如出一辙,先是表示要在自

---

① 弗洛伊斯著、松田毅一译:《日本史6》,第60—61页。
② 沼田次郎编辑:《日本与西洋》,平凡社1971年,第49页。
③ 村上直次郎译注:《异国往复书翰集》,雄松堂1966年,第9—10页。
④ 岩生成一:《锁国》,中央公论社1980年,第32页。

己的领地内保护传教士,其后便提出具体的经济要求。丰后大名大友宗麟的书翰颇具代表性:"予乃葡萄牙国王陛下之仆人和朋友,对上帝及在予领国内之天主教徒及葡萄牙人一同予以庇护和厚待,予将在上帝赐予的一生中,始终不渝。望阁下致书总督,予具有接受大炮赠与之资格。予再次请求大炮,皆因临近敌境,需加防御。予若能保卫领地并得以繁荣,则领地内天主堂及信徒乃至来此地之葡萄牙人亦可同享繁荣。"① 由上述事例不难看出,九州地区的大名们为将葡萄牙商船吸引到自己的领地,竟相对传教士表现出一股言不由衷的"热情",甚至不惜向领民劝教。这股"热情"客观上造成了"大村、有马、天草等地全体领民入教的局面"。② 九州遂成为耶稣会的传教基地。

已经统一日本大部的实力人物织田信长也对传教士采取了宽容的态度,并于1569年向传教士发放了在其所辖范围内自由行动的许可证,其中规定:"免除居住在京畿地区的传教士的一切课役及所有居民需履行的义务。在我所辖地区可自由居住……如有不法之徒虐待传教士,当坚决予以处置。"③1573年织田信长又招传教士到京都,赐地以兴建"南蛮寺",并拨款5000贯。④ 据此,传教士又在京畿地区扎下了营寨,至1579年日本信徒猛增至10万人。然而,织田信长是个现实主义者,他既不敬神(日本的神道),也不拜佛,更不信天主。他曾向传教士明确宣示:"在日本只有他自己才是活着的神。"⑤织田信长看重的是"南蛮铁炮"技术在其武力统一事业中的威力。

火枪是1543年欧洲人带给日本的第一件礼物,传入种子岛后,领主时尧即命家臣仿制,仿制品被称为"种子岛铳"。之后,迅速普及开来,至

---

① 柳谷武夫编辑、村上直次郎译:《耶稣会士日本通信》下,1568年9月13日大友宗麟致卡尔纳伊罗主教书简。
② 《1596年度耶稣会年报》,天主教文化研究会编:《天主教研究》第二十辑,第267页。
③ 岩生成一:《锁国》,第53页。
④ 藤田茂吉:《文明东渐史》,《明治史论集1》,筑摩书房1983年,第230页。
⑤ 柳谷武夫编辑、村上直次郎译:《耶稣会士日本通信》下,弗洛伊斯1573年4月20日书简。

天正(1573—1591)年间,日本全国已经有火枪数万支①,处于战国纷争时期的大名们千方百计地争相购入。织田信长为确保火器上的优势,在自己所辖范围内积极奖励火器的生产,而要垄断火器并保证质量,就必须以传教士为媒介,得到葡萄牙人的相关援助。这才是织田信长结交传教士的直接目的,而传教士们也正在寻找有力的支持者,于是双方一拍即合。织田信长利用火器的优越性,终于在 1575 年运用火枪梯队战术,在长筱会战中战胜了三倍于己、并以骁勇骑兵著称的武田军。这次战役是织田信长统一霸业的关键性战役,也是日本战争史上的一大转折。此后,火枪技术更加普遍地用于战场,大大增强了织田信长的军事优势,加速了其统一日本的步伐。

此外,织田信长还敏锐地察觉到传教士在政治军事上的利用价值。当时,佛教教团已经形成一股举足轻重的政治军事势力。他们享有寺院领地,拥据大量僧兵,尤其是一向宗在各地与织田信长武装对抗达 10 年之久,屡陷织田信长于窘境,成为统一事业的一大障碍,因而织田信长对佛教势力采取了严厉打击政策。在这一战略背景下,织田信长看到了天主教在民间的号召力和耶佛水火不相容的状态,因而在剿灭佛教势力的目标下,与传教士结成了"统一战线",期望以耶战佛。在军事战略上,织田信长更是淋漓尽致地利用了传教士的影响。1578 年织田为胁迫天主教大名高山右近屈服,派传教士前去劝降,声言如果高山拒降,将对所有天主教徒处以磔刑,终于使高山右近就范。②

综观上述不难看出,日本统治阶层中护教者与传教士的关系,在客观上为天主教势力的发展起到了推波助澜的作用。但另一方面,双方的关系可谓名副其实的同床异梦,前者只是将后者当作给自己带来经济利益的"经纪人"和为己所用的"纵横家",而对"福音"则毫无兴趣。大内氏甚至在传教许可证中认为传教士是"从西域来朝之僧,为绍隆佛法"③。

---

① 海老泽有道:《南蛮文化》,第 167 页。
② 沼田次郎编辑:《日本与西洋》,第 59 页。
③ 柳谷武夫编辑、村上直次郎译:《耶稣会日本年报》上,雄松堂 1989 年,前言第 19 页。

因而,虽然号称"天主教大名"者不少,而"真正信奉天主教者不过数名而已"①。传教士与日本统治者的"交情"始终是建立在相互利用基础之上的,因而极其薄弱。这就预示了随着上述交易式合作基础的消失,双方必然要爆发冲突的悲惨结局。

三、禁教原因探析

1. 集权统治的障碍

耶稣会的传教活动以及纵横捭阖的外交活动轰轰烈烈,有声有色,以至于有传教士梦想日本很快就会成为天主教国家。然而,就在传教士们踌躇满志之际,继承了织田信长霸业的丰臣秀吉突然于1587年7月24日(天正十五年六月十九日)颁布了"驱逐传教士令",勒令传教士"须于二十日之内准备行装归国"②。

传教士们对这突如其来的晴天霹雳极为震惊而又迷惑不解,后来的学者们也对此众说纷纭,他们寻找到两条理由。其一,丰臣秀吉曾经向传教士透露他要渡海征服朝鲜和中国,并提出希望得到葡萄牙新式船只。"他(丰臣秀吉)自己决意去渡海征服朝鲜和中国……希望传教士协助调拨两艘装备齐全的大型帆船,并希望挑选优秀的船员……如果能成功地使中国人归服,将在中国各地建立教堂,而且在日本也会有半数或大多数人成为天主教徒。"③然而,由于传教士们不相信丰臣秀吉能够征服中国,再加上当时传教进展顺利,丰臣秀吉提出的条件没有引起传教士们的充分重视,这是传教士的致命错误。其二,据弗洛伊斯记述:1587年丰臣秀吉在征讨岛津氏而进驻有马时,欲在当地寻民女作乐,这在当

---

① 海老泽有道:《日本天主教史》,塙书房1966年,第22页。
② 《1587年度耶稣会日本年报》,柳谷武夫编辑、村上直次郎译:《耶稣会日本年报》下,第234页。
③ 《1586年度耶稣会日本年报》,柳谷武夫编辑、村上直次郎译:《耶稣会日本年报》下,第150页。

时是天经地义的"义理",但这一地区的妇女几乎都是天主教徒,她们为遵守贞节戒规,竟无一人从命。丰臣秀吉得知后,顿时燃起对教会的怒火。① 这不能不使丰臣秀吉产生联想,边鄙下女尚敢如此,如果信奉天主教的大名、武士们起而抗命,则不堪设想。由于这一事件发生在丰臣秀吉发布禁教令前夕,因而学者们推测,这可能是秀吉猝然禁教的导火索。其后,天主教在日本虽曾几次回光返照,但终被赶出日本列岛。其实,这既是一场政治斗争,也含有深刻的文化冲突的因素,当然二者又是相互关联的。

丰臣秀吉于1582年继承了织田信长的霸业,加速了武力统一日本的步伐,并于1585和1587年先后平定了四国和九州。佛教僧团也承认了丰臣秀吉的权威,并重新得到扶植。从而日本由织田信长的"天下布武"时代走向"宇内静谧"时期,逐渐接近全国统一。在这个历史时点上,除少数残余割据势力外,天主教会成为丰臣秀吉统一事业的主要异己势力。耶稣会经过近40年的经营,至1583年已拥有教堂约200所②,信众近20万。此外,耶稣会开设的教会初等学校,至1583年约达200所,累计学生人数约12000人。③ 这些自幼接受教会学校教育的少男少女,成为天主教在日本的重要社会根基。传教士还以天主信仰为纽带,把信徒们结成具有极强凝聚力的"组"或"讲"④。更使丰臣秀吉无法接受的是,耶稣会还占有大名们奉献的领地,尤其是大村氏奉献的长崎,开港之初,人口不过二三百户,之后每年有数千人前来入教,到1575年教徒达到1.8万—2万人,甚至有50余名佛教僧侣入教。⑤ 长崎不但是天主教传

---

① 《1587年度耶稣会日本年报》,柳谷武夫编辑、村上直次郎译:《耶稣会日本年报》下,第223页。
② 冈田章雄:《天主教风俗与南蛮文化》,思文阁1983年,第39页。
③ 海老泽有道:《南蛮文化》,第61页。
④ 组:为在日常生活中相互扶助而于一定的范围内结成的社会单位。讲:起源于佛教寺院学僧们讲读经文,由尊崇共同佛教法义者集结在一起而形成的组织。这些组织以共同信仰为基础,在经济上相互协作。
⑤ 岩生成一:《锁国》,第43—44页。

教的据点，同时还引聚了日本各地的商人，逐渐发展为与外贸相联系的商业城市。教会还得到了长崎的行政、司法权和收取来港船只停泊费的权益，并与许多大名往来密切。天主教会俨然形成一种独立于丰臣秀吉统治体制之外的不可忽视的社会势力。这一切在丰臣秀吉看来，已经构成对他正在努力建立的集权秩序的威胁。尤其是传教士们还颇具蛊惑人心的本领，这不得不使丰臣秀吉考虑到，一旦传教士煽动起反对自己的狂热，将是比一向宗更可怕的敌人。据弗罗伊斯记述，丰臣秀吉在发布禁教令的第二天，召集大名袒露了这种恐惧心理："关白（丰臣秀吉）与昨夜同样怒不可遏……说传教士狡猾而知识广博，欺瞒大批上层和贵族……如果不抑制这种企图，他们就会像大阪的和尚（一向宗）那样，用说教聚集人众，然后杀害领主、夺取领地，而他们自己就成为大领主，重演大阪和尚与织田信长对抗的局面。"①这是丰臣秀吉禁教的最根本原因之一。

经验丰富的耶稣会采取了尽量避免一切可能刺激丰臣秀吉的做法，再加之当时丰臣秀吉为保持与葡萄牙商船的贸易关系，在禁教令第5条中规定："自今以后，凡不妨碍佛法者，天主教国家之商人及其他人等尽可往来于日本。"②因而这次驱逐令并没有严格执行。信教人数仍在增加，天主教似乎已脱离危险期。然而，1596年发生的"菲利浦号事件"③再次引发了丰臣秀吉打击国内"第五纵队"的政策，终于制造了第一次大规模虐杀教徒的"二十六圣人殉教事件"。

丰臣秀吉于1598年病殁，不久德川家康取而代之。为垄断南蛮贸

---

① 《1587年度耶稣会日本年报》，柳谷武夫编辑、村上直次郎译：《耶稣会日本年报》下，第232—233页。
② 《1587年度耶稣会日本年报》，柳谷武夫编辑、村上直次郎译：《耶稣会日本年报》下，第235页。
③ 菲利浦号系西班牙商船，因遇风浪漂流到日本。据耶稣会士克拉西《日本西教史》记载，当时船长在与丰臣秀吉部下增田长盛交谈时，在地图上指示出西班牙拥有的广大领土。当问及如何得到这些领土时，答曰：先派传教士使其国民成为教徒，然后派遣军队与教徒里应外合，征服该国。

易之利,德川家康对传教士的政策有所缓和,至1605年,日本天主教教徒达75万人,长崎取代了当时的澳门和马尼拉,成为"远东的罗马"。然而,好景不长,1612年德川幕府突然首次发出了严厉的禁教令,下令驱逐所有传教士、关闭各地教堂。这同样与当时的内外形势密切相关。首先,1609年德川幕府与荷兰建立了通商关系,并在平户设立了荷兰商馆。荷兰人的目的旨在通商,与宗教传播毫无瓜葛,幕府终于觅到了理想的贸易伙伴。其次,幕府于1612年宣布以建立幕藩体制为"国是",而全日本的天主教大名却已经多达61人①,而且渗透到德川家康的近侧。这一切促使德川幕府坚定了剪除天主教的决心。1615年幕府又先后颁布了《武家诸法度》《禁中并公家诸法度》《诸宗本山本寺诸法度》。这正是德川幕府确立"祖法"的时期,更凸现出天主教会的异端性质,因而,禁教政策骤然升级。德川家康的继承人德川家光采取了更加严厉的打击天主教徒的手段,通过"五人组"②制度揭发教徒,并对不肯弃教者施以骇人听闻的酷刑,诸如:面部烙印、吊打熏烤、切断手指、倒吊于粪坑,甚至裸身游街等等③。1612—1624年,集体屠杀教徒和被逼殉教事件高达149起。④ 另据估算,禁教期间殉教者在2000—5000人之间,其中欧洲传教士约为70人⑤,1624年仅在江户两次焚杀教徒就达87人,其中甚至包括5名妇女和18名儿童。⑥ 可见,德川幕府对天主教的敌视达到极点。

德川幕府残酷的仇教政策,终于在引发了有3.7万会众参加的岛原天草天主教起义(1637—1638)。义军公开武装对抗禁教令,超越了传教士们以殉教来非暴力地表明自己虔信天主的局限。这和宗教的世俗性升华深深刺激了德川幕府,使他们痛感到"南蛮人的一向宗"已经发展为

---

① 高濑弘一郎:《天主教的世纪》,岩波书店1993年,第122页。
② 五户为一组的联保连坐制度,类似于我国的保甲制度。
③ 参阅松山崎校注:《天主教鲜血遗书》,改造社1926年。
④ 松山崎校注:《天主教鲜血遗书》,第186—257页。该书只统计到1624年,实际对天主教徒较大规模的迫害又延续了十几年。
⑤ 阿尔曼多著、松尾多稀子译:《南蛮文化渥来记》,第50页。
⑥ 德富猪一郎:《近世日本国民史·德川幕府上期上卷——锁国编》,民友社1924年,第311页。

异己的武装力量,丰臣秀吉的忧患终于演成活生生的现实。幕府为根绝天主教,对起义者施行了灭绝性的屠杀,并于 1639 年明确规定:"禁止葡萄牙人来航,违者,破其船、斩其员。"①至此,幕府最终断绝了与天主教和葡萄牙人的一切交往。

前述的考察显现出如下线索,即统治阶级对天主教的态度虽然几经反复,但始终是系于其政治经济利害天平之上的。从政治上看,这一时代初期织田信长的扬耶抑佛和其后丰臣秀吉的扬佛抑耶,虽然表现出对两种宗教截然相反的态度,但其目的是完全一致的。再从经济上看,即使在禁教令发布以后,丰臣秀吉和德川家康出于对南蛮贸易的需求,仍然对传教士表现了一定程度的忍耐力,及至与荷兰建立贸易关系后,传教士才完全失去了利用价值。而岛原天草起义的最后冲击,终于促使幕府将砝码全部投向禁绝天主教一边。

2. 信仰伦理的异端

以上侧重分析了日本统治者与天主教势力发生冲突的政治经济背景。另一方面也不可忽视这种对立冲突的文化原因,当然它并非单纯的两种文化形态的自然冲突,而是与深藏其中的社会政治根源相互缠绕在一起的。在封建社会里,对某一异质文化的态度往往会因阶级的对立而分解为两种不同的取向,即统治阶级与被统治阶级的文化需要是不同的,有时甚至是正相对立的。因而前者为保证其统治系统的稳定,总是要竭力防止一切文化越轨行为。依据这条线索,当日本的军事强人统治者站稳脚跟后,异己的天主教文化就在劫难逃了。

另一方面,耶稣会的文化适应传教策略也是有其限界的。尤其是传教士们看到传教过程进展顺利,并逐渐意识到"大日如来"与天主绝不可同日而语时,为避免"同名异神"的尴尬局面,将 Deus 改音译为"デウス"。也正因为这次改译,留下了与日本统治者在信仰层面上发生正面

---

① 石井良助:《德川禁令考·前集第六》,创文社 1981 年,第 379 页。

激烈冲突的隐患。正如一位法国学者指出的："天主教是一种要求移风易俗、怀疑成规的宗教，这首先预示着有冒破坏现存秩序的危险。"①天主教只信仰至高无上的天主，不允许崇拜任何其他偶像，在天主教看来，没有哪一种神灵能享受与天主同等的荣光。在日本世俗最高主宰者尚未确立的社会状态下，统治阶层还无暇顾及天主的地位。加之，耶稣会在当时仍具有无以代替的利用价值，因而统治阶层暂时承认了天主的存在。但是，随着集权政治趋向稳定，日本的本土神与天主的对立便公开化了。

在信仰领域，日本已非一张白纸，它通过奈良时代"神佛习合"及平安时代"本地垂迹"②理论的整合，已经将天照大神与大日如来熔铸为一体，即"神与佛其名异而其趣一者"③，由此创造出自己的崇拜偶像。同时，统治者还引进了儒家思想中维护封建体制的社会伦理，组成三教合一的"正法"，从而模造出抵御异己文化的思想武器。丰臣秀吉曾在给印度总督的信中宣示了以日本神为中心的三教一致原则："吾日本国乃神国……支那称此为儒道，天竺称之为佛法，而日本尊之为神道。吾人坚守此道，无需其他说教。"④而传教士"不知仁义之道，不敬神佛，不分君臣，唯以邪法破正法为事，自今以后不得妄言。"⑤德川家康在给西班牙总督的信中则宣布："吾国乃神国也，尊神崇佛始自日本肇国，佛即神，神亦佛，两者同一。固君臣忠义之道，坚守国家统一，乃吾日本向神誓忠及崇仰神之明证也……仁义礼智信之理，亦皆含于神意之中。此乃与贵邦实为相殊也。"⑥这两段议论似乎表明了丰臣秀吉和德川家康坚决保卫本土神的志向。然而，从中可窥见，他们对神佛的解释极其空洞，而对儒教中

---

① 谢和耐著、于硕等译：《中国文化与基督教的冲撞》，辽宁人民出版社1989年，序。
② 认为天照大神就是降临到日本的如来，并把日本的各种神看作是各路佛的化身，即神佛一体。
③ 崇传：《排天主教文》，《日本思想大系25》，第491页。
④ 松田毅一译：《十六、十七世纪耶稣会日本报告集》第一期第一卷，同朋社1987年，第270—271页。
⑤ 《1592年耶稣会日本年报》，海老泽有道：《天主教的弹压与抵抗》，雄山阁1981年，第62页。
⑥ 佐佐木润之：《天下统一与民众》，三省堂1974年，第276页。

的君臣大礼等说教却作了具体说明，前者只是为后者蒙上神秘的权威色彩，而后者才是问题之所在。换言之，天主教在日本的真正对手并不是虚幻的神，而是世俗的最高统治者。由此看来，天主与日本军事独裁者之间争夺绝对信仰权威的冲突便势所难免了。

丰臣秀吉和德川家康何以如此热衷于神？进而分析一下就会发现一条清晰的线索。日本的神始终是为君权神授服务的，它与人同属一个系列。其逻辑公式为：天照大神是天皇家族的祖神，天皇以天照大神后裔的资格统取日本，而自幕府政治以来，将军们往往借助天皇的"天威"来神化自己。一代枭雄丰臣秀吉为稳固其统治，曾努力使自己神格化，甚至编造神话故事，说他母亲是受孕于太阳，因而他就是天照大神的后裔。他极力鼓吹作为"神国"的主宰者不单单是凭借武力，还在于他被授予了神的权威。丰臣秀吉曾明确地说："在神国日本不可奢谈基督，所谓神乃日本之统治者，而天主教损及统治日本之神的尊严。"①按照这种逻辑，神就是他自己。之后的德川家康被称为"东照大权现"，实乃一脉相承。当时的"黑衣宰相"崇传秉承幕府的旨意，作了如下结论：天主教"实神敌佛敌也，若不急禁，后世必为国家之患。"②可见，只要传教士不放弃对天主的绝对信仰，无论怎样适应日本文化也不可能得到统治者的真正认可。除非传教士肯把天主"垂迹"为日本的神，并像佛教那样使信仰趋附于世俗统治者的淫威之下，而这又超出了耶稣会适应政策的最终界限，是绝不可能成为现实的。

与上述线索相关联，按照德川幕府儒官林罗山的推理，甚至传教士传入的地球仪也被列为"异端"。以下是他与日本人神父巴毗庵面对地球仪进行的一场对话："春（林罗山法号道春）曰，有无上下乎。干（巴毗庵亦作巴鼻干）曰，以地中为下，地上亦为天，地下亦为天。吾邦以舟运漕大洋，东极是西，西极是东，是以知地圆。春曰，此理不可也，地下岂有

---

① 佐久间正译：《前田玄以致德罗·高麦斯未刊书简》，《基督教史学 19》1976 年。
② 崇传：《排天主教文》，《日本思想大系 25》，第 492 页。

天乎。观万物皆有上下，如彼言无上下，是不知理也。"①如所周知，儒家理论中的天地概念是与人伦相关联的，讲天地之理的目的是要引申出人伦秩序。因此在林罗山看来，巴毗庵之说无异于釜底抽薪，为此不得不"上纲上线"了。林罗山的结论是"侮圣人之罪，是可忍，孰不可忍也。若又以是惑下愚庸庸者，则罪又愈大也。不如火其书。"②不难看出，这场争论已然超出天文学的范围，林罗山对地圆说的恼火，是因为他认为，这种理论将会成为否定日本上下有序的等级身份制度的依据。这实际上是一次"风马牛"的对话，巴毗庵"无上下"的地圆说理论无意中触痛了儒家"上下有序"的社会政治伦理原则。

林罗山之论虽属吹毛求疵，却也的中要害。天主教信仰与日本上下有序的封建伦理观念确实是水火不相容的。在当时的日本社会，臣下对主君尽忠是日本武士道的主要内容之一，而信奉天主教的武士们却不能无条件地遵从这一伦理。耶稣会传教士虽然努力适应日本的忠君从父等传统伦理，但前提是"不悖天主"，并提出："对天主的敬奉应在主人、父母之上，如主人、父母违背天主之教诲，则不可服从，以至不惜生命。"③日本信徒们援引这一信条，公开向主君提出了挑战。曾为丰臣秀吉立下卓著战功的高山右近就回绝了丰臣秀吉要求他弃教的劝诫，而甘愿丢掉封地，后又因不肯弃教而被德川幕府逐出日本，最终客死马尼拉。当时还有更令统治者不能容忍的"逆臣"，大名福岛正则曾规劝几名部下放弃天主教信仰，但遭到拒绝，其理由是："如果不严守对最高主君基督的忠诚，那么对世间主君的忠诚就无从谈起。"④

天主教的许多戒规也与统治者要求的伦理风习发生了激烈的摩擦。当时日本流行着主君对臣下赐以切腹的惯例，武士伦理还要求臣下履行"切腹殉主"的义务。即如果主君武运不济而战死，或因战败而自杀时，

---

① 林罗山：《排耶稣》，《日本思想大系 25》，第 490 页。
② 林罗山：《排耶稣》，《日本思想大系 25》，第 490 页。
③ 巴毗庵：《破上帝》，《日本思想大系 25》，第 440 页。
④ 《1614 年耶稣会年报》，《日本思想大系 25》，第 581—582 页。

近臣就要为其殉死。受命切腹显示着主君对臣下的绝对权威,而"切腹殉主"则是臣下对主君效忠的最高形式。如果"该死"而不死,则被视为惜命的"弱虫"而遭唾弃。它反映了日本武家社会典型的主从关系,是统治者维持其绝对权威的主要工具之一。针对这种非人道的恶习,耶稣会依据天主教教义提出了逆反的义理,认为生命来自天主的恩赐,因而自戕生命是对天主的亵渎,是不可饶恕的罪孽。他们在教义书《咎罪规则》中,明确规定"严禁自杀"。据此,信奉天主教的武士们公然抵制上述武家伦理,天主教大名小西行长就拒绝切腹而甘愿被斩首。小西行长解释说:"予并非企望偷生,若无天主教禁制,予可从容切腹。"①这种表白并非为胆怯而辩护,正如日本学者所说:"在当时的武士之间,拒绝被认为是赐予荣誉的切腹,而甘愿蒙受斩首耻辱的行为,如果不是出于信仰,无论如何也无法解释。"②殉死的主从义务也遭到了教徒们的抵制。丰臣秀吉死时,服侍他的侍童们一致决意为他殉死,惟有一位少年天主教徒为固守信仰而坚决反对③。而在当时日本人的人生价值观中,坚守宗教信仰比殉死需要更大的勇气和意志。

参照前述在日耶稣会的适应主义传教策略,传教士们不但不想触怒日本封建统治者,而且还要力求得到他们的关照。然而,天主教的信仰、伦理、教义、教规以及信徒们的实践,却在客观上动摇着作为日本集权统治系统主干的君权神授原理、忠君思想、主从关系等上下有序的"和风伦理",成为与日本统治者"正法"对立的"异端"。换言之,只要传教士不放弃上述"异端"思想,无论怎样适应日本文化也不会得到日本统治者的认可。而放弃这些"异端"又超出了适应主义的界点,使传教之举变得毫无意义。由此看来,禁教悲剧实乃历史的宿命。

---

① 《1600年耶稣会年报》,《冈田章雄著作集1》,思文阁1983年,第63页。
② 《冈田章雄著作集2》,思文阁1983年,第90页。
③ 《冈田章雄著作集2》,第93—94页。

四、西方科学初传日本及其历史影响

其实这段日西文化的接触并非狭义的宗教传播史,耶稣会传教士既是传播天主教的主体,同时又是传播欧洲世俗文化的媒介。因而,西方天主教在日本近一个世纪间活动所产生的影响,不惟在其信仰之流布,还涉及科学技术、文学艺术以至生活方式等诸多欧洲世俗文化。总的说来,南蛮文化的性质尚属欧洲中世纪末期文化,但是由于它是一种不为日本人所知的异质文化,因而强烈地吸引着处于文化饥饿状态的日本人。这一时期传教士带来了一些西方文学作品,刺激了日本传统文学的发展①。在美术方面,西方绘画中的透视技法也为日本人所采用,日本学者三木多闻认为,狩野派的屏风画就是受到了欧洲风格的刺激②。再有,在日本人的一般生活中也兴起了一股葡萄牙热③。据统计在日语中来自当时葡萄牙语的外来语单词仅沿用至今的即达 4000 余个④。当时的儒医向井元升在《知耻篇》中勾画了南蛮文化溶入日本人日常生活的世风图画:"岁月时节之风习、冠婚葬祭之礼仪、宾客朋友之交际、道德节仪之心操、饮食衣着之调度,皆取南蛮风。"⑤总之,南蛮文化的内容十分丰富,限于篇幅,兹不赘述。本文仅就对日本影响深远的西方科学技术,即"南蛮科学"作一考察。

1. 教会学校的功用

耶稣会兴办的教会学校教育是南蛮科学传播的滥觞,这里先就教会学校的情况做一素描。当时的日本可称作学校的只有足利学校,除此之外主要是武士教育和寺院教育。武士教育基本上是灌输忠君、勇武的武

---

① 详见海老泽有道:《南蛮文化》,至文堂1958年,第71—93页。
② 阿尔曼多著、松尾多希子译:《南蛮文化渡来记》,萨依玛鲁出版社1970年,第175页。
③ 参阅冈田章雄:《南蛮随想》,思文阁1984年。
④ 参阅阿尔曼多著、松尾多希子译:《南蛮文化渡来记》,第151页及附录。
⑤《日本思想大系25》,第543页。

士道思想和教授弓马武艺之术。寺院教育主要是读千字文、和歌、咏诗等,后演变为"寺子屋",大致与中国的私塾相似。就是这些简单的教育设施,在战国时代也已一蹶不振。随着天主教的传播,耶稣会在日本开展了不同于日本传统的、有组织、成体系的西式教育活动。1561年,传教士在府内开设了第一所教会初等学校,至1583年这类学校约达200所,累计学生人数约1.2万人[①]。这些学校的课程有阅读(包括罗马字)、音乐(赞美歌和西洋乐器)、礼法、绘画、谈话术、修辞法、戏剧等科目。为培养日本人传教士,1580年在范礼安的努力下,耶稣会先于有马开设了神学校,翌年又在安土建校,并在府内创办了神学院。神学校是进入神学院之前的中等预科教育,课程设置有拉丁语、葡萄牙语、日语、日本文学、历史、数学、音乐、绘画等。神学院是更高一级的学校,以神学、哲学教育为中心,是培养神职人员的学校,同时也是耶稣会的修道院。神学院的具体课程分为两大系列。第一系列有文法学、修辞学以及有关语言的其他学科。第二系列分为三大类,即自然、人伦、超自然的哲学。自然包括几何、算术、音乐、天文;人伦包括政治学、经济学、伦理哲学、世俗法、教会法;第三类又称第一哲学,即形而上学。从上述课程设置看,当时欧洲教育中的所谓自由七科(文法、修辞、辩论、几何、算术、音乐、天文)已经全部包摄其中。神学院的另一个职能是开展日本研究工作,包括出版辞书以及文法、宗教、历史等类书籍。这种兼行教学、科研的方针与当时欧洲的大学基本相似。

在当时教育事业十分匮乏的日本,耶稣会兴办的三级教育体系及其丰富新颖的教育内容所发挥的社会效益是不难想象的。它在传播宗教的同时,将西方的学艺移植到日本,更为西方科学技术在日本的传播奠定了综合知识基础。

---

① 海老泽有道:《南蛮文化》,第61页。

2. 自然科学技术

南蛮文化时代传入日本的科学技术涉及医学、天文学、地理学、药物学、农学、数学、测量学、兵学、航海造船技术等领域。对此，难以一一言及，因而从中选择影响较大的前三个领域做一扼要概述。

日本的医学至战国时代一直沿用汉方医学，即中医。耶稣会传教士来日本后，带来了西方医学，时称南蛮医学。如前所述，耶稣会在日本各地设立医院，以南蛮医学救治了众多疑难病患者，使耶稣会成为现世的救世主。以至于当时日本首屈一指的名医曲直濑道三也被传教士的医疗活动感动而接受了洗礼，并带领弟子们加入了传教士的该项活动[①]。传教士为上述成果所激励，遂将医疗福利活动作为传教的重要渠道之一。他们在长崎建立了"慈悲屋"（慈善医院）、圣地亚哥医院等九所医院[②]，并以此为辐射源，在京都、大阪、堺市、有马、和歌山等诸多城市和地区设立了许多大小不等的医院或诊所。由此，"南蛮医学"迅速传播。

耶稣会的医疗设施对各类疾病治愈率很高，尤其是外科手术更受到了极高的评价，不但患者大量涌来，而且日本医生也接踵而至。为此，耶稣会士阿尔梅达（Almeida Luis，1525—1583，此人持有葡萄牙王朝签发的外科行医许可证）于1558年开始临床教授指导日本人使用西药，施行手术[③]。府内医院遂成为培养西医人材的基地，使日本人开始接触、学习西洋医学，实为日本医学史上一大界碑。耶稣会创办的上述医疗设施很快在日本造就了一个西医流派。如粟崎道喜、中条带刀、坂本养安等人都是当时杰出

[①] 参阅岩生成一：《锁国》，中央公论社1980年，第62页。注：曲直濑道三(1507—1595)经常出入皇宫和幕府为天皇和将军治病，深得室町幕府第十三代将军足利义辉的宠信，并先后得到丰臣秀吉和德川家康的信任，而且受到许多大名的优遇。曲直濑道三还广招学生，号称八百弟子。

[②] 吉田光邦：《日本科学史》，讲谈社1987年，第219—220页。

[③] 村上直次郎译、柳谷武夫编辑：《耶稣会士日本通信》上，巴尔迪卡尔1559年11月1日书简。

的西医师。他们吸收和传播了重视实验的南蛮外科医术,为当时日本医学界所瞩目。现存最古之南蛮医书为山本玄仙所著《万外集要》(1619),而影响最大的当属泽野忠庵(Christovao Ferreira,1580—1650)[①]所著《南蛮流外科秘传书》。值得注意的是,泽野忠庵的著作中系统介绍了因文艺复兴而重新受到推崇的古希腊名医希波克拉底的液体(血液、黄胆汁、粘液、黑胆汁)病理理论。据《本朝医考》评价,在当时诸多医书中,泽野忠庵的著作享有绝对权威。就连主张剿灭天主邪教的代表人物林罗山也不得不在《外科万粹类编》的序言中承认了南蛮外科的优越性。

在天文学领域,自沙勿略来日之初,就开始向日本人讲述显示宇宙构造和天体运转的自然神学,以证明创世主信仰的绝对性,并极大地诱发了日本人的好奇心。沙勿略在给会友的信中描述了当时的情况:"日本人不知道地球是圆的,也不知何为太阳轨道。他们对流星、闪电、雨雪等自然现象提出了种种疑问。由于我们对所有的质问作出了充分的解答,使他们得到了满足,因而把我们称为学者。由此,我们的说教也使他们深受感动。"[②]为此,沙勿略在给耶稣会总会长罗耀拉的信中提出:"来日本的神甫必需具有可以解答日本人无数疑问的学识,希望他们应该是哲学家(这里也包含自然科学),最好能精于宇宙现象。因为日本人热心于天体运行、日食、月亮盈亏的原因等问题。此外,对于雨水从何而来以及彗星、雷鸣、闪电等万般自然现象的说明,有利于获取日本民众的心。"[③]可见,从沙勿略开始耶稣会就已经把介绍西洋科学知识作为传播天主教的重要手段。

1594年耶稣会代理日本管区长高麦斯(Gomez Pedro,1535—1600)依据古希腊托勒密的天文学理论编成《哲学神学提要》,用作教会学校的教科书。该书叙述了行星、银河、地球、日食、月食及复杂的天体运动理

[①] 葡萄牙籍耶稣会士,因不堪酷刑被迫弃教,定居日本,并改此日本名。
[②] 阿尔培神甫著、井上郁二译:《圣弗兰西斯科·沙勿略书翰抄》下卷,岩波书店1991年,第108—109页。
[③] 阿尔培神甫著、井上郁二译:《圣弗兰西斯科·沙勿略书翰抄》下卷,第193页。

论,并解释了气象及地震等自然现象。当然该书的天文学理论还属于哥白尼以前的地心说体系,而且最终目的在于证明上帝是宇宙运行的"第一推动力"。但是应该看到,如果抛开其哲学本体论,这个体系在科学上的基调是"地圆说",即认为地球是一个圆体。这是基于自然哲学原理的合理思辨的解释。这种地圆说体系明显地进步于当时日本人在该领域的认识水平。当时日本人对宇宙的认识基于两种原始理论:其一是佛教的"须弥山天界"说①;其二是中国古代的"天圆地方"说。前者显系神话,后者也被环球航行的实践证明为谬误。欧洲的天文学在日本很快得到承认,以至于"世间一般认为,有关天文地理之说以天主教之学问为最优"。② 传教士传来的欧洲天文学第一次把日本人的视野扩大到宇宙。1605年耶稣会士斯比诺拉还专门在京都的"南蛮寺"开设了一所叫做格里高利学院的机构,专授数学和天文学。另外,为吸引日本人对教会的兴趣,各主要教堂也都备有天体观测仪等欧洲天文仪器。

日本的地理学也是在西方知识的刺激下开始起步的。葡萄牙人来日本以前,日本人对自己国土的知识仍相当原始而粗略。当时通用的日本地图称作"行基图",一般认为它不过是根据行基和尚等云游僧们的经历而集成的不确切记录。③ "行基图"仅绘有五畿七道及所属地方国名,因之只不过是简单的行政区划图。1590年,葡萄牙传教士摩莱拉(Moreira Ignacio,1538—?)使用观象仪首次测定了西日本的纬度,开始绘制科学的日本地图。日本的世界地理学也是传教士来日以后才开始形成的。此前日本人的世界地理知识极度贫乏,传统的"三国世界观"④

---

① 梵文 Sumeru 的音译,亦译作"修迷卢""须弥楼"等。原为印度神话中的山名,亦为佛教所采用。相传须弥山高84,000由旬(古代印度计算距离的单位,按印度国俗,一由旬为30里),山顶为"帝释天",四面山腰有"四天王山",周围有七香海、七金山。第七金山外有铁围山围绕的咸海,咸海四周有"四大部洲"。许多佛教的造像和绘画以此山为题材,用以表示天上的景观。关于佛教"天"的解释可参阅方立天:《佛教哲学》,中国人民大学出版社1986年,第138—139页。
② 村上阳一郎:《日本近代科学的步伐》,三省堂1977年,第68页。
③ 吉田光邦:《日本科学史》,第216—217页。
④ 当时日本人认为,世界主要是由本朝(日本)、震旦(中国)、天竺(印度)构成的。

可证明这一点。通过与欧洲传教士的交往，并观看他们带来的地球仪，才使日本人认识到传统世界地理知识的狭隘性。织田信长曾屡次请传教士在地球仪上指明来日本的航路。1590年天正少年西游使团归国时，向丰臣秀吉进献了一部当时新制的、由53页分图组成的奥尔特里乌斯世界地图集①，使日本人第一次比较完整地了解了世界。丰臣秀吉对此爱不释手，因命画师狩野永德将其中的一幅放大绘在屏风上，甚至丰臣秀吉的扇子上也绘有远东地区的地图。以至有日本学者认为，丰臣秀吉的对外扩张野心很可能是受到了新的地理知识的刺激和影响。至1603年，深田正室终于完成了第一幅由日本人自己绘制的世界地图，成为日本世界地理学研究的开端。

随着世界地理学的传入和南蛮贸易的刺激，西方先进的航海技术也逐渐为日本人所掌握。1618年池田好运根据其世界地理学知识和随葡萄牙商船航行马尼拉的亲身经历著成《元和航海记》一书。该书介绍的天文、地理、数学、航海仪器、气象海潮观测、测量纬度、海深、风位等诸多航海技术，都是当时最先进的葡萄牙航海技术的精华，因而被誉为"天下第一之珍书"②。其后1671年岛谷定重的小笠原群岛探险以及1688年"快风丸"的北海道探险等活动都是以《元和航海记》为技术依据的。航海技术的更新，又刺激了造船业的发展。当时的统治者出于军事、经济的需要，都对西洋式船只表现出极高的热情。1578年织田信长曾命部下在葡萄牙技师指导下建造了铁甲船。德川家康也因对外贸易的诱惑，在传教士的帮助下建造西式帆船。更令人惊异的是，庆长遣欧使一行横渡大洋的旅欧船只就是日本人自己制造的。由此也可知当时日本的造船技术已达到相当高的水平。

3. 南蛮科学的历史影响

通观南蛮科学在日本的传播情况，可知它尚处于零散而不系统的阶

---

① 奥尔特里乌斯(Abrahan Ortelius,1527—1598)于1570年绘制的第一部地图集。
② 开国百年纪念文化事业会编：《锁国时代日本人的海外知识》，原书房1980年，第14页。

段,基本上是根据传教士们传教的需要,带有很大的随意性。又由于南蛮科学随同禁教悲剧而跌入低谷,因而有日本学者认为,南蛮科学在日本的传播只不过是一个无足轻重的历史插曲。然而,笔者以为,这并不是全部、最终的结局。诚然,南蛮文化时代天主教信仰及其社会伦理思想遭到严酷的镇压而几乎销声匿迹,但正如列宁指出的:"尽管文化遭到很大破坏,但决不能把它从历史生活中一笔勾销……文化的某些方面,在某些物质残余中是消灭不了的。"[1]日本的情况也不例外。南蛮科学虽然随着德川幕府的严厉禁教政策而失去了传播源,但它仍然顽强地生存下来。从科学进化的角度看,一种科学文化的演进往往不是一蹴而就的,它需要经过漫长岁月的积累才能确立其地位。南蛮科学作为一股潜流,在日本科学史上顽强地缓缓流动,经过长期的浸润发展,终于过渡到以吸收西方近代科学为内容的兰学阶段。

在医学领域,泽野忠庵所著《南蛮流外科秘传书》,在禁教风潮中为避开"南蛮"字样,于1696年改名为《阿兰陀外科指南》出版,从而在取缔南蛮文化的时代,使南蛮外科技术顽强地生存下来。南蛮医学还成为一些医学世家的家传,兰学始祖杉田玄白就曾在讲述兰学源流时说过:"其时有西吉兵卫传西流外科。其初为南蛮通辞(葡萄牙语翻译人员),传南蛮医术。及至南蛮船被禁止入津,又为荷兰通辞,传荷兰医术。此人兼倡南蛮、荷兰两流,世称西流。"[2]日本兰学史家杉本孜也指出:"作为阿兰陀(荷兰)医术的先驱,必须祖述南蛮医术。"[3]由此可见,作为兰学最初领域的西方近代医学实有南蛮医学传承的成分。从这种传承可以看出,南蛮医学不仅是日本人认识西方科学历程中的积累,也是接受兰学的通道和桥梁。此外,如所周知,与偏重于思辨的中医相比,西洋医学更注重实验。笔者当然无意贬低中医的价值,但是西方医学的实验精神无疑为日

---

[1]《列宁全集》第27卷,第116页。
[2] 杉田玄白著、绪方富雄校注:《兰学事始》,岩波书店1987年,第13页。
[3] 杉本孜:《江户时代兰语学的成立及其展于》1,第36页。

本医学的发展开辟了更宽阔的道路。这种实证精神不但促进了日本医学的发展,而且启发了后来医学界以外的兰学家,成为兰学的指导性思维方式。

前述的欧洲天文学在日本很快得到承认,即使在禁教以后,1656年官方认可的《乾坤辩说》一书,虽然仍视天主教为"异端妖术",但最终承认了地圆说理论。这种地圆说虽然尚属于古希腊托勒密的天文学体系,但它毕竟是西方体系,因而为与兰学阶段西方近代天文学的衔接奠定了基础。此外,这一时期输入的地图、地球仪、天文仪器等也为江户中期兴起的兰学运动准备了物质手段。而传教士开展的天文学普及活动,使天文学在日本摆脱了朝廷的垄断,开始流向民间,并几经传承成为兰学的主要研究领域。新的地理学知识不仅使日本人开始科学地认识自己的国土,还使日本人开始走向世界,开阔了眼界,更新、积累了海外知识。这对岛国日本来说,无疑具有深远的意义。

总之,南蛮科学开启了日本人的科学文化视野,培育了日本人的实证精神和不同于日本传统的自然哲学的思维方式,为兰学的兴起奠定了科学研究的认识论基础。由此,大大缩短了日本跨入近代自然科学阶段所需要的自我摸索的时间。也正因如此,又有学者甚至认为"葡萄牙商船来日本的1543年,应该是日本近代的开端"[①]。笔者当然无意如此拔高这次文化接触的意义,但是,这种观点似乎能给我们某种启发。

在有关日本近代化的研究中,人们往往将目光集中在幕末维新阶段的历史瞬间,而较少追究其历史渊源。康有为就曾说过:"泰西以五百年讲求之者,日本以二十余年成之,治效之速,盖地球所未有也。"[②]近年来国内已开始注意到江户中期以来的兰学和幕末洋学的研究,笔者以为,如若将明治维新作为日本迈入近代的成熟期,那么兰学和幕末洋学阶段

---

① 阿尔曼多著、松尾多希子译:《南蛮文化渡来记》,第129页。
② 康有为:《日本变政考(外二种)》,中国人民大学出版社2011年,序。

正相当于少年期,而南蛮文化则是其童年时代。梳理出这条线索,有助于完整地勾画出日本通过吸收西方文化而逐渐走向近代这样一个重要历史侧面的历程。

(本章第一节原载《西学东渐与中日两国的对应——中日西学比较研究》,世界知识出版社 2001 年;第二、三节原载《日本"南蛮时代"探析》,《世界宗教研究》2008 年第 2 期;第四节原载《日本学刊》2001 年第 5 期)

第三章 兰学的兴盛

江户时代中期，在日本知识阶层中出现了以荷兰语为媒介，研究、摄取西方近代科学和思想的学问体系——兰学。它以研究西方近代科学为开端，逐渐扩展到西方社会思想等领域，成为江户时代日本人了解外部世界的平台，并在幕末维新时期产生了积极的历史影响。

一、试析兰学形成的社会基础

近年来，兰学史引起了国内不少学者的重视，学者们从不同的角度对兰学做了诸多探讨，且不乏颇有见地之论。在此，想就兰学兴起的社会前提作一粗略的素描，以理清其来龙去脉。

笔者以为，兰学兴起的社会前提有如下诸方面：

其一，此前西洋科学文化的积累，主要包括南蛮科学的延续和大量当时中国出版的汉译西书的流入，为日本人学习西方科学和了解海外知识提供了丰富的资料。其二，是江户前期日本经验科学的发展和日本人自然观的变迁，促成了传统朱子学"格物穷理"内涵的变异和科学实证主义的产生，为日本人理解并全面接受西方近代科学，亦即兰学扫清了认识论上的障碍。其三,兰学职业化的社会机制①。

1. 西方科学的积累

有关南蛮科学延续的情况,前文已有论及,不再赘述。这里主要讨论中国汉译西书传入日本的情况。

兰学大家大槻玄泽曾在《订王增译采览异言》的序言中提出"盖此学(指兰学)也,萌芽于白石先生"②,笔者以为此说不无道理。1709 年幕府重臣新井白石(1657—1725)对潜入日本的传教士胡安·巴蒂斯达·西多蒂(Juan Battista Sidotti)的审讯,戏剧性地促成了他重新认识西洋文化的转机。新井白石依据这些谈话记录和此前积累的有关西洋知识,于 1713 和 1715 年相继撰述了《采览异言》和《西洋纪闻》。书中不仅记述了五大洲各国的地理、政治、风俗等概况,还否定了德川初期对西方文化一概排斥的政策,并提出了自己的西洋文化观。他认为对西方的科学技术和天主教应区别对待,肯定了"形而下"的西方科学技术的合理性,进而主张积极加以吸取。1716 年纪州藩主德川吉宗继任第八代将军,奉行奖励实学的殖产兴业政策,并于 1720 年以修改历法为契机,明令与天主教无直接关系的汉译西书不在禁止之列,天文历算之类尤其受到优待。在这种较为宽松的社会气氛下,荷兰书籍也逐渐流布民间,为兰学的兴隆奠定了基础。

一般认为,德川幕府的禁书政策是在"锁国体制"下抵制西洋文化的重要手段,而实际上宽永七年(1630)禁书政策的对象只是与天主教有关的汉译西书《天学初函》等 32 种。其后贞享二年(1685)医唐船将在华耶稣会士傅汎际所著《寰有诠》携入日本,禁书书目才有所增加。至正德二年(1712)又有 16 种书籍因出现利玛窦、天主堂等字样而遭禁。③ 宽永、

---

① 为避免本书论述情节重复,有关兰学职业化的社会机制,请参阅第九章第五节之"科举制与长子继承制"中相关论述。
② 新井白石著、山村昌永字明增译:《订正增译采览异言》一,江户后期写本(日本国会图书馆电子版),大槻玄泽"增订采览异言序"。
③ 参阅大庭修:《江户时代中国文化受容的研究》,同朋舍 1984 年,第 59—61 页。

贞享至正德的禁书书目即是江户幕府实施对外禁书政策的全部内容(见附表)。

德川幕府禁书目录

宽永七年书目	天学初函	天主实义　西学凡　交友论　唐景教碑　七克　畸人十篇 二十五言　辨学遗牍　灵言蠡勺　职方外纪（以上理篇） 泰西水法　浑盖通宪图说　几何原本　表度说　天问略 简平仪说　测量法义　圜容较义　同文算指　勾股义　（以上器篇）
	其它	十慰　弥撒祭仪　代疑篇　三山论学记(纪)　教要解略　圣记百言 天主续篇　况义　万物真源（原）　涤罪正记（规）　涤平仪记 测量法义异同
贞享至正德书目		寰有诠　福建通志　地纬　天经或问后集　帝京景物略　西堂全集 方程论　三才发秘　名家诗观　檀雪斋集　增定广舆记　谭友夏合集 愿学集　禅宗逸史　西湖志　坚瓠集

通观禁书书目 48 种，实际上只是针对与天主教有关的极小范围内的书籍。至于附表所列器篇书目，是因为它们被收入著名的天主教丛书《天学初函》才遭禁的。其实，上述器篇书目还分别被收入当时中国的其他丛书，而这些丛书是不在禁书之列的，因而在 1720 年德川吉宗缓和禁书政策之前，器篇书籍已经随着各种丛书流入日本。例如：《浑盖通宪图说》《简平仪说》《圆容较义》等书，随《守山阁丛书》流入；《几何原本》《测量法义》《同文算指》《勾股义》等，随《海山仙馆丛书》流入；《天问略》随《艺海珠尘》流入等等。此外，也有如《职方外纪》《几何原本》在其他丛书中被准许输入的事例。[①] 由此也可窥见，禁书的目标仅在于与天主教直接有关的书籍。事实上，输入日本的汉译西书，通过检查只要被认为没有与天主教有关的内容，即可自由买卖[②]。

及至 1720 年德川吉宗缓和了禁书政策，解禁书目达 19 种，其中包

[①] 伊东多三郎：《近世史的研究》第一册，吉川弘文馆 1981 年，第 238 页。
[②] 大庭修编著：《宫内厅书陵部藏舶载书目》（关西大学东西学术研究所资料集刊，七），同朋舍 1973 年，第 8—9 页。

括贞享禁令以前所列 12 种和贞享禁令以后的 7 种。其中有《天学初函》器篇中的《圆容较义》《浑盖通宪图说》《测量法义》《测量法义异同》①《简平仪说》《勾股义》《几何原本》《同文算指》《泰西水法》和理篇中的《职方外纪》《交友论》②。与上表相对照可以看出，除《表度说》《天问略》之外，《天学初函》器篇全部解禁。此后汉译西书，尤其是有关科学技术的书籍不断流入日本。据海老泽有道编制的《天主教关系汉籍江户时代流布本所在目录》统计，整个江户时代有 170 余种汉译西书流入日本，其中不少科学类书籍是在 1720 年以前输入日本的。③ 不惟如此，在日本自宽永禁书至 1720 年，介绍海外地志的书籍、地图计有 38 种，诸如：西川如见著《华夷通商考》(1695)、《增补华夷通商考》(1708)；新井白石著《采览异言》(1713)、《西洋纪闻》(1715)；地图《万国总图》(1645)、《万国总界图》(1708)、《世界万国地球图》(1708)等，都是在这期间成稿的。④ 而这些书籍、地图的主要基础资料多来自在华耶稣会士所著之汉译西书和利玛窦的《坤舆万国全图》等。大量汉译西书的流入，为日本人学习西方科学和了解海外知识提供了丰富的养料，无疑对兰学的兴起产生了重要的影响。

2. 日本传统科学的功用

在日本，要真正进入与西方近代科学对话的兰学研究阶段，还需要跨越江户初期以来儒家思想中天人合一自然观的羁绊，确立科学的认识论。

德川幕府建立之初，为加固作为幕藩体制统治根基的士农工商身份制和武士集团内部的等级序列结构，引入了与此相适应的朱子学，并奉之为正统官学。如所周知，朱子学是通过思辨建立起来的道德哲学体系，其特征是：于自然、政治、道德伦理等所有领域都贯通一个"理"字，并

---

① 实为测量法义之一卷。
② 伊东多三郎：《近世史的研究》第一册，第 209 页。
③ 海老泽有道：《南蛮学统的研究》，创文社 1958 年，第 301—317 页。
④ 开国百年纪念文化事业会编：《锁国时代日本人的海外知识》，第 461—463 页。

以思辨得来的"天理"统驭着天地人间。巨儒林罗山根据朱子学"天人一理"的原则，提出："如天尊地卑，天高地低，有上下之别，人又有君贵臣轻，定其上下次第……无此差别，何以治国。"①显然，在此类理论笼罩下，要与西方近代科学实现对话是极为艰难的。换言之，要使自然科学获得独立发展的权利，必须突破上述思辨的政治道德理论体系，将客观的自然原理从道德原理中剥离出来，使其成为独立的认识对象。在日本，这种剥离作业是随着日本本土经验科学的成长和哲学领域中各种新的认识论的产生而实现的。

德川幕府统一全国后，日本国内经济呈现安定发展的形势。以耕地面积而言，按日本学者通行的统计数字，中世末期为95万町步，而至元禄(1688—1703)、享保(1716—1735)年间则猛增到250—300万町步②。这期间农业的发展提出了对科学技术的需求，日本本土科学技术相应加快了发展速度。数学家关孝和(？—1708)在圆周率研究中取得了新成果，并著《发微算法》等著作，创立了"和算"；涩川春海(1639—1715)完成了第一部由日本人自己编制的历法《贞享历》，并刊布全国；宫崎安贞(1623—1697)根据多年农业实践知识编成《农业全书》；贝原益轩(1630—1714)撰成《大和本草》，开创了日本人自己的药物本草学。这些科学成果应用于实践，促进了生产的发展，并使科学技术在日本赢得了地位。在农业技术发展的刺激下，商品经济逐渐兴起，至元禄时代，町人阶层的经济实力显著增长，使日本社会出现了追求人生享受的奢侈之风，显示出向往人性自然的生活意识，从而生成代表町人阶层的町人文化。他们针对当时的等级秩序公开提出"武士不贵，町人不贱"的思想，要求得到与他们实力相应的社会地位。同时，为提高自己的文化修养，也由于经济生活的需要，町人阶层开始关心学问的世界。这样，"在以利害计

---

① 林罗山：《春鉴抄》，载《日本思想大系28》，岩波书店1980年，第131页。
② 杉本勋：《实学史研究的一个视角》，载源了圆、末中哲夫编：《日中实学史研究》，思文阁1991年，第32页。

算为目的的町人生活中，极其自然地形成了经验合理主义的思维"[①]。

与上述社会需求相呼应，儒学各流派及国学相继繁荣，他们各自宣传自己的主张，呈现出诸学鼎立争鸣的学问空气。其中，儒学中的古学派提倡回归到孔孟的原始经典，令人瞩目。他们为证实官方朱子学虚理虚义的谬误，极力通过考证来确立符合自己实际社会生活需要的学问体系，在学问的世界兴起了经世致用的实学思潮。

一般认为，朱子学的"理"与科学思想是格格不入的。其实这种观点是过于片面了。在日本，实学思想以及兰学中的科学认识论是通过对朱子学的扬弃，通过重新阐释朱子学"格物穷理"的认识论命题而形成的。日本学者对朱子学的"理"做了如下梳理："作为认识对象的理，既有形而上学的道德性质的理，亦有经验性质的理，根据所穷之理的不同，其结果是完全不同的。"[②]国内也有学者认为，这一时期儒学在日本分化为唯心论的伦理之教学和唯物主义的科学认识论[③]。在日本，以这种"理"的剥离和变异为中介，产生了作为科学思想基础的唯物主义自然观。

古学派在这个变异过程中发挥了积极作用。首先是古义学派创始人伊藤仁斋否定了正统朱子学"理在气先"的唯心主义命题。伊藤仁斋认为："非有理而后生斯气，所谓理者，反是气中之条理而已。"[④]他又说："盖穷理者以物言，不系之天与人。"[⑤]在此，伊藤仁斋割断了天与人之间的锁链，将"理"限定于"物理"。荻生徂徕也提出："理无形，固无准"，"盖先王之教，以物不以理……物者众理所聚也。"[⑥]可见，在古学派眼里，朱子学中唯心主义的"理"已经转义为自然界的客观规律。如果说古学派设定了"理"的内涵，那么怀德堂学派的合理主义儒学家们则进一步明确

[①] 源了圆：《近世初期实学思想史研究》，创元社1980年，第92页。
[②] 源了圆：《近世初期实学思想史研究》，第109页。
[③] 参阅王家骅：《日中儒学的比较》，日本六兴出版社1988年，第158页。
[④] 伊藤仁斋：《语孟字义》卷上，载《日本思想大系33》，岩波书店1980年，第116页。
[⑤] 伊藤仁斋：《语孟字义》卷上，载《日本思想大系33》，第124页。
[⑥] 荻生徂徕：《辨道》，载《日本思想大系36》，岩波书店1980年，第205页。

了"格物穷理"的目的和途径。五井兰州直言："真、实二字乃穷理之神明也。"①中井履轩更提出："格物谓往践其地、莅其事、执其劳也……此知行并进之方也。"②本来在正统朱子学中"格物致知""即物穷理"的目的在于"穷天理、明人伦、讲圣言、通世故"，从属于道德伦理范畴，而上述日本儒学各派将"格物穷理"改造为以事物之理为核心的研究自然界的科学认识论，从而顺应了元禄时代前后日本经验科学和经世济民之实学的需要。用日本学者的话说"日本的儒教文明，其学问之表现虽然经历了不同的过程，但最终结晶为实学这一点是不容否定的"。③ 而兰学正是在这种实学思想和科学穷理精神的基础上发展起来的。

与哲学领域对朱子学的批判取舍相呼应，在自然科学领域的医学界，从临床实践出发也对日本的传统中医理论展开了批判。自中世末期至近世初期，在日本医学界占主导地位的是"后世派"。他们机械地套用阴阳五行相生相克理论，偏好脱离临床实践的思辨，致使其中医理论发展到玄妙而不可解的地步，严重地阻碍了临床医学的发展。至元禄前后，在古学派的影响下，"古医方"学派兴起。古医方尊崇中国汉代张仲景所著《伤寒论》，主张"随症治之"，摒弃繁杂而空疏的理论，他们的口号是"亲体试验"。古医方学派的集大成者吉益东洞（1702—1773）抨击后世派理论是"空理臆见"，并提出"欲救天下之病人，必先治医生之头脑"。他主张："夫医者在于治病，治病者在方（药方），故医者之学皆在于方。"④山胁东洋（1705—1763）进一步对古医书中有关人体内脏说产生了怀疑，终于在1754年通过对尸体的解剖，证明了传统医书中的许多错误，并由此得出了"实证第一"的结论。山胁东洋认为："理先而物后则上智者亦无所得，试物以载言虽下愚者亦可济世。"⑤古医方学派彻底冲破了纯思

---

① 五井兰州：《兰州茗话》，奈良本辰也编：《近世日本思想史研究》，河出书房新社1965年，第108—109页。
② 中井履轩：《大学杂议》，朱谦之：《日本的朱子学》，三联书店1958年，第317页。
③ 源了圆：《近世初期实学思想史研究》，第9页。
④ 《东洞全集》，思文阁1970年，第33页。
⑤ 《藏志》，佐藤昌介：《洋学史的研究》，中央公论社1980年，第70页。

辨的阴阳五行论的束缚，为日本医学界输入了实证精神。在天文学领域，西川如见(1648—1724)将"天学"分离为"命理之天学"和"形气之天学"。前者是指朱子学中究天命以证纲常伦理的"天理"之道学，而后者乃是致力于对"日月五星推步测量"的科学天文学。西川如见进一步认为，前者"无声色，故虽近人身而难以穷知"，而后者虽"苍苍于人之上，然仰观七曜众星之运行以测验，虽远而易知也"。① 西川如见的议论为科学天文学的独立发展开辟了道路。

诚然，此时的医学和天文学还没有跨入近代科学阶段，尤其是古医方学派在批判唯心论、提倡经验主义的同时，另一方面又走向无视理论的极端。尽管如此，他们作为迈向近代科学的一环，通过宣倡朴素的经验主义认识论，使自然研究从道德原理中独立出来，为"实用"与"实理"并重的兰学储备了实证主义的基础。朱子学"格物穷理"内涵的变异和科学实证主义的产生，为日本人理解西方近代科学提供了一个契合点。这个历史情节明确提示人们，一种文化的发展需要先进外来文化的刺激，而另一方面也需要发掘自身传统文化的价值。

二、兰学的传播

1. 兰学网络

由前野良泽(1723—1803)、杉田玄白(1733—1817)等人译述的《解体新书》②是兰学真正诞生的标志。1771年3月，前野良泽、杉田玄白与另一位世医中川淳庵在江户小塚原指导解剖尸体，他们惊奇地发现《解体新书》原本中的插图竟与人体结构分毫不差，"因惊和兰实测穷理"，遂

---

① 《天文义论》，奈良本辰也编：《近世日本思想史研究》，第186页。
② 原书为德国人 Johan Adam Kulmus(1689—1745)著：《Anatomische Tabellen》(解剖图谱)，汉译本(当时日本知识人常用汉文)是据荷兰文译本《Ontleedkundige Tabellen》翻译过来的。参阅小川鼎三：《医学的历史》，中央公论社1988年，第112页。

立志移译该书。其后,又集桂川甫周(1751—1809)等七人,苦心切磋,修改11次,终于在1774年完成了《解体新书》的汉文译稿。全书由4卷28篇组成。卷一:解体大意、形体名目、格致、骨节分类、骨节;卷二:头并皮毛、唇口、脑髓并神经、眼目、耳、鼻、舌;卷三:胸并隔膜、肺、心、动脉、血脉、门脉、腹、肠胃、下隔膜及液道、大机里尔(腺);卷四:脾、肝胆、肾膀胱、阴器、妊娠、筋等。① 可见该书是一部西医解剖学大全。

这次小塚原尸体解剖,显然继承了前述山胁东洋等古医方的实证主义思想,但它的成果却大大超过了古医方的水平。如所周知,近代科学的方法是从试验和观察中推导出科学理论,而通过小塚原尸体解剖和《解体新书》的翻译,证明了传统中医理论中的一些谬误,并且创造了诸如各篇名中的脑髓、神经、隔膜、动脉以及文中的盲肠、软骨等诸多西医术语。不惟如此,《解体新书》还从理论上讲述了人体各器官的作用,从而达到了对人体结构总体的科学认识,开始在日本建立起西医的基础理论,使日本人真正认识到欧洲近代医学,特别是解剖学的科学性。由此,日本人开始系统地移植近代西方医学。更重要的是,杉田玄白提倡的"实测穷理",即实践与理论相结合的科学思想,克服了后世派不屑实践和古医方排斥理论的片面性,不仅为医学界,而且也为兰学确立了近代科学研究的方法,完成了日本科学史上一次质的飞跃。该书完成后,"上诸幕府及关白某公,继而公诸于世,于是海内始知有此学,而兰学亦渐盛行"。②《解体新书》引起了日本学界的一大变革,开辟了一条通向近代学术的道路,使兰学与儒学、国学并驾齐驱,成为近世日本的三大学问之一。为普及西方科学尤其是医学,杉田玄白还设立了兰学塾天真楼,以《解体新书》为教本,教授西方医学并荷兰语。

杉田玄白、前野良泽等人开创的兰学研究方法以及兰学教育事业,由他们的高足,"天生的荷兰穷理学人才"、兰学教育家大槻玄泽(1757—

---

① 《解体新书》,国书刊行会编:《文明源流丛书》第二,名著刊行会1969年,第324—381页。
② 松尾耕三:《近世名医传》,《兰学者传记资料》,青史社1980年,第5页。

1827)继承光大。大槻玄泽治学严谨,"凡学其物必踏实地,未透于心不上笔舌"①,一生译著书凡 110 种。② 在大槻玄泽的著述中,影响最广的当属 1788 年刊行的《兰学阶梯》。该书上卷叙述了与兰学相关的基础知识,下卷讲述了荷兰语基础知识及翻译要领,成为当时研习兰学者的入门书,为兰学启蒙做出了巨大贡献。大槻玄泽最大的功绩是他开创的兰学教育事业,即 1786 年于江户开设的芝兰堂。据田崎哲郎编制的芝兰堂塾生名簿统计,入学者计有 94 人,再加上《磐水年谱》(磐水为大槻玄泽的号)中所记 5 人,共 99 人,而且学生遍及东京都、大阪府、京都府和 32 个县(详见稍后"主要兰学塾塾生分布表")。可见,芝兰堂作为兰学宗家,可谓桃李满天下,后述的稻村三伯、山村才助、小石元俊、桥本宗吉等兰学中坚人物都出自芝兰堂。因此,大槻玄泽被视为兰学正统,并被誉为兰学泰斗。

通过大槻玄泽的兰学普及教育活动,荷兰语和有关西方科学知识才真正从通辞集团手中解放出来,被引入广阔的学术领域,为更多的民间学者所掌握。兰学正如"滴油入水布满全池"③,进入了全盛期。日本宽政六年 11 月 11 日(相当于公历 1795 年元旦)大槻玄泽于芝兰堂设宴,聚集了包括杉田伯元、宇田川玄随、森岛中良等兰学大家和漂流俄国后归国的大黑屋光太夫在内的兰学同仁 29 人,召开新元会(习称"荷兰正月"),庆祝公历元旦。其时,大槻玄泽作《兰学会盟引》,表达了对西洋及西方科学的景仰和立志光大兰学的志向:

> 惟宽政甲寅十一月癸丑,及群贤会于芝兰堂,寻西学翻译之盟也。何为用是日,乃大西洋一千七百九十四年(应为 1795 年)正月上日也。何用其上日,今读其书、肄其业、而于其谷旦者,所以祝斯

---

① 杉田玄白著、绪方富雄校注:《兰学事始》,岩波书店 1987 年,第 55 页。
② 杉本孜:《江户时代兰语学的成立及其展开 4》,早稻田大学出版部 1978 年,第 473—476 页;又据佐藤荣七统计,注明成稿年代的有 80 种 349 卷,成稿年代不详者有 30 种约 80 卷,并列出目录(佐藤荣七:《关于大槻玄泽的著译书》,载兰学资料研究会:《兰学资料研究》第 120 号,1962 年 10 月);还可参阅吉田厚子:《大槻玄泽著译书一览》,载洋学史研究会编:《大槻玄泽的研究》,思文阁 1991 年。
③ 杉田玄白著、绪方富雄校注:《兰学事始》,第 68 页。

业之大成也。夫西方之人，其性机巧，上自天文历数，下至凡百技艺，孰出其右。呜呼，无怠无荒，解其孚甲，成其华实，孜孜无已者，其从今日始。①

会堂还悬挂着"九千里外存知己，五大洲中如比邻"的横标和西方医学之祖希波克拉底的画像，充分显示出与会兰学家们开放的气度和广阔的国际视野。这种新元会一直继续到玄泽之子大槻玄干去世的1837年②。

在江户，还有宇田川玄真和吉田长淑两大兰学系统。宇田川玄真师从桂川甫周、大槻玄泽。出自宇田川系统的著名兰学家有坪井信道、箕作阮甫，以及后来的适塾塾主绪方洪庵和幕末风云人物佐久间象山等。吉田长淑学于桂川甫周，于1812年开设兰馨堂（兰馨为吉田长淑的号）。据《门人籍兰馨堂》记载，其学生有154人，属于该系统的著名兰学家有高野长英、小关三英、伊东玄朴等。一般认为兰学始创于兰化（前野良泽）、普及于玄泽、求进于榛斋（宇田川玄真）、成熟于兰馨。③

上述江户的兰学普及活动逐渐扩展到日本各地。京都兰学始于小石元俊开设的兰学塾穷理堂。与小石元俊齐名的还有大槻玄泽的另一位门人，即参与编纂《波留麻和解》（荷日辞典）的稻村三伯。其弟子藤林普山、小森玄良被誉为京都兰学双璧。他们还将兰医与流行于京都的古医方相互结合，开创了汉兰折衷学派。大阪是与京都齐名的又一个兰学基地，它既是日本商业、经济中心，也是日本天文学研究的大本营。高桥至时、间重富为兼通荷兰、日本、中国天文学的著名天文学家。而兰学大家桥本宗吉可作为大阪兰学的代表人物，他的译著除医

---

① 大槻如电原著、佐藤荣七增订：《日本洋学编年史》，锦正社1964年，第278页。注：宽政六年应为1794年，而11月11日已是1795年元旦。
② 参阅片桐一男：《荷兰正月的盛行》，载兰学资料研究会：《兰学资料研究》第19卷，龙溪书舍1987年，第242号。
③ 有关兰学师承，可参阅沼田次郎编集：《日本与西洋》，平凡社1980年，第217页。

书之外,还有《电气译说》《究珵原》等物理学书籍,明显反映出处于上升时期町人层的实际需要。长崎作为兰学摇篮,在传授和研究荷兰语方面作出了贡献。

从上述不难看出,各地兰学都有自己的特色,但并不是各自孤立发展,兰学家们通过相互交流,形成了一个辐射日本各地的兰学系统。据统计,杉田玄白的天真楼104名学生就分别来自所谓"畿内、七道38国"[1],其中:东海道十国26人,东山道六国25人,北陆道六国18人,山阴道三国6人,山阳道三国6人,南海道四国10人,西海道五国12人,畿内山城国1人。[2] 后述鸣泷塾塾生辐射区域,除长崎外为13国(可考者):筑后2人、筑前4人、久留米1人、肥前1人、伊予1人、阿波1人、赞岐1人、周防2人、长门2人、安艺2人、备后1人、备前2人、美作1人。[3] 再看下表著名兰学塾塾生的分布:

主要兰学塾塾生分布表(按现行行政区划县统计)[4]

塾生出身地区	塾生所在兰学塾人数		
	芝兰堂	象先堂	适塾
北海道		4	2
青森县	2	6	
岩手县	3	14	4
秋田县	1	4	1
山形县	4	20	13
宫城县	9	13	5

---

[1] 畿内、道、国,皆为大化改新以来日本的行政区划单位,皇都周围为畿内,其他地区分为七道,江户时代分为66国,其中畿内包括五国,其他各国分属七道,每一国包括若干个藩。
[2] 片桐一男:《杉田玄白》,吉川弘文馆1990年,第343页。
[3] 久米康生:《西保尔德与鸣泷塾》,木耳社1989年,书前图表。
[4] 据田崎哲郎、梅溪昇:《主要兰学塾门人名簿》,载日兰学会编:《洋学史亭典》,雄松堂1984年,附表5。原始名簿象先堂塾生为406人,适塾637人,其中分别重复记载3人和1人。

续 表

塾生出身地区	塾生所在兰学塾人数		
	芝兰堂	象先堂	适塾
福岛县	5	4	5
茨城县	8	13	6
枥木县	1	5	1
群马县	1	3	2
埼玉县	1	12	1
千叶县	2	10	7
东京都	3	26	18
神奈川县		7	3
新潟县	9	18	11
富山县	2		3
石川县	1	2	33
福井县	1	10	26
山梨县		2	3
长野县	1	5	2
岐阜县		7	14
静冈县	2	12	15
爱知县		13	8
三重县	1	6	8
滋贺县	2	4	3
京都府	5	10	26
大阪府	2	4	19
奈良县	1	2	6
兵库县	1	2	33
和歌山县	1	12	12
鸟取县	3	1	11

续　表

塾生出身地区	塾生所在兰学塾人数		
	芝兰堂	象先堂	适塾
岛根县	1	3	14
冈山县	2	16	46
广岛县	5	6	31
山口县	3	20	56
德岛县	3	7	9
香川县		9	14
爱媛县	3	15	22
高知县	1		14
福冈县		8	33
左贺县	2	47	34
长崎县		7	20
熊本县		3	9
大分县	4	6	21
宫崎县			6
鹿儿岛县		4	7
不祥	3	1	
合计人数	99	403	636

由上述统计可知，兰学塾塾生已经辐射到北起北海道、南至鹿儿岛的日本全域。

兰学人才不仅分布地区广泛，而且还来自各个阶层。日本学者曾经对1796年和1798年两次参加新元会的兰学家的出身地和身份作过统计，他们所属阶层分别为：藩主7人，幕臣、藩士7人，幕府侍医、藩医26人、町医8人、通辞3人、庶民6人、其他10人[1]，这些兰学家的出身地有

---

[1] 佐藤昌介：《大槻玄泽小传》，载洋学史研究会编：《大槻玄泽的研究》，思文阁1991年，第25—26页。该统计仅限于可考者。

如下表。还有学者对可考的 111 名适塾塾生的身份作过统计,其中:藩士 15 人,幕府侍医、藩医等 46 人,町医 34 人,农民 13 人,町人、神官 3 人。① 可见兰学家们已然形成一个以兰学为纽带,跨地区、跨阶层的社会群体。

出席新元会兰学家地区分布表②

地区	人数	地区	人数
东北	14	关东	6
江户	14	中部	11
近畿	10	中国	13
四国	1	九州	8

2. 鸣泷之光

除上述日本各地的兰学塾外,在长崎还存在着独具特色的兰学塾,即由荷兰商馆医生西保尔德开设的鸣泷塾。

1823 年,德国籍医生西保尔德(Philip Franzvon Siebold,1796—1866)作为荷兰商馆医生前来日本。西氏家族为德国医学界之名门,西保尔德的祖父、父亲、叔父皆为大学医学教授,西保尔德本人于 1820 年从大学医科毕业。西保尔德不仅在医学领域,而且于其他诸多科学领域也具有广博的学识。1824 年 12 月,荷兰商馆长在给长崎奉行的推荐信中称:"西保尔德在医术尤其是外科手术、眼科、产科及植物学、物理学、地理学等领域经验丰富,即使在荷兰也属名家。该氏居长崎近一年中,从事内外科诊疗、手术,拯救诸多病人于笃危。"③可见,西氏的知识结构和功底是相当广泛而深厚的。他的来日使兰学又获得新的发展。

西保尔德在学生时代就曾雄心勃勃地立志要对东洋进行全面的综合

---

① 海原徹:《近世私塾研究》,思文阁 1993 年,第 257 页。
② 据沼田次郎:《洋学传来的历史》,至文堂 1960 年,第 89 页。
③ 吴秀三:《西保尔德先生其生涯及功业》乙编,吐凤堂 1926 年,第 298 页。

研究,到日本的翌年即在长崎郊外的鸣泷开设学塾,称鸣泷塾。鸣泷塾既是学塾又是诊疗所,西保尔德在鸣泷塾做过腹水穿刺、肿瘤切除及其他外科手术和眼科、产科、妇科手术①,由此丰富了塾生们的临床经验。西保尔德的教学不仅限于医学,还包括其他西洋自然科学。此前兰学家们学习、研究兰学的主要途径是翻译、阅读兰书,而鸣泷塾的兰学家们则有幸直接受教于西洋人,他们能够随时请教,得以更深刻地体会西方科学的奥义。当时从学西保尔德的塾生们,年龄多在20—30岁之间,而且都已经具备了相当的兰学知识,因而鸣泷塾的教学水平是高层次的。西保尔德一改埋头翻译的日本兰学传统,把他自己研究日本计划中的课题分派给学生们,并要求学生用荷兰语提出研究报告。据板泽武雄统计,塾生们提交的有代表性的主要论文有:美马顺三的《日本产科问答》、高良斋的《兰理问答》《日本疾病志》、高野长英的《日本茶树栽培与茶叶制法》等15篇。②

上述方式不仅使学生们提高了运用荷兰语的能力,而且有利于学生们直接学习西方近代科学试验观察的理论和方法,进而提高了对西方科学实际应用的能力,为日本人独立进行近代科学研究奠定了基础。这种教学与研究有机结合的教育方式,改变了学生单向接受的传统形式,在日本建立了类似近代大学的教育新范。它不仅在兰学史上具有重要意义,而且在日本学术、教育史上也具有划时代的意义。高野长英可算是鸣泷塾中的佼佼者,他通过向西保尔德提供包括日本地志、历史、民俗、艺术、医药、渔业等多方面的报告,深入而多方面地掌握了近代科学研究方法,成为当时公认的"超一流"兰学家。在京都大地震后,他及时著成《泰西地震说》,介绍了欧洲的地震理论。1836年遇全国大饥馑,又著《救荒二物考》,试图将兰学知识真正变成致用的科学。通过高野长英的事例,也可以窥知西保尔德的教育成果。

更可贵的是,经西保尔德教诲的兰学家们,皆以拯救黎民为己任,如

---

① 参阅吴秀三:《西保尔德先生其兰涯及功业1》,平凡社1967年,第98页。
② 参阅板泽武雄:《西保尔德》,吉川弘文馆1989年,第31—35页。

二宫敬作的信条是以施治贫者为天职。又如高良斋在其提供的论文报告《日本疾病志》中,向西保尔德提出要求说:"花柳病在我国也逐渐蔓延,若先生返国后将充分治疗此症之书籍赐下,则不唯我等之幸福,亦乃全体日本人之幸福。"对此,西保尔德慷慨应允:"我志信守约言,每年予阁下最新、最佳之作。"①可见师徒二人作为医生的使命感何等强烈。高野长英为避西保尔德事件,曾寄寓广濑淡窗之门。淡窗评价高野长英说:"出入吾门者甚多,然须臾不忘国家者唯长英先生。"②

西保尔德为日本培养了一批具有西方近代科学精神的兰学家。当时在鸣泷塾就学者凡百余人,其后多为著名兰学家。诸如后述蛮社主要成员高野长英、小关三英、开设象先堂的伊东玄朴、幕府蕃书调所教授伊藤圭介、黑川良安、参加《厚生新编》翻译的凑长安、竹内玄同等。鸣泷塾生不仅人数众多,而且如前所述他们还遍布日本各地。诚如西氏所说:"鸣泷成为尊崇欧洲学术之日本人的集聚地……由此区区小天地将科学的新曙光辐射四方。"③

西保尔德在实行兰学教育之外,还开展了与日本学者之间的学术交流。1826年西氏结识了作为幕府天文方的优秀地理学家高桥景保,并将当时国际航海学名著《世界周航记》《荷兰王国海外领土全图》《拿破仑战史》等西文原著赠与景保。景保则回赠了由其学生伊能忠敬通过实地测量而绘制的《日本沿海舆地全图》《虾夷地图》,并借给西保尔德一些贵重资料。其后,高桥景保与另一位兰学家青地林宗,据《世界周航记》摘译成《奉使日本纪行》,而西保尔德回国后也撰写了《日本地图海图图谱》,是为日本与西方民间学术交流的滥觞。幕府侍医、当时日本著名的眼科专家土生玄硕为了得到西保尔德的兰方开瞳剂,竟然不顾幕府的大禁,把将军赐予他的绘有将军家徽的葵纹服赠与西氏。玄硕不无悲壮地说:"将葵纹服赠与外国人乃国禁,犯之难免死罪,然此乃奇方,今日不传,何

---

① 《高桥碛一著作集》第一卷,阿优米出版1984年,第221页。
② 高桥碛一:《洋学思想史论》,新日本出版社1979年,第199页。
③ 黑田源次:《鸣泷塾》,日德文化协会编:《西保尔德研究》,名著刊行会1979年,第31页。

日可得以济同胞之疾。虽触刑揳驱，将此方传于子孙，以拯救万民疾苦，足矣。"①在与西保尔德交往的人物中还有鹿儿岛藩主岛津重豪、岛津齐彬、中津藩主奥平昌高、福冈藩主黑田齐清等"兰癖大名"。由此也可以想见西保尔德对日本兰学所产生的影响，以至当时有"西保尔德旋风"之说。

然而，西保尔德在当时并没有得到应有的回报，反而因"西保尔德事件"被幕府驱逐出境。但是，他在日本科学史上却留下了光彩夺目的一页。日本人没有忘记这位传播西方科学的使者，他们对西保尔德的评价是"日本科学史上的大恩人"。明治十二年于长崎所立西保尔德纪念碑铭云："致今日之文化者，其功竟不得不分诸施（西保尔德旧译为施福多）君也。"②

三、兰学的触角

1. 科学领域

下面举要介绍一下兰学各主要学科的发展情况。

如前所述，兰学是从医学起步的。随着兰学家对西方医学知识的不断扩展，人们开始发现前述《解体新书》中多有误译之处。为此，杉田玄白指派大槻玄泽对该书进行修改订正。修订工作于1798年完成，书名为《重订解体新书》。大槻玄泽不仅修正了前书的错误，而且利用自己掌握的西洋医学知识，为原书作了大量的注解，并编制了若干附录，其篇幅占全书的三分之二。应该说《重订解体新书》已经不仅仅是一部译著，尤其是注解和附录，对在日本普及西洋医学知识发挥了重要作用。

1792年宇田川玄随翻译刊行了当时世界著名医学家考特（Gorter）于1774年发表的《西说内科撰要》，将西医内科引入日本。1825年大槻

---

① 吴秀三：《西保尔德先生其生涯及功业3》，平凡社1967年，第141页。
② 吴秀三：《西保尔德先生其生涯及功业3》，第237页。

玄泽又译出《疡医新书》,引进了西医外科临床技术。1832年高野长英翻译的《西说医原枢要》和1849年绪方洪庵《病学通论》的发表,在日本开始了西医生理学和病理学的介绍和研究。由此,作为西医基础理论主要分科的解剖学、生理学、病理学全部传入日本。兰学家们更努力大胆创新。1805年,华冈青州使用自制的全身麻醉剂,施行乳瘤手术成功,实现了世界史上第一次安全的全身麻醉手术。此后,眼科、产科、儿科等分科医学均出现了译著,科别不断细分,知识日渐深化。通过兰学家们的上述活动,近代西方医学在日本确立了牢固的地位。

医学的进步带来了药物本草学的发展。在这一领域独占鳌头的当属宇田川榕庵,他通过研究瑞典著名植物学家林耐(Carlvon Linne)的著作,拟照佛典文体撰著了《菩多尼诃经》。该书首次将林耐的植物组织理论介绍到日本。1835年榕庵又著《植学启原》,阐述了植物的构造、组织、生理及林耐的分类法,并扼要论述了植物学在广阔的科学体系中的位置和研究方法,从而在日本建立起近代植物学理论。

在天文学领域,最引人注目的是本木良永(1735—1794)引入了哥白尼的太阳中心说和地动说。他于1774年和1793年先后翻译了《天地二球用法》《新制天地二球用法记》,专门介绍了哥白尼的太阳系理论以及经开普勒、伽利略直至牛顿的地动说的发展,并指出托勒密的地球中心说是旧学,而哥白尼创始的太阳中心说为新学。本木良永的弟子志筑忠雄(1760—1806)对牛津大学教授凯尔(Tohn keill,牛顿的学生)的天文学著作潜心研究20余年,于1802年编译成著名的《历象新书》[1]。该书由三编组成,上编包括地动说、天体运动,并详细论述了太阳系各项常数及运动规则;中编提出了"众动一贯"理论,即以引力法则解释天体运动;下编阐述了上述理论的数学基础,对向心力和椭圆运动做了图解。通过本书的翻译,牛顿的天体力学体系被移植到日本。更值得注意的是,该书不仅仅是原书的翻译,其中还加入了译者的诸多创见。志筑忠雄在该

---

[1] 该书载国书刊行会编:《文明源流丛书》第二,名著刊行会1969年。

书附录《混沌分判图说》中提出了与康德(1755)、拉普拉斯(1796)宇宙起源星云假说①相媲美的星云说理论。当时康德和拉普拉斯创立的星云假说理论象征着欧洲天文学的发展水平,恩格斯赞誉它是"从哥白尼以来天文学取得的最大进步"。② 志筑忠雄完全依靠自己的研究,而且是与欧洲几乎同时代建立起自己的星云假说理论。③ 可见他对西方近代科学理论的理解已经相当深透了。志筑忠雄通过译著《历象新书》和自己潜心研究的成果,在日本构筑起近代天文学及天体力学的理论基础。

兰学家们对西洋地理学也产生了浓厚的兴趣,出现了不少这方面的译著。据统计1618—1873年,日本人关于世界地理(包括地图)、历史的译著总计为451种。而其中自1720④—1853年为300种、1854—1868年(明治维新)为113种。⑤ 山村才助于1803年完成的《订正增译采览异言》可谓该领域的集大成之作。著者利用的书籍广及洋书32种、汉籍42种、和书52种,总计126种⑥。大槻玄泽在为该书所写的序言中赞誉说:"其说精详明备,增续重定之功,尽白石先生所未能尽之地海。坤舆方域之至大、四方万国地形之广袤、国俗之情态、政治之得失、人类之强弱、物产之怪异,周悉至其极。"⑦可见该书是有关世界舆地学的综合著述,而且在质和量上,实为江户时代首屈一指之作。世界地理学的发展,促发了日本人解放思想、了解世界大势的欲望,亦为后来兰学在社会思想领域的展开打下了基础。

随着兰学研究领域的扩展,穷理学(当时对物理学和化学的总称)也开始在日本植根。前述《历象新书》虽已接触到物理学,但尚处于从属天

---

① 所谓星云说,认为在产生太阳星体之前,混沌状态的物质(炽热的气体星云)处于高速旋转运动之中,并逐渐形成凝结块。在这个过程中,一些较小的松散部分被抛向宇宙,冷却后,即是行星。
② 《马克思恩格斯全集》第20卷,第62页。
③ 日本学者的研究认为,当时志筑忠雄并不知道有康德-拉普拉斯星云假说。
④ 德川吉宗实行汉译洋书缓禁政策。
⑤ 参阅开国百年纪念文化事业会编:《锁国时代日本人的海外知识》,第463—476页。
⑥ 开国百年纪念文化事业会编:《锁国时代日本人的海外知识》,第46页。
⑦ 新井白石著、山村昌永子明增译:《订正增译采览异言》一,大槻玄泽"增订采览异言序"。

文学的阶段。1825年,青地林宗(1775—1833)译述的《气海观澜》,描绘了19世纪初欧洲基础物理学的概况,使物理学在日本形成了一门独立的学科。1836年,帆足万里在参考10余种欧洲天文、物理、博物、地理等领域著作的基础上,撰成《穷理通》。该书凡8卷,第1卷为中国、埃及、希腊的古代历法;第2卷论及恒星、银河,明确指出太阳也是恒星之一;第3卷说明太阳系、太阳的自转以及日食和月食的原理;第4卷讲述地球形态、地势、气候、地质到海洋潮汐;第5卷以下记述了引力、大气及其有关问题。该书最大的特色在于试图将以自然科学为基础的世界观体系化,日本学者称其为日本自然科学史上划时代的著作,明治维新时代来日本的荷兰人也"为江户时代能有如此杰出的学者而颇感惊异"。至天保年间(1830—1843),化学也以舍密学的名称形成独立的学科。宇田川榕庵撰《舍密开宗》(1837)全21卷,内容包括无机、有机和分析化学,并以被称为近代化学革命的元素概念为中心,论及化学反应和试验方法,为日本化学研究奠定了基石。

从以上兰学自然科学各领域的成果不难看出,西方近代科学的主要成就已大体移入日本,以至日本学者认为兰学阶段是一个科学的新时代①。

2. 社会思想

科学不只是说明个别现象的因果关系,它还要认识宏观自然界的总体,因而一般说来,伴随科学的进展必然会产生先进的哲学思想。随着兰学的不断扩展,研究领域超出了自然科学的范围,发展到形成唯物主义世界观的阶段,最终产生了社会批判意识。以下选取几位典型人物来描述这一发展过程②。

---

① 有马成甫:《司马江汉的自然科学业绩》,载《兰学资料研究》52号,1959年。
② 除本章介绍的山片蟠桃、司马江汉、本多利明外,渡边华山的思想在兰学史上占有极重要的位置。对渡边华山的思想将在下章专论。

山片蟠桃(1746—1821)通过融汇新的穷理精神和兰学知识,升华为具有近代自然科学知识和唯物主义思想的学者。山片蟠桃早年曾就学于怀德堂,又师从麻田刚立学习天文学,自接触兰学后,积极宣倡太阳中心说,思想发生了飞跃。山片蟠桃的思想集中表现在其代表作《梦之代》(1820)①中。该书分为天文、地理、神代、制度、无鬼等12卷,尤其在天文、地理卷中引用了包括《历象新书》在内的多种兰学书籍,提出了诸多惊世骇俗的思想。

　　山片蟠桃首先认为"欧罗巴之精于天学,古今万国无双","西洋之说,天地之大尽论于此,非梵、汉、日本之管见所能及"。促发蟠桃如此崇信欧洲科学的根本原因是,西方人"往来海外诸国以测量而言天文,舣大舶抵万国以正天文地理,故无梵、汉、我国虚妄之说",并"以是信其说"。山片蟠桃是日本最初理解西方近代天文学体系的学者之一,他不仅摒弃了地心说的旧体系,而且还提出了恢弘的"大宇宙理论"。他认为宇宙间排列着大小无数个与太阳系类似的恒星系,并推测在其他恒星系中也存在着人类社会,从而指出了地球在宇宙中的位置。这种宏大的理论已远远超出地球的范围,对生活在日本封建社会的文人来说,提出这种宏大的理论,无疑需要极大的自由思考的勇气,而这种勇气只能是源于科学的发展。

　　山片蟠桃的唯物主义自然观孕育了他先进的社会思想。针对神代史中"先有君而后造民"的传统谬说,山片蟠桃依据唯物主义思想直截了当地指出:"有天后有地,有地后有人,有人后有仁义礼智忠信孝悌","有庶民后立君,一旦君立,万民皆为其役",从而唯物地解释了人类社会发展史。山片蟠桃还基于他先进的近代天文学知识,讽刺日本传统的神、佛宇宙观是"奇说古今无类,其智可及,其愚不可及",并尖锐地指出:"学神道而貌似博学者,何愚至此,学佛者迷惑于三世因缘之虚妄而无不愚。"山片蟠桃运用其近代科学理论和唯物主义思想,破除了许多传统唯心主义的旧思想、旧知识,在一定范围内建立起科学的近代知识体系。

---

① 该书载《日本思想大系43》,岩波书店1979年。

至于山片蟠桃的影响，日本学者永田广志做了如下评价："如果说蟠桃通过把朱子学的穷理精神同发展了的科学思想结合起来而构成新的世界观的话，那么这种世界观必然是对朱子学体系的扬弃，必然是意味着儒学观念在认识论乃至自然哲学领域的败退。"①

司马江汉（1738—1818）也是独树一帜的兰学家。他自青年时代就潜心研究西方天文地理学，一生著述颇丰。主要著作有：《和兰天说》《刻白尔天文图解》《天地理谭》《春波楼笔记》等。司马江汉在普及西方近代天文地理学，尤其是地动说方面作出了杰出的贡献。他的上述著作"流布海内以来使我国人粗知地转之新说"。②如果说山片蟠桃从西方近代科学中发现了唯物论，那么司马江汉思想的特点则是从近代科学中引申出社会平等观。司马江汉从"日轮于中心运转，众星及此球（地球）绕太阳旋转"的太阳中心说理论中引申出自己的本体论，即"水火论"。他认为，自然万物皆禀"天气"（太阳之火）和"地气"（水）和合而成，进而提出了鸟兽草木皆从此理，人类也不外是宇宙之虫的生物平等观。这种理论的最终归结点是人类社会平等思想。司马江汉针对江户时代严格的等级制度，提出："上自天子将军，下至士农工商非人乞丐，皆人也。"③司马江汉的思想已经开始触及幕府统治秩序的根基。他还以其丰富的天文地理知识否定了当时流行的日本中心论思想，他说："如支那称中华，吾邦称苇原之中津邦，则无不为中央之邦矣"，然"若由天定之，则云赤道线下之邦为中央。"④此外，司马江汉还指出了"彼诸国以穷理治国"⑤，而"我日本技术不及欧罗巴人"的根源就在于"吾国之人不好穷万物之理，不好天文、地理"，"虚构文章以为文雅，不述信实"（《春波楼笔记》），尖刻地批判了当时腐儒们的空理空论。这似乎就是司马江汉研究兰学的

---

① 永田广志著、陈应年等译：《日本哲学思想史》，商务印书馆1983年，第189页。
② 高桥碛一：《洋学论》，三笠书房1939年，第133页。
③ 《春波楼笔记》，载《日本随笔大成》第一期第二卷，吉川弘文馆1975年。
④ 《和兰天说》，载《日本思想大系64》，岩波书店1976年，第449页。
⑤ 《天地理谭》，转引自有坂隆道编：《日本洋学史的研究》Ⅵ，创元社1975年，第146页。

基点。

与山片蟠桃、司马江汉的社会思想形成的同时,出现了兰学经世家本多利明(1744—1821)。"他和蟠桃及江汉一样,提倡自然科学主义……他似乎没有探讨立足于自然科学主义的哲学问题,但可以说他在经济上所代表的倾向,在哲学上就是蟠桃和江汉的理论。"[1]本多利明年轻时代曾到江户学习数学,后又修习荷兰语以及世界舆地知识,因而对欧洲的发展历程有较多了解。本多利明的学问背景促使他试图借鉴西方的经验以解决日本的社会问题。在本多利明生活的时代,商业发展加速了以封建禄米为生活来源的武士阶层经济生活的贫困化。武士为转嫁这种贫困,加紧了对农民的盘剥。加之,自然灾害频发,导致了"天明(1781—1789)大饥馑",农民生活陷于破产的边缘。贫苦农家堕胎、溺婴成为一种普遍的社会现象:"百姓穷困,十室之邑年年堕胎阴杀赤子者,不下二三人,或一国及七八万者往往有之。"[2]本多利明曾深入日本各地进行实地考察,目睹"天明大饥馑"的惨状,受到强烈的刺激[3]。此外,俄国南下的"北方之警"也给他以极大的震动。

为摆脱内忧外患,本多利明运用兰学知识于宽政年间(1789—1801)撰写了《经世秘策》和《西域物语》两部有关经世学问的经典之作。本多利明认为之所以出现农民赤贫以至于溺婴的惨状,除自然灾害而外,非农业人口的增加也是主要原因之一。他指出:"治平日久,武家增殖,且生奢侈之风,商民亦然。此两民增殖,僧工游民亦随之增殖,故以农之一民,自难于供其食用。士(武士)、工、商食用不足,而取之于农,致使农民困穷也。出产米谷有限,年贡、租税亦有限,欲以此有限之米谷而供万民食用,自是不足。"[4]为解决当时的社会问题,本多利明根据"西流之理",提出了富国之四大急务,即焰硝(月于矿山开发)、蓄金(增加国富)、船舶

---

[1] 永田广志著、陈应年等译:《日本哲学思想史》,第229页。
[2] 关山直太郎:《近世日本人口的研究》,龙吟社1948年,第199页。
[3] 一般统计,此次饥馑中因饥饿和瘟疫,全国人口减少约90万人。
[4] 本多利明:《西域物语》,载《日本思想大系44》,岩波书店1977年,第144—145页。

（用于海外贸易）及开发属岛（北海道殖民等）。其中最引人注目的是，他针对"贸易是以国内有用之物换取外国无用之物"的陈旧观点，提出："日本乃海国，渡海运送交易本为国君之天职，乃第一国务。因之遣船舶出万国，集国用必需之产物及金银铜输入日本，雄厚国力，乃海国具足之法"。否则"若图以本国之力为治，则国力日衰，其弱皆积于农民，农民连年耗减乃自然之势。"①本多利明还指出："交易在海洋涉渡，海洋涉渡在天文地理，天文地理在算数。此则兴国家之大端也。"②在本多利明看来，要使日本富强，就要改变传统的"汉法"，而以"大西洋人"为榜样，开展海外贸易，而开展海外贸易又必须研究自然科学。从本多利明的思想脉络中不难看出，他试图以兰学知识，即"大西洋人"的方式来解决日本的具体社会问题，确是一位"接受兰学影响的重商主义者"。这种重商主义向世人透出了开国论的信息。

3. 幕府与兰学

如前所述，江户幕府初期的禁教政策并没有将日本绝对闭锁于岛国之中，荷兰商馆这个窗口始终是开放的。幕府定期收取商馆人员提供的海外情报，编成《荷兰风说书》以作为了解海外形势的资料，这说明幕府并非要彻底自隔于世界。但总体看，在江户前期，这些情报并没有引起幕府相应的重视。日本人中，除少数通辞受到一些影响外，西洋知识几乎不为日本民间所知。

自1716年八代将军德川吉宗执政以后，开始重视荷兰事物和科学技术。德川吉宗对西洋的学术技艺、制度、物产、风俗等都具有浓厚的兴趣。他屡派幕府官员向荷兰商馆询问关于天文、地理、医学、武器、饮食、植物等各种知识，甚至为改良日本马种而进口西洋种马，并订购各种西洋物品和书籍。更于1720年下令放宽汉译西书进口的限制，并

---

① 《经世秘策》，载《日本思想大系 44》，第 32 页。
② 《西域物语》，载《日本思想大系 44》，第 160 页。

大力奖励经世学问,扶植兰学。1740年,他亲派幕臣青木昆阳和侍医野吕元丈学习荷兰语,并聘用荷兰天文学家。日本学者多认为这些措施与吉宗本人的癖好有关,但是,联系当时日本社会的状况,不能不说他具有强烈的实用主义意图。随着町人经济实力的增长,商品经济渗入农村,致使部分农民破产,纷纷逃散,人口增长停滞,农民、市民暴动频发。同时,高利贷资本也动摇着武士阶层的经济地位,封建社会矛盾趋向尖锐化。为此,幕府试图以殖产兴业政策摆脱困境,稳定农村生活,以保证年贡收入。为发展生产,自然科学技术尤其是与生产有直接关系的实学,自然就显得重要了。至田沼时代(1757—1786)实行了比吉宗更为明智的经济政策,扩大了与荷兰、中国的贸易,同时也放宽了与荷兰人接触的限制。在江户,幕府官医与荷兰人交谈时,民间医生也可以参加。正如当时荷兰商馆长所说:"日本人开始知道,允许外国人入境于政治并无害处,反而可以由此学到日本人所不知道的技术和学问。"①

然而,到松平定信任老中的宽政改革时期(1787—1793),随着兰学中议政意识的萌发,松平定信开始实行"异学之禁",重新树立朱子学的官学地位,并开始采取垄断兰学的政策。1792年,幕府以"处士横议"为由,禁止林子平所著《海国兵谈》和《三国通览图说》②的出版,并判处林子平"蛰居"。与此同时,幕府还限制日本人与来江户参觐幕府的荷兰人的对话。一般认为松平定信的上述政策是对兰学的镇压,笔者以为这种论断似乎是过于简单化了。其实,松平定信并非要彻底禁止兰学,而是要将兰学限制在为幕府所用的范围之内。松平定信曾经明确地表露过这种意向:

> 余自宽政四、五(1792、1793)年集红毛(荷兰)之书。蛮国精于

---

① 沼田次郎编集:《日本与西洋》,第204页。
② 关于这两部论著可参阅夏应元:《论林子平》,载中国日本史研究会编:《日本史论文集》,三联书店1982年。

理,尤以天文、地理、兵器及内外科治疗获益不少。然此或成好奇之媒介,坏事之根源。本应禁止,然犹不能止,况且有益。遂与长崎奉行商议,购买舶来之蛮书。然其书不宜落浅薄者之手,而应奉于幕府书库……不至散落世间,有用时即可得。①

为挽救幕府气运,需要引进西方科学技术,但又担心有志之士以兰学知识批评幕政,因而采取藏兰书于幕府的垄断政策就成为两全之举了。由此可见松平定信用心之良苦。基于这种态度,幕府为防止"处士横议"而实行上述垄断策略的同时,又使兰学家归附于幕府,逐渐实现了兰学的"官学化"。实际上松平定信对林子平的处分也绝不是对西方文化的抵制,而是因为林子平提倡的强化海防的主张触犯了松平定信"君子应有忧国之心,但不可出忧国之语"的原则和幕府严禁"处士横议幕政"的规制,况且也没有史料证明松平定信对兰学采取其他具体的镇压措施。恰恰相反,他选择的是引进洋书以补强幕府统治的策略。由此看来,松平定信的"异学之禁"并不等于"独尊儒术"。松平定信虽于1793年辞去老中职务,但他对兰学的态度却被其后任继承下来。他们对兰学中的自然科学部门采取了扶植政策,兰学家们也欣然合作,从而出现了研究西洋实用科学的氛围。

为统制兰学,幕府于1811年创立了以翻译洋书为中心任务的"蕃书和解御用",集中起众多著名兰学家,展开了大规模的翻译事业。"蕃书和解御用"成立之初即表现出明显的"实用主义"性质。其最大的事业莫过于《日用百科辞典》(Huishoudelijk woordenboek)的翻译工作。起初主持这项工作的是大槻玄泽和通辞马场贞由。由于该书内容庞博,翻译工作一直到安政年间(1854—1860)才完成。其间,继大槻玄泽之后,众多一流兰学家相继受命主持翻译、编集该书。有史可考者计有宇田川玄真、杉田立卿、大槻玄干、宇田川榕庵、凑长安、小关三英、箕作阮甫、杉田

---

① 松平定信:《宇下人言》,转引自板泽武雄:《日兰文化交涉史的研究》,吉川弘文馆1986年,第311页。

戎卿、竹内玄同等。该书译名为《厚生新编》，其中"厚生"二字取自中国《书经》"正德利用厚生惟和"，以显示出通过输入欧洲的新知识以资民生利用之意。《厚生新编》全书分为天文地土部 28，生殖部 196，诸鸟并飞虫禽兽部等 78，金石部 53，人身部、医药治方部、医疗部、疾病部等 139，食物部 13，产业部、技艺部等 35，脂液部 12。从以上内容看，足见该书与日用民生的密切关系。《厚生新编》始终是在兰学权威们主持下翻译的，叙述极其翔实、准确，被日本学者誉为明治维新前规模最大、质量最高、实用性最强的译著。不难想象，这样一部历时久远、参加者众多的巨著如果没有幕府当局出面组织，是不可能完成的。通过该书的翻译，幕府为兰学家们营造了较优越的学术环境，由此提高了兰学的水平，丰富了兰学的内容。

但是，在上述官民合作的同时，兰学家中又出现了触犯幕府禁令的犯规行为，导致兰学史上又一轮较大的灾难。1828 年西保尔德回国时，从其行李中发现了高桥景保和土生玄硕的赠物，即前述的日本地图和葵纹服，在当时这都是禁止携带出国的禁物。在幕府看来，兰学家们为得到西洋知识竟敢违背大禁，实属无视幕府权威的叛逆行为。为此，幕府将西保尔德软禁于出岛，严加审讯后驱逐出境，并永远禁止其再来日本；土生玄硕被判以"改易"（取消武士身份，收回俸禄）并终身禁锢；高桥景保被捕后死于狱中；此案还牵连鸣泷塾塾生及长崎的逅辞等 50 余人。此即有名的"西保尔德事件"。1838 年又有渡边华山、高野长英分别撰写了《慎机论》和《梦物语》，幕府认为它们是"赞美异国，诽谤我国之邪书"，并因此拘捕了渡边华山、高野长英等多名蛮社成员。其时，小关三英因曾翻译《耶稣传》，自知难逃大狱而于被捕前自杀。[①] 1840 年，幕府以"处

[①] 当时由于渡边华山对西方知识有了相当的积累，开始怀疑幕府所宣传的天主教为邪教的说法。后来偶得一部基督传记的小册子，因请小关三英为其译读，并作笔记。译读未了，渡边华山遭逢囚禁。小关三英闻讯颇感惊疑，以为是因翻译基督传记而获罪，痛悔自己拖累主家触犯国禁，当夜自杀。参阅：三宅友信记：《华山先生略传》，载《华山全集》第一卷，华山会 1938 年，第 321—322 页。

士妄评政治、动摇民心"等罪名,判渡边华山蛰居原籍,高野长英终身监禁。不久渡边华山自杀,高野长英虽曾一度脱狱毁容,但终在与幕府捕吏的搏斗中悲壮身亡。

两次大狱,对兰学无疑是沉重的打击。此后,幕府更加紧了对兰学的控制,施行了一系列诸如翻译兰书须经町奉行认可等统制兰学的规定,禁止兰书流布市井,使兰学中人文科学部分的发展暂时跌入低谷。兰学遂萎缩成为幕府"取长补短"的"御用之学"。然而,这只是兰学运动的暂短蛰伏期,并不是最终的结局。前述幕府扶植兰学的政策在客观上已造就了一个具有相当规模的兰学群体,要想彻底剪灭兰学的社会影响已经不可能了。及至幕末风云期的到来,在兰学积累的基础上学习西方的幕末洋学风潮崛起,为变革日本社会发挥了积极作用。

四、"江户三学"中所见中国认识辨析

在江户时代,分属于日本儒学、国学和兰学的学者不约而同地对历史上颇受尊崇的中国思想文化展开了有史以来罕见的集体质疑,甚至贬损、蔑视,颠覆了历史上中国的先生地位。由于诸学派的学问目标和话语各异,在对中国的认识上也各具不同的特征:儒学表现为厚古薄今的修正主义;国学表现为非理性的民族主义;兰学则显示出经世致用的功利主义。各路中国认识也有交叉重叠之处,以至于衍生出兼通三学而提出侵吞中国计划的理论。"三学"中的各种中国认识,都以不同的话语形式延续到近代日本,影响着日本人的对华认识和行动。

日本历史上曾长期以中国为师,江户时代初期朱子学也曾左右着德川幕府的社会文化政策以及日本知识人的道德规范和价值观念。然而,由于中国的明清交替、日本民族主义的抬头、摄取西洋文化的兰学的兴起等历史原因,日本人的中国观出现了明显的变化。这些变化集中反映

在"江户三学",即日本儒学、日本国学①和兰学三大学问板块之中。

近年来,国内关于近代以来日本人对华认识的研究急剧升温。诸如杨栋梁主编的《近代以来日本的中国观》六卷本(江苏人民出版社 2012 年)、刘家鑫著《日本近代知识分子的中国观——中国通代表人物的思想轨迹》(南开大学出版社 2007 年),钱婉约的《从汉学到中国学》(中华书局 2007 年)也设有《近代日本的中国观》的专章。然而,与上述研究成果相比,对江户时期日本人中国认识的研究成果显然不成比例。笔者所见仅有刘岳兵所撰论文《近代以来中国认识的原型及其变化机制》(《历史研究》,2010 年第 6 期)一文与本论题有所关联。该文认为:"早在鸦片战争之前日本就已经存在了强烈的蔑视中国的认识这一事实",并从"对象化中国"和"类型化中国"两条线索追溯了近代之前日本人中国认识的变化机制。

本书将着重追溯因"江户三学"各自学统机理差异而形成的不同中国认识的思想滥觞,在了解江户时代日本人多元中国认识的同时,清晰地识别它们不同的特征和思想演化机理。通过这番研究,或可为深刻而清晰地把握近代以来日本人的对华认识,提供些许研究思路和史鉴,甚或可作为了解当今日本人的诸多中国认识和对华态度的重要线索。文中管见或有谬误,谨请赐正。

1. 厚古薄今的儒学

江户时代初期,开始了新一轮引进摄取中华文化的风潮,其中朱子学开始在日本兴盛。江户时代日本朱子学鼻祖藤原惺窝重新把中国作为憧憬的对象,承认了"大中华"与"小日本"的现实:"本朝者小国,大明者大国也,其势似不可敌……大明者昔日圣贤所出国也。"②藤原惺窝以至于感叹:"乌呼,不生于中国,亦不生于本邦古代,而生于当世(日本),

---

① 文中为叙述方便,在不会发生歧义的情况下,皆省略作为定语的"日本"二字。
② 藤原惺窝:《质疑明国讲和使草稿》,《藤原惺窝集》卷下,思文阁 1978 年,第 367 页。

可谓生不逢时。"①藤原惺窝于1607年举荐其弟子日本巨儒林罗山出任幕府的政治顾问,在德川幕府建立初期发挥了重要作用。林罗山不仅是幕府制定文教政策的指导者,而且还深度参与幕府政治,他所崇尚且符合幕府诉求的朱子学的诸多理念几乎成为幕府的意识形态,诸如上下有序、各安其位以保证社会稳定等思想。

随着德川幕府统治趋于稳定,统治策略也逐渐转向"文治",于是,朱子学如日中天,迅即成为由幕府支持的显学,以至于诸如忠孝节义等诸多人伦道德观念也被植入武士阶层的头脑。甚至有日本学者说:"德川幕府将儒教作为官学,诸藩的教学仿效幕府。因而,这个时代的武士基本教养是儒教,这意味着在国学和兰学出现之前,对他们来说儒教不是多元文化之一,而是文化就等于儒教。"②

如第一章所述,恰值此时被梁启超称为两畸儒之一的朱舜水眼见复明无望而于1659年留居日本。日本众儒者"如七十子之服孔子"③。朱舜水在向日本知识层传授儒家思想的同时,也展现了中国文人固守中华大义的风骨,从而树立了现实中国文人的君子形象。由此,对中国儒学和儒者的尊重几乎成为江户时代初期日本知识界对华认识的共识。

然而,随着中国的明清交替,以及日本知识界对儒学研究的深化,到17世纪中后期,儒家阵营内部出现了若干质疑朱子学的思想派别。日本儒家各派对中国儒家思想做了多角度的生发,其中朱子学的"理气之论"成为修正的焦点。在这场"修正论争"中,古学派提倡回归到孔孟原始经典,颇夺人耳目。古义学派创始人伊藤仁斋认为:"包含天下之理而无缺,荟萃百家之典而不遗……观语孟二书足矣。"④古学派虽然尊崇孔孟,但却对朱熹"理在气先"的本体论思想提出了针锋相对的批判。伊藤仁

---

① 《惺窝答问》,《日本思想大系28》,岩波书店1975年,第198页。
② 小岛晋治:《日本人中国观的变化:以幕末维新为中心》,神奈川大学人文学研究所编:《日中文化论集》,劲草书房2002年,第87页。
③ 梁启超:《中国近三百年学术史》,东方出版社1996年,第102页。
④ 伊藤仁斋:《童子问》卷上,《日本古典文学大系97》,岩波书店1978年,第203页。

斋认为:天地之间只是此一元气而已矣。非有理而后生斯气,所谓理者,反是气中之条理而已。"①他又说:"圣人曰天道、曰人道,而未尝以理字命之。"②古文辞学派的荻生徂徕也提出:"盖先王之教,以物不以理……物者众理所聚也。"③由此可知,朱学主张的客观唯心主义的"理"已然变异为"事物之理"。

对理学之"理"的重新定义,是江户时代日本儒学界对中国哲学思想提出正面质疑的开端。但是,古学派对儒家的质疑是扬弃修正,而非全盘抛弃,毋宁说是更加崇尚先秦儒家思想和中国事物,荻生徂徕甚至为显示对中国的倾慕之情,分别将京都、东海道称为洛阳、长安道,又把相模川叫做湘水④。

中国的明清交替给日本知识界的中国认识带来的另一个变化是对传统"华夷之辨"的"修正",而"华夷变态"之说是这种修正的起始点。所谓:"崇祯殒天,弘光陷虏,唐鲁才保南隅,而鞑虏横行中原,是华变于夷之态也。"⑤对此,日本不但开始重新审视中国在东亚秩序中的位置,而且也要重新确定日本自身的位置,由此便对原来以中国为"华"的华夷秩序做出重新设计。由于"华变于夷",故生成了以日本替代原来的中国而为"华"、将满清统治的中国降为夷狄之国的日本型华夷秩序观念,同时也毫不隐晦对朝鲜的蔑视态度⑥。由此,日本儒学家们要扛起"中华"的旗号,将日本称为中华、中国。在论证中日两国易位的过程中,古学派的山鹿素行(1622—1685)表述得至为明确:"愚生中华(指日本)文明之土……中国(指日本)之水土,卓尔于万邦,而人物精秀于八纮,故神明之

---

① 伊藤仁斋:《孟子字义》卷上,《日本思想大系33》,岩波书店1980年,第116页。
② 伊藤仁斋:《孟子字义》卷上,《日本思想大系33》,第124页。
③ 荻生徂徕:《辨道》,《日本思想大系36》,岩波书店1980年,第205页。
④ 小岛晋治:《日本人中国观的变化:以幕末维新为中心》,神奈川大学人文学研究所编:《日中文化论集》,第88页。
⑤ 林春胜、林信笃编:《华夷变态》上,东洋文库1958年,第1页。
⑥ 参阅荒野泰典:《近世日本与东亚》,东京大学出版会1988年,第56—60页。

洋洋,圣治之绵绵,焕乎文物,赫乎武德,以可比天壤也。"①不过,山鹿素行由日本取代中华位置的主要论据,是强调与日本"水土卓尔于万邦"相比,中国处于不利的地理位置,从而造成"五失",即:"封疆太广""迫近四夷""守成通狄""北虏劫夺",而"大失其五"则是"易其姓而天下左衽"。②

由于在华夷秩序中,日本与中国的易位,不仅使现实中国的形象一落千丈,而且使诸多日本儒者以"华夷变态"的思维方式重新审视中国事物甚至中国人。山鹿素行就说:"我等以前喜读异朝书籍……因之,不觉间以为异朝诸事好,本朝系小国,万事均不及异朝……近来始以此为错误。信耳而不信目,舍近而求远,不及是非,实学者之大病也。"③雨森芳洲(1668—1755)曾对所见清人流露出惋惜之情,"余曾在长崎见清国人,悉皆剃头,毫无中华体态,当一叹矣"④,并认为中国"政刑风俗日趋于僿,使天下之民悴悴焉,无所措手足,一变而为是非火坑,再变而为犬羊战区"。⑤ 与中国政刑日衰相对,雨森芳洲提出:"惟我国……以清浮之心行和煦之政……养成一国万世仁寿忠质之俗……深远超三代,蔑视汉唐,实非天壤间万国之所能仿佛者。"⑥显而易见,由于中国被"夷狄之满清"统治,因而在日本儒者们头脑中美好的中华形象坍塌了。其实,这种认识忽略了一个重要的事实,即虽然中国为满清所统治,但是中华文化的传统根基并没有因明清交替而丧失,反而是满清政权同化于中华文化。

日本儒者们虽然对中国不再顶礼膜拜,但并不妨碍他们对中国文化传统的认同。诸如林罗山、中江藤树、熊泽蕃山、木下顺庵等儒者仍然承认天皇始祖太伯说⑦,实际上是承认了日本东夷的地位,以及中国在日本

---

① 山鹿素行:《中朝事实》,《山鹿素行全集》第13卷,岩波书店1940年,第226页。
② 山鹿素行:《中朝事实》,《山鹿素行全集》第13卷,第236—237页。
③ 山鹿素行:《配所残笔》,《日本思想大系32》,岩波书店1970年,第333页。
④ 雨森芳洲:《续缟纻风雅集》,《雨森芳洲全书》一,关西大学出版部1979年,第259页。
⑤ 雨森东(芳洲):《橘窗文集·卷一·大宝说》,珍书同好会1916年,第5—6页。
⑥ 雨森东(芳洲):《橘窗文集·卷一·大宝说》,第5页。
⑦ 吴太伯本应即周王位,但让国奔荆蛮之地为吴国始祖,日本僧人中岩圆月(1300～1375)认为吴太伯是日本天皇的始祖。

建国过程中的作用①。荻生徂徕的弟子太宰春台(1680—1747)判断华夷的标准是中华之礼仪："中华贱称四夷为狄,无礼仪故已。即使中华之人,若无礼仪亦同夷狄;即使四夷之人,如有礼仪亦与中华之人无异。"②可见,日本儒者们对中国的态度是基于中华礼乐制度的厚古薄今,或可称"褒古贬今"。熊泽蕃山就提出："愚不取朱子……只取于古之圣人耳。"③后期水户学杂糅神道和儒家思想于一体,一方面主张皇国史观,另一方面崇尚儒家大义名分等思想,从而在渲染皇国史观的同时,对中国也保留了一定程度的尊重。会泽安提出："神州(这里指日本)与汉土(中国)位于东方,受朝阳之正气,风土宜人,人民正直,其五典(五经)之教适于人情,符合天祖(天照大神)忠敬之教。"④藤田东湖认为："皇朝之风俗虽贵而胜于万国,然以文学初开万事,则汉土优胜,取其优胜之处以助皇朝,何耻之有。"⑤藤田东湖虽然博通西洋事物,但他认为与中国相比,"夷狄之人虽智巧优越,然其教乃禽兽之道,不可用于人……惟汉土之地相近(于日本),风气相似,因之其道亦可通用。汉土言忠孝,用于皇国则应尽忠孝于我君我父母。其他彼邦(中国)有先王,于我称神皇;彼国云昊天上帝,正如我尊奉天照大御神"。⑥如果说藤田东湖是通过与中国类比而尊崇日本神皇的话,那么幕末著名政治思想家和社会活动家横井小楠(1809—1869)则是以儒家思想诠释西洋社会原理的典型代表。横井小楠言："美利坚大总统之权柄让贤不传子,废君臣之义,尽以公共和平为务……于英吉利政体一秉民情,官吏之所行,无论大小,必悉议于民……其他如俄罗斯及其他各国政教悉依伦理,急生民所急,符合三代之治教。"⑦"符合三代之治教"可谓点睛之笔。可见,横井小楠之所以认同西

---

① 参见渡边浩:《宋学与近世日本社会》,东京大学出版会1987年,第57页。
② 太宰春台:《经济录》,《日本经济丛书》卷六,日本经济丛书刊行会1914年,第48页。
③ 熊泽蕃山:《集义和书》,《日本思想大系30》,岩波书店1971年,第141页。
④ 会泽安述:《迪彝篇》,时雍馆天保14年(1843),早稻田大学图书馆藏。
⑤ 藤田东湖:《常陆带》卷之三,庆应丙寅(1866年)改正,光霁楼珍藏,早稻田大学图书馆藏。
⑥ 藤田东湖:《常陆带》卷之三。
⑦ 横井小楠:《国是三论》,《日本思想大系55》,岩波书店1971年,第448页。

方社会原理是因为其符合"天下为公""民为邦本"的三代治教(即尧舜禹三代之治)。

从上述日本儒者之论可知,中华崇拜意识虽然日趋淡漠,但中国思想文化仍然潜藏在他们思想意识之中。有日本学者认为,这种意识"是以朴素的形式,表明了对支撑自己并作为律己的五伦的信赖,以及对作为五伦背景的'中国文化'以至于'东洋'的信赖感"。① 江户时代的儒者们,非但不反"华",反而要延续中华文化,他们轻视的是变华为夷的满族政权。其实,这也是中华文化圈诸国多数知识人共同的文化认同,在当时的朝鲜,以"思明攘夷"为理念的"小中华意识"亦属正统观念②。当然,"日本型华夷秩序"与"小中华意识"也有本质上的区别,前者是以日本为华,而后者则是要守卫"大明旗号"。

总之,古学派等儒学各派对朱子学的批评质疑和"华夷变态"意识的影响,在很大程度上损坏了中国在日本人心目中的先生形象,传统的"中华崇拜"意识也渐趋减弱。但是,守护中华文化以及作为中华文化根基的儒家思想的情感,依然是江户时代日本儒者们的共识。由于儒家在江户时代居于主流学问的地位,儒学各派门生遍及日本,因而儒学家们的中国认识,对日本社会的影响也最广。

2. 非理性的国学

日本国学是 18 世纪前后兴起、以《古事记》《日本书纪》(合称"记纪")和《万叶集》等日本古文献为根据,研究上古日本固有文化的学问,其研究目标是要勾勒出一个美妙而理想的日本古代社会,以期建立供全世界效法的"日本之道"。国学在当时被称作:古道、古学、本学、和学③,

---

① 荒野泰典:《近世日本的东亚发现》,荒野泰典等编:《东亚的时代性》,溪水社 2005 年,第 42 页。
② 参阅孙卫国:《大明旗号与小中华意识——朝鲜王朝尊周思明问题研究》,商务印书馆 2006 年。
③ 国学院大学日本文化研究所编集:《神道事典》,弘文堂 2007 年,第 397 页。

已经明确显现出强烈的与汉学及中华文化相对抗的意识。如果说儒家古学派是要回归中国的先秦孔孟之道,那么国学家们则要为"净化日本文化"而彻底剔除一切外来文化的影响。为建立日本人的主体自立意识和民族认同,国学家们辈辈相传,凭空创造出毫无事实根据的神国和万世一系的皇国史观,从而形成了"复古神道"理论①。复古神道也称"纯神道、古道神道、国学神道、神道复古派"②,其目标在于编织天下独一无二的神皇一体的神国日本优于万国的话语网络。这个网络的中心结点是复古神道思想的"想象结局",即得出神国日本统治全世界的结论。如此一来,摆在国学家们面前的首要问题,是要彻底否定日本历史上仰慕中国、尊崇中华文化的传统,为此就必须贬损在日本历史上颇受尊崇的中国形象,并彻底清除中华文化的影响。国学家们的复古神道理论的核心内容之一,就是要论证必须摒弃"唐心",而复归信奉儒教之前的"大和心"。

起初,国学先驱契冲虽然傲称日本为神国,但尚能将神儒佛三教之说融合于和歌之中,尤其是在"注释、论证日本古籍、古语、古诗时,却采用中国的典籍"③。但后继者荷田春满则认为当时神道理论中的儒佛思想都是糟粕。其实,荷田春满之论确有合理之处,然而剔除儒佛思想之后的神道,其学问思想一片空白,因而为编织自身学问的话语系统,不得不随意附会,变得更加神秘以至于迷信,这就注定了复古神道理论先天性伪学问的宿命。

国学大家、荷田春满的弟子贺茂真渊继承其师衣钵,志在彰显日本上古神造皇国代代相传之古道,即"神皇之道"。因为贺茂真渊认为,佛儒传入后破坏了神皇传统,因而要通过排除外来影响以复归"日本之古

---

① 有关国学与复古神道的关系,可参见牛建科:《复古神道哲学思想研究》,齐鲁书社 2005 年,第 5—16 页。
② 国学院大学日本文化研究所编集:《神道事典》,第 442—443 页。此前的神道曾不断吸纳儒释道等外来思想,逐渐丰富自身的内涵。笔者以为可以从神道与外来思想文化关系的角度,将神道史分作三个阶段:即原发的"土著神道"、吸纳儒释道的"融合神道"、排斥外来思想的"民族主义神道",而复古神道即属于后者。
③ 王金林:《日本神道研究》,上海辞书出版社 2007 年,第 262—263 页。

道"。贺茂真渊极力诋毁儒家文化说:"(儒教)传入我国,说在唐国以此理治世,皆属无稽之谈……儒道不仅乱了其国(指中国,或采用儒教之国),甚至祸及日本。"①贺茂真渊还把壬申之乱②与儒家思想传播联系在一起:"此儒传布,天武之时大乱兴起,此后,奈良朝宫廷之中,衣冠用具等趋向唐风,万般事物外表日趋风雅,邪恶之心也日盛。"③可见,贺茂真渊似乎也发觉作为天照大神后裔、日本神国象征的日本皇室并非都是道德高尚的君子。然而贺茂真渊不但不反省古代天皇制的弊病和复古神道理论体系的荒唐,反而将此类皇室内部的相互残杀归罪于儒家思想的传播,并对儒家思想进行非理性的攻击,足见其论证之荒谬。

被称为国学集大成者的本居宣长提出神国日本乃宇宙之源,如果没有天照大神,全世界任何国家都无法生存,因为"高天原者,乃万国同戴之高天原;天照大神者,乃治天之神,宇宙间无与伦比……其德光普照四海万国,无论何国,即使须臾间脱离天照大神的庇荫亦无法生存"。④ 此处本居所言"无论何国须臾不可脱离天照大神之庇护",在时空两个维度上,锁定了日本君临世界的永恒性。与此相对,中国的"圣人之道为治国而作,却反成为乱国之因","释迦孔子虽亦为神,然其道仅为广义神道之末梢支脉"。⑤ 本居宣长还对"神道之道"和"中国之道"进行正反极端的褒贬:"惟有日本之神道乃真实之道,高于万国所有之道",而"中国等国亦有道之说,然并非道,本为子虚乌有,因而累世紊乱,终至国家被邻国(清)所夺。"⑥本居宣长就是通过如此"坐而论道",而使"日本神皇之道"具有了取代"中国之道"的"必然合理性"。正如日本学者所说:"宣长将

---

① 贺茂真渊:《国意考》,《日本思想大系 39》,岩波书店 1972 年,第 376—377 页。
② 公元 672 年大海人皇子与大友皇子叔侄为争夺皇位而兵戎相见的事件,造成社会动乱,结果大友皇子兵败自杀,大海人武装政变成功,是为天武天皇。历史上日本皇室内部曾多次发生皇位之争,另如公元 782 年桓武天皇治天武天皇之孙以谋反罪,彻底断绝了天武天皇系的血统,后又逼迫早良亲王绝食而亡。此外,又有两个朝廷并立对峙的南北朝时代。
③ 贺茂真渊:《国意考》,《日本思想大系 39》,第 377 页。
④ 本居宣长:《玉匣》,《(增补)本居宣长全集》第六,吉川弘文馆 1926 年,第 5 页。
⑤ 本居宣长:《玉矛百首》,《(增补)本居宣长全集》第十,吉川弘文馆 1927 年,第 113 页。
⑥ 本居宣长:《直毗灵》,石川淳编辑:《日本的名著 21》,中央公论社 1986 年,第 177 页。

彻底排除中华文明为重点目标……打造出非中华文明的'皇国'。"①

"神国皇统"论的集大成者平田笃胤自命为本居宣长的弟子,继续论证脱胎于神话想象、子虚乌有的日本神国史观,并使复古神道理论更深陷于随意比附的诡辩迷信之中。平田笃胤不仅据"记纪神话"等"原典"编造出神创日本万世一系的历史,而且为贬低中国竟然把神话中中国人的祖先全部变成了日本人:"如汉土盘古氏之后有三皇五帝,三皇者,天皇氏即天皇大帝或天皇上帝,即日本神典之伊邪那岐神;地皇氏即伊邪那美神;人皇即速须佐之男命(前二神以兄妹为夫妻,后者乃天照大神之胞弟,为前二神所生)。又以伏羲氏为东王父,当神典之大国主命(速须佐之男的后裔);女娲氏为西王母,当须势理毗卖神(速须佐之男命的女儿)。"又:"以汉土为例,古称盘古氏、燧人氏,盘古氏实即皇产灵大神,燧人氏实即大国主命大神。"②观此,不难得出结论:平田的"派对"实属牵强附会的无稽之谈。

以上江户时代的一流国学家们为树立神国日本至高无上的地位,对中国及其思想文化做了彻底的否定。极端民族主义的偏执排外情结,遮蔽了上述国学家们的眼界,中国和中国文化成为鼓吹复古神道理论的国学家们心目中抹不掉的心结。其结果使得原本通过摄取外来文化而丰富多彩的神道文化和民间信仰,龟缩成偏狭的"日本固有之道"了。而且,这种无视史实而纯粹"发乎于情"的"研究",也只能是形同儿戏的理论骗术。正如有日本学者指出的:"复古绝对化和排他性显然和神道传统,本质上是不同的。"③其实,国学家们的"论证"体系即使在当时的日本知识界看来,也是非常荒谬的,曾遭到严厉批判:"近时所谓国学者流,其言奇僻而其内狭隘。每每罔道诬圣,无所忌惮矣。"④

---

① 桂岛宣弘:《洋学思想史的一个考察——从自他认识的视点》,《日本思想史研究会会报》第20号,2003年1月,第145页。
② 平田笃胤:《悟道辨》,《新修平田笃胤全集》第10卷,名著出版1977年,第563页。
③ 村上重良著、聂长振译:《国家神道》,商务印书馆1990年,第61页。
④ 小松原:《国意考辨妄序》,鹫尾顺敬编纂:《日本思想斗争史料》第七卷,东方书院1930年,第30页。

如果说前述国学家们的"论说"还处于文化民族主义阶段的话，那么江户时代后期的另一位学者佐藤信渊则将其前辈们的文化论说，发展成为具体的侵华论证方案。

佐藤信渊所撰《混同秘策》开篇即云："皇大御国乃最初形成大地之国，为世界万国之根本……全世界悉应为郡县，万国之君长皆应为臣仆。"①佐藤信渊要把中国作为日本的第一个"郡县"，并以此威慑世界而"混同万国"。"当今之世如于万国之中选出土地最广大、物产最丰富、兵威最强盛者，无有如支那国者……如若皇国征伐支那，只要调度得法，不过五七年，必可使彼国土崩瓦解……故而皇国开拓他邦，必由吞并支那始。"②关于佐藤信渊《混同秘策》中的侵华方案，国内已有学者关注，恕不赘述③。在此，通过佐藤信渊所作《天柱记》，追索其"混同万国"的思想渊源或称精神依托。

佐藤信渊不仅兼通传统儒、佛之学和兰学，还分别"随吉川源十郎和平田笃胤学习神道和国学"④。佐藤信渊可谓学贯古今东西，然而却将国学家的复古神道定为其学问的根基，致使其思想变得诡异离奇。

佐藤信渊的侵华思想之根源，原原本本地反映在其所述《天柱记》中："熟推究天地运动，星月循环，所以化生万物养育人类之理……怎奈天造草昧事实未详，而无以言明……因之欲穷其理。搜索支那印度诸子百家载籍……而其所记悉皆荒唐虚诞，无足取者也……及近来读皇国神代诸纪，始知旋转天地发育万物而为造化之首者，皆系于我皇祖产灵神搅回之神机⑤……而为天文历数之基，万物化育之原也。"⑥

此段议论表明，对佐藤信渊来说，中国等各国的诸子学问都无法"解

---

① 佐藤信渊：《混同秘策》，《日本思想大系45》，岩波书店1977年，第426页。
② 佐藤信渊：《混同秘策》，《日本思想大系45》，第427—428页。
③ 参阅王向远：《日本对中国的文化侵略》，昆仑出版社2005年，第25—37页。
④ 上杉允彦：《江户时代日本人的中国观》，《高千穗论丛》1977年第2号，第92页。
⑤ 日本开辟神话云：伊邪那岐命和伊邪那美命兄妹二神受天神之命，用天之琼矛搅动海水，然后提起，琼矛滴落之海水积为岛屿（安万侣著、周作人译：《古事记》，第4页）。
⑥ 佐藤信渊：《天柱记》，《日本思想大系45》，第364—365页。

感",于是在迷茫无解中发现"我皇祖产灵神搅回之神机",并将其作为"万物化育之原",亦即宇宙生成之本体,从而完成了他用科学论证迷信的宇宙起源的思考。

在"皇祖天神本体论"支撑下,日本中心主义就顺理成章了。"皇国乃伊奘诺、伊奘冉二神①受皇祖天神之诏而修造之所,大地之成就最初,天孙之天降以来,皇祚连绵无穷,与天地共悠久,实万国之基本。"②

佐藤信渊"超越"了其前辈凭空杜撰的尴尬,试图用绑架科学来论证神国日本至高无上的诡辩,以使其统驭中国和世界之梦"合理化",中国不仅不再是"日本文化的母国",而且成为日本必须征服的"臣仆"。

佐藤信渊所作侵华扩张的逻辑论证,几乎就是日本近代以后对外侵略扩张理论的精神核心和行动指南,尤其是对照"九一八事变"爆发至战败为止的日本对外侵略的历史步骤也与佐藤信渊的侵华"蓝图"脉脉同符,这不能不令人惊异。佐藤信渊的上述极端民族主义的国学复古神道史观及其侵华方案,完全抵消了其在汉学和兰学领域的学识,其思想大挪移的结局在诉说着作为学者的悲剧。"佐藤悲剧"在警示后人,极端民族主义思想的毒副作用是怎样障蔽学者的正常思维,并将一位博学之士变成焦躁的蔑华、侵华主义者的。

国学家们排斥中国之论对日本社会产生了长时间的负面影响,他们广收门徒,影响日甚。"加(贺)茂真渊、本居宣长等先唱,而庸愚之徒从和之,不啻举之其口,又笔之于书,其学日炽月多。"③国学家们基于复古神道理论而"抹黑中国""矮化中国""混同中国"的言论,是日本对华认识史上的重要桥段。及至近代,"复古神道成为国家神道直接的思想理论来源和指导思想"④,也是蔑视中国的主要思想根源之一,而且一直延续

---

① 即伊邪那岐命和伊邪那美命在《日本书纪》中的称呼。
② 佐藤信渊:《天柱记》,《日本思想大系45》,第366页。
③ 小松原:《国意考辨妄序》,鹫尾顺敬编:《日本思想斗争史料》第七卷,第30页。
④ 牛建科:《试论国家神道思想理论之渊源》,王宝平主编:《神道与日本文化》,北京图书馆出版社2003年,第25页。

到昭和战败,甚而至今仍然没有绝迹。

3. 经世致用的兰学

江户时代中后期,日本兴起了以荷兰人和荷兰语为媒介,摄取西方科学以及社会思想为主要内容的兰学运动。杉田玄白等兰学家们在研习西方自然科学的过程中,继承了日本古学派把程朱理学中观念形态的"理"看作客观世界"物之理"的思想,并将其转义为西洋近代实验科学的方法论。杉田玄白提出的"实测穷理"的认识论,显示了兰学研究客观实用性的特征,这种由朱熹理学之"理"转化而来的实学思想,成为兰学家们的理论工具之一。

兰学始于引进西洋医学,亦即"兰医",因而搜寻兰学始祖杉田玄白从否定儒医到主张兰汉折中的思想转变过程,应该是了解兰学家们中国认识的重要线索,这条线索清晰地反映在其《狂医之言》(1775)和《形影夜话》(1809)等著述中。壮年时代的杉田玄白对荷兰的科学技术等推崇备至:"阿兰之国精于技术也。大凡人之殚心力、尽智巧而所为者,宇宙无出其右者也。故上自天文医术,下至器械衣服,其精妙工致,无不使观者爽然生奇想焉。"[1]杉田玄白据此否认传统的中华崇拜意识,认为:"地为一大球,万国居之……支那亦仅东海一隅之小国。"[2]寥寥数语就将中国降为"东海一隅之小国"。显而易见,这里显示了以崇拜西洋而反衬出轻视中国的思考线索。

杉田玄白在医学领域的论述同样贯穿了上述思考线索,他依据对照《解体新书》所做人体解剖的验证,指出了传统中医对人体脏腑描述有错误的同时,认为中医诊治处方依赖于经验,缺乏科学的医学理论。"支那之书有方无法也。非无法,所以为法者不明也……故十书十说未一定焉……幸治者,医以为我能知病也,病者亦以为幸遇良医也。若不幸而

---

[1] 杉田玄白等:《解体新书》,《日本思想大系 65》,岩波书店 1972 年,第 319 页。
[2] 杉田玄白:《狂医之言》,《日本思想大系 64》,岩波书店 1976 年,第 229—230 页。

不治,则医者茫然不知其因何死焉……是其本不明,其法不正也。"①由上述不难发现,杉田玄白在自命"狂医"的壮年时代,通过对中西医学的对照,做出了"重兰轻汉"的选择。

但是,杉田玄白在时隔三十余年后的晚年,表达了复归中国传统医学的意愿,并对自己壮年时代的偏颇进行了真诚的反省:"老朽壮年时代初读阿兰陀书,于稍解其意时……以为汉土古今无外科,对本业(兰医)也颇为自负……其后与少年辈会读《外科正宗》(明代陈实功编著),多有扎实之实验……因知两种方法不同,治疗之理相同。由比可见,先前之自负乃年轻气盛之误,颇感惭愧。"②杉田玄白虽然也指出张仲景所著《伤寒论》之疏误,但还是对该书做了极高的评价:"其书中所说,其论、其方,多在实处,乃无以伦比之正宗名作。"③由此,原本试图通过摒弃汉方医学而建立以兰医为基础的"日本一流外科"的杉田玄白,结果却将西洋基础理论和汉医施治经验熔于一炉,形成了其"外治和内治兼备……外治根据荷兰流外科技术,内治根据唐流医学书籍"④的"兰汉折中"医学。

可见,杉田玄白的学养与日本儒学家和国学家们完全不同,其特征是科学实用主义,他的中国认识不是一种文化论,而是基于科学和实用主义的思考,从而最终保证了他对中国医学评价的客观性。其实从《狂医之言》和《形影夜话》的标题中,已经反映出杉田玄白从壮年气盛到逐渐沉淀的认知变化过程。杉田玄白于 1815 年 83 岁高龄成稿的《兰学事始》中仍在纠结汉学与兰学的关系问题:"今日回顾起来,汉学为修饰文章之记载,因而开蒙慢。兰学将事实直接记入辞书,因而接受较快,开蒙也快。或许正是通过汉学打开了人们的知识见闻,才有了兰学进展之快。不得而知。"⑤可见杉田玄白对兰汉两学取舍之重视。

---

① 杉田玄白:《狂医之言》,《日本思想大系 64》,第 241 页。
② 杉田玄白:《形影夜话》,《日本思想大系 64》,第 267 页。
③ 杉田玄白:《形影夜话》,《日本思想大系 64》,第 268 页。
④ 山崎彰:《兰学形成的思想前提及其历史意义》,有坂隆道编:《日本洋学史的研究 6》,创元社 1982 年,第 69 页。
⑤ 杉田玄白著、绪方富雄校注:《兰学事始》,岩波书店 1992 年,第 54—55 页。

其实，兰学家们不仅仅是坚守承袭中国医学的精华，还提出了在自然哲学层面上中西并举的主张："或问，支那与西洋究理之法不同，应以谁为是？曰，支那通气、西洋达物。凡制天文观测之器、解剖人体探寻疾病之由……西洋之能。设太极两仪之论、究象数、作易经……支那之能。因而，柳圃（志筑忠雄）先生究第谷、哥白尼之肯綮，入牛顿、凯尔（Tohn Keill，牛顿的学生）之心理，及至著《历象新书》，曰'若非学易经，岂能究造化之妙'，岂浅学之徒可轻易藏否之。"①可以说，详参中西、取长补短的原则正是兰学发达的至关重要的思想基础，其间也反映出兰学家们将中国哲学转化为科学研究方法论的思考路径。

兰学家中还有一派关注社会现实的经世致用型学者，他们是在观照西洋社会中重新审视中国的，其中本多利明颇具代表性。

本多利明十分羡慕西洋之优越："长器（指船舶、器械等）之创制，皆始于欧罗巴。天文、历数、算法（指西洋数学）乃国王之功课，通晓天地之义理，以教导庶民。故而，可以说天下万国之国产、宝货皆群集于欧罗巴。"②本多利明还追究了西洋"天下无敌"背后的软实力："尽诸道之善美，究治道之根本，讲求能使自然和国家富饶之道理，以建立制度。"③显然，要实现这个目标，仅靠中国传统学问和"圣人之法"是无补于事的，此即本多利明"弃华从洋"思想形成的主线。本多利明主张的重商主义思想，彻底颠覆了来自中国传统的重农抑商的理念，有日本学者认为本多利明"在发现基于近代科学的西洋'教化'国家范型的同时，伴随着对中国的国家、历史的否定"。④

本多利明因崇拜西洋社会而要效法西洋的社会原理、研习西洋的实学体系。为此，似乎不可避免地要重新审视千百年来已融入日本知识人

---

① 吉雄南皋：《地动或问》，《日本思想大系65》，第161—162页。
② 本多利明：《经世秘策》，《日本思想大系44》，岩波书店1970年，第30页。
③ 本多利明：《经世秘策》，《日本思想大系44》，第31页。
④ 桂岛宣弘：《洋学思想史的一个考察——从自他认识的视点》，《日本思想史研究会会报》第20号，2003年1月，第144页。

头脑中的中国学统:"国初以来,支那书籍之外别无书籍。熟读支那之书并会得其意味,便可开发智识。因此国风,即使支那之外另有国,也皆为蛮夷而无圣人之道,圣人道之外有道,也非人之道。缘于此惯性思维之风俗,之外虽有大美之事也鲜有人认可。"①显然,本多利明对这种状况不以为然,他甚至提出:"以支那之风俗为龟鉴乃愚蠢之举。"②从而,他否定了中国文化和学统在日本无可替代的地位。

与杉田玄白等科学型兰学家相比,本多利明似乎在衡量中西优势的天平上完全倒向西洋一方。但是,另一方面还应该看到本多利明的上述言说反映的是经世家功利主义的思维方式,他评判"支那书籍""圣人之道"的标准在于是否对日本社会发展有实际应用价值。由于这种思考路径与国学家不同,自然也不会像国学家们那样为贬低中国而全盘否定中国文化。本多利明的中国认识并非基于文化论,而是认为遵从"圣人之道"的中国社会模式不能适用于日本。他从中日两国不同的自然环境入手分析,提出日本不应固守源于中国的传统社会原理:"支那乃与欧罗巴、阿非利加地势相连之山国,仅南面临海,乃不便于渡海运送之国。"③而"日本乃海国",因而"派遣船舶去万国,购取国用必须之物产及金银铜运回日本增强国力,此乃海国必然之法"。④上述中日两国自然地理环境的差异,是本多利明得出不能以"支那风俗教训为龟鉴"结论的主要依据。

本多利明以经世致用为规矩,认为儒、佛、神道都与他的重商主义主张无缘。"圣人虽有经,但不为其用。佛者虽读经,但只为诵读之风俗,不知所读为何,闻如蛙鸣。神道神秘有定则,然不见有助于愚民。"⑤这里几乎是否定了当时日本的所有学问体系,而剩下来的就只有西洋学问之

---

① 本多利明:《西域物语》,《日本思想大系 44》,第 89 页。
② 本多利明:《西域物语》,《日本思想大系 44》,第 149 页。
③ 本多利明:《经世秘策》,《日本思想大系 44》,第 31 页。
④ 本多利明:《经世秘策》,《日本思想大系 44》,第 32 页。
⑤ 本多利明:《西域物语》,《日本思想大系 44》,第 98 页。

兰学了。可见,在本多利明看来,西洋经世致用的实学才是评判学问的标准,当然也是评判中国及其"圣人之法"的标准。

本多利明批评中国学统的最终目的,是要在日、中、欧对照中,选择更有利于日本社会发展的模式,因而很少如国学家那样针对中国的非理性的民族情绪。本多利明只是认为中国传统社会模式已经不再适用于日本社会的发展,而且这种不适应并非中国传统的谬误,而是中日两国自然环境和国情的不同。本多利明承认中国的"圣人之法"仍为"善道",但是因为此"善道"是在大陆国家地理条件下形成的,所以并不那么关心海国所需要的天文地理、航海等学问,并且视船长为"贱业"。但是,本多利明对华评价不乏客观公正之处,他坦然地承认:"大清以来修天文书,推究历法数路之起源,自然明了。"①他之所以选择西洋方式,是因为大清的天文历法体系中缺少为航海贸易所用的知识。总之,本多利明认为,作为国家指导层的武士阶层"读支那山国之书籍,仅只打开见识,大多不考虑对海国大有助益之事"②。即中国学问可用于知识启蒙,而西洋人所擅长的天文、地理、航海贸易则是对海国日本大有助益。这种"汉学启蒙、兰学实用"的认识与杉田玄白晚年的告白不谋而合。

从杉田玄白到本多利明,兰学家们一方面依据大航海之后新的世界地理知识,把原来被尊崇为中华之地的中国降到世界万国中之一国的地位,并以西洋社会原理为参照系,对中国传统思想以至于科学技术的绝对权威提出了诸多质疑。但另一方面,兰学家们并没有完全摒弃中国传统,即使是西洋崇拜者本多利明,也并非像国学家们那样一味地诋毁中华文化。可见兰学家们对中国传统的评判是比较谨慎的。

兰学家们的学问特征是实用主义,他们在通过对照西洋而批判当时日本社会现状的过程中,虽然对作为日本文化重要组成部分的中国传统提出了诸多质疑,但这种批判既不同于儒学家,更不同于国学家。兰学

---

① 本多利明:《西域物语》,《日本思想大系 44》,第 104 页。
② 本多利明:《西域物语》,《日本思想大系 44》,第 152 页。

家们各自对中国文化评判的结论虽然不尽相同,但他们判断中华文化优劣的标准基本一致:其一、是否符合西洋合理主义;其二、是否能够跟随世界潮流而促进日本社会的进步。因而兰学家们的中国认识并不拘于文化论,而是基于实用主义的考量。总之,兰学家们对中国传统学问知识体系的批判取舍或反思,与国学家以及部分儒学家们站在文化民族主义立场上看待中国的思考方式大相径庭。由于兰学家们的功利主义原则,使他们的中国认识相对客观,从而也相对淡化了民族主义的色彩,这便使得兰学家们可以从容地对中西学问和社会文化做出比较,或取或舍,或兼而用之。正因兰学家们相对客观公允的态度,使他们最有资格对中西文化做出公正的评判,这与前述儒者或者国学家的中国认识不可同日而语。

4. 余论

到江户时代初期为止,中国思想文化以及崇尚中华的意识已经渗入日本知识人的思想深处,然而当日本民族意识开始萌发之际,为建立民族认同,自然不能再延续历史上"月是中国的圆"的中华崇拜传统,因此势必要对中华思想以至于中国重新定位。换言之,日本知识界的中国认识之目的,在于提高日本民族的地位,为日本在东亚地区甚至世界中的角色重新定位。于是就出现了江户三学都在自家学问话语体系内,完成了摒弃"中华崇拜意识"这个不约而同的"共识"。

但是,由于"三学"的学统以及叙事语境不同,对华认识的差异也是显而易见的。儒家中朱子学以外各派在批判朱子学的同时,还形成了"华夷变态"之论。然而,儒学家们的言说虽然在一定程度上遮盖了中国和中国思想文化在日本知识人心目中的光彩,但是他们仍然守护着孔孟之学,并没有丢弃对中国上古政治道德的怀恋之情,在思想深层依旧潜藏着与中国"古学"的同根意识。国学家们的中国认识则完全是基于极端民族主义,他们急于扫清日本在民族认同过程中于思想文化上的障碍,不惜矫枉过正,明确地把中国和中国文化作为敌手,并予以近乎病态的非理性地诋毁。国学家们不仅与中华彻底决裂,甚而将中国置于神国日本麾下。兰学家的情况稍显复杂,由于兰学的研究对象是近代西洋科学技术及其社会思想,从而决定了兰学家们经世致用和尊崇理性的学风。兰学家们是将西洋作为新的膜拜对象,在相对客观的中西对比中质疑中国思想文化的,因而他们虽然主张舍弃已经"不合时宜"的中华传统价值观念,但同时也承袭着中华文化中的合理部分。相对而言,兰学家们的中国之论是实用理性的,也是相对公允的。总之,三学的学统差异决定了它们学问目标的差异,而不同的目标又形成了各自中国认识理路明显不同的特征,即:儒学的修正主义、国学的民族主义、兰学的功利主义。

因学统不同而形成的中国认识的差异是显而易见的,但是另一方面也必须留意诸学之间相互影响而产生的在中国认识上的重合,以避免形成江户三学中国认识各自孤立存在的简单化认识。实际上,三学之间并非泾渭分明,因为无论哪一学派的学者,都程度不同地兼通其他学问体系,至少学者们的开蒙教育时期都无法脱离儒家思想。即便是兰学家,在接触兰学之前也多为儒者,正如前述杉田玄白所言:或许正是因为先有汉学打开见识,才有兰学进展之速。儒学家们也并非不知国学为何物,即使如林罗山之巨儒,也推崇神国日本的特殊性:"夫本朝者神国也,神武帝继天建极以来,相续相承,皇绪不绝,王道惟弘,是我天神之所授道也。"①国学家们的知识启蒙也多自儒学,甚至兼及兰学:贺茂真渊不仅随古学派荻生徂徕弟子太宰春台修习汉学②,还曾与兰学先驱青木昆阳交往,并从青木处学得荷兰语知识③;本居宣长幼时也曾学习《四书》④;平田笃胤兼通兰学更是众所周知。也正因为如此,各派学者的中国认识既有明显的差异,也有间或重合之处。诸如:无论是儒学家们提出的"日本型华夷秩序",还是国学家们宣扬的神国思想,其目的都在于以日本取

---

① 林罗山:《神社考序》,京都史迹会编:《罗山林先生文集》卷第四十八,平安考古学会1918年,第118页。
② 参见茂木诚:《国学与儒学的论争》,今井淳、小泽富夫编:《日本思想论争史》,鹈鹕社1979年,第216页。
③ 参见佐野正巳:《国学与兰学》,雄山阁1973年,第3—8页。
④ 参见村冈典嗣:《本居宣长》,岩波书店1942年,第12页。

代中国的"中华地位";而佐藤信渊杂糅诸学更是对精神上的文化民族主义的"超越",为实现国学家们的"宏愿"制成了实行扩张的具体方案。

如上所述,虽然各派学者都旨在摒弃中华崇拜的观念,然而江户时代的日本知识界尚无能力建立彻底脱离中华学统的日本思想文化体系。各派学者在提出脱离、甚至贬损中国的言说中,不自觉地沿用着中国思想中的重要概念。儒家各派将"理学之理"重新阐释为"事物之理",并以"物理"激烈抨击宋儒的"天理",这种经过变异的"格物穷理"观被兰学家们作为研习兰学的方法论。而由"华夷变态"之论引发的"日本型华夷秩序",不用说是援用了中国传统的华夷观念。国学家们用来攻击中国的日本古道之"道",则是取自中国思想中无处不在的"道"的概念,这种左右互搏式的自相矛盾,有力地证明了国学家们不可能使神国思想体系完全国产化。对此,日本学者也曾指出:"神道家们早就讲'道'的存在,讲作为古帝王之道、皇祖之道的大神之道,这些不用说都是拿中国思想来套用日本的事情。"①有日本学者甚至认为:"其日本中心主义,只不过是心理上对中国情结的逆反,在他们内心,对中国文物的尊敬仍然是根深蒂固的存在。"②其实,日本人对中国文化,尤其是对儒家思想的依赖,即使是在西化兴盛的明治时代也没能根本改变。连极力主张皇国史观,提倡忠君爱国思想的御用文人井上哲次郎,也不能无视儒家思想对明治以后日本人的精神支撑作用:"此时西邦学术盛传兹土……然儒教绝不消灭……今之教育于伦理之说……皆合于儒教之旨意……故儒教已失其形骸,而其精神为今世德育之一大要素,将永无灭期。"③只可惜明治时代忠君爱国教育被恶用于对外侵略扩张,淹没了儒家思想中仁爱等更多弘扬人性美德的合理内核。总之,日本儒者自不待言,即使是兰学家以至于国学家,都无法挣脱他们潜意识中的中华崇拜观念。

---

① 津田左右吉著、邓红译:《日本的神道》,商务印书馆2011年,第212页。
② 植手通有:《日本近代思想的形成》,岩波书店1974年,第241页。
③ 井上哲次郎:《儒教》,大隈重信:《日本开国五十年史》,上海社会科学院出版社2007年,第714—715页。

综观上文不难发现,无论是儒家的"华夷变态"之论,还是国学家为宣扬神国史观而对中国的贬损,抑或是兰学家提出的中国文化不合时宜论,都有程度不同的的偏差,甚至是恶意中伤。之所以出现诸多并不真实的议论,除江户时代日本文化民族主义兴起和明清交替的历史大背景之外,另一个重要原因是缺乏中日两国人与人之间的直接沟通。虽有长崎中日贸易这个人员交流的唯一窗口,但是"由于赴长崎的中国人大多是商船的乘员,虽有博学之才的商人,但并没有完全让日本人满足"①。虽有朱舜水留居日本,但毋宁说是特例,"我故无意于此,乃安东省庵苦苦恳留,辗转央人,故留驻在此,是特为我一人开此厉禁也"②;"留住唐人既数十年未有之典……欲留一人,比之登龙虎之榜,占甲乙之科,其难十倍。"③在缺乏真正了解的"隔海议论"中所得出的中国认识,被陈舜臣称之为"理念而非现实的"④。

虽然日本知识界的中国认识与中国社会的现实多有出入,但是由于"江户三学"各有延绵不断的传承,因而它们所描述的不尽真切的"中国意象"流布甚广,不仅对当时日本社会具有一定的影响,而且各学统机理的相互渗透,使近代以来日本人各路中国认识变得更加扑朔迷离。但无论这些中国认识如何变化多端,如若细考其源,便可发现它们大多不外是江户三学中国认识的延续或相互杂糅的变种,而且其余脉在今天的日本仍留有"余味"。

(本章第一节原载《东北亚研究》2000 年第 4 期,第二、三节原载《西学东渐与中日两国的对应——中日西学比较研究》,第四节原载《世界历史》2015 年第 4 期)

---

① 松浦章著、郑洁西等译:《明清时代东亚海域的文化交流》,江苏人民出版社 2009 年,第 316 页。
② 朱舜水:《与孙男毓仁书》,《朱舜水集》上册,中华书局 1981 年,第 48 页。
③ 朱舜水:《答魏九使书》,《朱舜水集》上册,第 49 页。
④ 参见陈舜臣著、刘玮译:《日本人与中国人》,广西师范大学出版社 2009 年,第 4 页。

第四章 "锁国"、开国与洋学

长期以来,"锁国"被认为是江户时代最重要的时代标签。然而,"锁国"一词并非源自历史史料,而是后世人们站在后世立场上想象的历史场景,而对想象的历史必须正本清源。历史事实告诉人们,正是在所谓"锁国时代",出现了研究西洋学问的兰学。到日本开国为止西洋文化如同涓涓细流已经在日本浸润了300余年,甚至出现了主张以西洋方式改变日本的"华山兰学"。及至鸦片战争给日本社会带来了突如其来的巨大冲击,激起了日本人关心英国的热情。之后不断扩展到关心其他西方国家的状况,兰学也发展成为通过各西方国家语言研究西洋各发达国家的幕末洋学。甚至有日本学者提出:"如果没有鸦片战争,日本会怎样呢?"[①]正是鸦片战争唤醒了日本人的民族危机意识,而1853年伯理来航终于使日本国门洞开,并刺激了日本人身临其境的对外意识。

1853年是一个非同小可的年头,是日本历史发生天翻地覆大变局的端绪,其后这个民族经历了现代化进程中高峰和低谷的震荡,也感受了"大和魂"的亢奋与衰萎的交替。可以说世界上没有一个民族像1853年以后的日本那样,有着亦成亦败的酸甜苦辣,而日本人的精神面貌就像

---

① 丸山真男、加藤周一:《翻译与日本的近代》,岩波书店1998年,第7页(丸山真男语)。

一条变色龙,时而温文尔雅地模仿西洋绅士,忽而变为史无前例的江洋大恶,这也是日本现代化过程中的正负两极。那么这些表现的背后是否有一种相对稳定的文化内核在冥冥中发挥着魔力,抑或是现代化变革的步伐生成了变色龙文化?而这一切似乎可以从幕末开国的历史中得到某种暗示。

一、"江户锁国论"质疑

"锁国"一词在日本江户时代史中,是至关重要、且最为人所熟知的用语,"江户锁国论"也是日本史学界流传已久的"常识"。《角川日本史辞典》"锁国"条目的释文为:"为确立、维持江户幕府的权力所采取的对外封锁政策。指1639年至伯理来航的215年间的对外孤立状态……通过1639年禁止葡萄牙船来航的锁国令,最终完成锁国。由此,除荷兰、中国、朝鲜之外,与外国的通交被禁止。"[①]可见,锁国一词已成为闭关自守外交体制的代名词,进而形成了"近世(即江户时代)就是'锁国','锁国'等于近世"这样的逻辑关系。江户时代正值西方资本主义飞速发展的时期,在这样的历史时期锁住国门,拒绝西方先进文化的传入,就等于是拒绝历史的进步。由此,"锁国体制"便成为日本史学界批判的对象。

然而"江户锁国论"并不符合历史事实,因为江户幕府"锁国"的目标仅仅在于铲除危害其统治的天主教信仰。学界常识认为德川幕府的禁书政策是"锁国体制"下全面抵制西洋文化的重要一环的定说也是一种误解(参阅第三章第一节),兹不赘述。通观江户时代,除抵制天主教之外,不但没有割断与世界的联系,而且吸收了大量的西方近代文化。

近年来,笔者一直在进行江户时代日本吸收西方文化的兰学史研究,因而不得不对"江户锁国论"提出质疑。笔者以为,"江户锁国论"为总体把握江户时代框定了先入为主的基调,阻碍了对江户时代整体的正

---

① 高柳光寿、竹内理三编:《日本史词典》角川第二版,角川书店1989年。

确理解,以至于很难对江户时代做出恰如其分的客观评价。有鉴于此,有必要对"锁国"这个"常识性"的概念进行重新梳理、辨析,以求取符合历史事实的新的认识。围绕"锁国",至少需理清以下几个问题:即"锁国"一词的由来及其"江户锁国论"的演变过程;"锁国"的目的和历史实态;"锁国"这个概念是否妥当。

1. "锁国论"流变

就现有史料来看,在实行"锁国"政策的当时,日本人从来没有认为自己的国家处于"锁国"状态,也没有"锁国"这个概念。换言之,"锁国"并不是当时的用语,而是后世学者们对江户时代的一个具有定性色彩的评价用语。1690年作为荷兰商馆医生的德国人肯贝尔(Kaempfer Engelbert,日文译音为ケンヘル,1651—1716)在日本客居两年,撰写了一部关于日本的著作《日本志》。该书第六章专论"锁国"问题,原题为《于日本帝国禁止本国人出海、外国人入国,并禁止这个国家与海外世界交流,乃是具有极其妥当之根据的论证》。1810年,前述著名兰学家志筑忠雄将这一章译成日文,题名为《锁国论》。根据至今为止的研究成果,这是锁国一词在日本的首次出现。《锁国论》认为当时的日本是处于"完全的锁国状态",不过,肯贝尔对"锁国"基本上是持褒扬态度的。他认为:"与世界上其他国民相比,日本国民在礼节、道义、技术以及幽雅的举止等方面是优秀的。在繁昌的国内商业、富裕的生活必需品、和平的社会环境等方面,都是令西方人羡慕的。江户时代是日本历史上最美好的时代,而这种理想国的形成要归功于锁国。"[1]

志筑忠雄翻译的《锁国论》在当时没用正式出版,虽有抄本流传[2],但"锁国"这个概念尚未得到日本社会的认可。换言之,当时的日本并没有

---
[1] 今井正译:《日本志——日本的历史与纪行》,霞关出版1972年,第466页。
[2] 据笔者所知有:松平定信批注本(松平氏家藏)、色河三中旧藏本(静嘉堂文库藏)、盐田氏旧藏本(静嘉堂文库藏)、芳野金陵氏批注本(芳野氏家藏)等。

受该书影响而将江户时代称为"锁国体制"。直到19世纪30年代以后，在兰学家和部分知识层中，才开始使用"锁国"这个概念。兰学家高野长英就曾经提到，"自当御代（江户时代）之始，于蛮国交易，仅限于阿兰陀（荷兰），乃锁国之政道"①。随着时代的发展，直到1853年美国海军准将伯理率舰队来叩关，"开国"遂成为日本有志之士关注的重要政治课题。而作为与"开国"相对的"锁国"一词便成为批判江户幕府传统对外方针时被广泛使用的概念，而且明确地把幕府的对外体制称为"锁国体制"。这一时期"锁国"的内涵已经不再是《锁国论》所描绘的田园式的"理想国"，而是被涂上了贬义的灰色。明治维新以后，尤其是文明开化时代，"锁国"更被赋予了抵制西方文化的含义。明治维新后，日本在对外扩张中面临着欧美列强强大的竞争对手，又有人把造成这种局面的原因归咎于江户时代的"锁国体制"。德富苏峰站在日本国家主义的立场上认为："宽永锁国"乃"千秋之遗憾"，"日本从锁国之梦中醒来，欲实践开国进取之国策而睁眼看世界之际，所有的空地都竖起了约定的标牌，以至于再无插足之余地。此时慷慨长叹，为时晚矣。"②在德富苏峰看来，由于日本长期"锁国"，帝国主义各国业已在全世界划定了势力范围，日本已经无利可图了。

　　二次世界大战以后，和辻哲郎于1950年发表《锁国——日本的悲剧》一书，对"锁国"作了严厉的批判，认为"锁国"延缓了日本近代化的进程，成为日本历史停滞的原因。和辻哲郎提出："近世初期新科学发展（指哥白尼以来欧洲的科学革命，笔者注）以来，欧美人花费三百年的岁月，使科学的精神浸透到生活的各个角落。而日本民族在这发展的期间，锁住国门，其后的250年间，通过国家权力遮断了上述近世精神的影响"③，从而使"缺少科学精神、蔑视合理的思维、偏狭狂信的人们将日本

---

① 高野长英：《戊戌梦物语》，载《日本思想大系 55》，岩波书店1971年。
② 德富猪一郎：《近世日本国民史德川幕府》上期之上卷《锁国篇》，民友社1924年，第5—6页。
③ 和辻哲郎：《锁国——日本的悲剧》，岩波书店1991年，第14页。

民族导入了现在的悲剧(指战败初期的日本,笔者注)"①。

这种"锁国否定论"在战败初期的日本民族心理当中,几乎成为一种定论,并被编入教科书,以至于散布到日本社会,成为一般人的普遍认识。由此,诸如"锁国体制""锁国状态""锁国时代""锁国根性""锁国文化"等概念便成为人们谈及江户时代时经常使用的习惯用语。

当然也有"锁国肯定论"的观点存在,尤其是随着战后日本经济的高度发展,日本人逐渐舍弃了上述以欧洲人为榜样的自卑心理,出现文化寻根的意识,日本史学界也开始对"锁国"给予重新的评价。认为"锁国"政策维护了日本的统一和安定,割断了日本与外国的联系,对于武器装备落后的日本来说,避免了沦为殖民地的危险,从而为日本发展本土文化,创造日本式的近代化道路打下了基础,从而将江户时代的"锁国"视为战后"日本奇迹"的原点。

综观上述"锁国得失"的议论,无论是肯定论还是否定论,都是在承认"江户锁国"的基础之上展开的,而没有对"锁国"一词的提法是否妥当这个最根本的问题点提出疑问。近年来终于有日本学者提出:"'锁国'一词给了我们太多的误解。一提到'锁国'就被理解为日本远离地球的世界,完全处于闭锁的孤立状态,然而这完全是误解。"②这种观察角度才真正切入了问题的要害。在这一派学者中,荒野泰典的观点颇具代表性。

荒野泰典在《近世日本与东亚》一书中明确提出:"我对将(日本)近世外交关系称作'锁国'的提法是持批判态度的"。荒野提出了两点理由:第一,"锁国"一词在明治维新以后才开始流行,并在脱亚入欧的社会风潮中,被赋予了一种国家闭锁的印象,从而脱离了历史事实。毋庸赘言,将这种意义上的"锁国"一词当作分析工具的历史概念是不合适的。第二,"锁国"没有正确地反映近世对外关系的实态:首先,"锁国"一词被

---
① 和辻哲郎:《锁国——日本的悲剧》,第14页。
② 山口启二:《锁国与开国》,岩波书店1993年,第41页。

看作是自给自足社会的同义语,而近世并非自给自足的自然经济;其次,近世国家充分地保持着与周边诸国和各民族的关系,而"锁国"的提法完全无视这种对外关系。有鉴于此,荒野泰典认为,应该参照中国明清时代的对外关系体制,以"海禁"和"华夷秩序"(日本型华夷秩序)概念来替代传统的"锁国"概念。而"海禁"相当于现代的出入国管理体制,与"锁国"的目的完全不同。①

　　荒野泰典的论述虽然尚不全面,但对"锁国"概念的质疑,无疑是为"锁国论争"开辟了一条新路。然而,由于"锁国论"在日本学界以及整个社会的影响已经根深蒂固,因而对"锁国"的质疑至今尚未能扭转人们心目中"江户锁国"的印象。

2. "锁国"的实态

　　幕府于宽永十年(1633)、十一、十二、十三、十六年发布了五次涉外禁令②。其主要内容有三点,即 a 禁止日本人出入国门、b 取缔天主教、c 禁止葡萄牙人来日本③。这也就是"宽永禁令"的全部主要内容。禁令的最终目标是取缔天主教(这可以与前述禁教历程相印证),a、c 两项是严厉禁教政策的补充。关于 a,据《平户荷兰商馆日记》1635 年 9 月 8 日所载,即发生了两起回国日本人匿藏十字架的事件,而 a 的禁令正是要彻底切断日本人与天主教的联系。至于拒绝葡萄牙船只进入日本,同样是彻底铲除天主教的重要措施。当时葡萄牙从罗马教廷那里得到了天主教在日本传教的护教权,其中包括传教区的设置,向教皇指名推荐教区主教等权力,同时也承担着对传教区传教士给予经济

---

① 参阅荒野泰典:《近世日本与东亚》,东京大学出版会 1999 年,序。该书第一部之第一、二章有详细论述。
② 笔者没有使用"锁国令",因为人们经常说的"锁国令"一词,实际上作为幕府政令的名称,根本就不曾存在过。
③ 石井良助校订:《德川禁令考》,创文社 1981 年,第 375—379 页。

援助、全力支援传教活动等项义务。1581年以后这种支持被制度化,葡萄牙国王每年向在日传教机构支付2000杜卡特(ducat,当时在欧洲许多国家发行的金币)的传教经费。以1579年为例,在日天主教会的开支约为6000杜卡特①,即在日传教士经费支出的三分之一是由葡萄牙提供的。此外传教士大都是由葡萄牙船送往日本的,传教士的信件也由葡萄牙商船传递。可以说,如果没有葡萄牙人的支持,传教士是不可能取得前述传教成果的。另一方面,为回报葡萄牙人的援助,传教士们充当了日葡贸易忠实的中介人,前述的"商教一体"体制即由此而生。可见,葡萄牙人与在日传教士是拉不开扯不断的关系。因此,对幕府来说,要彻底剪灭天主教,势必要驱除与传教士"狼狈为奸"的葡萄牙人。

至于德川幕府"割断了除荷兰、中国、朝鲜之外的与外部世界的所有交往"的表述,也是极为不准确的。日本仅与上述三国通交只是当时日本与外部世界交往的实际状况,而非幕府的规定。事实上"锁国"之初,除葡萄牙之外,并没用任何证据说明幕府拒绝与海外世界的交往。历史事实是,当时英国由于其东印度公司成立不久,经营不利,又缺乏在远东的贸易基地,无力与荷兰人竞争,因而于1623年自动关闭在平户的商馆,撤离日本。换言之,在西方国家中除荷兰之外,并没有哪一个国家前来要求与日本通交。而幕府不但不拒绝对外通商,而且还要将通商利益纳入幕府的"国库"。作为具体的实施手段,幕府于1635年把对荷兰和中国的贸易限制在长崎一港,彻底垄断了对外贸易。但是,这种对外贸易统制并不等于缩小海外贸易,而是将以前大名的"私"贸易改为由幕府统制的"公"贸易,由受命幕府的特权商人制定收购价格。正是这种国家垄断贸易防止了日本商人之间的自相残杀式的竞争,使日本在对外贸易中与居了有利的主动地位。下表可清楚地证明这一点。

---

① 高濑弘一郎:《切支丹的世纪》,岩波书店1993年,第77页。

1642 年 9 月日荷生丝交易价格谈判表①

谈判经过	一级品每百斤价格（盾）		二级品每百斤价格（盾）	
	荷兰出价	日本出价	荷兰出价	日本出价
第一次	450	210	420	180
第二次	430	220	400	190
成交价格	255		225	

3. "锁国"的反证

纵观江户时代，幕府始终没有忘记了解海外各国尤其是欧洲的动态，作为获取这些信息的载体，是幕府要求荷兰商馆每年提供一次的《荷兰风说书》。在禁教之初，为配合禁教政策，幕府要求凡新任荷兰商馆长和来长崎的荷兰商船，必须以书面形式向幕府提供有关西班牙和葡萄牙两国情况，并形成惯例。后来，随着国际形势发生变化，《荷兰风说书》的记述范围逐渐扩充，大致由欧洲、印度和中国三个部分组成。其内容包括荷兰东印度总督的交替情况、来日本的荷兰船只在途中是否遇到过其他国家的船只、荷兰本国及其欧洲各国的动态、这三个地区的重大新闻、关于日本漂流民的情况等等。另有《别段风说书》，专门较详细地介绍国际重大事件。"风说书"制度自 1641 年开始，一直延续到 1859 年。除因拿破仑战争等特殊事件的影响致使荷兰商船没能来日本之外，现存有 184 个年份的《荷兰风说书》②。诸如 1649 年英国国会处死斯图亚特王朝查理一世、1654 年英荷媾和条约、1665 年第 2 次英荷战争、1702 年英荷联合舰队与法西联合舰队的对抗、1787 年的俄土战争、1789 年法国大革命、1812 年拿破仑远征俄国、1814 年维也纳会议、1839—1842 年鸦片战争等主要重大历史事件，在《荷兰风说书》中都有记录。

---

① 村上直次郎译：《长崎荷兰商馆日记》第一辑，岩波书店 1980 年，第 183—185 页。
② 日兰学会、法政兰学研究会编：《荷兰风说书集成》上下卷，吉川弘文馆 1977 年。

《荷兰风说书》是江户幕府关注海外,了解世界的重要途径。如新井白石著《西洋纪闻》中,较详细地记述了1701—1714年发生的西班牙王位继承战争的情况,其素材即取自《荷兰风说书》。尤其是进入18世纪以后直到幕末,《荷兰风说书》及时地反映了欧洲各国在日本周围活动的情况。不惟上述,《荷兰风说书》还通过各种渠道流入民间,为兰学家们提供了大量的海外情报,促进了兰学的发展。其中以兰学家渡边华山所藏的分量最大,包括1666—1826年间的《荷兰风说书》的全部内容。

幕府通过荷兰商馆提供的《荷兰风说书》,大体上可以了解当时海外,尤其是西方的发展动向。更值得注意的是,通过荷兰商馆这个窗口,幕府和民间兰学家购入了大量荷兰语书籍。其学科种类涉及天文、地理、医学、物理、化学、植物学等自然科学和一些人文科学领域。此外,兰学家们还可以利用荷兰商馆人员到江户参见将军的机会,直接就有关西方科学、西方事物询问荷兰人。上述种种渠道为兰学的兴盛奠定了稳固的信息资料基础。

第三章已对兰学做了相关探讨,在此需要进一步强调,兰学研究是江户时代日本人了解外部世界,尤其是吸纳西洋近代科学技术的至关重要的渠道。荷兰人带给日本人的是西方科学革命以后的近代科学,即伽利略、牛顿的科学体系。如第三章所述,在江户时代西方近代科学中的主干学科,像天文、医学、物理、化学、植物学以及世界地理学的主要成果基本上都传入日本。兰学研究不仅使日本人及时地吸收了西方科学革命的新成果,而且接触到西方近代理性的人文思想,同时了解了世界发展大势。在当时的兰学家中出现了诸多思想家,其中颇具代表性的有:通过融汇西方科学升华为具有近代自然科学知识和唯物主义思想的学者山片蟠桃;从潜心研究西方天文地理学起步发展到批判江户时代严格的等级制度,提出社会平等思想的司马江汉;接受西方重商主义思想、进而主张日本全方位开展对外贸易的经世家本多利明;依照西方社会原理变革日本社会,进而主动迎接西方挑战的社会思想家渡边华山(后述)等。有日本学者在论及兰学以前的日本科学时认为"近世以前,在日本文化中科学思想是极其稀薄而贫困的"①,"日本古来几乎没有称得上科学的东西,是兰学使日本人开始接触科学"②。

据日本学者不完全统计,到明治维新前,有34所兰学塾培养了9000余名塾生③。如果再加上诸藩校所设的洋学科及幕府洋学机构培养出来的学生,接受洋学教育的人数绝不会少于10000人。在幕末维新时期,众多的兰学人材担当了社会变革期的中坚力量。再从兰学成果看,如前节所述,仅自延享(1744—1747)年间至1852年译述兰书即达480种④。另据统计,1645—1873年日本人关于世界地理(包括地图)、历史的译著总计为450种。而其中至1853年开国为止达338种⑤。上述数字在当时欧美以外的国家中是足以令人惊异的。兰学的发展已经铸就了一个以兰学为专门职业的庞大的社会集团。明治维新初期大规模吸收西方文化的运动绝非日本民族一时的心血来潮,明治政府"求知识于世界"的口号正是"锁国"期间兰学百余年积累、发展的自然结果。

令人费解的是,在一般日本通史中对兰学或多或少都会有所交代,然而,在这些通史中却无视作为"锁国"反证的兰学的存在,仍将近世日本称为"锁国时代"。迄今为止,对于这种显而易见的矛盾并没有引起日本史学界的重视。

4. 简短的结论

通过上述对"锁国时代"的梳理和辨析,笔者以为,江户幕府"锁国"的目的在于驱逐天主教,以消除对幕府体制的威胁(参阅第二章相关内容),而不是要割断与所有西方人的一切往来。"锁国"是幕府与西方国家交往的一种策略,一方面铲除了来自天主教的威胁,垄断了

---

① 渡边敏夫:《近世日本天文学史》上,恒星社厚生阁1986年,序言。
② 家永三郎:《检定不合格日本史》,三一书房1980年,第161页。
③ 青木岁幸:《在村兰学的研究》,思文阁1998年,第70—71页。
④ 穗亭主人:《西洋学家译述目录》,载国书刊行会编:《文明源流丛书》第三,名著刊行会1969年,第465—481页。
⑤ 开国百年纪念文化事业会编:《锁国时代日本人的海外知识》,第463—476页。

对外贸易,割断了大名通过对外贸易而增加经济实力的途径;另一方面可以根据自己的需求选取西方的文化和信息。可以说幕府完全达到了预期的目的。统观同时代非西方国家的历史,不难发现,如日本江户时代这样制度化、规模化、且主动注视西方发展进程并有选择地吸收西方文化的例子,可谓绝无仅有。因此驱除葡萄牙人,与其说是"锁国"不如说是对外来文化的一种选择,而且从了解世界发展趋势的角度看,是一次历史的进步。很明显禁教并不等于锁国,之所以有后世学者"锁国是非"的议论,是因为自肯贝尔开始就已经偏离了历史的真实。通观整个世界历史,为了自己国家的利益而采取自我保护政策的事例俯拾皆是,尤其是宗教对立和国家之间的断交更是司空见惯的事情,将此视为"锁国体制",是不准确、不适当的。换言之,"江户锁国论"在内涵和外延上均不符合历史事实。有鉴于此,笔者以为用"禁教体制"替代"江户锁国论",才能客观地还原历史的真实。

二、渡边华山兰学探析

活跃于德川幕府末期的渡边华山(1793—1841)出身武士家庭,兼政治家、社会活动家、儒学家、兰学家、画家于一身,是一位丰富多彩的历史人物。然而,国内日本史学界对渡边华山尚无专门研究。在日本,明治前期虽有学者论及渡边华山的西洋观,但是随着皇国思想的泛滥,至战败为止,渡边华山一直被作为"忠君楷模"而编入修身课的教科书,更被作为"勤皇护国烈士""大东亚护国之神"而供奉在华山神社。[①] 这是对渡边华山严重的误读和肆意歪曲,致使华山闪光的思想被尘封了半个多世纪。战后的华山研究虽有所改观,但对华山思想的研究仍相对滞后。本文基于兰学与日本近代化问题研究的心得,通过探讨华山兰学的成因和

---

① 别所兴一:《渡边华山——故乡与世界的视野》,株式会社阿鲁姆2004年,第78页。

华山的变革思想及其历史定位等问题,重新解读华山思想的价值。其间或有谬误,谨请学界赐正。

1. 华山兰学的成因

兰学不仅是研究西方近代学术的学问,也是当时日本人了解外部世界的中介。与正统兰学家相比,渡边华山的兰学研究起步较晚,且不谙荷兰语,但却达到了当时兰学思想领域研究的最高水平。那么,华山何以能独占兰学研究之鳌头?为更深刻地理解华山兰学,有必要对其形成原因作一扼要分析。

渡边华山于 1832 年被任命为田原藩家老兼海防系(主管海防的官职)。面对 1833 年开始延续四年的全国性大饥馑,华山推行过诸多财政改革和殖产兴业等措施,为"刷新藩政"几乎耗尽了心力①,但多以失败告终。尤其是大盐平八郎领导的武装起义所引起的全国性的武装暴动,更使渡边华山逐渐认识到封建幕府政治经济的全面危机,并意识到这场危机很难靠日本的"内力"自行解决,于是将眼光投向外部世界。据高野长英回忆:"近岁凶欠延绵,人心慌乱不安,富者益富,贫者愈贫,穷民处处骚扰,颇感世间动荡,故以慷慨之心,于兰书之中抄出万国之国体、政务、人情、世态等。"②

再从外部世界看,进入 19 世纪以来日本沿海频繁遭受俄、英、美等西方列强的侵扰,俄国使节列扎诺夫武装袭击北海道,由本国政府支持的英美两国舰船也纷纷以通商和为其船只补给淡水、煤炭和粮食等要求为由来日本交涉,日本已经成为欧洲列强觊觎的对象。到渡边华山活跃的 19 世纪 30 年代,西方殖民势力的攻势已由"西力东渐"急速发展为"西潮东涌"的态势。1837 年美国商船马礼逊号为送还日本漂流民和要求缔结通商条约驶来日本,先后试图在浦贺和鹿儿岛上陆,但浦贺奉行

---

① 祥见佐藤昌介:《渡边华山》,吉川弘文馆 1993 年,第 48—78 页。
② 高野长英:《鸟之鸣音》,载《日本思想大系 55》,岩波书店 1971 年,第 179 页。

和萨摩藩依照幕府1825年公布的"异国船驱逐令"而对马礼逊号采取了炮击驱逐的对策。① 这一事件更剧烈地冲击着渡边华山的杞忧之情。他认为,在新的国际环境下,"四周沙然"环海而又无海防的日本,轻率地炮击为送还漂流民而来的西洋船只,其结果只能是为"西洋膻腥之徒"制造侵略日本的借口。换言之,日本传统的对外观念以及对外交涉原则已无用武之地,从而如何迎接来自西方的挑战,便成为亟待解决的历史性课题。渡边华山处于这一激荡的时代,并担当海防系要职,深感责任重大②,因而,对本国所面临的险恶的国际环境极为敏感。面对欧美列强的强烈冲击,华山意识到日本文明与西洋诸国文明之间的差距,并敏锐地察觉到这种差距将给日本带来严重的民族危机。渡边华山一系列有关西洋的著述,即为此而作。

华山兰学之所以能独树一帜,还有一个不容忽视的重要因素,那就是他拥有丰富的西洋知识资源。如前所述,江户时代流入日本的汉译西书就达170种,而由日本人译述的兰学书籍,仅收入《西洋学家译述目录》的就有480种。渡边华山还极力鼓动藩主的同父异母兄弟三宅友信购买了大量的荷兰语书籍。据三宅友信所记:"予所藏之荷兰书典,亦得于先生(指渡边华山)之劝荐……予倾资购买,以至一室兰书充栋。"③仅据三宅友信所藏兰书之兵书目录记载,"总计二百十九册三图面,总价金百七十八两三分一朱银四匁六分余。"④三宅友信在江户巢鸭的住宅成为华山的兰学资料馆。此外,渡边华山搜集到1666—1826年度《荷兰风说书》的全部内容⑤,而一般的兰学家是见不到这些"内部资料"的。上述资料、信息成为华山研究西洋的坚实基础,仅渡边华山所著万余言的《外国

---

① 信夫清三郎著、周启乾译:《日本政治史》第一卷,上海译文出版社1982年,第157—158页。
② 三河地区只有田原藩面临太平洋,因而该藩为三河地区海防的唯一据点。
③ 三宅友信记:《华山先生略传》,载铃木清节编纂:《华山全集》第一卷,华山会1938年,第320页。
④ 赠从四位三宅友信公自笔:《兰书目录·兵书之部》,早稻田大学图书馆藏本。
⑤ 参阅日兰学会、法政兰学研究会编:《荷兰风说书集成上卷》,吉川弘文馆1977年,第56—68页。

事情书》直接引用包括《荷兰风说书》在内的上述资料就达10余种①。

渡边华山在掌握上述大量资料的基础上,又将高野长英、小关三英等著名兰学家延请到自己周围,从而形成了一个试图以兰学知识克服内外危机的兰学集团(史称蛮社)。《华山先生略传》即云:"先生(华山)常招小关、高野二氏,使读地志历史之属,闻其译言,笔记成册……即得原书之要旨。"②不仅如此,华山还直接请教荷兰商馆人员以补正自己的西洋知识,"唯荷兰贡使亲历荒外,的闻的见,是以可信矣。故有客话及之者,必取以记之"。③华山著名的兰学论著《鴃舌或问》即是访问荷兰商馆长尼曼(Johannes Erdenik Niemann)后而撰写的内容丰富的有关西洋动态的访谈录。

简而言之,渡边华山所处的时代以及所担当的角色,将其造就成为冷静环视周围世界的民族先觉者,而丰富的资料信息又促使华山将兰学研究提高到一个新的层次。

2. 文明观与变革论

在渡边华山有关西洋的论著中,除《慎机论》秘而不宣之外,诸如:《诸国建地草图》《初稿西洋事情书》《再稿西洋事情书》《外国事情书》等都是应幕府官吏江川英龙之约而作④。华山意识到这些著述实际是在为幕府提供咨询,因而倾其所学阐述了自己对世界发展大势的判断,并提出了日本的应对之策,这就决定了华山兰学的宏观性和实用性。

面对以马礼逊号事件为象征的民族危机,渡边华山通过分析当时国际形势,清醒地指出:"五大洲内除亚细亚外,四海大抵已成洋人领地。

---

① 参阅佐藤昌介:《洋学史的研究》,中央公论社1980年,第176—197页。
② 三宅友信记:《华山先生略传》,载铃木清节编纂:《华山全集》第一卷,第320页。
③ 渡边华山:《鴃舌或问·序》,载佐藤昌介校注:《华山·长英论集》,岩波书店1999年,第16页。
④ 江川英龙(1801—1855),时任伊豆、相模、甲斐等五国代官(幕府直辖地的地方长官),通过与渡边华山的交往,学得有关西洋知识及西洋军事知识,尊华山为师,是主张学习西方并积极实践的开明官吏。1839年3月江川英龙视察江户湾沿海的防卫设施后,计划在向幕府进呈视察复命书时添加一些有关西洋情况的背景资料,并将此事委托给渡边华山。华山的这些著述对江川英龙产生了重要的影响。

于亚洲之内,亦仅唐土、波斯、我邦未遭洋人之污秽。"①对日本来说,"英吉利(华山误认为马礼逊号是由驻华英国传教士马礼逊指挥的英国商船)求之于我者,如蝇逐膻,驱之而必复来"。② 针对内外形势和力量对比的现实,华山认为:"古来唐土御戎之论、我邦神风之说皆不足恃",并揶揄幕府的攘夷政策是"井蛙之见",主张取消"异国船驱逐令",并提出"因时变而立政法乃古今之通义"③的应对原则。这便引出了华山兰学中,通过分析西洋及内外形势而得出的"变"的主题。

统观渡边华山有关西洋的论著,是站在历史哲学或称人类文明发达史的高度来考查世界历史并把握当时世界现状的,因而颇具冷静的分析和清晰的思想脉络。梳理出这些论述中"变"的主线,即可进一步深入理解华山兰学的历史地位。华山的此类著作虽不为多,但扼要精当地勾画出了人类文明发达史上"变"的历程。

"一地球因诸国变革而生生不已"④,"或英主忽出以至天地化育遂变,又由政度酿出英杰,以至学风政事一变,实乃千变万化"。⑤ 先是"亚细亚四十度以南之地,自远古教化开、文物盛……古代南方尊北方卑,后来南方之教化次第扩至北方",由此"北方剽悍诡黠之俗一变为强勇深智之国",而南方"高明文华之地成流大浮弱之风……唯今欧罗巴诸国于海外无不到之隅,以统领四大洲诸国。"⑥此"实天地古今为之一变……其间物极则衰,衰极则又盛,理势乘除无所不至。"⑦

可见,华山将不同文明的盛衰兴亡看作是历史发展的规律。接下来的问题是,19世纪西洋变强的原因何在,或者说西洋是靠什么来"统领"四大洲的呢?对此,渡边华山精辟地指出:西方社会的优越性在于"物理

---

① 渡边华山:《再稿西洋事情书》,载佐藤昌介校注:《华山·长英论集》,第90页。
② 渡边华山:《慎机论》,载佐藤昌介校注:《华山·长英论集》,第38页。
③ 渡边华山:《初稿西洋事情书》,载佐藤昌介校注:《华山·长英论集》,第102—103页。
④ 渡边华山:《外国事情书》,载佐藤昌介校注:《华山·长英论集》,第59页。
⑤ 渡边华山:《再稿西洋事情书》,载佐藤昌介校注:《华山·长英论集》,第85页。
⑥ 渡边华山:《外国事情书》,载佐藤昌介校注:《华山·长英论集》,第59—60页。
⑦ 渡边华山:《再稿西洋事情书》,载佐藤昌介校注:《华山·长英论集》,第88页。

之精确",而且"不惟于万物以图穷理,且于万事议论皆专务穷理"①,"故而,审度天地四方,不以一国为天下,而以天下为天下,因之颇具广张规模之风气。"②简而言之,西洋诸国的优越之处即在于"穷理精神"和"世界视野"。这就是西洋变强的原因,同时也是世界格局急剧变化的源点。基于这种判断,华山清醒地认识到自古以来传统的华夷之辨已然过时,即"古之夷狄为古之夷狄,今之夷狄为今之夷狄"③,"时势既今非古,故以古论今者,如胶柱鼓琴,何待解释。"④渡边华山强烈的危机意识即由此而生。

那么日本如何度过民族危机,即在剧烈变动的世界中该如何应对?华山的答案是学习西洋,以适应世界大势之剧变。他明确提出:"彼犀兕之革可以作铠,波斯之草可以活人……若夫当路重任读之,审其俗而知其变,防其微而杜其渐……余望外之幸也。"⑤总之,华山认为西洋在变,世界在变,日本也必须要变。

通读渡边华山的兰学论著可以发现,他是通过与西洋对比来描述日本社会的。比如,华山非常重视西方教育制度的社会功能,他记曰:"西洋诸国皆有学校,积日新之功。有道者任辅佐帝王经济之职,物学精博者任学校之学头,工术精绝者可得利禄……此皆养才之政……(书籍)经大学校定论而发行,或有创造则及于一地球中之诸国。是故,无独尊外卑、闭己耳目、井蛙管见之弊风。学者规模广大,能容能辨,由此实学盛行,向学者日多。"⑥华山基于对西洋尊重实学、量才录用社会原理的憧憬,将当时日本的封建等级制度比作"天下(指将军)为一大箱,诸侯为小箱,士闭其内,制活物世界于死地"⑦的社会棺裹。这种鲜明的对照,精确

---

① 渡边华山:《初稿西洋事情书》,载佐藤昌介校注:《华山·长英论集》,第103页。
② 渡边华山:《外国事情书》,载佐藤昌介校注:《华山·长英论集》,第63页。
③ 渡边华山:《外国事情书》,载佐藤昌介校注:《华山·长英论集》,第60页。
④ 渡边华山:《慎舌或问》,载佐藤昌介校注:《华山·长英论集》,第16页。
⑤ 渡边华山:《慎舌或问》,载佐藤昌介校注:《华山·长英论集》,第16页。
⑥ 渡边华山:《慎舌或问》,载佐藤昌介校注:《华山·长英论集》,第20页。
⑦ 渡边华山:《退役愿书稿》,载铃木清节编纂:《华山全集》第一卷,236页。

地反映出充满朝气的动的西方和因循垂暮的静的日本两个社会的根本差异,也反映出华山敏锐的社会洞察力。我们还可以梳理出华山试图以西洋为榜样而改变日本现状的一系列愿望:

古来华夷之辩的"井蛙之见"要变为"以天下为天下"①;"高明空虚之学"②要变为"万事议论皆专务穷理";面对西洋向东亚的攻势,"唐山御戎之论、我邦神风之说皆不足恃",因之"专于内患、不虑外患"③的海防体制也要变;"不痛不痒的世界"④要变为"忧勤国政、内外慎密"⑤之局面。上述扩展国际视野、提倡实学、加强海防、唤起社会活力等目标正是华山的苦心所在。总之,渡边华山始终抱定一个"变"的信念,以至于临终前致好友的遗书中,仍坚信"数年之后为之一变"⑥。这里虽然没有更具体地说明变什么、如何变,但如果通读上述议论,似乎已无须更做解释了。

上述的思想脉络,可映照出渡边华山研究西洋的特点,即视野宽阔、自成系统,通过自他认识,在比较中指出日本社会的弊端,并开出了救世处方。渡边华山对西洋的认识没有停留在表面的现象,而是从原理上认识西洋社会的,并认为"万事穷理"是西洋社会运行的基本原理。观其文脉,有理由认为渡边华山是站在新旧社会对比的高度,来看待西洋社会与日本社会的。也正因如此,在渡边华山那里才出现了"变"的思想,即西洋社会变了,创造了新的社会原理,日本也要学习西洋,以变应变,从而在理论上提出了迎接西洋挑战的总原则。渡边华山的政治实践使他认识到必须要通过学习西洋才能渡过日本的内外危机,从而将兰学推向更高的层次。华山兰学真正的价值在于科学地分析西洋状况而形成的具体世界认识,并引照欧洲的经验来变革日本社会的思想。可以说,渡边华山在日本开国以前,已提前迈入近代思想的门坎,虽然生前没能实

---

① 渡边华山:《外国事情书》,载佐藤昌介校注:《华山·长英论集》,第63页。
② 渡边华山:《慎机论》,载佐藤昌介校注:《华山·长英论集》,第40页。
③ 渡边华山:《诸国建地草图》,载佐藤昌介校注:《华山·长英论集》,第52页。
④ 渡边华山:《慎机论》,载佐藤昌介校注:《华山·长英论集》,第40页。
⑤ 渡边华山:《外国事情书》,载佐藤昌介校注:《华山·长英论集》,第65页。
⑥ 渡边华山:《遗书》,载佐藤昌介校注:《华山·长英论集》,第148页。

现自己的目标，但是却给予后世不容忽视的影响和启示。

3. 历史影响与启示

针对马礼逊号事件，渡边华山、高野长英分别撰写《慎机论》和《梦物语》，阐述了世界发展大势，并论证了幕府"异国船驱逐令"的失当。而幕府认为它们是"赞美异国，诽谤我国之邪书"，并因此拘捕了渡边华山、高野长英等多名蛮社成员，史称蛮社之狱。其时，小关三英曾因华山之请翻译了幕府严禁的基督教类书籍《耶稣传》，自认难逃大狱而"畏罪自杀"。1840年，幕府以"处士妄评政治、动摇民心"等罪名，判渡边华山蛰居原籍、高野长英终身监禁。之后，华山于1841年自杀，长英虽曾一度脱狱毁容，但终在与幕府捕吏的搏斗中悲壮身亡。渡边华山虽然"远见于未萌"，然而"天下治平之时，突然言未萌远大之事，人以为狂为痴。不特为狂痴，且获罪其身。悲夫"。① 这段议论充分说明了华山思想得不到主流社会理解的超前性质。

蛮社之狱虽然使"文明之新论罹入野蛮之法网"②，然而个人的悲剧命运并没能泯没华山的信念。华山自杀前不久以绘画作品《千山万水图》展现了面对太平洋的日本列岛的东岸，预示着列强虎视日本的国际形势，显示出华山时刻牵挂着日本列岛的危机。③ 而在生命的最后一刻，留下的"数年后为之一变"的遗言，则充分显示了华山对国内外形势发展变化的超前的洞察力。1840年开始的鸦片战争（华山因蛰居不知情）已经使中国遭受"膻腥之徒"的凌辱，日本也成为列强唯一的"途上之遗肉"，而"饿虎渴狼"之列强又岂能弃之不顾？直至伯理叩关，华山的警世之言完全成为活生生的现实，而日本对待列强的态度也"为之一变"。渡边华山准确地把握了历史的节奏。

---

① 黄眉山人渡边知三郎：《渡边华山忠孝血泪谭·序》，东洋堂支店1892年。
② 藤田茂吉：《文明东渐史》，载《明治史论集》1，筑摩书房1983年，第257页。
③ 参阅芳贺彻：《渡边华山——悠然的旅人》，朝日新闻社1986年，第222—227页。

虽然"就华山一般施政而言,几乎找不到直接将洋学知识付诸实践的证迹"①,但是并不能因此而否定华山兰学的实学性质以及历史影响。华山兰学的使命是警世,即向日本的统治者说明世界旷古未有之大变局和随变局而即将到来的民族危机,并提出了"防微杜渐""因时变法"的对应原则。可以说,历史要求渡边华山以思想家的眼光来分析西洋社会进步的原因,从根本上为日本应对西洋的冲击寻求理性的出路。正如《华山全集》发行者所言:"于锁国苟安时代,审视世界大势,怀抱开国之大主张,惊醒多年长梦者,实为我渡辺华山先生。其《西洋事情》《鴃舌或问》《慎机论》先于维新更革三十年,且时局之推移无出先生所论之外……其卓见明识超越一世……乃我开匡史上之第一人。"②此言绝非溢美之词。

回溯渡边华山以前的日本兰学史,总体看来研究对象主要集中在西洋的自然科学。其间虽有工藤平助的《赤虾夷风说考》、林子平的《三国通览图说》和《海国兵谈》、本多利明的《西域物语》和《经世秘策》等经世兰学"横议幕政",但是这些著述分别局限于开发属岛、海防、殖民、经济等局部专门领域。与上述论著相比,华山描述的是立体、动态的世界,因而得以从文明发展论的高度把整个日本和世界纳入视野,"不断大胆地探索同时代所有日本人都不曾瞥一眼的未来,即强大的西欧世界将给日本带来的威胁"③。正是这个思想高度形成了渡边华山浓烈的民族危机意识,并在以兰学知识批判幕府政治的基础上,又增加了用西洋社会原理改造日本社会的理论功能,从而勾勒出近代日本的轮廓。渡边华山将日本的兰学研究推向了更高的层次,代表着当时日本兰学思想研究领域的最新成果,已经预示了幕末维新时期洋学研究与实践的发展方向。

虽然华山生前没能具体实践自己变革日本的构想,但我们不能忽视华山变革思想对后来社会所产生的影响。渡边华山的弟子、田原藩士村

---

① 佐藤昌介:《渡边华山的洋学研究与蛮社之狱》,载东北大学文学会:《文化》第18卷第1号,1954年。
② 铃木清节编纂:《华山全集》第一卷,第1页。
③ 芳贺彻:《渡边华山——悠然的旅人》,第203页。

上定平受命华山学习西洋军事,又遵华山嘱托,于1841年赴长崎随高岛秋帆研究西洋炮术卓有成就,在高岛秋帆遭陷害入狱、蛰居期间(1842—1853),代替高岛秋帆授课,成为当时日本著名的西洋军事学家。村上定平于1845年主持建造了西洋式帆船顺应号,又于1850年在田原藩推行西洋式军事改革,吸引了来自日本各地的有识之士到田原藩学习西洋军事思想和军事技术,田原藩还专门为此开设了练兵场和射击场。由此,弹丸之地的迷你小藩,成为新文明曙光之光源。① 1858年下级武士出身的村上定平被破例任命为田原藩家老,开始全方位贯彻华山以学习西洋为目标的变革方针。此外,1857年华山生前委托小关三英翻译的《拿破仑传初编》由当时田原藩家老松岗与权(渡边华山的学生、女婿)支持公开出版,为日本人了解西洋军事战略发挥了广泛的社会作用。②

华山对国际形势的敏锐见识,还不断吸引了当时如江川英龙、川路圣谟、羽仓外记等幕府中的开明官吏。渡边华山"因时变法"和"审敌情而立策谋"的诉求,在很大程度上通过这些开明官吏得以实现。1841年,江川英龙开始教授西洋军事,其门人来自30余藩,其中有佐久间象山、川路圣谟、桥本左内、木户孝允等幕末维新时期的风云人物。1842年幕府撤销了"异国船驱逐令",并起用江川英龙推进军事改革。1849年江川又着手铸造反射炉。为应对伯理叩关,1853年江川英龙被任命为"勘定吟味役"③并负责铸造品川炮台,后被任命为勘定奉行。不难发现,江川英龙的诸多作为基本上贯穿了渡边华山以西洋方式改造日本的构想,而幕府重用江川英龙似乎也预示着接纳了华山的诉求。

再来看看华山思想在日本思想史上的位置。有日本学者认为:19世纪30年代没有哪一位思想家能与华山的思想高度相比。④ 笔者以为,不

---

① 笹川临风:《渡边华山》,高阳书院1940年,第105页。
② 祥见岩下哲典:《江户的拿破仑传说》,中央公论社1999年。
③ 勘定所为幕府三大中央机构之一,负责租税征收、幕府财政运营、诉讼等,长官称勘定奉行,勘定吟味役是仅次于勘定奉行的官职。
④ 别所兴一:《渡边华山的亚洲认识与西洋认识》,载片桐一男编:《日兰交流史中的人、物、情报》,思文阁2002年,第406页。

仅是在开国以前,即使是开国后的一些面向西方的著名前卫思想家们也并没能超越华山思想的境界。如佐久间象山虽然极力主张学习西方,但仍保留了"东洋道德,西洋艺术"①的观念;而横井小楠之所以赞美欧美政治体制,是因为它符合中国上古的"三代之教"。可见,上述二人的主张与华山的因时而变的文明论相比,除对某些具体问题更加细密化之外,就思想高度而言并无超越。直到福泽谕吉的文明论出现才全方位地展开了渡边华山的近代文明观。换言之,到福泽谕吉的文明论出现为止,渡边华山对西洋的理解以及对文明论的阐述,在日本始终居于最高水平。从这个意义上讲,渡边华山在开国以前的封建时代已进入近代思想阶段,实为独具慧眼的先觉思想家。

还有一个至关重要的问题颇值得注意。华山的西洋认识和文明论与福泽谕吉的文明论有许多相似之处或者说是共性,二人都在尖锐批判儒学中"尚古空虚"学问的同时推崇西洋实学。然而,华山对儒学的态度是一种扬弃,在他的思想中保留了以"圣人之道"为基点的和平主义的国家发展观。华山在积极呼吁学习西洋近代文明的同时,并没有忘记对西洋殖民主义者"以功利为本……喜则为人,怒则为兽"②的侵略本质的尖锐批判。华山的原则是:"讲武敷德,以独立于天地之间……无德则危矣。"③就是说,日本要以武德保国,但绝不能像西方殖民主义者那样肆意侵夺他国。可见这是一种自强自卫策略,是一种世界人类和平共生的思想,可称为健康的爱国主义。而在与儒学诀别的福泽谕吉那里,却在"爱国主义"的幌子下宿命地丢弃了和平,公开主张为在弱肉强食的国际强权政治当中生存下去,就必须诉诸武力,他露骨地提出:"可依赖者惟兵力之强弱,百卷万国公法不敌数门大炮……各国交际中只有灭亡他国和被他国灭亡之两途。"④福泽谕吉依循这种军国主义的逻辑,其后又提出

---

① 《省諐录》,载《日本思想大系 55》,岩波书店 1971 年,第 413 页。
② 渡边华山:《外国事情书》,载佐藤昌介校注:《华山·长英论集》,第 65 页。
③ 渡边华山:《和兰陀风说书》,载铃木清节编纂:《华山全集》第一卷,第 47 页。
④ 福泽谕吉:《通俗国权论》,载《福泽谕吉全集》第四卷,岩波书店 1964 年,第 108 页。

了"脱亚入欧论",继而不遗余力地为发动甲午战争制造舆论,完全失去了国际公正理念,堕落为以侵略战争来实现其国权的极端民族主义者、亦步亦趋模仿欧美列强的强权主义者,其文明论也异化为反文明的侵略理论。作为一位思想家,这可谓是最可悲的结局。

其实,类似福泽渝吉的社会达尔文主义者在日本不乏其人,如江户时代的本多利明、佐藤信渊、幕末的吉田松阴、桥本作内等,以至于后来的德富苏峰。他们虽然主张各异,但都曾在提倡学习西方的同时,提出为日本的生存就必需对外扩张,甚至直接制定对外侵略的具体方案。这种"学问传统"一直延续到日本战败,几乎成了一些日本思想家的固化模式。受此影响,明治维新以来,整个日本在为追求一国之利的富国强兵口号的煽惑下,不断疯狂地发动侵略战争,完全忘记了渡边华山提出的人类共生原则和在国际关系中"无德则危"的警告。近代以来的日本如能遵行渡边华山的告诫,或可避免无数悲剧的发生。这也正是笔者挖掘渡边华山思想的又一深意所在。

三、开国与幕末洋学风潮

1. 洋学突起

列强不断叩关和清帝国在鸦片战争中失败的消息传来,在日本朝野引起了极大的震动。精通西洋军事科学的兵学家高岛秋帆立即作出反应,他在给幕府的上书中强调指出:"清国失败皆因炮术未熟,故需强化采用西洋炮术之武备。"[1]面对"西力东渐"困扰的幕府起用高岛秋帆,着手研究西式军事改革,并向诸藩发布强化海防令,奖励采用西洋炮术。1853年美国海军准将、东印度舰队司令官伯里以军舰为后盾前来叩关,使幕府亲身领教了西方坚船利炮的威力,不得不承认自己不敌"蛮夷"。在日本面临重大民族危机的关头,作为幕府官学象征的大学头林炜在对

---

[1]《海舟全集》第六卷,改造社1928年,第2页。

美谈判中无所适从,最终暴露了儒学的不合时宜。由此促使幕府下决心全力扶植以西方近代军事科学及相关学科为主要内容的洋学。诸藩也纷纷招聘兰学家从事兰书翻译及兵制、装备的改革。

由于形势的需要,兰学热潮迅速升温,并过渡到研究西方军事科学、社会科学和政治思想的幕末洋学阶段。从幕末洋学知识的来源上说,也逐渐由荷兰语书籍扩及到英、法、德、俄等多种语言的著述。重视社会实践是幕末洋学的重要特征。如果说此前的兰学是通过荷兰语学习西方学问的活动,那么幕末洋学则是将西方科学、学术广泛地应用于实践的社会运动。

国门前游弋的"黑船"迫使幕府首先要谋求军事的现代化。1855年,幕府邀请以佩尔斯为首的荷兰官兵来日本开办海军讲习所,学员由幕府和各藩指派,总计129人。讲习内容包括:数学、测量学、机械学、造船航海技术、炮术、地理、历史以及实际应用演习,一直延续到1859年。以胜海舟为首的幕府海军中坚集团以及后来仕于明治政府的榎本武扬等众多海军军人,都是该讲习所的毕业生。通过学习,学员们掌握了当时最新的海军知识和技术,开始了建立于基础科学之上的近代军事理论和应用技术的研究工作。一时间,军事科学成为洋学中的主流。1854—1868年,仅有关军事科学的译著,即达262种①,为日本建立西式海军奠定了基础。

1857年9月,幕府通过荷兰政府聘请荷兰军医鲍姆培(Pompe)来日本开办西方医学讲习班,至1862年共培养了来自日本各地的学员130余人。鲍姆培讲习班开设了包括物理、化学、解剖、人体组织、生理、病理、内科、外科、眼科、药剂等基础课程,并自成体系。在鲍姆培的建议下,幕府于1861年在长崎建立了日本第一所西式近代医院。不久,又设立了西洋医学所,在讲授医学基础理论的同时,进行详细的临床指导,使西洋医学在日本真正进入了正规的临床实用阶段。1862年,作为一代名

---

① 佐藤昌介:《国际环境与洋学的军事科学化》,载中山茂编:《幕末的洋学》,密涅瓦书房1984年,第38页。

医的鲍杜因(Bauduin)接替鲍姆培，深受日本医学界崇敬，"海内学者千里负笈受教其门，学以成名者甚多，邦内洋方为之一新"。① 日本陆军军医部门创始人松本良顺、桥本纲常、东京大学医学家司马凌海、明治政府首任卫生局局长长与专斋等明治医学界的著名人物皆曾在此就学，讲习班及长崎医院的作用似无需再做说明了。

幕府出于军事、外交上的需要，聘用箕作阮甫等著名兰学家于1857年建立了综合系统研习洋学的机构"蕃书调所"②。蕃书调所开设的科目有地理学、天文学、究理学（物理学）、数学、物产学、器械学、画学（测量学）等。蕃书调所开设之初，即招收学员350名，至1866年在开成所担任教授的一流兰学家计有31人③，后来的明六社成员加藤弘之、西周、津田真道皆在其中。改称开成所后，又设荷兰学、英吉利学、法兰西学、德意志学、鲁西亚学（上述以国名命名的学科实际上是学习这些国家的语言）等。对各国语言的学习，使日本掌握了求知识于世界的工具。自蕃书调所成立以来，培养出大批实用人才，摆脱了长期以来兰学以翻译为主的局面。西周和津田真道等人留学归国后，又开设了社会人文各科。开成所还是全国规模最大的洋书收藏中心，仅1953年在东京上野图书馆发现的盖有蕃书调所——开成所等印记的洋书即达3500册④，在当时可谓洋洋大观。由上述可见，蕃书调所——开成所已经具备了近代综合学府的雏形，成为近代日本的人才摇篮。

幕府在启用国内洋学家创立洋学基地的同时，还直接请进大批欧美专家，以满足各技术领域的实际需求。自1855年开办海军讲习所到明治政府诞生的1868年，包括各藩延聘的外国专家在内共达212人，涉及军事、外交、语言、科学技术等各个领域。幕府还积极将日本人送到欧

---

① 沼田次郎:《洋学传来的历史》,至文堂1960年,第171页。
② 1863年改称开成所,1868年改称开成学校,1869年称大学南校,后与大学东校合并为东京大学。
③ 沼田次郎:《洋学传来的历史》,第162页。
④ 绪方富雄监修:《兰学资料研究·附卷》,龙溪书舍1987年,第28页。

美,实地考察并摄取西方文明成果(详见后述)。幕府通过上述知识、技术、人才的积累,于1853—1867年陆续兴建了拥有近代设备的江户大筒铸立场(铸炮场)、浦贺造船所、石川岛造船所、关口大炮制作所和江户泷野川火药制造所等重工业基地①。

在幕府扶植、利用洋学政策的刺激下,不少强藩也纷纷效法幕府,作为藩政改革的重要一环而普遍致力于整备洋学设施。他们招聘洋学家开办洋学教育机构,并着手创办近代工业,其中萨摩藩表现得尤为突出。萨摩藩在"兰癖"藩主岛津重豪(1745—1833)时代就十分重视兰学,到天保改革(1830—1843)时期开始采用西式兵学,制造大炮和火药,设置炮台,使西洋军事技术得到应用。岛津齐彬(1809—1858)继任藩主后,更热心于搜集洋书,并先后聘用伊东玄朴、坪井信道、箕作阮甫等当时一流洋学家翻译西方书籍,甚至庇护被幕府通缉的超一流兰学家高野长英,使其完成了《三兵答古知几》的翻译。1853年,萨摩藩建成反射炉,并兴建了西式的刀剑、农具、砂糖、制陶工厂,于1855年制造出日本第一艘蒸汽船,同时还从外国购入许多船只,用于军事或贸易,使自己的船舶保有量居群藩之首。1857年,将藩内所有西式设施总称为"集成馆",开始研制瓦斯灯、电机电信等近代工业制品,更于1867年建成日本第一家洋式纺织厂——鹿儿岛纺织所。该藩还指派一批藩士赴长崎海军传习所学习,并于1864年创办了传授陆海军各科技术的藩立开成所,藩内洋学家辈出。从上述举措可见,萨摩藩已经在实行"富国强兵"和"殖产兴业"的政策。

其他各雄藩的具体发展情况虽不尽相同,但大抵贯彻了同一宗旨。从洋学教育看,日本全国共有77所藩校开设了洋学课程。从工业设施看,各藩建造反射炉总数达28座,铸炮约360余门②。由此也可窥见明治维新前日本引进西方近代工业规模之一斑。幕府和各藩依靠洋学家开办的洋学教育机构和近代工业,在人才和物质上为明治维新后大规模

---

① 参阅万峰:《日本资本主义史研究》,湖南人民出版社1984年,第57页。
② 大桥周治:《制铁》,载中山茂编:《幕末的洋学》,第129页。

移植资本主义奠定了坚实的基础。"一个比较强调科学技术的社会一定是一个正在急剧变化的社会,这种变化无疑对社会所有的建制都有影响。"①

2. 涉政洋学

　　幕末洋学思想家们主张仿效西方政治的思想,对开国维新发挥了积极的作用。如果说兰学使日本人朦胧地认识到西方国家社会原理之先进,那么幕末洋学则逐渐萌生出通过学习这些原理把日本改造成为世界强国的信念。在幕末洋学思想家中,佐久间象山和横井小楠堪称双璧。

　　佐久间象山(1811—1864)认为,仅依靠和、汉两家传统学问,已经不能适应时事的变化,因而极力推崇西洋学术。他指出:"全世界之形势,自哥伦布以穷理之力发现新大陆,哥白尼提出地动说,牛顿阐明重力引力之实理等三大发现以来,万般学术皆得其根底,毫无虚诞之处,尽皆踏踏实实。"因而"方今之世,仅以和汉之学识,远为不足,非有总括五大洲之经纶不可。"②佐久间象山还注意到俄国通过彼得大帝的改革,将"愚顽之贫国"建设成为"不在他国之下"之强国的楷模,同时认为,中国在鸦片战争中失败的主要原因在于蔑视"夷狄蛮貊","不知通达时变"③。这正反两个例子正是佐久间象山积极开国论的依据,并把"东洋道德,西洋艺术"④融合东西文化的原则作为开国指导思想。佐久间象山试图将日本的道德伦理与"古圣贤未识"之"西洋艺术"融于一体,用西洋之长,补东洋之短,并以此来回应来自西方的历史性挑战。佐久间象山虽仍视朱子学为"圣学",但他又把西方人的穷理之术与朱子学的"格物致知"等同看

---

① 李克特著,顾昕、张小天译:《科学是一种文化过程》,三联书店1989年,第28页。
② 佐久间象山:《致梁川星岩书》,载《日本思想大系55》,岩波书店1980年。
③ 佐久间象山:《关于波留麻出版致藩主之上书》,载《日本思想大系55》。
④ 佐久间象山:《省謦录》,载《日本思想大系55》。这里的艺术指近代西方科学技术等实用文化。

待①,并进一步认为西方科学的"详证术,万学之基本也"②。换言之,他是从朱子学中"理"的高度承认了西方科学的先进性。

横井小楠(1809—1869)也是一位学贯东西的幕末社会政治活动家,主张采用西方文明和开国主义,肯定欧美国家的社会政治原理。横井小楠已经认识到:"美利坚华盛顿以来立三大规模,一曰因天地间惨毒莫过于杀戮,固顺天意以息宇内战争为务;一曰取智识于世界各国,以裨益政教为务;一曰全国大总统之权柄让贤不传子,废君臣之义,尽以公共和平为务。"③他还大胆地褒扬英国的议会制度说:"在英吉利,政体一本民情,官吏之所行,无论大小,必悉议于民,随其所便,不强其不悦。"④横井小楠是通过"天下为公,民为邦本"等儒家思想来解释西欧各国政治制度的。他之所以崇仰西方的政治制度,是因为它们符合古代中国的"三代之教"。但是,这绝不意味复古,而是在儒家的社会思想中注入了西洋近代社会政治理念。横井小楠不仅极力赞美欧美的政治制度,而且力图在日本付诸实践,提出了"天下之人才共理天下之政事"的"日本国中共和一致"的设想。

在力图通过对儒学进行再解释而使西方文化日本化这一点上,横井与佐久间作了同样的尝试,但佐久间是取儒学中"格物致知"之"理",称道西洋技术,而横井则是以儒家政教之"道"为媒介赞誉西方政治。显然在吸收外来文化的层次上,横井比佐久间前进了一大步。学者们可以罗列出佐久间和横井思想中的诸多局限,但他们使西方文化日本化的努力,已将洋学升华为改造日本的指导思想。尤其是横井开始承认西方政治制度的优越,不但加强了洋学对封建幕府的冲击力,也远远进步于明治维新后建立的近代天皇专制政权。横井小楠不愧为近代日本的先觉之士,其政治思想已经延伸到对近代天皇专制的批判。

---

① 参阅王家骅:《日中儒学的比较》,日本六兴出版社1988年,第271页。
② 佐久间象山:《省諐录》,载《日本思想大系 55》。
③ 横井小楠:《国是三论》,载《日本思想大系 55》。
④ 横井小楠:《国是三论》,载《日本思想大系 55》。

加藤弘之(1836—1916)依据西方政治理念撰著《邻草》，更加系统地介绍了当时世界上的四种政体，即君主握权(君主专制)、上下分权(君主立宪)、贵族专权(贵族政治)、万民同权(共和制)，并认为，万民同权和上下分权为"公明正大"。加藤弘之将政体看作是国家之"大本"："船炮之制造，武技之操练等，仅为武备之外形"，"若不先求其精神，则外形一无益处"，并明确主张"于今速改行上下分权之政体，以兴善政。"①加藤弘之完全冲破了"东洋道德，西洋艺术"的框架，摆脱了佐久间象山和横井小楠以儒入洋的思考方法。

西周、津田真道对西方法学等一般社会科学的研究是日本人理解西方文化的又一重要环节。他们在蕃书调所涉猎了西方有关哲学、政治学、法学等社会科学书籍，对西方的"公明正大之论"颇为钦佩。在荷兰留学的3年中，他们苦心研习了法理、国际公法、经济、统计等诸学科，归国后开设了社会科学课程，使开成所成为日本人文社会科学研究的中心。西周又于京都开办私塾"育英社"，讲授西方哲学，并译定了许多术语，"哲学"一词就是他首先使用的。西周给哲学的定位是："因为哲学乃是科学的科学，所以哲学应该是诸学之上之学，故哲学乃统辖诸学之学。"②西周从哲学的高度承认了西方文化总体的优越性。

日本社会对洋学的需求也刺激了民间洋学教育的扩展，在这一时期，影响最大的民间洋学塾当属伊东玄朴和绪方洪庵分别于江户和大坂开设的象先堂和适塾，前者有塾生403名，后者则为636名③。两学塾在学人数最多的年份是1853—1855年间，即因伯理叩关而使日本民族危机到达顶点的时期。由此也可以察知塾生们的应时倾向。两大学塾培养出诸多具有西方科学和思想素养的医学家、军事家、自然科学家和启蒙思想家以及社会实践家，从中涌现出大批幕末维新时期的风云人物。其中象先堂出身的有日本近代法学创始人津田真道，明治政府外务卿寺

---

① 加藤弘之：《邻草》，载《日本的名著34》，中央公论社1988年。
② 近代日本思想史研究会编、马采译：《近代日本思想史》第一卷，商务印书馆1983年，第42页。
③ 参阅第三章第二节之"主要兰学塾塾生分布表"。

岛宗则,日本海军创始人之一的肥田滨五郎,明六社成员神田孝平,历任明治政府大藏卿、枢密院顾问官、农商大臣的佐野常民(先后学于适塾和象先堂)等。适塾则造就了幕末志士桥本左内,长崎医学校校长、明治政府卫生局局长长与专斋,日本陆军创始人、明治政府兵部大辅大村益次郎,陆军西化指导者大鸟圭介,明六社成员福泽谕吉、杉亨二、箕作秋坪等。① 再如福泽谕吉于1858年创办兰学所,学习方式仿照象先堂,翌年开始向英学教育转变,1868年(庆应四年)仿照欧美私立自治体制,改兰学所为庆应义塾,这就是今日与早稻田大学并称日本"私学双雄"的庆应义塾大学。庆应义塾崇尚欧美大学的教育理念,倡导科学主义和独立自尊原则,也为日本社会各界输送了大批具有近代思想的各类人才。上述之外,尚有大批兰学家成为幕府洋学机构蕃书调所和各藩洋学设施中的教授和主导人物,江户时代培养的逾万人②的兰学人才是明治时代社会转型过程中的中坚力量。

3. 走出日本

从伯理来航到明治政府建立的幕末时期,幕府面对来自欧美的挑战做出了积极的对应。幕府自1860—1867年仅8年时间里,先后遣往欧美各国的使节团就达6次之多,派出总人数近300人③,走遍当时主要欧美国家。如此高密度、多目标地派出人员了解西洋的举措,可以说是日本历史上史无前例的,因而产生的影响也是毋庸置疑的。幕末开国之后,外有洋人压力,内有"志士"发难,幕府焦头烂额应接不暇,正是在这种内忧外患严重的形势下,出于民族生存的危机感和对欧美文明的歆慕之情,更是为设计变革社会的蓝图,幕府表现了积极进取的姿态。日本前首相吉田茂在其《激荡的百年史》开篇即云:"1860年,为了批准日美通

---

① 参阅伴忠康:《围绕适塾的人们》,创元社1988年,第88—116页。
② 参阅第九章第四节之"著名兰学塾一览表"。
③ 参阅沼田次郎编集:《日本与西洋》,平凡社1980年,第349—350页。

商条约,日本使节乘美国军舰渡美时,胜海舟等人乘二百五十吨的'咸临丸'横渡了太平洋……这件事,象征着现代日本的序幕。"①

幕末遣欧美使节团一览②

时间	目的地	缘由	正使
1860	美国	交换《日美修好通商条约》批准书	外国奉行新见正兴
1862	英、法、荷、普鲁士、俄、葡	谈判延期开放港口	外国奉行竹内保德
1864	法国	谈判暂关闭已开放港口	外国奉行池田长发
1865	法、英	为建制铁所、购买机械设备、雇佣法国技师	外国奉行柴田刚中
1866	俄国	北方领土谈判	外国奉行小出秀实
1867	法、瑞士、荷、比、意、英	参加法国万国博览会	民部大辅德川昭武

1860 年遣美使团原定正使开明派幕臣岩濑忠震曾明确表示:借交换条约批准书的机会,亲自率有为之人才赴美,视察外国状况,以促进我国之进步,老中堀井正睦也"颇以此议为是"。③ 虽然因政局变化,最后率团正使换成"温厚长者而非良吏"的新见正兴,但随团成员中的访美成果却不可低估。当时各藩及有识之士都在关注组团信息,伺机随团考察欧美国情,结果使团一行扩充到 77 人④,另有咸临丸乘员 96 人,总计 173 人。随团人员留下了大量介绍欧美国家的记录。如"专攻圣道者"的玉虫左太夫所作《航美日录》八卷、洋洋 20 万言,在全面介绍美国社会的同时,开始反省传统文化之弱点,改变了此行之前以传统的夷狄观抵制欧美文化的思想,并主张为导入"彼之长处"应该派遣留学生学习西方先进文

---

① 吉田茂:《激荡的百年史》,世界知识出版社 1980 年,第 3 页。
② 参阅郭丽:《幕末日本遣使欧美始末》,载《日本研究论集 2006》,天津人民出版社 2006 年。
③ 福地源一郎:《怀往事谈》,载《日本思想大系 66》,岩波书店 1978 年,第 601 页。
④ 玉虫左太夫:《航美日录》第一卷,载《日本思想大系 66》。名单见该书第 224—227 页。

化。该书影响甚广,现存抄本十余种①。再如福田作太郎汇总的《英国探索》全面地介绍了所到六国的社会综合情况,其中以英国最为详细,是幕末影响最大的英国见闻录。

此外,历次使团成员中有诸多重量级人物,诸如:福泽谕吉、大隈重信、涩泽荣一、西周、津田真道、箕作秋坪、福地源一郎、松木弘安(寺岛宗则)等等。再有第三次遣法使节团虽没有如期完成任务,但池田长发等人向幕府提出了向海外派遣公使、广泛与各国缔约、派遣留学生、允许日本人出国、与欧美各国互通信息等内容的建议书。②

日本人出使西方并非始自幕末,早在战国末期就曾有九州西南部大名大友宗麟、大村纯忠、有马晴信组织,传教士范礼安带队的少年访欧使节团(1582年出发,1590年回国),德川幕府初期又有仙台藩主伊达政宗派遣使节支仓常长出使欧洲(1613年出发,1620年归国)。但是,代表国家出使西方则是从幕末开始的,其规模和影响也非前两次可比,也为后来明治政府派遣岩仓使节团树立了楷模。这些使节团最初的目的为外交谈判、商业洽谈和参加博览会,但是亲历欧美的刺激令日本人顿开眼界。幕末访欧美使节团的方式虽前有古人后有来者,但在日本文化史上所占有的重要地位和象征意义是"古人、来者"无法替代的。

自1861年始,幕府开始正式公开向欧洲派遣留学生,是遣唐使以来,又一次具有象征意义的由国家向海外派遣留学生的活动,显示出日本国家找到了新的学习目标。1861年幕府计划向美国派遣留学生,因美国南北战争爆发而改为在荷兰实施该项计划。1862年派往荷兰学习海军、政治、哲学、医学的留学生有内田恒次郎、榎本武扬、田口俊平、泽太郎左卫门、津田真道、西周、赤松则良、伊东玄伯、林研海(后成为军医总监)等九名,另有造船和锻造技工6人,合计15名③。同年一行抵达荷兰,内田、榎本等到海军部门学习,西周和津田到莱登大学学习荷兰语、

---

① 参阅沼田次郎:《玉虫左太夫と航美日录》,载《日本思想大系66》。
② 参阅郭丽:《幕末日本遣使欧美始末》,载《日本研究论集2006》。
③ 沼田次郎编集:《日本与西洋》,第355—356页。

法理学、国际法、经济、统计等学科。1865年向俄国派遣7名留学生。1866年派遣以中村正直、川路太郎为监督的外山正一、菊池大麓、林董等一行14人赴伦敦大学留学。1867年德川昭武(末代将军德川庆喜的胞弟)参加法国万国博览会活动之后,滞留法国学习法国诸学术,涩泽荣一既是随员之一。①

各藩也纷纷鼓励支持本藩人才出国留学。长洲藩仅1862年就资助伊藤博文、井上馨、野村弥吉、远藤谨助、山尾庸三等五人到英国留学。具有讽刺意义的是,就在井上等人出发的前两天,攘夷运动的急先锋长洲藩炮击了经过下关的美国船只;半年前井上、伊藤、山尾三人与高杉晋作和久坂玄瑞等十名攘夷派同志还曾策划实行了火烧英国公使馆的行动。而井上等人正是在英国领事的热心协助下,于横滨若无其事地登上了出洋的英国船。萨摩藩1865年有寺岛宗则、五代友厚等19人赴英留学,最小者年仅13岁。此外,还不乏其他个人偷渡出国者,如:后来创建同志社大学的安中藩的新岛襄搭乘美国船只出洋、冈山藩花房义质出洋周游世界。出国求学或者考察西洋各国成为幕末日本人的强国梦。与明治时代相比,幕末留学人数并不为多,但是从上述名录中不难发现,他们当中既有明治政府的高官,甚至总理大臣,也有明治时代的教育家、实业家、军事家、学者等诸多领域的中坚人物。这批留学生为明治维新储备了人的基础,尤其是其中不乏由攘夷派转而成为开国派,而极端者如从仇视"英夷"转变为启动鹿鸣馆外交、醉心于西化的井上馨。这批留学生群或可为展现近代日本社会文化价值观转型的缩影。

4. 尊王攘夷

顾名思义,尊王既是尊奉天皇,攘夷就是抵抗外敌侵攻以保持国家安定独立。史学界都将尊王攘夷看作幕末日本的政治口号,其实它具有更长远、更深刻的文化符号的意义,即把传统君主的天皇作为民族文化

---

① 参阅开国百年纪念文化事业会编:《明治文化史1》,洋洋社1955年,第151—152页。

认同的核心价值观念,而文化认同的凝聚力往往要比政治口号更强烈、更持久。尊王攘夷本来是江户时代水户学派效法中国东周"尊王室攘夷狄"而提出的政治理念,1839年以水户藩主德川齐昭的名义(实际由藤田东湖撰写)发表的《弘道馆记》中就提出尊王攘夷的概念。不过此处的"尊王攘夷"实际是用于褒扬德川家的政治功绩,即尊奉朝廷排斥西方夷狄(天主教)而实现日本的和平,并认为这是幕府应该承担的义务,是幕府将军的使命。① 然而,伯理叩开日本国门之后,尊王攘夷的政治含义不断发生变化,它已不再是褒扬德川幕府,以至最终发展到推翻幕府还政于天皇的"尊王倒幕"运动。

在幕末的日本,保存国家独立成为时代的主题,而最简单直接的途径就是排除"西夷"的侵略,因而一时间尊王攘夷被看作是"先觉志士"的爱国之举,而主张佐幕开港则被看作是卖国的反动势力。更有视西洋为蛮夷者,如岩谷宕阴(1810—1867)甚至对西洋文字深恶痛绝,将其形容为:"犬齿蠕虫","弯钩似螳螂前臂,捺笔似蜗牛细痕。恰同枯骨,正似腐颅,实与死蛇干魉之腐体无异也。"②此时幕府虽然比尊王攘夷者更了解世界发展大势,而且如前所述正在顺应世界大势为日本设计并实践发展蓝图,但一时无法说服"尊攘志士",逐渐失去集结全国人气的能力。而当一些"尊攘志士"们担当起国家责任的时候,他们开始了解世界,迅速采取了向欧美开国和亲的主导思想。然而,幕府虽然远见在先,但已经被天皇夺去了光环。这就是幕府倒台的"逻辑过程",在这个过程中没有看到幕府对外政策上的过失,反倒是"尊攘志士"们,使日本蒙受了本不应该蒙受的损失后,才开始理解开国之初幕府的苦衷和策略的正确性。

1853年伯理率舰队到浦贺递交了美国总统要求日本开国的国书,首席老中阿部正弘向大名、旗本、御家人等广泛征求意见。阿部收到大名们反馈的意见书约60件,其中赞成开国的22件,虽然不满于向列强屈

---

① 参阅尾藤正英:《日本文化的历史》,岩波书店2000年,第204—205页。
② 康拉德·希诺考尔等著、袁德良译:《日本文明史》第二版,群言出版社2008年,第164页。

服但主张避战论的 18 件,主张坚持锁国体制的 19 件。① 很明显坚持"锁国"政策的意见仅占三分之一弱,幕府正是在这次民主决策后才于翌年与美国签订了《日美和亲条约》,规定日本开放下田、箱馆两港,并为美国船只补给食品和燃料。此时,朝廷也赞同幕府的对美方针,并没有提出异议,更没有因此而出现公武之间的对立。幕府这种重视"公论"的态度不仅没有消弱自身的权威,反而得到了舆论的支持。

而后,依据《日美和亲条约》,1856 年美国驻日总领事哈里斯一到任就提出与日本缔结通商条约。此时,恰值中国第二次鸦片战争消息传到日本,幕府高层内部认为缔结通商条约势在必行,然而深感责任重大,于是继任首席老中堀田正睦为得到朝廷敕许而前往京都,结果当时的孝明天皇没有下达敕许,堀田无功而返。随后,大老井伊直弼在未得到朝廷敕许的情况下,强行缔结了《日美修好通商条约》。由此,政治风波骤起。

在尊王攘夷派看来,不经朝廷敕许缔结条约有悖尊王理念,屈从美国要求而缔约则违背攘夷精神。由此幕府将自己置于传统政治文化理念的对立面,成为朝廷和尊攘派攻击的对象。孝明天皇向水户藩(尊攘理论的基地)发出密诏,表明不能接受幕府的做法,并询问诸大名的"众议"意向。按照以往的程序,天皇的意见必须知会幕府,再由幕府传达给大名等,而孝明天皇直接与大名联络,在幕府看来这显示出朝廷完全无视幕府态度。对此,井伊直弼反应激烈,制造了骇人听闻的安政大狱(安政五年 1858 年),株连公卿、大名、志士百余名,诛戮"名士"如吉田松阴、桥本左内等。之后不久,井伊直弼又被诛杀,诛奸状云:"大老井伊……忌惮公论正义……极致奸曲,岂天下之巨贼哉。"②由此事件,幕府开始放弃强硬政策,改为融合朝廷与大名的公武合体策略,以表明尊重公论众议的立场。

在这种情况下,各方都提出了"公议政体"的构想。幕府方面由大久

---

① 尾藤正英:《日本文化的历史》,第 206 页。
② 尾藤正英:《日本文化的历史》,第 208 页。

保忠宽于1862年提出"公议所"的构想,即设立大公议会(国会)和小公议会(地方议会)的新的国家制度。如此迅速地接受并试图实践欧美议会政治的选择,在非欧美国家中可谓首屈一指。末代将军德川庆喜通过"大政奉还"结束德川幕府的统治,正是基于"广尽天下之公议"[①]的精神。本来约定大政奉还后,在日本建立一种公议政体,德川氏也仍然有政治上的发言权。然而,《王政复古布告》却竭尽全力树立皇家的权威:"王政复古乃挽回国威之基本,自今废绝摄关幕府等,置总裁、议定、参与三职总理万机。诸事基于神武始创之业,公武平民无别,竭尽至当之公议……务必以尽忠报国之诚意奉公。"[②]很明显,这里的"公议"只不过是掩人耳目的手段,而"尽忠报国"的"奉公"才是皇家的立足点。"神武创始之业"岂能与"公义"共舞,这在日本近代史上得到了充分的证明。萨长势力也不满足德川庆喜的态度,认为保留德川氏权利是不彻底的改革,并以此为由要以武装彻底清除德川势力,而建立更加独裁的明治政府。具有讽刺意义的是,创立尊王攘夷史观的本是德川"御三家"之一的水户藩学统的水户学,而德川庆喜就是水户藩主德川齐昭第七子,倒幕派正是利用尊王口号将德川幕府赶下历史舞台。

从历史过程看,"王政复古"实际上只不过是一次背信弃义、极不光彩的阴谋政变,明治政府比德川幕府更独裁,并倒退到天皇制国家。从这个结果看,"王政复古"是封建的尊王思想战胜了德川庆喜主张的公议政体,"尊王"成为近代日本刺眼的民族文化认同的符号。这本身就是一个危险的信号。

开国之后的历史过程显示,德川幕府竭尽全力适应新的国内外环境,尤其在与西洋交往和学习西方先进文化方面大大超前于"幕末志士"们对外来文化的认识,为明治维新后更大规模地现代化事业打下了扎实的物质和文化基础。甚至可以说明治政府的殖产兴业、富国强兵、文明

[①]《将军德川庆喜:大政奉还上表》,历史学研究会编:《日本史史料4》,岩波书店1997年,第78页。
[②] 历史学研究会编:《日本史史料4》,第79页。

开化三大政策在幕府的施政中都已经出现,只不过明治政府将其明确化而已。怎奈"这些措施并没有能够起到强化幕府力量的作用,这是因为唱反调、拖后腿的人太多了"。① 国内各方势力频频发难,严重扰乱了幕府的整体政策规划,再加幕府政治等诸体制老化,最终不堪重负退出历史舞台。传统观点认为,正是因为推翻幕府统治,才为日本现代化扫除了障碍,才得以实现明治维新。然而历史事实告诉人们,幕府非但不是阻挠现代化的绊脚石,而且在自己退出历史舞台之前,针对西洋势力进逼日本所施行的诸多内外对策,正是明治时代文明开化的雏形,为明治维新绘制了社会转型的路径。

在与西方关系不断变化而影响国内政局的过程中,"攘夷"的口号不断变化为"倒幕""开国""开化"等等。然而与幕末洋学的方向南辕北辙的尊王意识却保留下来,渐次演变为皇国史观等极端民族主义的理论支撑,直到第二次世界大战战败为止,始终没有受到过真正意义上的挑战。尊王意识成为近代日本文化的一条至关重要的主线,以至于主宰了近代日本发展的方向,它既给日本的现代化过程带来了骄人的成果,也是最终战败的祸根。正所谓成也尊王败也尊王。

(本章第一节原载《南开学报》(哲学社会科学版)2001年第4期,第二节原载《世界历史》2006年第2期,第三节原载《日本近现代文化史》)

---

① 康拉德·西诺考尔等著、袁德良译:《日本文明史》第二版,第162页。

近世文化小议

江户文化的轮廓向人们展现了多彩而扎实的进步,不能因为它发生在封建时代就否定其历史意义。江户文化告诉人们,封建时代照样可以创造灿烂的文化,而近代文化也并不是对前近代的全盘否定。有学者指出:明治维新前后,在引入西洋文明这一点上发生了很大变化,但是社会实际组织,特别是农村的组织毫无变化……只是过去的"名主""庄屋"等名称改成了"户长"村长而已。其实,武家和公家的权利并没有被打倒,而是继续参与了明治政府当中,也正因如此明治政府才避免了社会的流血动荡而较迅速地奔向近代,可见近世与近代其实是一个连续的时代。①

盘点本书所论江户文化会得出同样的"连续论"的结论。明治文化的方向其实在江户时代,尤其是幕末开国时期就已经确定了,明治政府所要做的就是重申幕府的诸多内外政策并继续推进之。宏观巨视而言,近代日本文化的基因业已在江户时代形成,这可以与"四条根脉"相关联系加以理解。

第一,迄今人们所知的标志性的日本传统文化在江户时代得以最后形成和完善。伴随着幕府的文教政策、还有町人阶层的兴起和农村商品

---

① 参阅尾藤正英:《江户时代是什么》,岩波书店1997年,第13—17页。

化的发展,作为庶民教育机构的寺子屋显著增加,教师一般多是武士、神官、僧侣、医生等,学生也多是庶民子弟。寺子屋一般以读写为主,商业发达地区还有珠算课。通常的寺子屋有学生 20—30 人,规模较大的有 100 多人,全日本的寺子屋约有一万多所,而且普及到农村①。由于教育的普及,江户时代尤其是元禄时代以后,文化知识甚至学问逐趋走向庶民化。庶民文化的发达是江户文化的重要特征,庶民文化修养的提高,才是江户文化发展的基础和动力。所谓江户时代日本文化的烂熟,也主要指庶民文化。除本书所述的诸多文化形式加强了日本人的本土文化意识之外,延续到今天的日本人生活文化也大多形成于江户时代。比如遍及世界的日本寿司,虽然起源较早,但像现在夹生鱼片的寿司形式则是江户时代才出现的。现在的日本还可以看到"江户前"(江户风味)的招牌。此外,现今日本料理中的主角烧烤、"天麸罗"(一种油炸料理)等也是产生于江户时代,甚至一日三餐的饮食习惯也是随着农业生产率的提高而在江户时代定型的。

可以说传统文化,尤其是庶民文化的出现,是江户文化的一个耀眼的亮点。这是日本文化史上一个重要的转折变化时期,虽然上层文化对民间发挥着制约和教化作用,但随着庶民社会的逐步形成,他们很自然地形成了符合自己生活实际的新文化,而这种庶民文化似乎也并没有对统治者的文化理念产生威胁。庶民内部的文化认同,是近代以来文化发展的重要基础,一个民族的文化真正成熟的标志应该是以庶民文化为基座的。

第二,外来文化仍不间断、规模化地传入日本。毋庸赘言,脱离中国文化和欧洲文化,那么叙述日本文化史的篇幅就会大大缩减。

首先是中国文化的传入。由于明清交替的社会动乱,诸如朱舜水等不少明朝遗民流亡日本,其作用已如前述。此外整个江户时代中国的僧人和商人赴日者也不在少数。这些人在日本传播着中国文化,形成日本吸收中国文化的又一次高潮。据统计仅 1620—1784 年,赴日的中国僧

---

① 参阅高柳光寿、竹内理三编:《日本史辞典》第二版,角川书店 1989 年,第 656 页。

人即有60余人,对日本佛教文化产生了重要的影响,建于江户时期的长崎"唐三寺"①可作为标志性的历史见证。这些中国僧人还在建筑、绘画、书法、篆刻、音乐、医学等许多领域对日本产生了很深的影响。② 另有一批与通商有关的中国人长期侨居在长崎,而且有不少人加入了日本籍,仅有名可查者既有40余人③,他们多担任"唐通事",不仅为中日贸易,也为普及汉语和中国文化做出了很大贡献。中国绘画艺术东传也是一大亮点,不仅中国绘画、书法等作品大量传入日本,而且东渡日本的画家伊孚九、沈南蘋、宋紫岩等人,为日本绘画界吹入诸如山水画、花鸟写生等技法的新风。当时日本著名画家如池大雅和与谢芜村两家都学习伊孚九的画风,促进了日本南宗画派的发展。沈南蘋则是受过西洋画影响的画家,许多画家向他学习或者吸取他的风格,以至于在日本兴起了南蘋派写生画的画风。中国明清小说、戏曲等通俗文学也在江户时代大量传入日本,诸如三言二拍、水浒传、三国演义、西游记、聊斋志异、金瓶梅等都为日本人所熟知。可以说江户时代是日本吸收中国文化的又一次高潮。

其次是西洋文化开始植入日本文化之中,这里再提示一下西洋文化在江户时代的规模。兰学不仅研究范围涉及诸多科学技术和社会思想领域,而且颇具规模。如前所述,仅分布在江户等地区的著名兰学塾既有34所,累计在学人数将近9000余人。此外,在全日本二百多所藩校中,有77所藩校开设了天文、地理、化学、物理、数学等兰学课程。④ 由这些数字可知,兰学学者不仅人数众多,而且还造就了一个以兰学为专门职业的社会群体,并形成了普及兰学的网络。兰学通过兰学家之间跨地区的交流和兰学教育活动,广泛地辐射到日本各地,传递给日本社会最基层。由于西洋文化的传入,迄今为止的日本传统与中国文化的二元文

---

① 即兴福寺(南京寺)、福济寺(漳州寺)、崇福寺(福州寺)。
② 详见木宫泰彦著、胡锡年译:《中日文化交流史》,商务印书馆1980年,第683—708页。
③ 详见木宫泰彦著、胡锡年译:《中日文化交流史》,第698—701页。
④ 参阅笠井助治:《近世藩校的综合研究》,吉川弘文馆1982年,第274—291页。

化递进到日、中、西三元文化阶段。近代日本文化所面临的课题只是沿着哪条文化路径发展和拓展的问题了。

第三，外来文化的日本化。关于这一点从已经讲述过的内容可以得到证实。在野儒家各派将朱子学的"理"变为事物原理的"理为器用"的改造，《大日本史》将中国的大义名分改造为对日本天皇权威的文化认同等等。再看虔诚的朱子学家山崎暗斋的一番"孔孟论"尤其彰显出儒家文化日本化的实用主义。山崎"曾问群弟子曰：方今彼邦以孔子为大将、孟子为副将率骑数万来攻我邦，则我党学孔孟之道者为之如何？弟子咸不能答。曰：若逢此厄，则我党身被坚、手执锐，与之一战，擒孔孟以报国恩。此即孔孟之道也。"①上述江户儒学的状况，明确地告诉人们日本的儒学不等同中国儒学，日本的儒学家更不同于中国的儒学家。再有"翻案小说"的"华为和用"，甚至国学的发生也是受到了古学派复古思想的启示。国学还直接抄袭中国的华夷之辩，生成日本型的华夷秩序观，即由日本统治东亚以至于世界，这种理论就像"翻案小说"，可谓"华夷翻案"。总之，各种类型的通过改造外来文化而为日本所用的史例俯拾皆是，此不赘述。但有一点应该引起重视，那就是日本人不仅止于将中国文化日本化的作业，而是在实际运用中显示出明显的"去中国文化"的趋向，国学家的复古神道理论可谓典型，这种趋向为明治时代摄取文化方向的转换埋下了伏笔。

第四，三元思想体系的形成。与上述三元文化并存相联系，形成了三大学问板块，即作为中国文化代表的儒学、反映日本民族意识的国学、研究西洋事物的兰学。这种三学并立的局面也是江户时代形成的，它们在阐释着各自的文化内涵，为明治维新后提供了备选的文化甚至是意识形态。三元文化因素，或单一或组合到诸多日本文化现象之中，这实在是唯独日本文化才具有的奇异现象。正如日本学者所言："我国的近世历史具有一大特色，即消化古代以来从外国吸收的各种文化为己物，从

---

① 《先哲丛谈》卷之3，山崎暗斋十三条（日本国立国会图书馆电子版）。

而创造出日本独自的文化。这个特色在学问领域表现的尤为明显。"①通过对三元文化线索的分析,可以有助于深入解构诸多日本文化现象。

江户时代文化发展变化之突出、文化因素之丰富且复杂,超出了此前日本历史上的任何时代。通观江户文化史,呈现出丰富多彩而又多元的趋势:文化的更新与复古同在、文化的融合与纯化并存,官学与私学的争锋、精英文化与庶民文化的同行等等。是为日本历史上规模空前的文化大洗牌。而这许多因素作为双刃剑被带入了明治时代,发挥着重要的历史作用。诸如:具有"脱封建文化"因素的兰学和由国学衍生而来的复古神道都在为明治文化导航,前者把日本带入当时世界发达资本主义国家行列,而后者唯我独尊的狭隘又将日本抛入战争的深渊。毋庸赘言,江户文化的余韵在正负两个方向上都是通向近代日本一个不可或缺的文化桥段。江户文化是名副其实的日本近代文化前史,其意义绝不可小觑。

(本篇原载《日本近现代文化史》)

---

① 坂本太郎:《日本的修史与史学》,至文堂1978年,第147页。

第五章　明治时代的文明开化与变形

实现王政复古的明治元年(1868)，日本还是一个被不平等条约束缚，挣扎在被殖民地化边缘状况下的普通东方国家的一员，而明治天皇驾崩的1912年，日本已然是东方霸主，并且在向世界超一流强国狂奔。

幕末维新时期是日本历史上史无前例的大变革时期，跟随日本社会剧烈地动荡，各种文化元素更是经历了前所未有的分化组合，是日本文化史上最难把握和认识的时期。其间新与旧、传统与现代、东方与西方相互纠缠碰撞，令人眼花缭乱。因而，学界对这段历史的评价各怀己见相去甚远，而谨慎者认为"革命的字义过强，而改革的语义又嫌太弱"[①]。这种踌躇也反映了对明治维新评价的不确定性，而这种不确定性源于这个时代事物的复杂性，这也是学术界对这段历史评价难下定论的关键所在。对此，本书的任务在于勾勒这个时代诸多文化现象的图景，这就势必会得出不同于以往的立足于政治经济等传统史学的评价和结论。

明治维新四个字的出处给出了至关重要的解题路径。《易经》云：圣

---

① 开国百年纪念文化事业会：《明治文化史1》，洋洋社1955年，第1页。

人南面听天下,向明而治;《诗经》曰:周虽旧邦,其命维新。这里的向明而治不亦学习西洋乎?而旧邦当者政治赋闲700年的天皇家族,维新自不必详解了。从明治维新四个字的出典看,充满了文化气息,尤其是"旧邦"与"维新"这一旧一新充满玄机,似乎预示了近代日本文化的走向。

一、启蒙思想与教育

如果说江户时代为摄取西洋文化打开了一扇窗,那么明治时代无疑就是敞开了大门。明治政府于明治五年以西洋的阳历替代了沿用一千多年的阴历,规定明治五年阴历12月3日(阳历1873年元旦)为明治六年阳历1月1日。此举的象征意义在于日本以中国文化为楷模的历史性终结,而西洋文化成为新的学习目标和追赶对象,颇有"奉正朔"的意味,实为明治政府对中西文化作出价值判断的重要标志。在此前后,开始了人称"文明开化"的西化运动。

一般常识认为文明开化指始于明治维新政府的建立到鹿鸣馆躁动时期[①]。如前所述,早在南蛮时代日本人就已经开始与西方文化接触,不过,在幕末维新以前,除一些兰学家了解西洋文化之外,绝大多数日本人并不了解西洋文化的近代性,因而西方人还是被朦胧地归类到夷狄之列。伯理来航叩关开始到明治政府建立,日本人在为抵抗西洋而付出代价之后,切身感受到西洋武力的强大,因而在学习西洋先进的军事技术的同时爱屋及乌,许多西洋事物在日本成为一种时髦。二是文明开化成为与殖产兴业、富国强兵配套的明治维新政府的三大政策之一。对于由政府提倡的文明开化的口号,民间学者们也纷纷响应,这样上下呼应,使明治前半期的日本在接受西洋文化上日新月异。如果说富国强兵和殖产兴业是学习西洋的工业文明,那么文明开化则是引进西洋的社会思想以及生活方式等诸多精神文化。

[①] 参阅木村毅:《文明开化》,至文堂1954年,第9页。

1. 思想的启蒙与边际

启蒙思想的传播可谓是文明开化的基础。西洋的近代社会思想在江户时代兰学家那里已经出现了萌芽,幕府六次派使节团出访欧美,且向欧美派遣留学生,积累了西方知识和西方近代思想。明治天皇和明治政府的要员们都亲身经历了幕末日本与欧美折冲的社会动荡,也为他们的攘夷行动付出了沉痛的代价,他们亲身感受到西洋国家强大的综合物质实力,以及支撑物质实力的近代文化观念的价值。由此,明治政府的要员们放弃了他们幕末时期的攘夷策略,而继承了幕府的对外开放政策,并明确提出"求知识于世界"的口号。于是在政府的号召下,部分具有西方知识和西方近代思想的知识分子身体力行,西方近代社会思想如同破堤的潮水汹涌扑向日本。这是一场:"源于我国封建制度和西洋资本主义文明之间巨大的气压差所引发的飓风,从实质上看,是迅速打破我们祖先过去的不合理的因袭、束缚和桎梏的焦急的欣求自由的运动。"①

提到启蒙思想的先驱,应首推被称为"日本的伏尔泰""国民教师"的福泽谕吉。在传播西洋文化的过程中,"福泽谕吉可以作为这方面的标本式人物来观察"②。早在1866年福泽谕吉就开始出版《西洋事情》初编三卷,1869全书出版完毕。该书以作者实地考察欧洲各国(法、英、荷、普鲁士、俄国、葡萄牙)所得知识见闻为经,参阅英文各类人文社科著述为纬,综合介绍了西洋的历史地理、政治经济、社会文化等诸多领域,成为当时日本官民对外国作一般性了解的首选参考入门书。福泽谕吉曾担心:"不知天下有没有人读这种书。即便有人读此书,也很难想象人们会把其中所讲的内容使用在日本的实际上。"③结果是,"一人说万人应,不

---

① 木村毅:《文明开化》,前言第3页。
② 武安隆:《文化的抉择与发展——日本吸收外来文化史说》,天津人民出版社1993年,第60页。
③ 福泽谕吉著、马斌译:《福泽谕吉自传》,商务印书馆1995年,第277页。

论朝野,凡谈西洋文明而主张开国之必要者都把《西洋事情》至于座右。《西洋事情》好像是无鸟乡村的蝙蝠,物质社会的指南,甚至维新政府的新政令,有的可能也是根据这本小册子制定的。"①该书仅初篇就售出15万册以上,如果加上盗版则可达到20余万册,成为明治维新前后流传最广的著述,确属一部唤起日本民众的启蒙著作。该书的畅销传达了日本人渴望文明开化的信息。

《劝学篇》沿《西洋事情》拾阶而上,是最能反映福泽谕吉文化思想的又一部著作。该书从1872年到1876年共出版17册(每册数十页),总发行量为340万册②,而当时日本的总人口是3500万,足见该书的影响无可置疑。《劝学篇》采用实学态度的同时,指出了实现文明开化的具体路径,那就是必须效法西洋。该书开篇即大胆地唱出了民主自由思想,基于托马斯·杰弗逊起草的《独立宣言》"天之生人,亿兆皆同一辙"的精神,写下了"天不造人上人,也不造人下人"的名言。福泽谕吉认为人生理应自由自在,没有被束缚的理由,并提出:"如没有国中人民独立之魄力,就不能伸张独立国家之权利义务。"③由此可知,福泽谕吉已经悟出西方近代社会原理的精髓。他具体勾画了文明社会的六大课题,即独立自由、信教自由、奖励技术、普及教育、健全法制和社会设施。福泽谕吉是从根本精神上去理解近代西方社会的,认识到要使日本民族文明开化,就必须掌握"有形的自然科学"和"无形的独立精神",从而使他超越了同时代日本的所有思想家,为明治初期的文明开化和思想启蒙树立了明确的目标。

福泽谕吉似乎觉得上述两书意犹未尽,或许是认为新政府的作为不尽如人意,于是又在1875年出版《文明论概略》一书,更激烈地阐发他的"一身独立"的社会主题。书中提出了日本社会存在严重"权力偏重"的现实,诸如家庭中的男女、父子、兄弟、长幼关系;社会上师徒、主仆、贫

---

① 福泽谕吉著、马斌译:《福泽谕吉自传》,第293页。
② 福泽谕吉著、马斌译:《福泽谕吉自传》,第295页。
③ 福泽谕吉:《劝学篇》,岩波书店1992年,第29页。

富、贵贱、嫡系旁系等关系。而"在政府方面,按着官吏的地位等级,偏重的情形最为严重。政府官吏在平民面前作威作福,看起来好像很有权力,但这些官吏在政府里,受上级的压迫,比平民受官吏的压迫还要厉害。"总之,"只要有人的关系的地方,就有权力的偏重"。① 福泽谕吉把这种状态下的日本人称作"精神的奴隶",并认为"日本有政府无国民"。看来,日本的状况并不能使福泽谕吉满意,日本仍然要进行"民心改革",以达到日本人的"一身独立"。此外,《文明论概略》还深受基佐《欧洲文明史》等著作的影响,用文明发展史观取代了传统的儒家劝惩史观,"可以说显示了开化期思想著述中的一个顶点"②。

从上述福泽谕吉的启蒙三部曲可以看出同一个主题,即:"我们洋学者的目的只有一个,就是介绍西洋实际情况,促使日本国民有所变通,早日进入开化的大门。"③福泽谕吉的文明论著述确实完成了它的时代使命,日本学者认为福泽的上述著述"对明治初年我国社会给予了无可估量的深远的感化影响,完成了明治新文化建设和发展的重要使命"。④

启蒙思想绝不只是福泽谕吉单枪匹马的独角戏,明六社和《明六杂志》就是思想启蒙知识群体的大本营。

谈到启蒙思想就不能不提到明六社,就像谈法国启蒙运动必须谈论百科全书派学者一样。明六社成员多是幕府培养的人才,而且大多是幕府洋学机构开成所的成员,或担当幕府时代与外国有关的工作。明治政府不仅继承了幕府的开放政策,而且录用了幕府培养出来的这批知识精英。正是这批人于1873年(明治六年)结成了传播启蒙思想的团体"明六社"。

---

① 福泽谕吉著、北京编译社译:《文明论概略》,商务印书馆1982年,第132—133页。
② 石田一良编:《日本思想史概论》,吉川弘文馆2001年,第240页。
③ 福泽谕吉著、马斌译:《福泽谕吉自传》,第289页。
④ 开国百年纪念文化事业会:《明治文化史1》,第231页。

明六社成员明治维新前后任职情况表①

姓名	幕府任职	明治政府首次征用时间	明治时期初次任职
箕作麟祥	开成所	明治元年	开成所供职
福泽谕吉	幕府翻译	明治元年	托病不仕
加藤弘之	开成所	明治元年	政体律令调查员
西周	开成所	明治元年	兵部省出仕少丞准席
津田真道	开成所	明治元年	刑法官权判事
箕作秋坪	开成所	明治二年	开成学校二等教授
杉亨二	开成所	明治三年	正院大主记
中村正直	昌平坂学问所	明治五年	大藏省翻译官
西村茂树	贸易调查员等	明治六年	文部省编辑局长
森有礼	英国留学	明治元年	外国官权判事
神田孝平	开成所	明治元年	一等译官

明六社由森有礼发起并任社长，结社主旨有二，其一："为推进我国之教育，会同同志者，商议其手段。"其二："同志集会交换异见，广知明识。"②社员同仁每月聚集两次，轮流"谈论"发表己见并做记录，不久"谈论"演变为公开讲演会，而"论谈"之记录，在明六社机关刊物《明六杂志》上公开发表③。公开演讲会成为东京文明开化的一大象征，而《明六杂志》也成为日本历史上最初的综合性人文社科杂志。

《明六杂志》刊载内容涉及议会制度、言论自由、政治刑律、经济贸易、夫妻家庭、男女道德、教育宗教、历史文化等诸多领域。论者们纷纷发表己见，意在以西洋标准否定日本既存的旧观念、旧制度。比如，森有礼的《妻妾论》认为，如不废除"以女子为玩偶"的一夫多妾的恶习，"外国人就会视我国为地球上一大淫乱之国"，甚至把实现权利与义务平等的

---

① 参阅沼田次郎编辑：《日本与西洋》，平凡社1980年，第392页。笔者又稍加补充。
② 鹿野政直：《近代日本思想案内》，岩波书店2004年，第40页。
③ 1874年4月—1975年11月，共43期，每期平均20页左右，发行量为3205册。

夫妻关系提高到立国的高度，"夫妻关系乃人伦之大本，本立而道行，道行而国家始立"。① 津田真道的论题涉及到人权问题，其文《拷问论》提出："如不废除拷问，无以与欧美各国并驾齐驱。"② 西村茂树的《贼说》提出"朝敌"并不等于"贼"，因而否定了反对君主或政府就是"贼"的传统观念，由此还涉及人民有抵抗暴政反映民意的权利，允许反对党的存在等观点。西周在《国民风气论》中指出，日本人因两千五百多年来奉戴天皇而形成了远比中国更甚的自视为奴的奴性，为改变这种现状要提高日本人的权利意识。中村正直的《人民性质改造说》与西周的观点不谋而合，提出为消除"奴隶根性"就要设立民选议院。中村还提倡男女教育均等论等诉求。

明六社成员还翻译出版了诸多西方的思想启蒙著述。中村正直于1871年出版了译自斯迈尔斯的《西国立志编》（原书名为 Self Help），提倡勤勉敬业、真实忠直等精神，意在激励"自助人生"。该励志之作，吸引了广大读者，成为学校，甚至私塾的教材，知识人几乎人手一册，其影响可与福泽谕吉的启蒙三部曲相媲美。中村还有译自穆勒的《自由之理》于1872年出版，宣传民主自由思想。加藤弘之著《真政大意》（1870）、《国体新论》（1875），宣传天赋人权思想，主张建立三权分立的立宪政体。加藤认为国家的主体是人民，君主和政府都是为人民而存在的，制定宪法要基于公论，而且必须要防止君主肆意妄为之弊。可以说，加藤弘之在当时的启蒙思想家中是最激进的政治启蒙学者。

此外影响较大的译著还有：津田真道译《泰西国法论》、西周译《万国公法》、神田孝平译《性法略》（自然法）等，传播了自由主义的法理思想；西周的《百学连环》基于孔德的思想奠定了引进西洋哲学的基础；神田孝平译《经济小学》在日本最早介绍了资本主义经济学说；箕作麟祥译《泰西劝善训家》介绍了西洋的伦理道德学说。此外，明治初年刊行的如《万

---

① 山室信一、中野目彻校注：《明六杂志》上，岩波文库2008年，第276页。
② 山室信一、中野目彻校注：《明六杂志》上，第336页。

国新史》等诸多世界史和西洋史书多被学校用为教科书，也在社会上流行。这些著述为文明开化时期的思想启蒙，提供了丰富的西洋背景知识。

就在思想启蒙活动不断深入的形势下，1875年政府制定"谗谤律"，修改"新闻条例"，开始全面镇压反政府的言论活动，更有《评论新闻》《采风新闻》等报刊被封杀①。明六社同仁也被迫面临选择，即《明六杂志》是继续发行还是停刊，如果继续发行将面临着是"做政府的罪人"，还是"屈从于政府"的两难选择。结果根据大部分同仁的意见选择了停刊，明六社也自然解散。

明治初期的启蒙思想家们以西洋思想为蓝本，把日本文化传统作为一个整体文化模式而加以否定，有强烈的为改造国民性而全盘西化的倾向。宏观而论，明治初年的思想启蒙，为日本建立了不同于传统的近代知识体系，可以认为是日本近代文化史上最灿烂夺目的一页。它虽然时间短暂，甚至可以说是一瞬即逝，但它象征着明治维新后最朝气蓬勃的时期，反映了启蒙思想家和与他们互动的日本民众对未来现代化日本的憧憬。如果日本朝野真的按照启蒙思想家们开辟的路径稳步行进，或许有希望创建一个健康的现代化社会。然而，遗憾的是思想启蒙活动，反而因身体力行民主政治的自由民权运动而夭折，这个结果大概也是明六社启蒙群体所始料不及的。

有学者认为明治初年由福泽谕吉等启蒙思想家领衔主演的启蒙思想宣传活动，相当于法国的启蒙运动。这里之所以没有使用"启蒙运动"这个概念，是因为明六社的结局已经做出了历史的提示：即明治初年的思想启蒙活动没有形成像欧洲尤其是法国那样演绎出反对皇权专制、反对宗教迷信的社会运动。究其原因，明六社的成员除了福泽谕吉和箕作秋坪之外，都是明治政府的官僚；而自由民权运动主导人物都是没能进入新政府或被排挤出新政府的人们，再就是一些旧武士阶层。这就使得

---

① 参阅日本史研究会编：《讲座日本文化史》第七卷，三一书房1962年，第33页。

启蒙思想家和自由民权派实践家之间,成为先天的对立集团。政府的启蒙政策实际上是由明六社成员的官僚学者们承担的,这就显示出日本近代文化的特征。即启蒙的目的是要扫除封建幕府时代的封建思想,而执政者虽然改革意欲强烈,但是他们不希望剧烈彻底的社会大变革,任何超出他们改革范围的文化都会遭受拒绝。他们一方面要打破德川幕府的统治模式和体制,另一方面就是要在培育资产阶级的同时确立集权政治体制。而自由民权派将思想启蒙变成了以夺取政治权力为目标的政治实践运动,自然成为政府的反对派,而随着政府趋于政治保守,启蒙思想宣传活动也就走到了尽头。虽然自由民权运动继承了启蒙思想中的部分政治思想,但归于失败。因种种原因,近代日本建立了天皇独揽大权的专制君主立宪政体以及与此相配套的国家神道,而这个结果正是当初启蒙思想极力批判的对象。换言之,在法国启蒙运动是推翻专制皇权和宗教迷信的利器,而在日本思想启蒙之后,反而建立起逆历史潮流而动的专制和迷信。看一下思想启蒙者的思想蜕变过程,就不难理解这个结局了。

1874年1月板垣退助等一批下野参议提出"民选议院设立建议书",并攻击当时政府专制,揭开了自由民权运动的序幕。当时朝野围绕建立民选议院问题展开激烈争论,作为明六社成员的基本态度,认为时机尚不成熟,应先建立贵族院等等。及至明六社解散以后,成员们就开始走向自己所宣传的启蒙思想的反面,逐渐向政府靠拢,收起了启蒙思想的锋芒,甚至反其道而行之,加藤弘之和福泽谕吉可谓是最极端者。在理论上极力宣扬民主政治的加藤弘之几乎是歇斯底里地反对民选议院,成为明治政府的代言人。就任东京大学首任校长的加藤弘之于1881年将《国体新论》《真政大意》亲自毁版,并于1882年出版《人权新说》,提出天赋人权是妄想,点名道姓地说"古来未曾有之妄想论者其谁乎?即彼有名之芦骚氏是也。"还说妄想主义妨碍"实理"之发现,妨碍社会之进步,"殊为可叹。"[①]从而转变为宣扬社会进化论,支持官僚专制的国权主

---

① 开国百年纪念文化事业会:《明治文化史5》,洋洋社1955年,第584页。

义者。① 福泽谕吉则认为自由民权阵营是"无赖者的巢窟"。之后又在"爱国主义"的幌子下,公开主张为在弱肉强食的国际强权政治中生存下去,就必须无视国际法,并于1878年露骨地提出:"可依赖者惟兵力之强弱,百卷万国公法不敌数门大炮。"②1885年福泽谕吉又发表了与强权主义相配套的《脱亚论》,继而全力支持日本对中国发动甲午战争,而且要求日本国民以人权服从于国权,堕落为以侵略战争来实现其国权的极端民族主义者。至此,加藤弘之和福泽谕吉的思想变节,自生自宫地阉割了由他们自己大力宣倡的天赋人权论和"一身独立"的目标。启蒙思想的夭折已经向人们暗示了近代日本的思想发展空间的限界。

其实,在启蒙思想家们的思想脉络中,西洋不仅是日本追赶的目标,同时也是未来的竞争对手,因而要通过学习西洋唤醒民族主义,从而造就新的日本国民。而要造就新的国民就要脱离专制愚昧的亚洲,这里已经潜藏着民族沙文主义的萌芽。随着这种萌芽的滋长,逐渐走向"脱亚""侵亚"的道路。可以说,这就是明治日本启蒙思想家们的宿命。

2. 教育的开化与瓶颈

与思想启蒙联袂登场的是教育的文明开化。

教育在江户时代就极受重视并颇具规模:幕府有以昌平坂学问所为主导的官学,200余藩都设有藩校;在民间各类专科私塾也相当普及,诸如汉学塾、兰学塾、医学塾、和算塾、天文塾、书画塾等等;寺子屋则是江户时代最基层的庶民教育实体。人们公认江户时代日本人的识字率是世界上最高的,尤其是幕府末期建立蕃书调所、努力向欧美派遣留学生、聘请雇用西洋教师,已经开始向近代教育转型。这种转型虽然因国内外局势的混乱而没有大规模展开,但确为明治政府建立后实行教育的

---

① 有关加藤弘之思想转向前后的研究,可参阅王长汶:《加藤弘之宪政思想研究》,南开大学博士论文,2016年。
② 福泽谕吉:《通俗国权论》,载《福泽谕吉全集》第四卷,岩波书店1964年。

现代化提供了诸多可操作的经验。

明治政府建立后,首先着手整合幕府的高等教育机构,将昌平坂学问所改为昌平学校——大学本校(1871年关闭);开成所(教授西学)改为开成学校——大学南校;医学所(教授西医)改为医学校——大学东校,1877年后南校和东校合并为东京大学,日本第一所近代大学诞生。为迅速实现日本教育的升级换代,明治政府向海外密集派遣留学生,1870年派出115名,1871年派出281名,1872年派出356名①。这在明治初年百废待兴的时期可谓大手笔。与政府的教育措施同步,对278所藩校中的四成实行改革,并新设藩校48所②。藩校数量增加的同时,在士庶受教育均等、学科现代化等方面也均有所作为。

明治政府在财政困窘百废待兴的形势下,高薪聘请大批各领域的外国专家和技术人员等。1872年外籍雇员369人,1875年达到最高峰的527人,而自1872—1898年总计雇用外国专家6193名,包括学者、教师、技术人员、事务人员、职工等诸多领域,而前两项分别为2265人和1947人。另有私雇外国专家1872—1898年总计为12540人,其中学者和教师4299人,技术人员4946人。③ 这些外国雇员的薪水奇高,当时的太政大臣三条实美的月薪是800日元,而一英籍专家的月薪达2000日元。1874年工部省支付给外国专家的工资总额占该省经费总额的33.7%;1877年7月—1788年6月,东京大学支付给外籍教师的工资占该校总经费的三分之一强。④

以上数据足以反映雇用外国专家的规模和层次,同时反映出日本官民学习西方文明的热情。这些专家没有辜负日本人的期盼,他们被日本人的向学心感动,克服生活上的不便,为日本的现代化做出了重大的贡

---

① 王桂编著:《日本教育史》,吉林教育出版社1987年,第108页。
② 本山幸彦编著:《明治前期学校成立史》,临川书店1990年,第6页。
③ 梅溪升:《雇用外国人1》,鹿岛研究所出版会1968年,第52—53页。
④ 参阅武安隆:《文化的抉择与发展——日本吸收外来文化史说》,天津人民出版社1993年,第292页。

献。如巴黎大学教授在司法省法学校任教,批评日本的拷问制度,推进了日本法制的现代化,还为日本编制民法典。德国医生贝尔茨于东京医学校讲授内科学、产科学,并从人类学角度研究日本人,取得了诸多成果。美国哲学家菲诺罗萨(Ernest Francisco Fenollosa,1853—1908)来东京大学教授哲学,对日本美术深感兴趣,大大推进了对佛像的调查研究,回国后担任波斯顿美术馆东洋部部长,将日本美术介绍到世界。意大利画家冯达内基(Antonio Fontanesi)在工部美术学校执教,教授油画技法。此外,传教士赫本,在日本生活23年,虽非政府招聘的教师,但在传播西方医学知识方面做了卓越的工作,而另一大贡献即是编纂了《和英语林集成》,和沿用至今的日文罗马字拼音法。

1871年设立文部省之初,就开始聘请箕作麟祥、内田正雄等教育专家草拟《学制》,当时森有礼、田中不二麿、新岛襄等明治教育界元老们虽身在国外,也都参与了提供资料等工作。《学制》于1872年9月,以太政官布告形式颁布。《学制》全文分成学区、学校、教员、学生考试、学费等五篇组成,共109章,翌年又增加海外留学等规定,扩充为213章。《学制》是规模宏大的近代国民教育规划,是日本第一部近代教育大法。

根据《学制》的规划全国分为八个大学区,每大学区分为32个中学区,每中学区分为210个小学区。[①] 大学、中学、小学呈金字塔形层次井然。按此计算全国应设立小学校53760所,并由文部省负责强制实行。虽然在当时社会情况下缺乏可行性而没有达到预期指标,但是随着小学校的大规模建立,从1868年至1873年,寺子屋开业1014所,而关闭数为9099所[②],日本初等教育由寺子屋升级换代为近代小学校。各藩校也改为中学,近代教育系统建立之速度可谓世界教育史上的奇迹。

《学制》不仅仅是教育规模的扩张,还体现了教育体制和理念的更新。综观《学制》体现出诸多进步的教育理念,诸如:采用了法、英、德等

[①] 内山克己等:《近世日本教育文化史》,学艺图书株式会社1993年,第119页。
[②] 内山克己等:《近世日本教育文化史》,第84页。

国的近代学校教育体系;提出基于四民平等的原则,给予华族士族平民以至于农工商、妇女同等受教育的权利;实行义务教育;教育与宗教分离等等。《学制》还显示出此次教育改革的功利性,即为了"立其身、治其产、昌其业",就要"修身、开智、增长才艺"。而与功利主义相适应的自然是提倡学以致用的实学,即"初授日用常行、言语、书算……以至于技艺、法律、政治、天文、医疗"①。由此,修正了教育目的、更新了教育内容,确立了近代教育的目标。

《学制》实行期间小学校、教员、学生规模②

年度	学校数	教员数	学生数
1873	12,558	25,531	1,145,802
1874	20,017	36,866	1,714,768
1875	24,225	44,501	1,926,126
1876	24,947	52,262	2,067,801
1877	25,459	59,825	2,162,962
1878	26,584	65,612	2,273,324
1879	28,025	71,046	2,315,070

《学制》反映了明治政府建立近代教育体系的迫切要求,但在实践过程中暴露了诸多不切实际之处。可大体归纳为:因为此前受正规教育是士族以上阶级的专利,庶民暂时不理解政府的用意;由于过于划一多有与民众需求不一致之处;由于过于追求速度,短期内需要大量资金,这样自然增加了民众的经济承受能力(学校教育的费用要比寺子屋多出十倍);同时政府也出现经济困难等等。③

鉴于上述缺陷,1879年明治政府公布《教育令》,废止《学制》。《教育令》由47条组成,以美国式的自由主义教育理念替代了《学制》采用的法

---

① 大久保利谦等编:《近代史史料》,吉川弘文馆1965年,第89页。
② 王桂编著:《日本教育史》,第122页。
③ 参阅内山克己等:《近世日本教育文化史》,第135—137页。

国式的政府干涉划一的原则,因而被称为"自由教育令"。《教育令》大致要点如下:废除学区制,改由町村或者町村联合设立地方公立小学校;废除学区监督者,改设由选举产生的学务委员;小学学龄为6—14岁,根据具体情况可缩减为四年,学满16个月即可,也可采用校外学习的教师巡回授课制;法律上承认私立小学,可给予补助金;注重实用,因地制宜地调整课程设置,以避免教学游离现实;中学校教授"高等普通学科"、大学校教授"专门学科"、专门学校教授"专门一科之学术",师范学校为"培养教员之所"。①《教育令》确实在很大程度上去除了《学制》的缺陷,但是在实行中又出现了新的漏洞。地方错误理解了"自由教育令",甚至认为是否就学是人民的自由,官吏不能干涉,再加上地方财政不足,因而出现随意停办学校的状况。这种状况使《学制》以来好不容易上升的就学率,陷于停滞。

学校教育的失控,对地方官吏压力很大,他们认为这是《教育令》放任主义的过失,要求文部省重新制定对策,政府也认识到事态的严重性。在这种情况下,1880年12月发布的修改后的《改正教育令》一反自由放任主义原则,加强了政府对教育的监督:私立学校的设立要经过批准、学务委员由选举制改为任命制、教员任免要由地方官批准、强制推行义务教育、将教育时间由十六个月延长为三年、课程设置必须按文部省颁发的教学大纲实行、修身课位列各科之首。不难看出,《改正教育令》的基本精神就是要强调国家对教育的干预,尽量限制政府以外的人士对教育行政的管理权。尤其值得注意的是,设置修身课的目的在于强化"忠君爱国"的国家主义道德教育,已经显露出教育方针保守化的趋向。其实施规则明确提出"教育之目的主要在于振作尊王爱国之志气"。1881年6月《小学教员须知》中也明言"使学生忠于皇室、热爱国家"②,起草者江木千之称:"此乃一变偏重智育、醉心欧美之教育,重回皇道主义之一大

---

① 参阅内山克己等:《近世日本教育文化史》,第142—143页。
② 宫原诚一等编:《资料日本现代教育史4》,三省堂1974年,第81页。

划时期之举"。①

《学制》和《教育令》反映了明治政府教育立国的理念,正如吉田茂所说:"为了实现近代化而如此重视教育事业,这是日本近代化的一大特点。"②然而,从《改正教育令》开始,以皇室为中心的国家主义逐渐成为日本近代教育的国家理念。其实,早在文明开化的社会风潮中,就已经出现了以反对西化为前提的国家主义运动,出现了民权运动与国权主义、君权主义的对立。1879年明治天皇侍读元田永孚(1818—1891)起草了《教学圣旨》,继而又颁布《幼学纲要》等,都是旨在培养以忠孝等观念为中心的国民道德。之后曾为明六社成员的西村茂树于1887年著《日本道德论》,强烈主张将皇室中心主义的伦理思想作为日本传统中固有的美德,提出:"本邦屹立于东海之表,以道德定国,国民奉戴皇室两千五百余年,国基稳固天下无比……余辈需益发尽力于斯道。"③1890年颁布《教育敕语》可以看作是日本皇国主义教育之"大法",所谓"朕惟我皇祖皇宗肇国宏远……此乃我国体之精华……一旦有缓急,则应义勇奉公,扶翼天壤无穷之皇运"。④ 此后,教师和学生在每天上课前都要诵读《教育敕语》,并齐唱颂扬皇室千秋万代的《君之代》,教室悬挂天皇和皇后像等。此外,学校还利用战争宣传,向学生灌输尚武、克己、服从等"美德",丢弃了科学和人道主义精神,这种教育培养了众多失去独立人格惟命是听为"皇国日本"服务的机器。

由上述可见,近代的日本教育,贯穿着两条线索,一条是努力建立西方式的近代教育体制,另一条是以忠君爱国为内核的国家主义教育理念,两条线索相互交织,造成了教育体制与教育理念的失衡。明治政府确立了近代学制和义务教育体制,实现了与西方近代教育体制的并轨,

---

① 转引自臧佩红:《近代日本教育行政的"敕令主义"》,载南开大学日本研究院编:《日本研究论集2006》,天津人民出版社2006年。有关明治教育史,臧佩红著《日本近现代教育史》(世界知识出版社2010年)另有详论。
② 吉田茂著、孔凡等译:《激荡的百年史》,世界知识出版社1980年,第11页。
③ 西村茂树:《日本道德论》,岩波书店1968年,绪言。
④ 历史学研究会编:《日本史史料4》,岩波书店1997年,第200页。

在基础教育和实业教育上也取得了重要进步,为推动日本的现代化发挥起了重要作用,这批遗产甚至成为战后迅速复兴的人才保障。但另一方面,近代日本教育的精神内核则带有浓厚的封建主义和国家主义色彩,虽然历经多次改革,但教育的核心思想始终牢牢地附着在封建的忠君爱国传统之上,成为近代教育改革万难逾越的瓶颈。

综观近代日本教育的发展,可谓典型的"和魂洋才"模式,其结果是在形式上建立起近代教育体制的同时,在教育理念上倒退到以封建式尊皇爱国为中心的极端的国家主义。正所谓近代日本成也教育败也教育。

二、近代媒体与社会生活

1. 报刊杂志的盛行

报刊杂志无疑是近代文明社会的重要工具。

早在17世纪日本就已经有"读卖瓦版"为庶民提供新闻。这是在江户街头出现的一种单张单面的出版物,其内容多为天灾人祸、情死、怪异等等的即时消息。一般是以粘土坯刻版,因而称瓦版。又因贩卖者为吸引买者而边读边卖,谓之"读卖瓦版"。有观点认为,读卖瓦版是日本报纸的雏形。

从幕末时期开始出现十余种由外国人在日本发行的"欧字新闻",如1861年英国人汉萨德(A. W. Hansard)创办的《长崎航讯》(*Nagasaki Shipping Listand Advertiser*)、布莱克(John Reddie Blaze)创办的《日本先驱报》(*Japan Herald*)等。① 由于这些报纸的刺激,再加随着开国以后国内外形式的复杂多变,幕府逐渐感觉到在第一时间了解海外世界动向的必要性,同时也认识到必须要向国人宣传开国是大势所趋,以争取舆论的配合。1862年终于在日本发行了最初的报纸《官版巴达维亚新闻》,内容是由蕃书调所的兰学家们摘译自荷兰驻巴达维亚(即雅加达,

---

① 山本文雄编著,诸葛蔚东译:《日本大众传媒史》,广西师范大学出版社2007年,第5页。

荷兰占领后改称巴达维亚)总督府的机关报。在民间还有1865年美籍日本人浜田彦藏发行的《海外新闻》。

由于朝幕的政治对立发展成战争,以及幕府倒台后形势的扑朔迷离,人们急需了解局势发展动向,为满足这种需求,仅1868年创刊的报纸即有38种①。这些报刊的文章大多支持幕府一方,对萨长两藩中伤大政奉还后的德川庆喜的做法极为反感,因而对明治政府基本是采取批判的态度。其中1868年柳河春三发行的《中外新闻》是由日本人创办的首份日文报纸,也是当时最有声望的报纸。福地源一郎担当编辑的《江湖新闻》以其政论大放异彩,福地源一郎因发表攻击明治政府的文章"强弱论",招笔祸入狱,报纸也遭禁。当时也有"勤王"报纸《太政官日志》《各国新闻纸》《内外新闻》以及《都鄙新闻》等等。佐幕报刊与勤王报刊对政局展开了非常激烈的论争,这也是当时报纸骤然涌现的重要原因之一。

《江湖新闻》事件后,政府发布报纸取缔令,除极个别有外国背景的报刊之外,所有佐幕报纸均遭封杀,由此一举扫荡了民间反政府的舆论。之后政府发行的《太政官日志》一统天下。知识界对此举极其失望和不满,明治政府也逐渐意识到自己正在标榜尊重民主自由和尊重舆论,即所谓"万机决于公论""天地之公论"等等,如此粗暴地封杀报纸,无异于自毁形象。为缓和与知识界的对立,收拾社会人心,政府又于1869年2月公布了比较温和的《新闻纸印行条例》,虽然大大放宽了管制,但还是规定了"不许对政法妄加批评""不得宣传佛法"等条款。之后《中外新闻》等四种报纸得以复刊,又有《明治新闻》等若干报纸创刊,不过这些报纸都是不定期的。从幕末开国到明治政府建立这段时间是日本报业的孕育期,而明治政府对报刊的态度,向新闻自由发出了不祥的信号,这也就规定了日后政府通过管制和操纵,以"引导"报刊舆论的基调。

为配合文明开化大局,政府对报纸采取了有条件的扶植政策,强调

---

① 开国百年纪念文化事业会:《明治文化史1》,第190—191页。

"新闻纸应以开启人们知识为目的……担任文明开化的先导"①。这期间出现了许多官方系统的报纸,诸如:1870年大学南校创刊、箕作麟祥指导编辑的《海外新闻》;在神奈川县知事的支持下由横滨富商出资,子安峻、栗本锄云等编辑的日本第一份日报《横滨每日新闻》;1871年在木户孝允指示下创办、画家长三洲和佛教界岛地默雷等编辑的《新闻杂志》;1872年在大隈重信和江藤新平支持下,由条野传平等人创办的《东京日日新闻》;日本邮政之父驿递局负责人前岛蜜创办的《邮便报知新闻》等等。此外,还有地方扶植的《京都新闻》《大阪新闻》等创刊。1872年共有20会种报纸创刊,"是我新闻发达史上划时代的年份"②。在新一轮的创刊热中,政府掌握了先机。1872年3月大藏省指示为全国3府72县订阅《新闻杂志》、《日报社新闻》(《东京日日新闻》)和《横滨每日新闻》。这段时间政府通过报纸垄断了社会舆论和知识普及,在日本新闻史上称为"官报"时期。

1873年政府内部因"征韩"问题两派彻底决裂,与西乡隆盛联袂下野的板垣退助、后藤象二郎、江藤新平、副岛种臣等人,把报纸作为攻击政府的有力武器。板垣退助等人的"民选议院设立建议书"全文见报,作为民权论第一个公开的声音,耸动天下耳目,激起由学者、政论家和热血青年参加的自由民权运动。一时间,报纸成为政治运动的中心,全面批评政府在政治、经济、社会等方面的施政之弊。此一现象在日本新闻史上称为"政论报刊"时期。对此,政府的回应是于1875年6月先后公布了"新闻条例"和"谗谤律",对报纸和一切反政府的舆论进行史无前例的镇压,甚至出现在德川幕府时期都不曾出现过的令人心惊胆战的文字狱。法令公布后数年间受处罚的报刊笔祸事件达349件,受处罚人数200余名,一时东京监狱因笔祸事件入狱者人满为患③。明治政府彻底践踏、阉割了由他自己提倡的尊重公论和"决于公论"等民主精神,而言论自由本

---

① 内川芳美、新井直之著,张国良译:《日本新闻事业史》,新华出版社1986年,第3页。
② 开国百年纪念文化事业会:《明治文化史1》,第323页。
③ 开国百年纪念文化事业会:《明治文化史1》,第326页。

应该是"文明开化"的至关重要的基本原则。

由于政府对舆论的镇压以及报纸本身也因政治化而较少刊载其他社会消息等原因,超越党派而符合大多数民众需求的中立性、综合性的"小报"应运而生。东京的《读卖新闻》和大阪的《朝日新闻》分别于1874年和1879年创刊。这类报纸的发行量不断上升,其中《读卖新闻》发行量居各报之首。至此,日本报刊的发展逐渐开始面向更广泛的庶民阶层,开始发挥着近代市民社会中应有的作用,并逐渐走向成熟。

1874—1877年日本全国报纸发行量攀升情况[①]

年度	年总发行份数	日发行份数	每万人中发行份数
1874	8,370,269	23,306	6.90
1875	15,897,680	43,555	12.95
1876	28,979,049	79,395	22.44
1877	33,449,529	93,286	26.00

1881年,以大隈重信为首的自由主义官僚们被排斥出政府的"明治十四年政变"引发了组建政党的热潮。著名的有:板垣退助、大隈重信、福地源一郎分别创立了自由党、改进党、帝政党。各政党利用报纸进行论战,诸多报纸几乎又成了各政党的机关报。诸如:自由党的《自由新闻》《日本立宪政党新闻》;改进党的《邮便报知新闻》《东京横滨每日新闻》;立宪帝政党的《东京日日新闻》《明治日报》等等。期间除各党党首外,诸多著名人物参与各党报刊,如自由党系统有:马场辰猪、中江兆民、田口卯吉、田中耕造等人;改进党系统有:矢野文雄、犬养毅、尾崎行雄、藤田茂吉、原敬等人。帝政党由于主张主权在君,违背当时潮流,主张超脱党派之外的政府也认为帝政党有被看作政府党之嫌,不久自行解散,因而影响不及自由党和改进党。之后,在政府的分化策略下,自由党于1884年10月宣布解散,改进党也由于主要党员退党而空有其名,他们的

[①] 山本文雄编著,诸葛蔚东译:《日本大众传媒史》,第29页。

机关报也失去了昔日风光,逐渐衰落。这就是所谓"政党报刊"时期。

与上述政党报纸走向衰落相反,没有卷入党争的报刊却得到了发展。主张"不偏不党"的《朝日新闻》以中立的事实报道为宗旨并潜心建立起通讯网,还向海外派遣记者。另外,福泽谕吉主办的《时事新报》也采取不偏不倚的独立态度,宣传官民调和。这些办报方针使他们的报纸赢得了声誉,发行量也迅速上升。

从近代日本报刊业的出现和初期的发展过程可以发现一条重要线索,即诸多报纸与政府之间形成了一种复杂微妙的关系。从报人方面言,经历着与政府既合作又对立的过程。从政府方面言,为各报刊同时准备了萝卜和大棒。政府为刺激新闻界的发展和民众读报习惯,采取了降低报刊邮费,投稿免邮费等诸多措施。另一方面,对敢于批评政府的报刊采取了严酷的镇压政策,这就造成了近代以来,日本在对外战争时期国内报界"举国一致"欺瞒民众的现象。从明治维新到1945年战败为止,政府手中的萝卜和大棒轮番上阵,演绎着日本报界屈服、抗争、再屈服,最终完全沦为专制政府传话筒的曲折而可悲的宿命。

与报纸形影相随的是杂志。1861—1863年日本就开始翻印并发行在上海出版的《官板六合丛谈》《官板中外杂志》和香港英华书院出版的《遐迩贯珍》。在日本最早使用杂志一词的是前述《中外新闻》的创刊人柳河春三,他于1867年创办了《西洋杂志》月刊,是日本发行近代杂志之先驱。《西洋杂志》第一期提示的办刊目标是:"广集天下奇说新人耳目,为此诸科学自不待言,以至百般技艺,有益于世人之译说,均请不吝赐稿。"①

明治政府建立后的前十年,掌握近代知识的学者、思想家们纷纷宣传新学,因而形成创办各类专门杂志的勃兴期。1874—1377年新创刊的杂志尤其集中,在此仅举其要者:综合性的启蒙类有福泽谕吉编辑的庆应义塾机关刊物《民间杂志》(1874)、明六社创办的《明六杂志》、小野梓

---

① 开国百年纪念文化事业会:《明治文化史1》,第327页。

主办的洋学团体"共存同众"的刊物《共存杂志》(1875)等等;宗教类有佛教的《报四丛谈》(1874)、《名教新志》(1875)和基督教的《七一短讯》(1875);医学类有《医学杂志》(1875)、《顺天堂医事杂志》等;汉文学类有:《新文诗》《明治诗文》等。此外,还有东京大学学生创办的学术杂志《讲学余谈》(1877)等。到明治二十年代(1877—1886)除上述各类杂志继续增加之外,还扩展到学术、娱乐、妇女儿童等领域。专业学术类如:《东洋学艺杂志》(1881)、《德国学协会杂志》(1883)、《中央学术杂志》(1885)等;文艺娱乐类如:《芳谈杂志》(1878)、《歌舞伎新报》(1879)等;妇女儿童类如:《女学新志》(1884)、《颖才新志》(1877)等等。总体看来,这些杂志除少数思想类外,大多与政治距离较远,因而命运似乎比报纸幸运得多,在较少遭受迫害的情况下,逐渐稳步发展并形成规模。

2. 衣食住的西洋化

文明开化时期日本人对西洋生活方式具有浓厚的兴趣,而最切近人们日常生活的莫过于衣食住了。

作为日本人西化的最表面的象征,首先是西洋的服装。最初是在明治维新前后海军改换西洋军服,后来陆军也改为西洋军服。具有象征意义的是,根据1872年11月的太政官令,文官的大礼服①和通常礼服采用洋装,废除大化改新以来复杂的传统和式服装。在"近代胡服骑射令"的政府示范效应下,民间也开始了洋装热。不过此时穿着的洋装还显得不伦不类,布新却不一定除旧,诸如:身着洋装却脚踏木屐、西服外面套穿日式短褂、留着传统的发髻穿西服等等。这种混乱的服装大改良似乎也象征着日本传统与西洋文化接触和融合的尝试,也许正是因为喜新而不厌旧,才得以使日本传统文化保留到今天。其实,洋服不仅仅是一种时髦,它比和服更便于工作和运动,因而实用性也是洋服普及的最合理的

---

① 天皇即位、大尝祭等最重要的仪式上穿着的礼服。

原因。因而学生、医院护士、铁路员工等诸多部门行业都开始采用西式服装作为本行业的制服。随着洋装的流行,才有了诸如裤子、衬衫等等新词汇。女性服装的变化也很大,诸如披肩、风衣等等都传入日本。这些服饰开始都是进口货,普通人因价格昂贵而不敢问津,但到19世纪80年代京都的西阵生产出棉织廉价披肩等,于是西式服饰开始在女性中大流行,不久又时兴大衣外罩披肩挎手袋,成为当时文明装扮的象征。

不仅仅是服装,人身修饰也开始了新风俗。1871年实行男子断发令(禁止男子束发),但反对之声高涨。为此,1972年,仿效俄皇彼得大帝剃须明志①,明治天皇剪去发髻、改着西装。明治天皇垂范的同时,为奖励断发,专门对剪新发型的理发店实行免税优惠的鼓励政策。由于男子发型趋短,已经看不到像女性那样高高的发髻了。对妇女的发型没有做强行的规定,但是自古以来作为已婚妇女象征的染齿和剔眉的传统习俗,在19世纪70年代初停止了。1885年渡边鼎与石川暎作结成"妇人束发会",推广"洋发",并出版印有图解的小册子《洋式妇人束发法》,推奖"洋发"的经济、卫生、便利等,一时间家庭主妇的"英国卷",少女的"雏菊式"等"洋发"大流行。随着服装发型的变化,专营宝石、戒指等舶来饰品的珠宝店也不断增加,镶钻戒指惹来女性们羡慕。此外,诸如新式的扑粉②、香水等化妆品也极为畅销。

到19世纪80年代后期,随着文明开化的退潮,日本人的日常服装又出现了变化。和服(裙裤搭配上衣外套)又占据了主流,成为日本普通男子的正装,妇女也效仿男子穿着类似式样的和服。尤其有代表性的是女学生,到19世纪末,御茶水女学校、女子高等师范学校等女生开始穿和式上衣和裙裤,全国女校争相模仿。之后,华族女学校(女子学习院的前身)穿的绛紫色裙裤成为女学生的代名词。

---

① 彼得大帝推行新政是从他自己剔须开始的,但遭到激烈的反对,于是他作出了蓄须要纳税的规定:城里富商蓄须每年纳税100卢布,领主和官吏纳税60卢布,城市居民缴税30卢布等等。
② 日本传统的化妆品含铅等有害物质很高,而新式扑粉等不含铅。

明治日本人饮食的西洋化主要表现在开始食用肉类和面包,针对肉食还经历过一场"文化冲突"。伯理初到日本就与日方围绕牛肉展开了一番交涉。美国舰队停泊下田时曾要求日方筹措200只鸡和60头牛,日方接待人员不解地问:船上既不能饲养又无需耕作要牛何干?答曰食用。日方当场拒绝:"在日本牛可帮助农民耕作,被视为仁兽,食牛过于残酷,断难接受。"美方解释说,这是饮食习惯不同,就像日本人不可一日无米,肉是西洋人的常食,没有肉食就不能生活。① 其实,除了上述日方拒绝理由之外,还因为日本是佛教国家,明治维新以前认为吃四条腿的动物会使身体变得不洁。当时只有属于贱民的皮匠们为生产皮革制品而宰杀牲畜,人们在提到贱民时往往会伸出四个指头,意思是吃四条腿动物的人,因而几乎没有人吃牛肉和猪肉等。于是食肉交涉的插曲一时变成了外交与文化问题。

由于开港后常居横滨等居留地的外国人的需求,日本开始出现肉类市场。在外国人的示范下,一些与外国人接触者开始食肉。东京出现了中川、三河屋等牛肉店,不过最初还是扭捏地打着"养生牛肉"的招牌,说是"一锅牛肉藏百草"。到1872年肉食进入皇宫,明治天皇也一饱口福。之后肉食迅即流行开来,当时被戏称为"安愚乐锅"②的学生们成为日本人中的第一批"肉食者"。之后,出现名声显赫的神户牛(在但马和淡路饲养,于神户贩卖的优质牛肉),牛肉消费量逐年上升,牛肉店也毫无顾忌地挂出了用红笔书写的牛肉字样的招牌。在农村肉食的普及过程较为艰难,其一是农村相对贫穷,其二在农村食肉仍然是禁忌,一旦食肉就不能再到神社参拜。后来大量农民参军,而军队率先食肉,从而破除了流行于农村的食肉禁忌。以前被视为野蛮的食肉习惯,如今变成了文明的象征。

关于面包。早在明治之前,幕府开明派官僚江川英龙就曾在荷兰商

---

① 参阅木村毅:《文明开化》,至文堂1954年,第37—38页。
② 即牛肉火锅,因明治初年仮名垣鲁文的小说《安愚乐锅》而得名。

馆学习烤面包，1868年萨摩藩兵急行军时就将面包作为口粮，争取了时间。其后不久东京市中心出现面包房。不过，面包还是没能成为普通日本人餐桌上的主食，而多是加入砂糖、豆沙馅等，是作为和洋折中的点心而普及的。即使在文明开化大潮下，面包也没能替代日本人千年主食的米饭，尤其是农村，整个明治时代几乎没有食用面包的习惯。与食品如影随形，诸多西洋饮品也陆续在日本登场：1869年牛奶入宫；1875年西点店开新堂开张；1888年西洋画画家松山省三开设了日本最初的咖啡屋，之后咖啡屋迅速普及；1899年日本麦酒株式会社开设第一家啤酒屋。此外，1873年面向日本人的西餐吉精养轩开业，不过座上客仅限于上层人士和一些文化人，吃西餐被看作是一种排场或者是拥抱西洋文化的象征。

明治时期与西洋饮食方式流行的同时，日本传统食品也趋于大众化。比如，在江户时代食糖属于奢侈品，豆馅儿多是加盐调味，明治时代开始使用食糖为豆馅儿调味。江户时代各地的特产果子（点心之类）不断改良以适应大众的口味，民众的需求又刺激了诸多著名商铺出现。随着明治维新后日本经济的发展和城市产业工人的激增，"荞麦屋""面屋"等各类适于庶民消费的低价小饭馆"一膳饭屋"也迅速增加。伴随小饭馆兴起的还有经营茶点的"茶屋"之类的各种小吃店，以供过路行人小坐轻食消费。到19世纪末，"鳗鱼屋"、"天麸罗屋"、专供小酌的"居酒屋"、夏季的冷饮店等等遍及城市的角落，基本奠定了当今日本人"外食"消费的格局。

明治时代兴建的建筑首先表现在官厅、学校、银行等公共建筑的西洋化，其显著特征就是使用"炼瓦"（砖）。1878年银座大街建成的所有建筑都是砖结构，因而银座大街得名为"炼瓦街"[①]。日本传统建筑一般为平层，最多两层，而洋式住房采用砖结构，因而出现三层以上的楼房。与"炼瓦"相关联的是西式建筑使用的玻璃和房间内使用桌椅，这种建筑的

[①] 参阅邱杰：《近代东京的繁华街区与西方文化的接受》，南开大学博士论文，2016年。

外部结构和室内设施，非常适用于办公，因而诸如官厅、公司、学校等公共场所全部采用了西式建筑，之后逐渐流行于商店、旅店、餐馆、理发店等服务行业。洋式住宅与日本传统住宅的室内设施是不同的：前者有客厅并可以锁住自家入户门，而且有桌椅和床；后者则是开放式的，尤其是江户时代普通庶民多聚居于"长屋"①，而且是席地而坐。由于西式房间的舒适，许多私人住宅也开始在和式住宅中专门开辟一间备有桌椅的洋式客厅。日本人同时享受洋房的方便与和室的简捷，成为典型的"双重文化"共存的标本，它在潜移默化中塑造着日本人"兼容东西"的性格。

与西式建筑相伴的照明设备的更新，是文明开化的又一个亮点。1860 年左右煤油灯传入日本，1866 年日本开始进口煤油。② 煤油价格低廉且比传统的菜籽油等植物油更加明亮，因而西式玻璃罩煤油灯迅速取代了旧式使用植物油的纸灯笼。明治初年到 19 世纪末是日本的煤油灯时代，煤油灯不仅可固定使用，也可以提、挂，使用方便，煤油灯给使用者带来了一种文明的气氛。继煤油灯出现后，1872 年横滨外国人居留地开始使用瓦斯灯照明，1874 年银座大街也开始使用瓦斯灯，但当时还是明火儿，因而不如煤油灯明亮。后来发明了灯芯罩，亮度远超煤油灯，到 19 世纪末室内也开始使用瓦斯灯了。此外，日本于 1885 年开始使用爱迪生发明的电灯，但普及速度很慢，明治时代大多还是使用煤油灯。

由上述可以看到，衣食住的文明开化多是自上而下推行的，尤其是明治天皇发挥了示范的作用。除上述着西装剪发外，为迎合西洋外交礼仪，明治天皇还以"天皇的神格屈尊"与美国总统格兰特握手、与意大利皇帝堂弟行接吻礼等等，这些都显示了日本政府急于与西洋接轨的决心。生活方式的变化不仅改变着日本人的生活面貌，还在潜移默化地影响着日本人的思维和行为方式，可以说当代诸多日本人的生活习惯大多在这时定格了。然而，鹿鸣馆时代的西化主义却令人大跌眼镜。

---

① 一套建筑有并排相连的若干房间，每户住一间，都要共用一个门洞，没有隐私可言。
② 参阅石田文彦：《近代日本的技术移植——以石油产业为例》，载日本研究院编：《日本研究论集 2004》，天津人民出版社 2004 年。

三、西化与国粹

1. 鹿鸣馆的喧闹

鹿鸣馆现象引发的西化主义泛滥达到了文明开化的顶点，人们称这一时期为鹿鸣馆时代（1883—1887）。鹿鸣馆于1883年竣工，可以提供宴会和舞会等服务项目，目的是为日本政府官员进行外交活动、上层人士结交外国人提供交际平台。

"鹿鸣"取自中国《诗经·小雅·鹿鸣》原文第一段："呦呦鹿鸣，食野之苹。我有嘉宾，鼓瑟吹笙。吹笙鼓簧，承筐是将。人之好我，示我周行。"此段最恰当不过地形容了鹿鸣馆中达官贵人们在鼓瑟笙箫中取悦洋人的情景。鹿鸣馆是英国建筑师设计的作品，上下两层达1450平方米，是一座以新巴洛克风格为基调的建筑，整体极尽奢华，当然也是"炼瓦"建筑。由日本人营造的诗经与巴洛克中西合璧的文化奇景，可谓文化寓意深刻。

1883年11月28日，由当时的外务卿井上馨与夫人主持了鹿鸣馆开馆典礼，原预定明治天皇出席，因故改由亲王出席。当天聚集了亲王、参议、知事、县令、各国公使、显贵淑女等约1200人。① 当时的报纸记载了开馆式的盛况："正门悬挂着国旗，弓形绿门点缀着菊花。以本馆为中心望去，路分左右，彩灯无数……红白相映，交错于树影之间。本馆正面以瓦斯灯编成鹿鸣馆三个大字，照耀周围灿然如白昼，真可谓不夜之仙境。晚八时半始，嘉宾云集，须臾园中车马数百。主客应接礼毕……奏乐声起，众宾客相携进入楼上巨室，内外缙绅贵妇淑女交相起舞……馆外烟花燃放如舞者舞于柳影花丛之空中……楼下黄白人种相间，以台球为戏……十点整众宾客下楼至自助餐厅，享酒馔之飨……众宾客尽欢而散

---

① 富田仁：《鹿鸣馆——拟西洋化的世界》，白水社1995年，第7页。

已是午夜。"①时人形容鹿鸣馆狂欢之夜,使整个东京"羡杀、笑杀、惊杀、恼杀",引起了社会上极大的震动,深刻地反映了人们对鹿鸣馆式西化的复杂心态。

政府官员们经常招待欧美高级官员及其夫人小姐们来鹿鸣馆参加晚会。甚至每当鹿鸣馆有大型活动的日子,专门为居住在横滨的外国人开通直达东京的专列。在外务卿井上馨、参议大山岩、文部卿森有礼和他们的夫人们的努力下,几乎每天都有晚会。② 鹿鸣馆聚集着洋装艳抹的西洋和日本的名媛,钟鸣鼎盛,彻夜狂欢。那西洋景使人难以相信鹿鸣馆是坐落在日本东京。

1887年,伊藤博文不仅在鹿鸣馆大搞内外联谊活动,甚至还在首相官邸举办大型化装舞会,邀请内外宾客达400人,其中既有山县有朋、井上馨等政治家,也有涩泽荣一、大仓喜八郎等实业家,甚至还有如东京大学校长渡边洪基等知识界精英。伊藤本人乘兴扮成威尼斯商人,一时传为笑谈,颇遭物议,成为舆论集中指责的对象。

以井上馨、伊藤博文为首的日本政要之所以煞费苦心地在鹿鸣馆外交中狂热地为西化造势,取悦于西洋人,其目的在于显示日本已经进入文明国家行列,并以此获得在修改不平等条约的谈判中与西洋各国同等的地位。然而,鹿鸣馆时代给人们留下的印象却是:"于彩灯、狂呼乱舞的欢乐场通宵达旦,明治时代是愚笨的、日本史上独一无二的、浮华的、兴致勃勃的滑稽时代。"③鹿鸣馆时代几乎所有的大人物都没能免俗,由作为政治首脑的诸位大臣领衔,上自皇族下至实业家,尽情雀跃狂舞。鹿鸣馆时代作为日本近代欧化主义的象征,它反映出一种肤浅的急于与欧美国家平起平坐和实现超速现代化的心理躁动。鹿鸣馆文化在形式上的西化程度似乎已经无以复加,然而结果对于修改不平等条约的谈判没有发挥任何作用。鹿鸣馆外交没能达到预期效果,其西化方式也与日

---

① 木村毅:《文明开化》,第56—57页。
② 富田仁:《鹿鸣馆——拟西洋化的世界》,第8页。
③ 木村毅:《文明开化》,第50页。

本传统的儒家风范形成极大的反差,因而遭到了强烈的批评。人们揶揄说:"西洋交际舞盛行起来……贵妇们无论如何也要穿西洋服装,由于袒胸露背时常要忍受感冒的困窘。"①

1888年大隈重信接替井上馨出任外务大臣、黑田内阁取代伊藤内阁,大隈对鹿鸣馆外交本来就不曾抱有希望,既然对修改条约没有任何帮助,又受到社会上激烈的指责,也就没有必要勉力为之了,鹿鸣馆的时代剧终于落幕。缺乏深层文化根基的鹿鸣馆躁动本身,除了增添历史笑柄之外,如同幻影一掠而过,没能发挥应有的作用。不过,鹿鸣馆时代在日本近代文化史上也并非是一个无足轻重的插曲,井上馨主张全面学习西方学术、各种法规、融入国际社交礼仪的思想和实践还是留下了不少文化遗产。比如鹿鸣馆时代创立的罗马学会、法国学会、英吉利法律学校等学术教育机构,对日本的西洋学术研究和新式教育产生了一定的影响。

鹿鸣馆时期可谓日本近代欧化主义的象征、狂热西化的顶点,在鹿鸣馆西化的示范下,当时的日本卷起西洋旋风,似乎所有日本传统都需要西洋化,以西洋为样板的改良之论风靡日本。诸如:演剧改良、歌舞改良、小说改良、音乐改良、美术改良、衣食住改良等等。无论贫富皆以西洋为高尚,甚而主张人种改良。面对鹿鸣馆时代无节制的媚洋风潮,一部分日本知识层担心:"作为西化的代价,日本将失去根据,为达成独立而丧失个性"②,以至于日本民族名存实亡。加之,东西"两个种姓"之间平等的舞伴并没有成为平等的政治伙伴。鹿鸣馆的时代剧在声讨中慌乱落幕。

2. 简论国粹主义

随着鹿鸣馆时代的闭幕,代之而起的是国粹主义的社会思潮。国粹

---

① 木村毅:《文明开化》,第64页。
② 石田一良编:《日本文化史概论》,吉川弘文馆1981年,第472页。

主义又可分为文化国粹主义和极端国粹主义。

(1) 文化国粹主义

政教社是力倡文化国粹主义的先锋,是为创办杂志《日本人》①(1888年4月创刊,半月刊)而结成的团体。发起之初有三宅雪岭、杉浦重刚、志贺重昂、井上圆了、岛地默雷等人。之后又有陆羯南、福本日南等人于1889年2月创立报纸《日本》。由于二者几乎持有同样的立场,因而相互交流,一般把这个刊物的同仁一起统称为政教社集团。政教社的刊物刊载社论文章,反对政府的过度西化政策,主张重新认识国粹,强调要实施国粹主义道德教育。

狭义而言,国粹主义派专指政教社系统的群体,广义而言,凡倡导保存国粹思想者都可称为国粹派,在此主要介绍最具代表性的政教社同仁的国粹主义思想。其实,政教社成员们的具体观点也存在一些差异而并非雷同,但他们大都是针对自上而下的极端欧化主义的社会现象,为建立民族自尊和增强日本人的主体意识而提倡国粹主义的。

先来看《日本人》的主张。《日本人》主笔志贺重昂可谓旗帜鲜明地揭示了政教社"保存国粹"的主张。志贺重昂所说的国粹,主要是指环绕日本的地理景观和风情以及依托于传统习惯和历史等载体而融入日本民族身心血脉中的国民性,即这种国民性是为日本这块土地所感化、所胚胎而成长起来的。正因为国粹是"在大和民族之间自古以来遗传、醇化,以至保存到当代的",因而应该"愈加奖励敦促其发育成长,并将此作为大和民族于现在与未来之间进化改良之标准"②。然而,志贺重昂同时强调同仁的目的"不在于仿效国学家的腔调而漫然罗列神国、神州、天孙等文字"③。志贺重昂把国粹的形成看作是人们的生活适应周围自然的

---

① 《日本人》创刊以来屡遭镇压,命运多舛。1891年停刊,改名《亚细亚》发行,又遭镇压,1893年作为《日本人》复刊,1895年又停刊。
② 志贺重昂:《〈日本人〉所抱宗旨之告白》,载松本三之介编:《政教社文学集》,筑摩书房1980年。
③ 志贺重昂:《〈日本人〉所抱宗旨之告白》。

"生物进化"的过程,即显扬被日本岛自然环境长期浸润的日本人的国民性所经历的"年轮"。这里观照的是社会风习、精神思想、价值观念等深层的文化内涵。可以说,政教社主张的国粹主义是一种注重自然环境、纵观日本历史,带有浓重的民族整体的文化色彩,而意识形态的色彩是比较淡薄的,因而笔者称其为文化国粹主义。

政教社主张"保存国粹""彰显国粹",自然要强调日本民族文化的特性和优越性,但并没有陷入唯我独尊的文化自闭主义。三宅雪岭曾说过:"为本国尽力就是为世界尽力,发扬民族特色即有益于人类之化育,护国与博爱并无冲突。"①志贺重昂也说:"吾辈虽以国粹为进退去就之标准,然并非与宇内大势相抵牾,而是要善从正流以处诸般之境遇。"②政教社同仁明确表述了文化国粹主义对待本国文化和外来文化态度的原则,即主张维护本国利益和民族文化的优越性,并非就一定要否定、排斥其他民族的文化,并认为日本应开放面对世界,顺应世界潮流。同时认为通过充分发挥不同民族自身的特色和活力才能促成人类整体文化的发展。

从上述可以看出文化国粹主义在主张日本文化独特性的同时承认构成国际社会的诸多民族文化的多样性。因此,虽然文化国粹主义是针对明治前期盲目西化的反动,但文化国粹主义者并没有陷于泥古不化的抱残守缺,他们讨论的问题不在于是否引进西方文化,而是引进什么和吸收的方式。换言之,文化国粹主义非但没有否定西洋文化,反而确立了日本传统文化与西方文化各自的位置,及其双方应有的关系,因而不得不承认文化国粹主义是对世界文化开放的健康的国粹主义。志贺重昂形象地阐明了这种观点:"吾辈并非意欲保存彻头彻尾的日本固有的旧分子,也非欲维持旧元素,而是要以日本国粹的器官对从泰西输入的

---

① 三宅雪岭:《真善美日本人》凡例,载吉野作造编辑:《明治文化全集》第15卷,日本评论社1929年。
② 志贺重昂:《〈日本人〉所抱宗旨之告白》。

开化之风进行咀嚼消化,使其同化而融于日本人的身体。"①

再看坚持文化国粹主义的报纸《日本》的主张。《日本》的具体目标是恢复和发扬国民精神,增强国民团结,几乎等同于《日本人》所提倡的保存国粹和彰显国粹。《日本》主笔陆羯南在创刊词中做了解释:"《日本》虽然以恢复和发扬国民精神为己任,但不可不知泰西文明之善美,重其权力之自由平等之说,敬其哲学道义之理……尤为钦慕其理学、经济、实业等。然日本采用西洋事物不徒取其名,而取其可资于日本利益及幸福之实。故而《日本》不是狭隘的攘夷论的再兴,而是于博爱之间恢复和发扬国民精神。"②从陆羯南的言辞中可以看到,《日本》与《日本人》的精神基本是一致的,不过从《日本》提倡国民精神的口号看,呈现出比《日本人》更多的政治色彩。事实上《日本》对政府内外政策是采取批评态度的,比如曾严厉地批判大隈重信的"条约修改案"等。也因如此,1889—1896年,《日本》被政府命令停刊30次,合计日数230天③。

除上述政教社系统的文化国粹主义之外,各具体文化领域也出现了复归传统的潮流。在文学部门,文明开化时期备受冷落的日本古典,重新受到人们青睐,尤其是被尘封多年的德川时代的元禄文学,诸如近松门左卫门的净琉璃集和井原西鹤的作品被翻刻重新面世,松尾芭蕉等俳人的作品逐渐引起文学界的注意。这些古典,使生活在文明开化时代将近20年的日本人开始重新审视本民族的文学遗产。

美术界也卷入国粹主义风潮,出现复兴传统美术的舆论,尤其是在菲诺罗萨支持下,逐渐形成了从政府到民间的保存美术国粹的运动,期间发现了许多珍贵的传统艺术作品。宫内省还设立了"帝室技艺员制度"以保证传统美术的传承,并支援当时的一流日本画画家、雕刻家、蒔绘④师等,文部省设立东京美术学校的目的即在于专门实行传统美术教育。此外,冈

---

① 志贺重昂:《〈日本人〉所抱宗旨之告白》。
② 松本三之介编:《政教社文学集》,第178页。
③ 西田长寿、植手通有编:《陆羯南全集》第五卷,美铃书房1970年,第520页。
④ 用金银等金属粉或色粉在器物上描绘图案的日本特有的工艺美术,始于奈良时代。

仓天心等人于 1890 年创刊的美术杂志《国华》,也旨在研究和介绍东洋传统美术。冈仓天心敏锐地意识到西方文化的扩张性,但是他并没有针锋相对地否定西洋文化。冈仓天心既反对纯西化也反对绝对传统,但又不同意二者折中之论,而是提倡美术"不论东西之别,而要基于美术之大道,取法合理,极尽其美,依过去之沿革随现在之情势,以求发达。"①冈仓天心的主张扩展到文化的高度,可谓是的中要害的合理之论。

(2) 极端国粹主义

文化国粹主义对西化的反思和提倡传统文化,颇似平安时代对汉文化的反刍。在平安时代的反刍过程中生成了融合汉文化之后的国风时代,然而,明治时代的反刍却没有生成新的融合东西的"国风文化"。伴随着文化国粹主义日趋与据舆论的主流,此前政治色彩浓重的国家主义和皇室国粹主义也随风翻浪,泛起了狭隘的极端民族主义的国粹论,笔者称之为极端国粹主义。

1889 年颁布的《大日本帝国宪法》规定了天皇"万世一系"的正统性和"神圣"不可侵犯性,天皇还握有作为"统治权"的主权,从而确立了皇权至上的近代天皇制。1890 年颁布《教育敕语》后,通过教育不间断地将皇国思想注入臣民的精神之中,逐渐铸成了以天皇崇拜为中心的"国体观念"。

在天皇制国家权力定音鼓的指挥下,极端国粹主义甚嚣尘上:法学界穗积八束提出"日本国体特殊论"的国家学说;历史学领域的神道学家们对久米邦武"神道乃祭天之古俗"一文进行政治围攻;宗教界 1888 年由川合清丸、鸟尾小弥太、山冈铁太郎等人结成"日本国教大道社",发行《大道丛志》,鼓吹通过整合神儒佛三教以成大道之国教;1890 年"惟神学会"成立,发行《随在天神》杂志,1892 年 9 月又发行《神道》杂志。这一系列宣扬国家神道的极端国粹主义狂潮几乎淹没了西化的声音,文明开化时代基本结束。总体而言,日本从明治前期的西化主义转向了弘扬传统的国粹主义时代,而这个文化反向标,也预示了明治后期日本内外政策

---

① 石田一良编:《日本文化史概论》,第 474 页。

的走向。

在这种社会气氛下,文化国粹主义势难独善其身。尤其是文化国粹主义们曾经极力赞美日本的风土和文化,在客观上也助长了日本民众唯己独尊的文化意识,志贺重昂《日本风景论》(1894年)[1]可谓典型。书中认为日本的自然景观是在同为东方的中国和朝鲜见不到的"自然美的极致",从而发出了"江山洵美是吾乡"的自我陶醉式的赞美。甚至设专章赞美了几乎遍布日本全境的活火山的"勇壮"的自然景观,认为火山才是日本风景的代表。《日本风景论》通过赞美日本的风土,论及日本人的精神生活以及文学、历史、艺术等日本的国粹,认为风土造就了日本的国粹。志贺虽然是站在与西欧对抗的位置赞美日本的,但是该书综合了西洋人和日本人各自的自然观,这种两重性也是人们把作为政教社代表的志贺重昂定性为"开明的国粹主义"的理由。

志贺重昂的目的在于通过赞美日本的自然景观,树立一种审美意识,并以此唤起日本人的民族认同,可谓典型的文化国粹主义论。但是在皇国主义、极端国粹主义泛滥的大背景之下,文化国粹主义在建立日本人的民族文化认同的同时,也被曲解为日本民族至高无上,经常被用作反西化思想和极端国粹主义的助推器。

此外,政教社成员中本来就有如杉浦重刚倾向于国家主义者,他认为:"日本皇统连绵相继,始终保持着尊严,这只能解释为显示了皇室积蓄的'势力'无以伦比的强大。"[2]随着甲午战争后三国干涉还辽,日本进入了对俄战争准备的"卧薪尝胆"时期,舆论界也急剧转向极端国家主义和排外主义。曾经作为文化国粹主义旗手痛斥藩阀政府的志贺重昂开始"转向",接受了政府的"橄榄枝",在藩阀政治首脑伊藤博文的诱导下

---

[1] 可参阅戴宇:《志贺重昂国粹主义思想研究》,吉林教育出版社 2009 年。
[2] 松本三之介:《明治思想中的传统与近代》,东京大学出版会 1996 年,第 187 页。

加入政友会,并成为议员,反省自己"消极主义"①的失误,转而支持政府的"积极主义"政策。主持《太阳》杂志的高山樗牛(1871—1902)主张把日本主义②作为国民实践的道德原理。更有提倡平民主义的旗手德富苏峰(1863—1957)也转而鼓吹国家主义。

面对甲午战争后甚嚣尘上的国家主义风潮,仍有文化国粹派陆羯南保持着清醒的头脑。他慨叹"个人元气的丧亡",认为"在国家名义之下,甘愿忍受负担和所有的牵制,可以说是忠顺的日本民族的特性,所谓忠顺的结果,造成个人(自由)的不发达,以至于国家发达迟缓,此绝非当今之世应该庆贺之事"。③ 然而,此时文化国粹主义已是风光不再。

史学界对国粹主义思想历来评价不一,其中一种观点认为国粹主义是明治日本极端民族主义的表现。不过,这里的问题是,应该将文化国粹主义剥离出来。甚至有日本学者认为:"他们并非狭隘的排外主义者,而是继承了以国家的富强为目标的文明开化运动的精神。"④笔者大体赞同这种观点,这是因为:

首先,文化国粹主义完全是民间自发的,它虽然激烈地批评政府政要华而不实的肤浅的西化主义,但与立足于国家神道、作为意识形态的极端国粹主义有着本质的区别,即文化国粹主义并非国家意识形态,而是一种判断文化价值的社会思潮。

其次,文化国粹主义并非要拒西洋文化于千里之外,而是主张西洋文化应该与日本文化相协调,尤其提倡接受西洋先进的科学技术。正如有日本学者所言:"他们的国粹主义,不像江户锁国时期以本居宣长为代

---

① 所谓消极主义,是文化国粹主义的主张,即以国民的内发性、尊重国粹为基础渐进地实现现代化。与此相对的积极主义是藩阀政治家们的主张,他们提出即使牺牲国民的生活也要贯彻自上而下地,包括扩军备战在内的"发展"道路。
② 高山樗牛将日本主义解释为独立自主地发挥日本历史上天皇建国之初拥有的道德原理。参阅高山樗牛:《赞日本主义》,载《太阳》第三卷第三号,1897年6月。
③ 陆羯南:《个人元气的丧亡》,载西田长寿、植手通有编:《陆羯南全集》第六卷,美铃书房1971年。
④ 石田一良编:《日本文化史概论》,第473页。

表的国学那样从内心否定排除外国（中国）的思想，而是因开国接触到外国（欧洲）的思想，尤其是外国的民族主义思想。正是感受到外国的威胁，才致力重新设计组合本国的特色，以回应西欧。"①

本来政教社主张的文化国粹是对"非理性西化"现象的一种反动，初始目标是要弘扬民族文化，恢复对民族文化的认同，也确实为明治西化时代的"文化纠偏"发挥了正面作用。然而，另一方面，文化国粹主义者们的言论也暴露了诸多狭隘民族主义思想，尤其是日本民族优越论，被极端国粹主义利用，甚至被后来的军国主义者利用，成为侵略思想的一个根源。总之，"随着时间的推移，日本从国粹中引出日本主义、亚洲主义的狭隘民族主义内容，以至使国粹成为反现代性及侵略主义的精神基盘"。② 也许这个结果有悖文化国粹主义者们的初衷，然而也不可否认，文化国粹主义对日本风土和文化的自我陶醉，在当时日本军国主义对外侵略扩张的社会背景下，使日本人民错误地感受了这种信息。

3. 文明开化悖论

日本的文明开化运动不仅仅是日本一国的事情，它是一次非西方国家探索现代化道路的尝试，其中有文化冲突、选择、融合等一系列近代以来所有非西方国家所必须经历的文化过程。探讨此一问题，或可有助于摆正本国文化与外来文化的关系。

明治前期的文明开化运动大规模引进西洋文化，可以说是日本历史上自大化改新饱食中国文化以来的又一次文化盛筵，为日本文化添加了新养料，可视为一次日本文化的重组过程。然而，盛筵之余和重组结果如何，才是对文明开化总体评价的依据。

首先，人们一直认为文明开化时代是日本吸收西洋文化而发生突变的时代，是人类文化史上的一次文化进步的"奇迹"。然而，这种观点是

---

① 大久保乔树：《日本文化论的系谱》，中央公论社 2003 年，第 16 页。
② 盛邦和：《中日国粹主义试论》，载《日本学刊》2003 年第 4 期。

文明开化成果被人为放大的结果。其一,诸如穿西服、吃大餐、住洋房等高消费,只是少数社会上层才能享受的生活,城市贫民和广大农民大多没能全面享受到这种开化的成果,因而可以说是少数人的文明开化。其二,文明开化主要表现在对西洋物质层面尤其是技术的摄取,诸如东京和横滨市中心的"炼瓦洋楼"、瓦斯路灯、京滨线的火车。即使是身穿洋服的官吏、老板们,回到家里还是身着和服。由于女性出外工作的并不多见,因而其服装、发髻以及在家庭中的角色,与江户时代并无本质的区别。其三,文明开化基本限于东京等大城市,而在农村,一眼望去仍然是江户时代的风景。当年小泉八云实地考察之余说过:"你可以做深入内地200英里的旅行,你绝不能看见什么新文明的大发展。"①这也是后发现代化国家带有普遍性的发展不平衡的宿命。

其次,还应该看到文明开化运动中的庸俗化现象。在当时就有人讽刺文明开化过程中的浮躁盲目和庸俗肤浅:"文明开化这句话,最近一个时期已经成了人们的口头禅了。可是真正知道文明开化这一译语的真意而谈论的人却不见得有多少。常听人说,'说是吃了猪肉就文明了。''那位先生这些时候一直打着阳伞走路,真是太文明了。''穿着鞋就进屋子这可真是文明的让人受不了。'根本不了解原意,只是胡乱地把一些耳闻目睹的新鲜事物看作是文明开化。"②在当时,穿洋服说英语者就被看作是大人物,甚至让两位小说中的人物站在伦敦大桥上展开对话,一位说:"真不愧是西洋,连乞丐都穿洋服,太刺激了",另一位回答:"俺刚才也在想,连吃奶婴儿都能说英语。"③总之,是言必谈西洋,西洋人不穿和服,所以要穿西服。西洋人不留发髻,所以要剪发戴帽。甚至竟然出现文盲海员在东京大学执教的奇闻。④ 像森有礼也提出了废除使用千余年的汉字而改用罗马字之类不切实际的方案。"甚者欲改良人种而倡说日

---

① 小泉八云著、落合贞三郎编、胡山源译:《日本与日本人》,九州出版社2005年,第6页。
② 吉田茂著、孔凡等译:《激荡的百年史》,世界知识出版社1980年,第12—13页。
③ 木村毅:《文明开化》,第18页。
④ 木村毅:《文明开化》,第18—19页。

本人务须以西邦人为配偶。"①鹿鸣馆的西化主义更是一部滑稽时代剧。

文化"媚洋"给人们留下了宽阔的思考空间,如何对待传统文化与西洋文化的问题困扰了非西方国家几个世纪。日本的文明开化与诸多非西方国家不同,它是在非殖民地条件下进行的,因此日本人可以相对主动地接受西洋文化而相对较少感情上的抵抗情结。有日本学者曾提出过如下的命题:"极端而言,日本人为了生存出卖了自己昔日的灵魂。然而其他国家因为没有出卖灵魂而变成了殖民地。"②在此,又为世人展示了日本对外来文化功利主义的特点。

最后,谈谈制约文明开化运动的瓶颈。

在文明开化过程中,日本传统文化受到强烈的冲击而出现衰落迹象,但西方深层文化以及社会理念等并没能清晰、系统地融入日本人的社会生活之中。正所谓:传统文化的太阳已然落山,但西洋文化的月亮尚未升起。这是日本历史上一个因内外文化接触而产生的文化迷离时代。究其原因,实为日本上层所制造的政治文化瓶颈所使然。

岛津久光(1817—1887)③可谓反对文明开化的代表之一。他曾上书明治天皇嗟叹:"于方今之政体,因国运日衰,万古不易之皇统亦陷于共和国之恶弊,终将成洋夷属国之形势。"岛津还认为天子的学问在于讲明皇国固有之大道,而西洋之学只是一种技艺,并非急务。岛津对改革官服也颇为不满:"服制容貌旨在严内外之辨,分贵贱之等,王政之要典、治国之大经最不容疏忽,今悉破旧典,贵贱无别,内外不分,且上下一班用西洋冠履而不知耻,礼制混淆,以至先王之大经大法荡然湮灭。"④岛津久光代表了当时相当一部分上层的态度。可见,在文明开化正在进行时,就已经显示出传统与西化的不和谐。那么这二者的关系是如何演绎的呢?

---

① 大隈重信:《日本开国五十年史》下,上海社会科学院出版社2007年,第755—756页。
② 日本文化论坛编:《日本文化的传统与变迁》,新潮社1958年,第130—131页。
③ 原为萨摩藩藩主,1874年任左大臣。
④ 开国百年纪念文化事业会:《明治文化史1》,第196—197页。

西村茂树《转换说》云:"我邦近年之大转换,初以尊王攘夷为原质而起……今尊王攘夷曰第一原质,文明开化曰第二原质。第一原质羡古而卑今、尊上而贱下,以自尊而厌恶他国。第二原质弃古而取新、损上而益下,去尊大之风而厚交际之礼。故,第一原质与第二原质相异而如黑白冰炭不能相容。然而,曰此两种原质同时集于一政府一人民,实可谓不可思议之事。初第一原质之力甚强,因之奏转换之功甚速,后第二原质之力渐生,虽名义而言藉第一原质之力,然实效而言多用第二原质之力……第一原质虽有益于加速转换之功,然若仅此第一原质,则陷固陋偏僻之俗,不能奏与万国并立之功。值此大转换之际,得以合并第一原质与第二原质者,乃祖宗之神灵、造物者之意,实可谓此国之大幸。"[1]

引文稍显冗长,但一针见血地道出了明治政府与文明开化之间的悖论。明治政府是在以封建大义名分论为支撑的王政复古之后诞生的,因而并不是基于近代市民国家意识成熟的结果。文明开化也是自上而下的社会变革运动,是由天皇垂范、政府推动、官僚学者们主导的。这种历史的逻辑关系,从一开始就潜伏着文化悖论,注定了这场运动将要受到传统封建政治的制约。思想启蒙的夭折和启蒙思想家们的变节,如实地反映出文明开化运动不可能冲破传统政治文化的瓶颈。

文明开化实际上是两个层面上的问题,政府的初衷是要通过文明开化,为日本的现代化做出文化上的调整,而民间则把文明开化视为猎奇,没见过的事物就是文明开化,这就使得明治初期的文明开化运动流于形式,甚至由政府创造了"鹿鸣馆文化"。另一方面,一旦"文明过头"政府将毫不犹豫地出手进行"调控",包括由官僚学者们组成的明六社也只存在了两年,而《明六杂志》的寿命又仅为 20 个月。

教育文明开化的情形也与思想启蒙的脉络大致相同。明治初年西学风行时期,许多小学读物和修身课本干脆就是从西文翻译过来的,学生们自然潜移默化地接受自由平等和个人权力等理念。其实,当时对学

---

[1] 石田一良编:《日本文化史概论》,第 633—634 页。

校教育的内容就有诸多观点，或主张应该保存日本传统以及儒家思想和大和魂的价值观念，或主张西化教育，或既反对西方的自由主义，也反对纯粹传统，而提倡应该向学生灌输现代民族主义的价值观。然而，明治时期的一些有关教育的重要法规文件等，基本上都是在明治天皇侍读元田永孚主持下起草的。天皇当然不愿意看到自己的权威受到任何质疑，于是在教材中逐渐加入了有利于树立天皇绝对权威、以尊皇为主旨的传统道德观念、神道思想、民族主义等内容。1990 年颁布的《教育敕语》可以说是日本近代教育的最高原则，天皇制国家已经全面控制了教育机器。

明治初期的文明开化对西洋文化的不同部分做出了不同的价值判断，这种判断有政府的也有民间的，有理性的也有感情的。在日本文化与西洋文化相互碰撞中，既有文化筛选，也有文化融合，当然还有文化冲突。文明开化运动的结局是矫枉过正，这不仅表现在政府主导的向极端民族主义的倒退，也刺激民间出现了对过度西化进行反省的国粹主义思潮。

（本章第三节第 2 部分原载《日本研究》2010 年第 1 期，其余内容原载《日本近现代文化史》）

第六章 明治三教的不同命运

近代日本整体而言明显呈现出封建性与近代性并存的矛盾乖离,明治时代的宗教也无法例外地反映着这种趋势。无论是本来作为民间信仰的神道、劝人向善抚慰人们心灵的佛教,还是信奉上帝禁绝杀戮的基督教,在日本最终都异化为支持并参与政府对外扩张战争的"护国宗教",走向了各自教义的反面。

一、国家神道横行

1. 暴力民族主义实施的国家化

国家神道直接承袭了第一章所述复古神道和"佐藤文本"的衣钵,但又具有新特征。一般认为,国家神道是"从明治维新到第二次世界大战战败为止,作为国家意识形态基础的宗教,事实上的日本国教"。战后占领军制定的"神道指令"中指出了国家神道的强制性:"本指令中意味之国家神道用语,乃是指依据日本政府的法令,区别于宗派神道或教派神道的神道之一派……非宗教的国家祭祀的神道之一派。"[①]有中国学者认

---

① 国学院大学日本文化研究所编集:《神道事典》,弘文堂 2007 年,第 129、137 页。

为国家神道体制"是一种兼具政治与宗教双重性的国教制度,亦是君权与神权、政权与教权合二而一的政治制度"。[①] 国家神道的原理滥觞于近世国学大家们的复古神道理论,与其说是一种宗教,莫如说是一种由国家法令强制推行的国家政治意识形态。

国家神道生成于明治维新之后,在至战败为止的将近80年时间里,由近代天皇制国家强力推行,与近代天皇制形影相随。没有近代天皇制就没有国家神道,国家神道是近代天皇制国家权力的重要象征之一,是高居于所有宗教和思想之上,而又缺乏教义的国家宗教。国家神道将传统神道强行改造为天皇崇拜的一神教,对日本臣民实行精神愚民统治,从而把为天皇制国家献身变为日本臣民的自觉,并最终将数以百万计的臣民推入无休止的修罗场。可以说,近代以来表现为歇斯底里地对外侵略扩张的日本暴力民族主义是依赖以天皇为绝对信仰的国家神道这一精神兴奋剂来实现的,这与传统神道有"八百万神"的泛神传统背道而驰,根本违反了传统神道精神,"成为了到那时为止不曾有过的神道"。[②]

在伯理叩关引发的日本幕末政治风云中,天皇是最大的赢家,正是由于幕末攘夷倒幕之风才使得被武家政权压制,赋闲六百余年的天皇再次泛出水面。根据儒家思想中的华夷之辨和大义名分之论,凸现出天皇的攘夷和倒幕功能,即华夷思想用于攘夷,大义名分用于倒幕。为进一步抬高天皇的地位,又找到了神道理论作依据。朝廷也看到了这千载难逢的翻身机遇,当时的孝明天皇,史无前例地参拜各地神宫,以祈祷攘夷成功。一些公卿、国学家、神道学家上下呼应,纷纷建议恢复朝廷中的神祇官制度。在这种形势下,京都的神道活动迅速升温,并波及各藩。无论是攘夷还是倒幕都打出了恢复天皇家正统统治的尊王旗号,终于通过1867年10月的"大政奉还"和同年12月的"王政复古"建立起明治政府,并于明治元年迅速发布了一系列树立天皇权威的政令。

[①] 张大柘:《宗教体制与日本的近现代化》,宗教文化出版社2006年,第1页。
[②] 井泽元彦:《佛教•神道•儒教集中讲座》,德间书店2005年,第118页。

明治元年(1868)3月13日宣告重建古代天皇制的祭政一致统治体制,恢复与太政官相并列的神祇官制度:"此番据神武("记纪神话"所记传说中的第一代天皇)创业之基王政复古,诸事一新,恢复祭政一致之制度。首要乃于再兴、组建神祇官,以逐次复兴诸祭典。此旨布告五畿七道,复归往古……普天下之诸神社神主、祢宜、祝、神部等,此后皆附属于神祇官。举凡官阶等一切事务,均需向其请示勿误。"①毋庸赘言,此布告的主旨在于复古,是在"诸事一新"旗号下名副其实的复古,它宣示了"普天之下诸神社"都要由新政府掌控。尤其是神祇官统一掌管伊势神宫、出云大社等直属神社,迈出了神道国教化的重要一步。

3月14日,睦仁天皇史无前列地率群臣祭告天地,宣示以"大振皇基"为最终目标的《五条誓文》。

3月15日,太政官发布《五榜告示》,其中规定"严禁天主教"。

3月17日,神祇事务局公布"神佛分离令":"此番全国之大小神社需废止神佛混淆之现状,别当、社僧之辈,须还俗而为神主、社人,以侍奉神道。"②由此,由国家政令强制实现了经几代复古神道学家们孜孜以求的"纯洁神道"的夙愿。

同年10月,睦仁天皇参拜冰川神社,诏书曰:"崇神祇,重祭祀,乃皇国之大典,政教之基本。然自中世以降,政道渐衰,祀典不举,遂致纲纪之不振,朕深慨之。今方更始之秋,新置东京,亲临视政,将先兴祀典,张纲纪,以复祭政一致之道。"③这道诏书乃告慰中世以来饱受压抑的历代天皇,可谓是明确复辟天皇制统治的宣言书。可见,在明治政府成立之初,便迫不及待地确立天皇的权威,以复辟祭政一致的古代天皇制国体。

明治政府为切实树立天皇的权威,还在全国范围内发动了以国家权力推行的"大教宣布"运动,旨在恢复幕府统治以来被淡忘的天皇正统地

---

① 历史学研究会编:《日本史史料4》,岩波书店1997年,第81页。
② 内阁官报局编:《法令全书》第3册,内阁官报局1887年,第108页。别当:建在神宫神社中的佛教寺院;社僧:别当中的僧人。
③ 村上重良著,聂长振译:《国家神道》,商务印书馆1990年,第79页。

位,其宣传主题不过是确立天皇万世一系的神格,灌输神皇一体的皇国思想。1870年1月发布的"大教宣布"诏书中宣称:"朕恭维天神天祖,立极垂统,列皇相承,继之续之。祭政一致,亿兆同心……然中世以降,时有污隆,道有显晦。兹者天运循环,百度维新,宜明治教,以宣扬为神之大道也。因此,新命宣教使,布教天下。"①这个诏书,宣布了要以国家的权力推行"大教"。之所以叫做大教,颇有玄机,在当时提到神道,一般是指经过融合的神道,因而有意回避了神道这个用词,以标榜专门以天皇为崇拜对象的新的神道体系。大教的另一个意义就是要把天皇崇拜的教义凌驾于所有宗教,包括各种教派神道之上。

同年3月专门设立了管辖全部神社和佛教各宗派以及民间宗教的教部省,并于翌年制定了《三条教则》:"应体现敬神爱国之旨、明天理人道、奉戴皇上遵守朝旨。"②之后,除专门宣传国家神道的"教导职"之外,作为地方基层行政长官,如区长等都被利用为宣传国家神道的宣传员,甚至为增加宣传力度,还利用了各表演艺术的艺人。为把皇室权威印在每一个日本人的心里,1872年太政官公告将神话传说中的神武天皇即位的日子1月29日(1873年改为2月11日)定为"纪元节",还有祭奠天照大神的元始祭(1月3日)等,由此进一步强化了天皇绝对权威在日本臣民心中的位置。

通过上述法令和"大教"教化运动等步骤,将被重塑的天皇权威逐步植入了日本人的精神信仰生活,可以说无论从思想上还是制度上,国家神道已经初步形成。其后,"大教"虽然在自由民权运动的社会政治氛围中有所淡化,但是1889年颁布的《大日本帝国宪法》最终确认了作为国家神道核心的天皇至高无上的地位。其第一章明确载明:"大日本帝国乃由万世一系之天皇统治之""天皇神圣不可侵犯"。

对于天皇绝对权威理念的来源,学者们历来多有分歧,一种意见认

---

① 内阁官报局编:《法令全书》第5册,内阁官报局1887年,第1页。
② 石田一良:《日本文化史——日本的心与型》,东海大学出版会1994年,第255页。

为这是效仿奥匈帝国皇帝,从而使近代天皇成为西洋式专制君主,而另一种观点认为这是缘于"记纪"神话的传统思想。实际上日本近代天皇制是二者兼而有之,奥匈皇帝的权力缘于君主政治体制,而明治天皇更依赖于传统的万世一系皇国观念。因此不妨说近代天皇制是有形的欧洲专制君主制度与无形的日本皇国历史观念的结合。有关宗教的条款是建立在这种绝对主义天皇制基础之上的。

这部近代公布的宪法虽然不得不提到"信教自由",但第二章第28条又规定:"限于日本臣民在不妨碍安宁秩序以及不违背作为臣民义务之情况下,有信教之自由。"旋即又有第31条的规定:"本章所列条规在战时或国家事变的场合,不得妨碍天皇大权之施行。"① 上述条文实际上赋予了天皇可以随时取消信教自由的权力,为国家神道的一统天下提供了宪法级别的保障。此后所有宗教一步步受到限制,包括民间神道信仰最终都成为国家神道的"翼赞宗教"。

在颁布《大日本帝国宪法》的当年,文部省发布的"使一般教育独立于宗教之外"的训令:"凡官立、公立学校及其学科课程,纵使在课程之外,亦不准进行宗教之教育或举行宗教之仪式。"这条训令似乎与大教宣布是矛盾的,其实这是明治政府一箭双雕之"妙策"。这时的明治政府不承认国家神道是宗教,这有两个好处,一是可以粉饰明治政府的进步性,而另一方面又可以在强制宣传国家神道的同时,打击学校教育中各种宗教势力,以建立国家神道在国民精神中的一统天下。1890年作为规范全体日本臣民准则所颁布的《教育敕语》为此做了准确无误的注脚:

> 朕惟我皇祖皇宗肇国宏远,树德深厚。我臣民克忠克孝,亿兆一心,世济厥美。此乃我国体之精华,而教育之渊源亦实在于此。尔臣民……一旦有缓急,则应义勇奉公,扶翼天壤无穷之皇运……斯道实我皇祖皇宗之遗训,子孙臣民俱应遵守。②

---

① 东京法律研究会编:《改正帝国法律全书》,井上一书堂1907年,第6—9页。
② 大久保利谦编:《近代史史料》,吉川弘文馆1965年,第425页。

《教育敕语》中所标榜的"我皇祖皇宗"意在确认天照大神和神武天皇以来万世一系的天皇正统。《教育敕语》是公认的日本近代"教育宪法",其中所称"国体之精华"就是以皇祖皇宗为肇始的神国、皇国观念,因为天皇是神的后代,所以全体臣民不但要克己尊皇,还"应义勇奉公"(御用学者井上哲次郎明确将此解释为"为国捐躯")。如前所述,这种愚民教育是从小学开始的,在校师生每天课前都要一起诵读《教育敕语》,并齐唱颂扬天皇千秋万代的《君之代》,教室还必须悬挂天皇和皇后像。近代以来天皇制国家之所以能随心所欲地把日本臣民投入战场,就在于日本的学校教育把学生培养成毫无独立人格、惟皇命是从、甘愿"义勇奉公"的"机器人"。如果说国家神道有教典的话,那么要求臣民灭己奉公的《教育敕语》就是最可怕的教典。这种绝对崇拜足以抵消文明开化时期宣传的西方近代思想。

　　如果说天皇的敕语还需保持含蓄和"矜持"的话,再看神祇院编制的《神社本义》:"大日本帝国乃我皇祖天照大神肇造之国,其神裔万世一系之天皇,遵照皇祖之神敕,自悠久古代,永远治理之。此乃万邦无比之国体……历代天皇均常与皇祖为一体。身为现世神而治理圣世……尊严无比之国体,肇之太古,通于无穷。施于中外而不悖者,惟神之大道也。"①像这样直接把神话作为国家权力依据的近代国家,可以说是空前绝后。日俄战争之后,为了对抗个人主义和社会主义等"思想恶化"的形势,1908年10月又发布"戊申诏书",鼓吹以皇室为中心,上下一体、忠实从业、勤俭治产,以发展国运。"戊申诏书"被下发到全日本的町村和学校,并进行"捧读会",为日俄战争后的国民"指明了道路"。作为配套措施,还对小学固定修身课教科书进行修订,删除了先前像"他人的自由""社会进步""竞争""信用""金钱"等各章,增加了"皇太神宫""建国""国体精华""扶翼皇运""忠孝一致""皇祖皇宗之遗训"等各章。②

---

① 神祇院编:《神社本义》,印刷局1944年,第1—3页。
② 石田一良:《日本文化史——日本的心与形》,第218—220页。

其实，所有国家神道的宣传并没有超出江户时代复古神道的新鲜理论，无非是把"记纪"作为"神典"，宣传天皇家族的正统神话。正是因为理论上的贫乏，才只能不厌其烦地重复子虚乌有的"国体精华"，将其注入日本臣民的血液之中，使这些神话成为"不容置疑的事实"，并变成臣民的"自觉"。这种皇国史观的奴化教育，使日本再也没有了江户时代的和平与宁静，等待日本民族的是近代以来无休止的真正修罗场。

作为历史常识，近代国家的重要特征之一即是政教分离，而明治维新之后却反而倒退到政教合一体制，仅此一点就足以令人质疑明治政府的进步性。

作为国家神道的精神支撑，明治政府还建立了许多新神社，可大体分为四类：首先是供奉天皇家族的橿原神宫、明治神宫等；其次在全国各地修建了供奉天照大神的神社和遥拜殿；其三是以靖国神社为象征的供奉为近代天皇制国家而战死者的神社等；最后是供奉古代忠臣的神社，如供奉南北朝时代南朝忠臣楠木正成的凑川神社。通过这些神社，不仅将天皇家族置于至高无上的地位，还把为天皇而死是至尊至上的理念传达给全体日本臣民。其中的靖国神社是利用国家神道彰显"为皇国捐躯"者的大本营，同时也是让活着的人继续"捐躯"的教育基地。

早在1869年，东京就建立了招魂社，"祭奠自幕府末期以来死于内战的'官军'，也就是明治新政府军3588名阵亡者"。① 招魂社于1879年更名为靖国神社，之后凡是为天皇国家"义勇奉公"而死的"英灵"都被祭奉在这里。靖国神社作为日本军国主义国家的祭坛，享受与伊势神宫同等的待遇，遂成为1945年战败为止天皇崇拜和军国主义相结合的实体机构。在招魂社时期的1874年，明治天皇首次来此参拜，这是史无前例的，意味着对阵亡将士的破格待遇。1906年又规定军人出征和凯旋时必须参拜靖国神社。作为"扭曲神社"的靖国神社成为激发"大和魂"的魔域和蛊惑对外侵略战争的暴力民族主义的心脏。

---

① 高桥哲哉著、黄东兰译：《靖国问题》，三联书店2007年，第126页。

1931年日本武力吞噬中国东北之后,国家神道更是恶性膨胀,肆意鼓吹神国必须武力统治世界的"大和梦",并不断将其变为战争暴力行动。有如日本学者所言:"旨在征服世界的圣战正当化占据了国家神道教义的中心……随着大日本帝国走上侵略亚洲大陆,就发展成了所谓日本拥有征服、统治其他民族、其他国家的神圣使命这种可怕的教义。"[1]政府还强行逼迫日本民众参拜靖国神社。1932年5月,靖国神社举行合祀"满蒙和上海事变"阵亡将士的临时大祭,东京各校学生前往参拜,鼓噪一时。当时有基督教会学校上智大学学生因宗教信仰而拒绝参拜,但文部省次官以"参拜神社是爱国心和忠诚心的表现,并非宗教行为"为理由,提出"不得以任何宗教信仰为理由而拒绝参拜"。

　　1940年是所谓神武天皇即位2600年祭,三天里有125万人参拜了"橿原神宫",日本政府借机将天皇崇拜推至顶峰,以支持"圣战"。前述《神社本义》可谓诠释了发动征服世界之"圣战"的根据:"大日本帝国乃我皇祖天照大神肇造之国……历代天皇均常与皇祖为一体,身为现世神而治理圣世……施于中外而不悖者。"而作为"施于中外而不悖"的原始依据,竟然是莫须有的神武天皇诏书中所说的"兼六合以开都,掩八纮而为宇"[2]。于是"八纮一宇"成为神国日本的"神圣抱负",即不仅要建立"大东亚共荣圈",更要由天皇代表神国日本来统治全世界。在军国主义国家政权的恶性炒作之下,日本臣民也将此变为一种自觉,他们忍受着战争带来的生活困苦和妻离子散的精神剧痛,前线士兵在这些痛苦之上,还要展现他们对敌的"勇敢"和惨绝人寰的杀戮。他们认为这是在建立皇国伟业中实现了自身的"价值"。这种末日景象足以证明日本臣民在精神和肉体上,完全成为国家神道驱使下的精神奴隶和战争暴力的机器。

---

[1] 村上重良著、聂长振译:《国家神道》,第167页。
[2] 六合和八纮都是古代中国泛指自己所认识的全部世界,六合即东西南北上下,八纮是四方和四隅。

2. 国家神道与"伪武士道"

武士道是国家神道麾下的重要武器,对外侵略战争的"成果"是靠实践武士道精神来实现的。天皇制国家将国家神道和武士道粘合在一起,生成了为野蛮的侵略战争而无视人生命的残酷的赴死哲学。

明治维新之后,虽然武士作为一种身份退出了历史舞台,但武士道却被天皇制国家加以扭曲,改造为强迫所有日本人为天皇制国家效命的忠君爱国的行为方式。本来江户时代的武士道包含着诸多仁爱、诚信等人文精神,而明治以后的武士道却走向反面,是专制国家为愚弄日本民众而配制出来的精神毒品。为了解武士道内涵变化的来龙去脉,有必要稍作历史回顾。

以跟从主君征战为生的武士群体早在平安时代后期就已经出现,到镰仓幕府建立,已经形成与眷恋往日荣华而萎靡不振的皇室公家文化相对的、充满积极进取的武家文化,而作为武士行为准则的武家伦理是这种文化的主要特征。真正意义上的武士道专指江户时期武士阶层所遵循的道德伦理体系。这种伦理首先源自武士与主君之间契约式的以主从关系为基础的相互义务,即"御恩"与"奉公"。"御恩"指主君对武士施以恩惠,主要包括俸禄等等,而"奉公"是武士对主君的义务,包括战时从军,平时侍奉主君等。新渡户稻造在《武士道》一书中对武士道作了如下的界定:"武士道在字义上意味着武士在其职业上和日常生活中所必须遵守之道。"[①]随着江户幕府的建立和幕藩体制政治格局的形成,武家政治开始采用文治政策,武士阶层的社会功能也随之发生转型,由原来的战士转变为各级行政管理者。这些管理者虽仍被称为武士,但不一定能"武",因而有学者认为严格地讲武士道应该称为"士道"。江户时期的武士道引入了儒家思想尤其是朱子学主张的社会伦理,在要求武士对主君忠诚的同时,还强调儒家思想中作为士大夫伦理的仁义礼智信、重视名

[①] 新渡户稻造著、张俊彦译:《武士道》,商务印书馆 2004 年,第 14 页。

誉、克己、诚信等社会伦理。对武士道中的"勇"也添加了新的解释,诸如提倡敢作敢当、坚忍不拔精神等等。可见,江户时代的武士道更重视社会道德伦理,这些伦理虽然是靠武士阶层自觉遵守的潜规则,但具有以社会舆论为背景的强制性。换言之,如果武士们违反这些道德,不一定受到幕府的惩罚,但会为社会所不齿。

江户时代的武士十分重视自己的名誉,据新渡户稻造说,武士的剖腹自杀,就是为了表白心迹、保全名誉,视名誉重于生命。为什么要剖腹呢?传统说法心是人精神的主宰,因而"我打开我的灵魂宝库,给您看看它的样子吧。是污浊的还是清白的?"[①]在江户时代,一般武士获死罪多赐以剖腹,就是不轻易剥夺死者的名誉,也给死者以表白心迹的机会。前述的渡边华山就是此类切腹自杀的典型事例。渡边华山因批评幕府对外政策被幕府判处"蛰居"而生活窘迫,为补给华山的生活,其挚友到江户替华山沽画(华山是当时日本一流的画家),被政敌告到幕府。渡边华山因担心祸及藩主而切腹自杀,其遗书署名"不忠不孝渡边登",意为既不能为主君尽忠,也不能为老母尽孝。实际上渡边华山是典型的忠孝两全的楷模,但因再也无法尽忠尽孝,只有以切腹自杀来表明心迹了。可以说华山从死因到自杀的形式都是遵循了典型的"士道"原则。

那么,明治以后的武士道发生了哪些变化呢?江户时代是典型的欧洲中世纪式的封建制度,每一个武士只忠于他的直接主君,所谓"我主君的主君不是我的主君"。因而,江户时代武士只忠于自己的主君或藩主。可见,在江户时代对于一般武士来说,作为武士道核心的忠诚观念,并非对幕府将军更不是对天皇的忠诚。而且,"武士道之忠义,既非阿谀追从,亦非奴隶式的服从"[②],而是要勇于直谏,使主君改变错误的命令,如主君一意孤行滥行暴政,作为臣下的武士有权利更换藩主。[③] 可见,江户时代的武士道强调武士要有自我判断的独立人格。然而明治维新之后,

---

[①] 新渡户稻造著、张俊彦译:《武士道》,第 67 页。
[②] 笠谷和比古:《武士道与日本型能力主义》,新潮社 2005 年,第 33 页。
[③] 笠谷和比古:《武士道与日本型能力主义》,第 64—75 页。

尤其是前述《大日本帝国宪法》和《教育敕语》的颁布,又经过井上哲次郎等人的诠释,把忠君爱国作为全体日本人必须遵守的理念。天皇制巧妙地利用了武士道,无限放大其中的忠武之道,也不再提及主从双方的相互义务,将江户时代武士只对自己主君尽忠的观念,改为全体臣民无条件地单向为天皇尽忠。当然也更不允许反对具有神格的天皇以及天皇制政府。本来江户时代的主君与武士之间的相互义务是一种社会契约,而明治以后日本臣民则是无条件地将自己的生命奉献给天皇。天皇制国家利用民众对天皇宗教式的崇拜,残酷地驱使被"伪武士道"武装起来的日本军民在侵略战争中残忍地杀人或自杀。诸如南京大屠杀,太平洋战争后期在日美对抗的各大战场上成建制的日本军队集体自杀,甚至逼迫日本平民"为国尽忠"等惨剧,这都是尽人皆知的事实。

　　子路曰:"君子尚勇乎?"子曰:"君子义以为上,君子有勇而无义为乱,小人有勇而无义为盗。"①此语恰如其分地揭示了近代以来日本军国主义者恶用武士道的反人类性。"义勇奉公"要求日本人超越自我无条件地为国牺牲,这种毫无是非观念的盲目奉献,篡改了武士道的本义。武士道本来是要把武士塑造为勇敢而有责任感的人格独立的君子,武士本应是受人崇敬的人群。然而在侵略战争中以残暴杀生为勇,歇斯底里地祸乱人类生存秩序,而那些有勇之小人则奸淫抢劫,为乱、为盗,将日本军队塑造成残暴无义的狼群,给人类带来深重的灾难。

　　近代以来,尤其是发动大规模侵略战争以来,"伪武士道"简化为忠君爱国和义勇奉公,丢掉了儒家伦理的五伦等原则,完全失去了是非判断的标准,堕落为一种失去理性的野蛮凶残的兽性。江户时代,武士还可以依据武士伦理来判断决定自己的行为,而近代天皇制下的"伪武士道"与忠君爱国思想粘合在一起,使士兵完全变成在对外战争中没有头脑的侵略工具。乃木希典大将在日俄战争进攻旅顺要塞战役中使用视生命为草芥的"肉弹战术",以五万士兵的生命为代价换取旅顺要塞。这

---

①《论语·阳货篇》。

种野蛮而愚蠢的行为被视为军人武士道的楷模,乃木更被尊为"军神"。军国主义要宣传的是为国捐躯的精神,完全无视臣民的生命。于是出现了历史上日本军队的野蛮残暴,连切腹自杀也不再是为了自己的名誉,而是为了天皇的荣誉,也是向天皇谢罪,自杀前又加上了"天皇陛下万岁"这道程序。近代"伪武士道"堕落为被军国主义扭曲、恶用的精神垃圾。

国家神道与武士道的联姻是近代日本悲剧的渊薮,如果对其做更深层的文化思考的话,可以发现一旦日本文化剔除外来文化因素就往往会走到极端。国家神道排斥了一切外来宗教和学问因素,武士道也不再注重江户时代"士道"中的儒家伦理,结果造成了日本有史以来最惨痛的历史悲剧,更给其他国家带来了巨大的灾难。或许此类文化层面的深入反省,会使今天的人们更深刻地解读那段不忍卒读的历史,以铭记历史教训。

3. 战后国家神道意识的复活及相关思考

在国家神道的引导下,大日本帝国几乎完整地实现了复古神道和"佐藤文本"的目标设计,然而故事的结局却是"神国日本"一败涂地。这大概是复古神道学家们不曾想到过的结局。

国家神道无疑是一次逆历史文化发展方向的反动,就连一贯倡导思想自由的美国人也明确地提出:"把国家神道看做是必须根绝的敌人。"[①]战后 1945 年 12 月,盟军总司令部(GHQ)发出"神道指令",废除国家神道,实行彻底的政教分离。1946 年元旦,裕仁天皇颁发诏书称:"朕与尔等国民之间的纽带,始终依互相之信赖及敬爱联结,并非单凭神话和传说而产生。亦非基于以天皇为现世神,且将日本民族视为优越于其他民

---

① 罗伯特·保罗著、生江久译:《对神国日本的挑战——美国占领下的日本再教育与天皇制》,三交社 1990 年,第 5 页。

族之民族,进而具有可以统治世界命运之架空观念。"①此即宣布日本天皇走下神坛的"人间宣言",凭空杜撰的国家神道思想不攻自破。1946年2月2日,正式撤销神祇院,1947年5月3日实施的《日本国宪法》第二十条第三款明确规定政教分离:"国家及其机关均不得进行宗教教育及其他任何宗教活动",统治日本80年的国家神道体制寿终正寝。

至此,对日本扭曲神道的历史三部曲,即文化民族主义、暴力民族主义的文本、暴力民族主义的行动及其结局做了扼要的梳理分析(参阅第一章之第四节)。然而论题还不能至此结束,因为虽然作为制度层面的国家神道体制已不复存在,但其魂魄至今犹存,所以必须予以充分的重视。

战败以来,日本各界人士对那场战争进行了痛定思痛的反省,作为战前国家神道核心观念的忠君爱国等"日本式爱国心"已为日本社会所不齿,加之《日本国宪法》第九条做出放弃战争的保证,日本国与各受害国人民达成了一定的和解。然而,国家神道意识从来就没有被彻底肃清。就在战后初期的1946年因日本共产党组织的游行队伍中打出了"维护国体天皇终日饱食,人民却饥饿而亡"的标语,日本统治当局居然判处当事人"不敬罪",而该罪名是战前《大日本帝国宪法》中第74条中的规定,换言之"不敬罪"被认为是以法律的形式强制日本臣民信奉国家神道。之后,因为包括"不允许日本检察官以'不敬罪'起诉被告"的"麦克阿瑟声明"的坚决态度而废除了维护国家神道的"不敬罪"。该事件的结局虽然是废除了"不敬罪",然而事件本身却提示人们,战后日本当局并没有主动对国家神道意识进行反省,这无疑是一个不祥之兆。战后"象征天皇制"的保留,更给日本国民一种天皇无罪的错觉,无意中为国家神道的复活留下了空间,"留下了一个注定要恶性膨胀的'癌肿'"②。随着战争创伤的逐渐愈合,日本国民似乎已经遗忘了当年的战争伤痛,

---

① 《官报号外》1946年1月1日,大藏省印刷局1946年。
② 孙政:《战后日本新国家主义研究》,人民出版社2005年,第95页。有关该事件的详情参见该书第90—94页。

于是国家神道意识的阴影重现江湖。篇幅所限,在此仅举出若干象征性的事件,以示关注。

早在20世纪50年代就有人试图重新将靖国神社与日本国家捆绑到一起,到60年代右翼分子终于忍耐不住挑起了靖国神社恢复国营化的事端。1962年曾被远东军事法庭判处无期徒刑的甲级战犯贺屋兴宣出任"日本遗族会"会长,抛出一份旨在恢复靖国神社国营化的文件《靖国神社国家护持纲要》,并要求国会通过。该文件明显违背战后宪法"政教分离"的原则,自然遭到日本各界的强烈反对。然而,自民党却支持了这一违宪的无理要求,甚至自民党内的"遗族议员协议会"还成立了"关于靖国神社国家护持小委员会",并提出"尊重靖国神社的历史和本质不变"的提案,虽然至今没有实现,但多年来这股势力一直没有停止过活动。[①] 据统计,"从1952年第13届国会至1975年第76届临时国会,自民党共在18次国会上提出靖国神社法案,有关议案达49件,极力促动恢复靖国神社与国家的直辖关系。"[②]鉴于遗族会和自民党上述执着的政治活动和众所周知的甲级战犯合祀靖国神社和多届总理大臣参拜靖国神社的事实,加之下述佐藤内阁强行通过"建国纪念日"的实例,人们不得不担心靖国神社有朝一日会重新彻底恢复战前作为国家神道心脏的"历史和本质"。

1967年"建国纪念日"的规定可以说是具有国家神道死灰复燃象征性质的事件。1873年为"记纪神话"中的神武天皇即位而设定的"纪元节"(2月11日)可以说是作为国家神道最核心内容的皇国史观的象征性节日,因而日本战败后被明令取消。然而自20世纪50年代就由诸多右翼团体结成"纪元节奉祝会",要求恢复"纪元节"。这一要求虽然遭到日本社会的普遍反对,但右翼团体并不甘心,经多年四处活动,终于在1967年由佐藤荣作内阁强行通过,将2月11日定为"建国纪念日",恢复了曾

---

① 参见王希亮:《战后日本政界战争观研究》,社会科学文献出版社2005年,第106—118页。
② 李秀石:《从神道国教化到靖国神社——论日本近现代史的祭祀政治》,《世界历史》1998年第6期。

作为国家神道象征性节日的"纪元节"。由此,不难看出试图复活国家神道思想的政治势力已经不容忽视。

进入21世纪,留恋战前大日本帝国的"爱国者"势力有增无减,他们不但拒绝反省战争罪行,甚而重温战前的皇国之梦。扶桑社出版的《新历史教科书》(市贩本)作为新世纪"爱国者"的先导,已经表露出重建战前神国史观的意向。该书先是做出诱导:"在中国和日本,都没有记载大和朝廷始于何时何地的当时的记录。但是《古事记》和《日本书纪》留下了如下的传承。"①之后便堂而皇之地大谈"记纪神话"中天照大神及神武天皇统一日本成为初代天皇的故事。人们不会忘记,二战前日本的历史教科书甚或日本学术界都是以所谓的神武天皇统一日本的公元前660年为日本皇国历史开端的,法西斯主义理论家大川周明更是将其著书直接名曰《日本二千六百年史》。由此可以窥见,《新历史教科书》作者以神话传说入史的"曲折叙述",是要告诉日本国民大和朝廷起源于天照大神和神武天皇,这不能不令人联想起战前充斥神国史观的日本历史教科书。

近来更有一批右翼政要成为公开的"爱国者",他们似乎在效仿当年颠倒历史的复古神道学家们,肆意否认日本曾经犯下的诸多反人类的战争罪行。他们把为侵略战争而战死的"靖国英灵"看做是日本的民族英雄,参拜战前国家神道心脏的靖国神社是他们否认侵略战争的"标准动作"。很明显他们已经下定决心,宁可与反对参拜的包括美国在内的国际舆论为敌,也要召回战前日本臣民的"爱国心"。更有甚者,2013年4月28日在日本主权恢复日纪念仪式上,日本内阁首相及与会者齐声高呼久违近七十年的"天皇陛下万岁"的口号,就连在场的明仁天皇也颇显惊愕。人们不得不发问,这是否是在引导当代日本民众重温国家神道精神统治下的"大日本帝国的辉煌"。这股社会逆流

---

① 西尾干二等:《新历史教科书》(市贩本),扶桑社2001年,第36页。该书出版当时就遭到学者们的批判,但批判大多聚焦于该书的近现代部分,而忽略了该处的表述。

无异于在试演国家神道的历史悲剧,不得不令人回忆起日本战败初期美国学者的警示:"在1945年的时点上,即使军国主义日本能够被征服,但支撑它的神道(此处指国家神道)依然是没有被征服之敌。"①看来,该论断至今依然有效。

行文至此,需做几点提示,或可为史鉴。

首先,需要指出的是,扭曲神道完全背离了传统神道文化精神。正如有日本学者指出:"有一种对被说成是日本民族精神之类的观念,赋予'神道'之名的倾向,其实完全是'神道'一词的滥用。"②具体而言,复古神道背叛了积极摄取外来思想文化的融合神道的开放精神,从而变得与邻为壑,甚至与邻为敌;而国家神道与通过敬拜"八百万神"以祈福免灾求得身心健康的平和的民间神道信仰背道而驰,成为禁锢民众精神生活实行愚民政策的工具、蛊惑对外发动侵略战争的精神毒素。据此,需要人们把扭曲神道与日本传统神道区分开来。

其次,扭曲神道是对学术的亵渎。历史上复古神道者们的诉说似乎在不断加强学术语境,诸如本居宣长的"索引考证"之法和佐藤信渊的"运动定例"之说等等,但是由于他们的思想植根于极端民族主义的扭曲神道,因而注定了他们的结论总是与科学的理论逆向而行。幕末维新时期思想家佐久间象山对本居宣长所著《古事记传》所作的评价,有助于我们理解国学家们的复古神道理论:"此书大意,怪妄迂谬,固无足论。予尝谓,孟子所云,诐淫邪遁,蔽陷离穷,宣长实兼之矣。然于名物训诂,引征该备,虽稍失之炫博,而本本原原,具有根据,亦非他人所及。"③简而言之,国学家们对古代日本名物的训诂考据无人可比,但所论"大意"则皆不足取。正是复古神道的"大意"阻断了他们正常的学术思维,不但抵消了"名物训诂"的成果,而且亵渎了学术,使他们的"学问"最终被其后人

---

① 罗伯特·保罗著、生江久译:《对神国日本的挑战——美国占领下的日本再教育与天皇制》,第5页。
② 津田左右吉:《日本的神道》,商务印书馆2011年,第7页。
③ 佐久间象山:《跋古事记传》,《日本思想大系55》,岩波书店1971年,第422页。

异化为对外武装侵略的精神工具。可见,本应受社会尊崇的精英学者与极端民族主义的苟合,将会给人类造成更加恐怖的灾难。它告诫知识界须臾不可忘记这一惨痛的历史教训。

再次,扭曲神道从近世的复古神道到近代的国家神道一脉相承,不断聚积唯我独尊和敌视别国的"精神能量"。国家神道就是复古神道的国家意识形态化和基于"佐藤文本"的暴力民族主义的行动化,不仅具有复古神道的编造性和欺骗性,而且还凸显出其奴役性和残酷性等诸多邪恶特性。日本臣民被这种邪恶能量剥夺了自然人性,被模造成天皇制军国主义国家的精神奴隶和战争工具。这段历史在告诫人类,放任极端文化民族主义恶性膨胀会造成多么可怕的结局。这也正是笔者关注战后国家神道动向的原因。

最后,国家神道的反近代性。国家神道虽然形成于近代,但却没能与近代思想与时俱进,反而与历史进步渐行渐远,并决定了日本天皇专制国家政治反近代的封建性。可以说,诸如神国思想、国权思想、大和魂、法西斯主义、爱国心(热爱皇国)等极端民族主义的"日本精神",都离不开国家神道的支撑。国家神道反历史、反人类的反动性,注定了"大日本帝国"非但不可能实现其"大东亚共荣圈"和"八纮一宇"的迷梦,反而因为疯狂的侵略战争而丧失了明治以来现代化的所有成果。笔者之所以提出这个问题,是因为生活在21世纪今天的日本右翼群体和右翼政要们也正在逆历史潮流而动,使人们感到战前国家神道统制下的日本形势已经隐约可见。上述右翼势力不仅试图召回国家神道精神而与邻为敌,更不遗余力地要修改和平宪法,推行军备扩张政策。这一切必须引起人们高度警觉,警惕国家神道统制时代日本帝国实施对外暴力扩张的历史悲剧的重演。虽然有战前的前车之鉴,而且尚不能断定今天的日本是否会回到战前,但为杜绝历史灾难的重演,不但日本国民不应忘记那段惨痛的历史记忆,整个人类都应牢记那场空前的历史浩劫。

至此,笔者以日本学者的真情劝诫来结束议论:"对于错误的思想应当探明其错误的根源……为什么会犯这样的错误？只有进行这种深入的探究,才能真正地以史为鉴。"①

二、佛教历尽磨难

佛教自从6世纪进入日本,始终与政权关系密切,也是日本人重要的精神依托,这可以从古代神道对佛教的依附关系得到证明。佛教虽然在战国时期曾一时成为织田信长的死敌,但是随着丰臣秀吉逐渐统一日本,佛教也重新屈从于世俗政权。"1595年由天台宗、真言宗、律宗、日莲宗、净土宗、一向宗、五山等各派百名僧人参加的大佛殿千僧供养仪式,意味着秀吉对整个佛教界统治权的确立。"②及至江户幕府建立,1635年幕府设立寺社奉行,管理寺社一般行政事务和裁判等,并监督僧尼和神官,将佛教和神道纳入了幕府的行政管理体系。此外,为了剿灭天主教的精神影响,开始借助佛教势力,甚至把佛教寺院当作幕府的一级行政单位。这就是所谓的檀家制度,即所有家庭必须要与特定寺院结合在一起,各寺院要拥有一定数量固定的檀家(施主),檀家要承担檀那寺(即檀家们归属的寺院)的经济和礼仪等方面的义务,同时也有任免住持等权利。檀那寺俨然是幕府行政体系中的基层单位。当时为证明自己不是天主教徒或者已经放弃天主教信仰,必须得到寺院僧侣的花押证明。1664年又建立"寺请制",即凡结婚、供职、旅行、转居等必须要有寺院颁发的非天主教徒的证明。简而言之,整个江户时代幕府对佛教采取的是利用、限制和统制管理的政策,甚至严禁佛教界在佛学论争中发表"异说",尤其严禁破坏其他宗派秩序的理论。佛教也乐得趋附于幕府的管理体制,以换取自身的安定。由于佛教完全依附于政权,因而迅速走向世俗化、伦理化,成为幕府的政治工具。总之,"可以说在日本从未有过

---

① 铃木贞美著、魏大海译:《日本的文化民族主义》,译序第5页。
② 川崎庸之、笠原一男编:《宗教史》,山川出版社1985年,第281—282页。

脱离世俗的宗教……佛教反映出对世俗的关心"。① 本来日本文化中的宗教信仰心就很弱,加之幕府的"宗教行政化"政策,可以说江户时代几乎是没有宗教的时代,至少是很少迷信的时代。

至于江户时代佛教本身的发展,主要体现在各宗派复兴戒律和护法思想,因而于佛学理论方面的建树远不如镰仓时期的佛教。

1. 废佛毁释析

明治时代之初,佛教即遭遇突如其来的"废佛毁释"风潮,险些灭亡。王政复古是明治维新的一个关键性的口号和政治理想,天皇不仅要做政治上的统治者,还要在精神上取得全体日本人的认同。皇室要恢复绝对权威的有力精神武器自然是神道,但由于中世以来皇权的衰微,神道在历史上已经与佛教融为一体。因而要保持神道的神圣性与纯洁性,就必须剔除佛家的影响。由此,江户时代在野的平田笃胤的弟子们便派上了用场。平田派力挺神道国教化,即把复古神道作为国家的最高信仰,并提出天皇神圣化、恢复国家祭祀、建立祭祀天皇和祭祀忠君爱国者们的神社、强化国家与神道的结合、由国家强制推行神道信仰等一系列神道国教化的计划②。如此一来,佛教便在劫难逃了。

1868年3月17日,神祇事务局发布的"神佛分离令"称:"此番于诸国之大小神社需废止神佛混淆之现状,别当(即神宫寺)社僧之辈应还俗而转为神主、社人等称号,以仕神道……有不能理解者,令其退出(神社)。"③由此排除了佛教在神社中的势力,同时也成为明治初期废佛毁释运动的导火索。4月24日,太政官又下令取消八幡宫中八幡大菩萨的称号,而尊称为八幡大神,不久又发布社僧(神社里的僧人)还俗令。

虽然明治政府的意图在于神佛分离,并非要废除佛教,但是各藩出

---

① 日本文化论坛编:《日本文化的传统与变迁》,新潮社1958年,第112页。
② 川崎庸之、笠原一男编:《宗教史》,第343页。
③ 笹山晴生等编:《详说日本史史料集》,山川出版社1994年,第248页。

于各种不同目的顺水推舟将神佛分离政策作为政府排佛的信号,开始了排佛行动。明治政府起初对此采取放任态度,致使排佛活动不断升级,到 1870—1871 年达到高潮,许多地方捣毁、没收佛寺和佛像,还有许多佛教寺院因神佛分离而荒废。比如,南部七大寺之一的兴福寺自古作为藤原氏的氏寺始终不衰,同时与藤原氏的氏神春日神社有关系,为此兴福寺全体僧人不待官吏强制,主动提出还俗改为神职,得到批准。于是僧侣消失,寺院塔堂委托西大寺、唐招提寺管理,诸多下属寺院、殿堂被毁,五重佛塔以 250 日元被卖掉,塔内的经文、家具等全部散失。[①]萨摩藩废佛毁释之严厉居全国之首,藩主任命专职官吏实行废佛行动,尽废寺院 1066 座,令所有僧侣 2964 人还俗,年轻者服兵役,老者为教员,寺禄充军费,梵钟佛具变兵器,令所有藩民弃佛教归神道,萨摩藩在形式上废绝了佛教。还有不少藩虽程度不同也开展了废佛毁释活动。日本佛教文化遭受了史无前例的浩劫,被称为佛教柱石的福田行诚甚至担心佛教会就此灭绝:"现下远近藩县破坏无住持之寺院……僧侣也喜得还俗,虽无废佛之命,却已近三武[②]之轨,盖本邦佛教有史一千四五百年来,不曾闻如是之令,窃以为自今五七年后当有废绝敕令出。"[③]资深佛教人士已经到了担心天皇要废绝佛教的程度,佛教确实遭受了灭顶之灾。

其实,早在江户时代各类知识人就对佛教多有微词。如前所述,从藤原惺窝、林罗山开始就曾对佛教的虚无进行过尖锐的批判,后来又有国学家们对佛教的否定。水户藩甚至在天保改革中断然对寺院进行整顿,或废除或合并。还有诸如怀德堂等实学家从社会经济的角度提出,僧侣们的寄生生活是社会经济的沉重负担。这些批判并非捕风捉影,整体看德川时代的佛教在幕府的卵翼下,确实缺乏进取心,甚至趋于堕落。僧侣们有幕府的保护、檀家的布施、寺院领地的收入,因而许多僧侣不劳而获衣食无忧,甚至贪恋女色,颇遭世间指责。以致于僧侣暗通游女等

---

① 柏原祐泉:《日本佛教史·近代》,吉川弘文馆 1990 年,第 18 页。
② 中国历史上镇压佛教的三位皇帝:北魏太武帝、北周武帝、唐武宗。
③ 开国百年纪念文化事业会:《明治文化史 6》,洋洋社 1954 年,第 163 页。

情节成为江户文学的重要题材。基于上述佛家弊病,在江户时代"废佛论"始终存在,只是由于幕府的保护,僧侣们的社会地位还算安定。但是,德川幕府的倒台,使得佛教失去了政治上的依托,成为日本社会中人人可欺的"弱势群体"。再加上明治政府要借助神道来树立天皇的绝对权威,而神道千余年来始终受制于佛教,此时正是翻身的大好时机。由此,佛教同时失去了政治靠山和精神权威。在这样的背景下,长时间积累起来的仇佛情绪终于总爆发。

然而这场废佛毁释的过分行动,并没有反映普通百姓们的心声,恰恰相反,引发了明治初年多次农民的武装反抗。与此同时,在佛教界也出现了分化,一些浅薄俗僧迅速还俗,甚至出现佛教徒反戈一击积极参与废佛毁释活动的情况。这一切引发了不少地区实行武力对抗废佛毁释的"护法运动",虽然这些起义被一一平息或镇压,而且有佛教僧人或被处死或判以徒刑[①],但是也使新政府认识到废佛毁释给社会带来的恶果。

与上述武装护法并行的是非暴力的思想护法运动的展开。佛教界在经受剧烈动荡中,自身也开始反省、觉悟,为自身的生存展开了护法思想运动。其中引人注目的是整个佛教界结成了"诸宗同德会盟",先是1868年12月四十余所寺院的僧人于京都兴正寺集会,之后频繁聚会,时而也在东京和大阪召开会议。这种集会在江户时代是不可想象的,如此频繁集会也如实地反映了佛教自身的危机意识。会盟涉及护法的焦点问题,诸如:王法佛法统一、基督教是日本国害、研习本宗教典、神儒佛三教一致教化国民、一洗本宗旧弊等等。[②] 可以说上述护法之论,是佛教面对危机局面所作出的较全面的反应,显示了佛教界在反洋教的基础上与新政府及神儒联手,为教化国民服务的策略,并且决心一洗江户时代旧弊。这便是近代之初,佛教为自己在社会中的角

---

① 柏原祐泉:《日本佛教史·近代》,第26—33页。
② 柏原祐泉:《日本佛教史·近代》,第21页。

色所做的定位。

　　在上述护法运动的压力下,新政府还看到,由于江户时代幕府已经把百姓与寺院结成一体,所以各地极端的废佛行动势必会造成社会的剧烈动荡。又由于在废藩置县之前,明治政府在推行神道过程中并不顺利,因而开始考虑佛教的利用价值。明治政府经过几年的尝试,逐步认识到废佛的社会危险性,与其冒此风险莫如把从神道独立出来的佛教置于统治体制之内,使其服务于天皇。出于这种考虑,1871年太政官阐明了"滥废合寺院非朝廷本义"①的方针。及至1871年4月,开始实施废藩置县后,中央政府的方针得以逐渐传达到地方行政,不少被废除或合并的寺院,逐渐得到恢复。

　　明治政府对佛教态度的缓和与上述的武装对抗废佛毁释和佛教会盟的策略有着直接的关系,尤其是后者起着至关重要的作用。实际上佛教界的上述应对策略与江户时代佛教的社会处境并无二致,只不过是在失去德川幕府旧主人之后,又投靠了明治政府这个新主人,并传达了要向支持幕府一样协助新政府承担起社会教化工作的信息。明治政府也意识到废佛毁释运动是一次历史性的错误,于是对佛教政策作了及时的调整。1872年神官和僧侣都被任命为教导职(教部省属下,担任思想教化的官职),以担当教化国民的任务,从此佛教僧侣获得了与神道神官同样的地位,但同时佛教也正式被编入了明治政府思想统治体系。佛教方面也主动与神道合作教化国民,1872年4月,佛教各宗于京都南禅寺会合作出如下决议:"神社佛殿互通,神职缁流同心协力布教,宗旨相符,神佛皆通大道,岂不有益于民?"②值得注意的是,1871年明治政府虽然公布了新的户籍法,檀家制度退出历史舞台,但实际上原来的寺院与檀家的关系几乎没有发生变化,这也是近代以来佛教存在民众之中的根基。

---

① 开国百年纪念文化事业会:《明治文化史6》,第174页。
② 柏原祐泉:《日本佛教史·近代》,第37页。

不过,这场文化浩劫,造成了大批佛教文化遗产遭受毁坏,至今令人扼腕喟叹。

2. 启蒙与国粹

早在明治初年,明六社成员森有礼、西周等人就曾宣传信教自由,佛教界也有考察过欧洲宗教状况的岛地默雷提倡信教自由、政教分离,并提出"神道非宗教论",即日本国民无论信奉哪种宗教都是自由的,而敬神是国民的义务。但是,岛地默雷的信教自由论中却包含着排斥基督教的内容,认为基督教是"国家之祸害"。这种"基督教国害观"反映了当时整个佛教各派的共同意识。佛教大难不死之后,在佛教的启蒙运动中出现了一个结社办刊的高峰。

明治初年到19世纪80年代后期与佛教有关的主要结社和杂志[①]

时间	主要参与人	组织名称	杂志名称
1874	大内青峦、岛地默雷等人		《报四丛谈》
1875	大内青峦	明教社	《明教新志》
1884	岛地默雷、井上圆了等	令知会	《令知会杂志》
1885	福田行诚、释云照等	能润会	《能润会杂志》(1889年更名为《佛教》)
1886	真宗系统学校学生	反省会	《反省会杂志》(1899年更名为《中央公论》)

《报四丛谈》的宗旨是报四恩,即父母之恩、圣贤之恩、四海兄弟之恩和国君之恩(也就是佛教讲的父母、三宝、众生、国王四种恩德);《明教新志》宣传佛教精神、自由平等思想、国家主义的三者结合;《令知会杂志》提出引导世间文化走向开明之极点是佛教的任务;《能润会杂志》的目的是扩张佛教之真理,以祈求日本国之文明进步和国民之幸福,为此僧侣

[①] 据柏原祐泉:《日本佛教史·近代》,第60—62页做成。

应积极与文明开化风潮相协调,以此来显现佛教的时代性;《反省会杂志》主要是从事矫正风俗的宣传。此外,大内青峦还加入1874年9月由小野梓、马场辰猪、口田卯吉等人创办的《共存杂志》,从佛教的立场论证人民的权利与义务、人类共存等观点。

这个时期佛教还向海外派遣留学生,表现了自身的进取性。19世纪中叶在英法等国兴起了搜集、研究梵文和巴利文经籍的风潮,这对日本佛教界产生了巨大的刺激,各宗派纷纷派员赴欧美取经。如:真宗西本愿寺1872年1月派岛地默雷等巡游欧美,分别于1873年和1874年归国;东本愿寺于1872年9月派法嗣现如等赴欧洲,翌年7月回国。此后,1876年东本愿寺又派南条文雄、笠原研寿赴英国专门学习梵语,而西本愿寺分别于1875年派今立吐醉赴美、1881年派北畠道龙赴欧美、1882年加派藤枝泽通和藤岛了稳赴法国、菅了法赴英国。其中藤枝在法国滞留约10年、菅了法滞英两年半学习梵语,藤岛在法国9年,用法语从事日本佛教的介绍。这些归国留学僧,在校勘出版佛经等领域,为日本近代佛学研究留下了诸多业绩,南条文雄除佛教研究业绩外,还就任真宗大学(后来的大谷大学)校长①。总之,这时期的佛教僧人留学潮为近代日本佛学研究和佛教的发展做出了重要贡献。

由上述可见,从废佛毁释灾难中苏醒过来的佛教,为自己的生存展开了进取革新运动,并向社会宣传佛教也参与到文明开化中来,显示出积极向上的姿态,同时也在实现佛教向近代的转型。

19世纪80年代后期,是日本国家权力的确立时期,随着《大日本帝国宪法》和作为国民精神和国民道德准则的《教育敕语》的颁布,形成了对此前欧化风潮的反动。之后,佛教界虽然仍在进行结社活动,但之前的启蒙性质逐渐褪色。岛地默雷、井上圆了与三宅雪岭、志贺重昂等人结成政教社,发行机关刊物《日本人》;以大内青峦为中心的一批僧俗两界同道结成"尊皇奉佛大同团",发行《大同新报》杂志,旨在以尊皇奉佛

---

① 柏原祐泉:《日本佛教史·近代》,第75页。

的形态实现佛教与国家主义的结合。

这一时期佛教界的主要精力不集中在"破邪显正"运动。所谓"破邪显正"即是在反对基督教的基础上显示佛教的"正道"。1873年明治政府被迫废除对基督教的禁令,明治宪法规定的信教自由又进一步承认了基督教的合法地位,实际是把基督教与佛教放在了同等的位置。这意味着佛教好不容易与神道委屈言和,又迎来了基督教这个新的竞争对手。

真宗大谷派僧侣井上圆了(1858—1919)可以说是这个时期"破邪显正"的旗手,他于1885年毕业于东京大学哲学科,对西洋哲学也颇有研究,著述多达百余部。井上代表作《真理金针》《佛教活论》(由《佛教活论序论》《破邪活论》《显正活论》《护法活论》四编组成)颇具影响力。井上圆了从哲学的角度对佛教进行了诠释,并证明佛教可对国家发挥作用,同时认为基督教是反哲学、反国家的,佛教能经得住哲学的批判所以是真理,而基督教与真理不合所以应该排斥。1887年井上圆了创立哲学馆(今东洋大学),教育内容是囊括神、儒、佛的东洋学,校训是"护国爱理"。然而,井上排斥基督教并不是要排斥西洋思想,这也可以从他于1903年为祭奠世界哲学四圣(释迦、孔子、苏格拉底、康德)开设哲学堂得到证明。

为向政权靠拢并争取民心,佛教各派在甲午战争中积极配合战争,进行从军传教,慰问士兵和野战医院伤员,以各种方式祈祷战争胜利等等。可以说,佛教在完成了与时代相适应的过渡期后,逐渐失去了启蒙时代的近代性,转向狭隘的国家主义。另一方面,面对基督教在日本兴办的慈善事业尤其是在教育等领域的影响,佛教也不得不被迫跟进,诸如设立孤儿院和慈善医院、从事防止溺婴运动、设立感化院、兴办护士培养所等等,志在扩张佛教的影响。

3. 新佛教运动

自明治以来,佛教界始终把"护国即护法"作为自己的护身符,但是到19世纪末20世纪初,随着日本开始进入帝国主义阶段,佛教界开始出现要求脱离政权甚至与帝国主义相对峙的诉求。

1899年由在家佛教徒组成佛教清徒同志会(后更名为新佛教徒同志会)并发行《新佛教》(1900)杂志,提倡"新佛教运动"。《新佛教》创刊号就明确地提出以实行新佛教为己任,对当时的佛教界状况进行了批判,认为:佛教教团是旧佛教,习惯腐朽、形式陈旧,仅教人超自然的幽远和无常观而与人生本义和人类正义毫无关系,思想陈旧等等。

新佛教运动提出六条纲领[①]:

1. 以佛教的健全信仰为根本意义;
2. 振兴、普及健全的信仰、知识及道义,致力于社会的根本改善;
3. 主张对佛教及其他宗教进行自由研讨;
4. 期待根除一切迷信;
5. 不认为有必要保留传统的宗教制度及仪式;
6. 拒绝一切政治上的保护和干涉。

上述纲领与"旧佛教"形成了鲜明的对照,透露了新时代清新的气息,并以此来尝试否定旧佛教,树立新佛教。他们开展了诸多社会活动,诸如:与旧佛教展开论争、反对对宗教实行政治干预、针对日俄战争发表厌战言论、甚至与一些基督教教派接触,与以堺利彦为中心的平民社交往、参加废娼运动等等。新佛教运动对佛教的现代化产生了很大的影响,但是也因为这些激进的主张,《新佛教》遭到政府封杀,新佛教运动同仁也遭到了来自佛教教团的激烈迫害。

与新佛教运的社会实践相对,同时出现了从佛教自身追求树立近代信仰的"精神主义"运动,其指导人物是崇尚西洋哲学而又亲身苦行禁欲生活的真宗大谷派学僧清泽满之(1863—1903),其思想载体是1901年创刊的《精神界》。《精神界》第一号上就对"精神主义"作了诠释:"作为吾人处世之完全立脚点,依存于'绝对无限者',而得到此立脚点的精神发达的途径,

---

[①] 铃木范久著、牛建科译:《宗教与日本社会》,中华书局2005年,第70页。

谓之'精神主义'。"①这里的"绝对无限者"指的是信仰对象的神圣,在佛教即意味着佛、如来。精神主义主张自身的信仰经验,强调要从现实的烦恼苦闷中解脱出来,就需要通过精神内省的途径来完成,无需为向外追随他人而烦闷忧苦。自身精神不足时应求之于"绝对无限者",而不应该求之于"相对有限的"人或物。"精神主义"既是生活在通过自身与"绝对无限者"相对应而生成的内在充实的精神世界。简而言之,既是在自身有限的精神中开发无限的大境界,这是一个不断修行的结果。

上述理论属宗教性的信仰学说,过分强调了主观的绝对性,似乎显得过于消极。不过,如果观照当时日本社会的状况不难发现"精神主义"的创造性和独立精神。首先,"精神"一词是取自西洋哲学中的概念,但是其思想基础却是东洋的佛教,即从哲学复归宗教。由此,与"破邪显正"相对,迈出了佛教与西洋哲学对话的一步。清泽满之虽然以40岁生涯早逝,但他的思想为日本佛教界和思想界留下了重要的遗产,对其后创立日本近代哲学体系的西田几多郎产生的影响尤为深刻。其次,当时国家主义发展趋向军国主义化,佛教教团也大多依附于权力而被编入国家主义体制之内,一些有独立思考精神的知识分子深受压抑。而"精神主义"的特征是与教团佛教、学问佛教、社会佛教不同的精神上的"信仰佛教"。这种信仰并不是消极保守的,而是针对垄断资本主义和帝国主义时代所产生的残酷的社会弊端给人们带来的烦恼,即针对近代人的近代烦恼而提出的精神解脱的途径,开拓了一条挣脱政治束缚的近代宗教信仰的路径。因而,"精神主义"是对佛教走向政治化的国家主义的抵制,捍卫了佛教自身的尊严,显示了思想自卫、信仰自救、精神独立等文化意义。

与"精神主义"一起探索近代佛教进路的还有:近角常观(1870—1941)的求道学舍发行的《求道》,提倡实践信仰的"求道运动";伊藤证信(1876—1936)刊行《无我之爱》杂志,倡导"无我之爱"运动等等。此

---

① 柏原祐泉:《日本佛教史·近代》,第115页。

外,前述新佛教运动展现了佛教积极进取的一面,佛教中部分人士积极地研究社会问题,开始接触社会主义运动,新佛教教徒同仁与堺利彦、幸德秋水等平民社成员保持着密切的关系。1910年政府以"大逆事件"为由,镇压社会主义运动,被执行死刑的幸德秋水等"十二烈士"中就有僧侣内善愚童表现得极为慷慨,同时还有两名僧侣被判无期徒刑。

然而,这些运动都没能阻止佛教与国家权力的结合。1904年日俄战争爆发,神道、佛教、基督教三教代表1500余人参加了大日本宗教大会,分别派遣随军布教使和慰问使。佛教各宗共派遣布教使60人,慰问伤员、举行招魂法会等等。日俄战争后,教团佛教堕落为国家权力的御用宗教,而且成为抑制社会主义等进步势力的工具。1911年政府明确强调宗教在抵制"危险思想"对策中的作用。佛教方面,在出席1912年由内务大臣主持的三教会议上作出决议:"吾等各发挥自身教义,扶翼皇运,以图国民道德不断振兴";"吾等融和政治、宗教及教育,以资伸张国运。"[1]1904年,日本佛教各宗有寺院72 002所,住持53 110人,檀家28 131 655人,普通信徒19 036 575人。[2] 这些数字表明,佛教在下层群众中具有相当广泛的基础,由此也可以知道佛教教团的政治倾向将对日本政治,尤其是在对外战争动员中将起到至关重要的作用。

由上述可见,明治佛教分离为两个发展方向,一是以佛教教团组织为主导的通过与国家权力妥协而维持佛教的势力;二是以知识层为主的试图通过脱离政权而实现近代佛教的独立,而最终后者的呼声几乎被前者淹没。

---

[1] 川崎庸之、笠原一男编:《宗教史》,第355页。
[2] 杨曾文:《日本佛教史》,浙江人民出版社1995年,第586—587页。

三、基督教的悖论

明治政府成立之初,完全继承了作为德川幕府"祖法"的严厉禁止基督教的国策,只因列强强硬要求取消对基督教的禁令,明治政府才被迫承认基督教在日本的合法性。这并不愉快的序幕注定了日本基督教会的坎坷命运。

1. 初传日本的磨合

大概是因为美国初任驻日本总领事哈里斯是虔诚的基督徒的原故,他没有忘记在 1858 年《日美修好通商条约》中写入了旅日美国人可在居留地设置礼拜堂的条款。于是翌年便有约翰·里金斯(John Liggins, 1829—1912)、詹宁·威廉姆斯(Channing Williams, 1329—1910)、杜安·西蒙斯(Duane Simmons, 1834—1889)、詹姆斯·赫本(James Hepburn, 1815—1911)等一批传教士来到对欧洲人来说阔别 220 年的日本。这些传教士具有很好的教养兼一技之长,比如赫本就是医生兼语言学家,边传教边行医,还完成了日本第一部日英词典《和英语林集成》①的编纂,并致力于女子教育活动等等。传教士们分别于 1862 年在横滨、1864 在长崎建立教堂。实际上,此时幕府并没有解除对基督教的禁令,但是这些传教士已经开始传教了。到 1865 年作为传教士日语教师的矢野元隆成为日本历史上第一位新教教徒,这让赫本万分激动:"着手传教以来仅仅四年,在这严禁基督教之地,迎来了最初的受洗者。"②

更令传教士们欣喜若狂的是,1865 年天主教传教士在长崎新建的大浦天主教堂献堂式上发现了浦上村的众多信徒竟然是在德川幕府禁教时教徒们的后裔,而且代代相传,作为地下教徒从未改变过信仰。然而,

---

① 收入日英词条 20722、英日词条 10030,词典中使用的罗马字拼写法(类似于汉语拼音)一直沿用至今。
② 佐波亘编著:《植村正久及其时代》第一卷,教文馆 1937 年,第 371 页。

传教士们的狂喜换来的却是地下基督徒们的灾难。毋庸赘言,这件事对幕府来说并非好消息,在幕府看来,这些潜伏的基督徒是罪犯。尤其信徒们公然拒绝佛教僧侣们参加他们的安葬仪式,同时拒绝向寺院捐助,而在前述檀家制度中这是佛教最基本的权利。幕府终于"忍无可忍",开始逮捕并迫害教徒。

号称维新的明治政府完全继承了幕府的禁教政策,1868 年 3 月 15 日,太政官布告全国的《五榜告示》之第三条就明确宣布"严禁天主教",对教徒的迫害程度有增无减。明治政府为根除基督教,逮捕并强迫信徒弃教。面对迫害出现了不少以身殉教的基督徒,这便更加引起明治政府的警觉。"更遣木户准一郎(木户孝允)以教囚士民三千七百有余人迁移至诸藩,加以告诫,令改其信仰。教徒皆不畏刑,无一人服从告诫者。"①

明治政府对基督徒的迫害,引起了欧美舆论的抗议,然而新政府的回答是:不论这些人是否为基督教徒,仅仅是其为害乡里之恶行就该转居。被指定接收这些村民的 21 个藩为取悦新政府也使尽招数迫使这些信徒弃教,甚至使用了五花八门的酷刑②。之后,岩仓使节团游访欧美时,屡屡遭到各国的抗议,明治政府被视为无视人权的野蛮人,根本不可能谈判修改条约问题。迫于来自欧美各国的压力,明治政府不得已于 1873 年停止对教徒的迫害,撤销了禁教的告示,部分浦上村民也得以回到自己的故乡。至此,自丰臣秀吉开始的近三百年的禁教政策自然解除。

明治政府仇视基督教的政策是一个致命的历史错误,从内政和外交两方面看都是一大败笔。本来明治政府试图像江户幕府初期那样通过镇压天主教而稳定自己的政权,然而却忽视了与德川幕府初期不同的国内外政治形势,开国与禁教两项政策是不可能同时实现的。加之大规模的废佛毁释运动使佛教险些断气,也很难像德川幕府初期那样在信仰领

---

① 大隈重信:《日本开国五十年史》,上海社会科学院出版社 2007 年,第 744 页。
② 开国百年纪念文化事业会:《明治文化史 6》,第 272 页。

域得到佛教全力以赴的支持。

在基督教重返日本的开幕式中,新政府和教会方面都不太愉快,但毕竟还是渡过了艰难的时期。基督教对于明治政府来说是一个很棘手的问题,他们不会忘记西方教会曾经使丰臣秀吉和德川幕府伤透了脑筋,而明治天皇也会因为人们信奉基督而感到酸楚。然而,西方国家又非常看重信教自由,尤其是基督教与西洋殖民者始终合作得很愉快,禁止基督教会被西洋人看作是非开化的民族。明治政府一方面并不喜欢基督教,另一方面又非常重视西洋人对日本政府的评价,这种难言之隐成为挥之不去心理情结,预示着基督教在近代日本的艰难历程。

在解禁之前的1872年,约翰·巴拉(John Ballagh, 1842—1920)就已经在横滨租界地创建了日本历史上第一个新教教会——横滨公会,有后来日本基督教的领袖人物植村正久、本多庸一、奥野昌纲、押川方义等人受洗。明治政府对基督教开禁后,西方传教士纷纷前来日本。1873年又成立东京基督公会、设立日本长老会,之后神户、大阪、弘前(青森县南部)等地也诞生了教会,到1881年教会的势力已经渗透到全国主要城市。为进一步促进传教事业的展开,基督教各教派开始筹划教派之间的合并,比如横滨的基督教公会与东京、横滨的长老会合并,组成"日本一致教会"(1890年改称日本基督教会),并在东京设立一致神学校。

日本初期基督教有一个显著的特点,即大多是旧幕臣和幕末佐幕派藩士,如植村正久、奥野昌纲都是旧幕臣,平岩愃保(1875年入教,曾任日本美以美教会的第二代主教)祖上则是德川家康的侧近旗本(具有讽刺意义的是平岩祖上曾长期担任镇压天主教的官职)。曾经作为"新撰组"成员的结城无二三,失败后加入基督教,终身以传教为业。另一位基督徒今井信郎曾是"巡视组"的成员,与暗杀坂本龙马有关。① "戊辰战争中政府军方面的战死者,被隆重地供奉在招魂社;而在会津若松战斗的白

---

① 新撰组和巡视组都是幕府在幕末时期,于京都设置的治安组织,多为浪人、旗本等剑客,为幕府镇压讨幕派。

虎队、让出江户城后掀起叛乱的江户的彰义队的战死者,就连土葬都不允许,唯饮心酸悔恨之泪。"①佐幕派成为"失败组",这批"时代的弃儿"只能慨叹在变幻莫测的历史风云中站错了队。面对爱憎分明的明治政府,"弃儿们"的个人前途必须随着幕府倒台而重新设计,其中的年轻人或为重新出仕或为海外留学都需要学习西方语言和西洋新知识,于是便聚集到传教士们开设的学塾。可见,这些人原本并不想在研究圣经中度过一生,但是传教士们的热情使他们投入到耶稣基督的怀抱。传教士们将教授英语的学塾扩展为宗教教育和人文教育的机关。

这些政治上失意的教徒们把明治维新看作是物质的、政治的维新,而他们要进行精神领域的"二次维新"。基督教解禁之初,在日本的不同地区很快形成了三个基督教重点地区。

首先是前面提到的横滨派,他们多为传教士学塾出身,在教义上大多遵从正统神学,在组织上主张超教派主义,即不隶属于任何教派,代表人物是植村正久、本多庸一等人。

其次是北海道札幌农学校(北海道大学前身)出身、深受克拉克(首任校长,原美国马萨诸塞州农科大学校长)基督教精神影响的札幌派,代表人物有内村鉴三、新渡户稻造等人。内村鉴三强调独立自尊的日本式基督教精神,标榜"无教会主义",另一方面他又希望基督教与日本传统价值观达成统一。

再次,是聚集在熊本洋学校和新岛襄创立的同志社的熊本派。这一派具有明显的民族主义倾向,具有较自由的神学观,主张建立日本式教会。代表人物有小崎弘道、海老明弹正、德富苏峰等人。

初期基督徒的动机,与其说是发自纯粹的基督教信仰,毋宁说是认为基督教是先进国家的宗教,加之被传教士们个人的人格魅力吸引,基督教一夫一妻、神前平等以及清教徒式的虔诚圣洁的宗教伦理精神也产

---

① 河上民雄撰,杨士敏、周志国译:《平岩愃保及其所处的时代》,载南开大学日本研究院编:《日本研究论集 2008》,天津人民出版社 2008 年。

生了相当的魅力。

在民间对待基督教也分成了两个阵营,首先是以明六社成员为代表的启蒙思想家们大多主张信教自由,对基督教抱肯定的态度。中村正直甚至匿名撰写《外臣某奉天皇陛下之书》,提出:"朝廷既采用欧美诸邦之制度文物,宜公认其文明元形之要素,许以耶稣教之宣传且奖励之。"①首任驻美公使森有礼撰《日本宗教自由论》极力主张信教自由,津田真道也提出雇用传教士以教化国民的主张。与基督教的激烈对抗主要来自佛教,他们在"破邪显正"的同时,还大量重印江户时代神佛两道的"破邪"和"护法"论著。此类批判之声占据了明治初期日本人对基督教态度的主流,在日本民众中影响颇深。看来,明治初年基督教的传教事业不容乐观。

那么,为什么在以西化为目标的文明开化时代,作为西洋文化根基的基督教反而举步维艰?其实这其中的原因也不难理解。首先,自丰臣秀吉以及德川幕府初期以来残酷的禁教政策,使人们对基督教有一种政治恐怖感;又由于近三百年对基督教的妖魔化宣传也造成了民众对基督教文化的抵触。其次,在整个江户时代,檀家制度下的民众生活已经与佛教难解难分,没有对其他信仰的需求。第三,更重要的是明治政府的态度成为传教士们布教事业的瓶颈,明治初年来日本的传教士们比起沙勿略等先辈们,可谓生不逢时。

这一时期的日本人信徒主要发自对传教士人格和基督教伦理的崇敬,而对基督教信仰尚无较深入的了解,甚至对基督新教与天主教的区别也还不清楚。日本信徒们多是从"仁"等儒家思想出发而接受基督教"爱"的理念的。小崎弘道就具有深厚的儒学修养,他后来在提及自己接受基督教的时候曾说过:"不是弃儒信耶,而是为了实现儒家精神才接受了基督教。"②

---

① 大隈重信:《日本开国五十年史》,第 746 页。
②《小崎全集》第 3 卷,小崎全集刊行会 1938 年,第 27—28 页。

2. 基督教的日本化

鉴于传教事业尚不成熟，传教士与早期日本教徒们开始为传教做诸多基础准备工作。1868年由赫本等传教士翻译的《新约圣经》出版，与此同时，传教士们还从事以医疗为中心的救助孤儿和贫病者等弱势社会群体的慈善事业。通过这些活动宣扬了基督教的博爱精神，使日本人逐渐理解基督教，并解除了对欧美人的偏见。传教士们还亲身从事教授西方语言的工作，对此，在大力促进文明开化的明治政府也是欢迎的，因为要学习西洋，首先要学习他们的语言。这些传教士在教学过程中显示出的人格魅力，自然地吸引了众多学生，初期受洗的日本教徒多出自传教士们兴办的"英语塾"。随着时间的推移，这些活动在一定程度上改变了日本人对基督教的传统偏见，再加上欧化流行的大环境，信徒人数在稳步上升，1882年4000人、1885年逾万人、1890年达3.4万人。[1] 传教事业初见曙光。

然而，生不逢时的日本基督教会又遭遇到明治20年代兴起的国粹主义风潮的挑战。虽然《大日本帝国宪法》中规定"信教自由"，但事实上基督教并没能因此而获得稳定发展。1889年第一次大选中有9名基督徒当选为议员，然而这个结果却招来了佛教和国家主义者的攻击。攻击者提出："日本皇室及国家与基督教势不两立、基督教的殖民地主义与平等博爱思想对日本来说是祸害、基督教与科学不一致、基督教的社会伦理与日本不合等等。"[2]这些激烈的言论其实也是对基督教的一种误解，当然也源于佛教与基督教在传教竞争上的冲突，真宗各派成为"破邪"的主力。对此，基督教一方的内村鉴三、植村正久、小崎弘道等纷纷起而反击。而"排耶"阵营开始利用若干事件展开了对基督教人士的人身攻击。首当其冲的是内村鉴三对天皇的"不敬事件"。

---

[1] 川崎庸之、笠原一男编：《宗教史》，第384页。
[2] 川崎庸之、笠原一男编：《宗教史》，第348页。

1891年在第一高等学校任教的内村鉴三因基督教信仰,拒绝向天皇的"御真影"(照片)礼拜,但同时说明自己对天皇的敬意绝不劣于他人。尽管如此,受国家主义影响的学生们却喧闹不已,并传扬到社会。内村极力解释,认为对天皇应该"是行为上的拥戴,而不是仪式上的拥戴"①。然而社会上国家主义者们还是借机围攻基督教,内村鉴三被骂为国贼,"被教育界排斥,殆若流窜之状",最终在身心憔悴之中被免职,开始了生涯中流浪困顿的时期。此即"不敬事件"。事件发生后,植村正久、押川方义等五人要在《福音周报》上刊载《关于不敬事件》的文章,但政府命令禁止发行,明显偏袒攻击内村鉴三的一方。此后又接二连三地出现了所谓熊本英学校事件、山鹿高等小学事件、八代高等小学事件等无聊的、甚至是编造的"不敬事件",甚至基督教会还因拒绝资助神社的祭祀费用而遭受攻击。1892年资深基督徒田村直臣的小说《日本的新娘》(*Japanese Bride*)用英文在美国发表,因主张男女平等接触到日本家族制度的弊端而被认为是"暴露国耻""讥讽同胞",舆论激昂。一时间这些"事件"把基督教推入"邪教"的深渊,甚至称基督徒为"非国民",试图置日本基督教于死地。

以上述系列事件为背景引起了一场备受关注的大论战,这就是御用学者井上哲次郎引爆的"教育与宗教之冲突"。井上早就认定"基督教违背教育敕语精神",终于在1893年发表论文《教育与宗教之冲突》,阐发他的排耶理论。井上首先把矛头指向基督教主张的世界主义,他认为:"一言以蔽之,敕语的宗旨乃国家主义,然耶稣教甚乏国家精神……以至于与敕语的国家主义不相容。"由此导出了第二个论点,认为基督教不忠不孝。"据说保罗主义认为,因为执政者是神授的所以要服从……之所以服从执政者是因为服从神,换言之并不是服从执政者而是服从神……耶稣教徒以保罗之言为最高的忠,因而绝不会对我邦天皇有忠义之

---

① 内村鉴三:《呈文学博士井上哲次郎君之公开信》,载《内村鉴三全集2》,岩波书店1980年。

心。"①对此,基督教阵营的高桥五郎于《国民之友》发表《排伪哲学论》,对井上之说展开激烈的论难,认为井上对基督教的攻击,说到底是历史上攘夷论的翻版,而攘夷论的基础则是东洋劣等感。一时间众多著名学者分属两大阵营加入这次大论争。井上一方有:井上圆了、村上专精、杉浦重刚等佛教界和国粹派人士,基督教一方有:植村正久、小崎弘道、松村介石等。

表面上看,论战双方都是学者且颇有学术味道,其实井上哲次郎的目的是非常明确的,他在 1935 年回忆说:"教育敕语颁布时候,与今日大不相同,基督教徒等采取的是相当危险的态度。"②上述论争实际是井上哲次郎发动的一场普及天皇专制意识形态的政治教育运动,不允许任何思想对绝对天皇制形成丝毫的威胁,而在当时基督教相对而言是最异己的思想之一,遭遇围剿是势所难免了。

其实,基督教主义者们并不反对天皇制,被放在俎上的内村鉴三同样具有强烈的民族主义思想。他曾以"我爱两个 J,JESUS、JAPAN"概括了具有日本民族主义色彩的基督教观。"耶稣加深且纯化了对日本的爱;日本使对耶稣的爱明确化并给予目标,这是当时内村内心的真实写照。"③内村在"不敬事件"中也表露了对天皇的崇敬之心。就连最激烈反击井上哲次郎的高桥五郎也避开了对《教育敕语》的批判,不仅承认《教育敕语》是普遍性的实践道德,并努力论证《教育敕语》是日本的习惯伦理,而基督教信仰与日本的道德伦理绝无矛盾。基督教阵营实际是在宣倡基督教日本化,这种民族主义宗教观和与专制政权的妥协态度也预示了基督教无法逃脱变成天皇制国家体制内宗教的宿命。

双方的论战因政治外交形势的变化,不久便偃旗息鼓。在稍后的中日甲午战争中,东京基督教各派结成同志会,决定从事慰问伤员、鼓励军队、祈祷日本胜利等支持侵略战争的活动。同志会选出本多庸一为本部

---

① 井上哲次郎:《教育与宗教之冲突》,载《明治文学全集 80》,筑摩书房 1974 年。
② 开国百年纪念文化事业会:《明治文化史 6》,第 356 页。
③ 古屋安雄等著、陆若水等译:《日本神学史》,上海三联书店 2002 年,第 18—19 页。

委员长,由山井深梶之助、村井知至、山路爱山、竹越与三郎等人负责向教徒募集资金。本多庸一甚至认为甲午战争是"义战",并鼓吹杀身成仁以报国。日本基督教完全屈从于国家主义和政治权利,本来主张泛爱的基督教,反而成为支持战争的后勤部。

3. 教育与社会主义

教会在日本各地陆续开设了与基督教有关的教育设施,尤其是高等教育和女子教育。这些学校从与基督教会的关系程度可大致分为三类①。

第一类是由传教士们创办的学塾发展而来的纯粹的教会学校,由教会主导经营,校长、教务人员和教师主要由外国人担当。教学科目以英语为主,基本上是脱离日本国情的欧美式教育。由于政府对基督教的戒心,经常会对教会学校施加有形或无形的压力,功利性的人们大多对教会学校敬而远之。教会学校多为神学校和女子学校,诸如青山学院前身的东洋英和学校、明治学院前身的一致神学校等就属于教会学校,这类学校有大额外国人资助的资金。此外,较著名的还有教会在横滨、神户、长崎等地设立的女学院和女子学校。在文明开化时期尤其是鹿鸣馆时代,女学生能写洋文被认为是一技之长,甚至成为一种时髦,所以这类学校也应运而生。可以说在明治时代的大部分时间里,大部分女子学校都是教会学校。不过,由于各种原因,这类学校逐渐脱离教会,到明治后期纯教会学校几乎消失。

第二类是由日本人主持,在旅日外国人士援助下设立的学校,比如同志社大学就是由新岛襄主持,并在国内外资金援助下创立的。虽然经济上基本是独立的,但时常会接受一些教会的援助,因而不时会有外国人参与教务,但后来都逐渐转为由日本人自己管理了。比如前述一致神学校与筑地大学合并后的明治学院,成立之初由赫本任院长,而理事会

---

① 开国百年纪念文化事业会:《明治文化史 6》,第 310—312 页。

14名理事中,有井深梶之助、植村正久等7名日本人。青山学院创立之初也是由外国人担任院长,但后来由本多庸一继任院长。实际上许多名校最初都曾采用这种形式。

第三类学校虽然与教会没有关系,但采取基督教主义教育的内容。严本善治创立的明治女学校是为典型。该校以普遍性的基督教伦理为基本伦理,十分注重与社会生活直接相关的人格教育。教师皆由年轻有为的日本人担任,知名者有:北村透谷、岛崎藤村等。

整体看明治以来日本的高等教育大致有三类大学,即日本国立和公立大学,诸如东京大学、京都大学等;第二类是日本人创立的私立大学,如庆应义塾大学、早稻田大学等;而第三类就是与基督教有关的大学。不可否认,无论是基督教的教育设施,还是基督教学校的英文教育和西式教育理念,对日本年轻一代潜移默化的影响都是不容忽视的,它在日本教育现代化过程中是功不可没的。

除上述正规学校之外,基督教开展了较大规模的慈善教育事业,诸如:1872年天主教修女拉库罗德来日本后立即在横滨创立的女子小学,收容孤儿5000名,并授以文化知识后送向社会。浦上日本人天主教徒1874年创立的浦上养育园也收养并教育儿童数千人。此外,片山潜也在东京神田开设以工人贫民教育和救助为目的的会馆,设有读写会和英语学习会等,还附设了幼儿园;石井十次创建的冈山孤儿院收养救助孤儿数千人;还有野口香幽的保育园、留冈幸助的家庭感化学校等等。上述基督教传统慈善事业,为日本留下了诸多值得纪念的近代社会福利设施。

随着基督教教育事业和社会慈善事业的进展,到明治后期,在日本基督徒中逐渐兴起了被称为基督教社会主义的社会政治运动。面对足尾铜山矿毒事件及不断的罢工风潮,1898年在片山潜、安部矶雄等基督徒的推动下成立了"社会主义研究会",1900年改组为社会主义协会,1901年4月安部矶雄、片山潜、幸德秋水、木下尚江、西川光次郎、河上清六人会合,结成日本最初的社会主义政党社会民主党,并在东京各报刊发表宣言书。宣言书由 8 条理想和 28 条行动纲领组成,其中 8 条理想是:废除人身差别、废除军备、废除阶级制度、生产部门国有化、公共运输部门公有、公平的财产分配、人民有平等获得政权的权利、教育机会均等。行动纲领主要有:缩减军备、减税、禁止使用童工、制定工会法、实施普选、废除治安警察法等等。虽然该党在成立当天就被当局解散,但社会主义运动并没因此而停止。在社会主义运动的初期阶段,除幸德秋水之外,社会民主党的其他成员基本上属于作为基督徒的基督教社会主义者。

日俄战争期间,大部分基督徒认为对俄战争是正义的战争,并派军队慰问使到战地传教。1904 年基督教会与神道和佛教一起参加宗教大会,历数对俄战争的正义性,甚至本多庸一、井深梶之助等日本基督教的高层人士出使欧美,陈述对俄战争不是掠夺性战争。① 在这种情况下,基督教人道主义者安部矶雄、木下尚江再次与幸德秋水、堺利彦等社会主义者结成统一战线,展开了积极的反战运动,作为非社会主义者的内村鉴三也投入反战运动,在报纸上发表激烈的非战言论。反战者们认为日俄两国的帝国主义野心才是战争的根源,因而反对这场战争。在当时日本国几乎举国一致支持战争的形势下,反战者们确实令人敬佩,这不能不说是基督教思想在发挥着作用。然而,随着日俄战争的结束,一时失去了运动的目标,基督徒与社会主义者之间渐行渐远,最终分道扬镳。

基督教社会主义者多是小资产阶级的自由主义者,与幸德秋水等左派本来不属同一阵营,只是在反战的目标上结成了临时统一战线,而一旦这个目标不再成立便失去了合作的基础。之后,木下尚江、安部矶雄等创刊《新纪元》,基督教社会主义者们没能争得工人阶级的支持,仅仅停留在知识分子的社会活动范围内,结果基督教社会主义成为宗教人道主义的代称。不过,也不能忘记基督教人士曾扮演了日本社会主义运动的先驱者,同时也不能忘记日本工人运动的先驱组织"劳动组合期成会"

---

① 川崎庸之、笠原一男编:《宗教史》,第 390 页。

（工会期成会）的主导人物，被称为"工运之父"的片山潜当时也是基督徒。

值得一提的是，基督教还极力宣传女子教育和妇女解放的近代思想。在封建制度下妇女从父从夫，更无社会权利可言，妇女存在的价值只是体现为生育工具。进入明治时代后的日本妇女并没有获得与日本欧化成果相同步的解放，明治政府虽然大力普及妇女教育，但是教育目标仍然停留在贤妻良母主义，对于作为近代女子教育根本精神的妇女社会权利，绝不提及。这种现象遭到了主张男女平等的基督教的批判。基督教提出男女同权，在道德和义务上要使用同一个尺度，如此则可以塑造出更优秀的女性。教会自身对此身体力行，比如1875年在新荣教会允许妇女竞选工作人员的职位；1880年京桥教会选任两名女执事；一番町教会选出与男子同等权利的女长老等等。这在当时基督教以外的日本社会中是很难想象的。此外，如前所述教会还积极开办女学，通过比较可以看出教会女学的办学规模：1887年文省公布的全国国立、公立、私立的女校为17所（其中东京8所），教员136人，学生2363人；据1888年调查，京滨地区基督教女校12所，教员157人，学生1541人。[①] 教会开办的女学不仅为日本女学教育的普及做出了重大贡献，更是充分表现出近代妇女教育的精神和上帝面前人人平等、尊重人权的理念。

除上述诸多正规教育和社会活动之外，基督教还开展了保护妇女儿童基本权利、医疗活动等社会慈善事业，从事废娼和妇女解放运动，宣传一夫一妻制、遵守性道德等近代伦理。这些对社会弱势群体实施的较大规模的慈善救助活动，逐渐树立起基督教的威望，传达了慈善事业的精神理念。

基督教虽曾受到不公正的待遇，但还是努力从事文化教育活动和宣扬基督教社会原理等社会活动，为日本送来了平等博爱等人文主义思想，为弘扬基督教的和平精神开拓出一条较宽阔的路径。作为近代日本

---

① 开国百年纪念文化事业会：《明治文化史6》，第341页。

思想之一的基督教思想,不但为宣扬西方近代社会理念发挥了重要作用,也曾为抵制近代专制主义天皇制做出过重要贡献,在日本现代化进程中产生过一定的积极影响。

基督教重返日本半个世纪后的1909年,新教的信徒达7.5万人①。而16世纪中期开始天主教传教半个世纪后的成绩是信徒75万,这十倍之差显然颇有历史深意。一般认为日本人具有热情吸收外来文化的天性,而从明治基督教的发展史中,人们看到的是步履蹒跚,最终在通过"反省"和基督教的日本化,并自愿匍匐在政府体制内的条件下,才得以勉强生存下来。政府通过对基督教半个世纪的"考验",相信基督教对政府已经变得有益无害,加之教会人士多为坦荡的正人君子,是政府教化臣民的不可多得的工具。1911年神佛耶三教聚集,召开宗教会议,显示了基督教正式与政府合作,同时也表明政府给予基督教与神道和佛教同等的待遇。这既是日本基督教本土化、日本化的过程,当然也是基督教会逐渐与政府靠拢的过程。

(本章第一节原载《日本"扭曲神道"与极端民族主义》,《日本学刊》2014年第4期;第二、三节原载《日本近现代文化史》)

---

① 川崎庸之、笠原一男编:《宗教史》,第388页。

第七章　明治思想与学术

　　幕末开国以来,与传统学问内容完全不同的西洋近代思想学术(这里仅限于人文社会科学领域)在日本迅速传播,这就为日后日本人文社会科学的发展方向提出了诸多需要解决的问题:传统学问与西洋的思想学术体系之间是一种什么关系?二者的区别何在、有无共同之处、西洋学问是否能取代传统、二者各自的命运如何?

　　江户时代学问的基调是儒学,其次是国学和兰学,这一点大概不会有人否认。一般认为儒学与西洋学问是在完全不同的文化社会背景下并行发展起来的两种类型。其实,这种习惯性的看法过于强调了文化间的差异。明治时代初期的西洋学学者们无论是否意识到,客观地讲他们的学问积淀是来自于江户时代中后期的实学。作为西洋学问的特点,从古希腊开始就打下了务实的烙印,而就这一点来说,原始儒家思想的学问目标也在于维持社会的和谐,只不过是后来的宋明新儒学才逐渐在某种程度上使儒学倾向于游离于社会之外的专为道德完善的心性之学。然而,江户时代的日本儒学主张回归原始儒学精神,并把宋明新儒学中基本概念的"理"拆分为"道理"和"物理",后者区别于儒学中的道德学说和"心"的学问,被称为实学。其实"道理"也并不是完全脱离社会的空论,而是立足于寻求治理社会之"道"。总之,从实学的目标而言,到江户时代末期,趋向实学化的日本儒学思维方式成为较容易地接受西洋近代人文科学的基础,这也正是今天的日本文化中仍然牢固地保留着儒家思想的一个最根本性的原因。

当然,也应该看到儒学毕竟是产生于封建社会的学问,它要解决的问题与近代社会不同,因而其学术语境也与近代学术大相径庭。面对近代社会出现的种种问题,儒家学说就显得隔靴搔痒,力不从心。另外,儒学还有一个致命的弱点,即学科的混杂性使自己难以适应近代社会的需求。传统学问一般被分为"经"和"史"两大范畴,而前者属于广义的哲学,虽然涵盖了政治、经济、法制等诸般学科的内容,但从没有将他们完全分离成若干独立的学科。为克服儒学的这些弱点,明治时代开始了"学术更新"。

还有一点需要留意,那就是江户时代兰学的发达也为明治维新后日本人文科学的发展奠定了一定的基础,尤其是幕府末期蕃书调所的洋学家群担当了移植西洋学术的历史性任务,为明治初期日本"学术开国"奠定了重要的基础。

一、政治学与社会学

1. 明治初年的启蒙期

明治初期,传播西洋学术的知识分子们的知识结构和传播内容多为百科全书式的,而且和着时代的节奏将学术与当时日本社会需要连接在一起。最典型者如福泽俞吉,他在介绍古典自由经济学、宣传个人主义伦理学、阐述基佐和巴克尔的文明史观的同时,又出版《文明论概略》,其目标即在于全面移植西洋各类人文社会科学。明六社成员也都具有这种特点,如加藤弘之可谓典型的学者政治家,又如西周既著有跨越百科之作的《百学连环》,同时又提出"民选议院尚早论",还是"军人敕语"的起草人。另有田口卯吉可谓明治初年又一位著名学者,他撰写《自由交易日本经济论》、创刊《东京经济杂志》鼓吹自由贸易经济学,同时又著《日本开化小史》,成功地吸收了巴克尔的文明史理论和斯宾塞的社会学理论,而且是一位为实现这些理论而身体力行站在舆论前沿的政治家。中江兆民则是学者兼政治活动家的一面旗帜,所著《理学钩玄》颇得西洋哲学之大要,同时又是自由党的"导师"、自由民权运动中著名的政论家,尤其是其晚年阐述其独特唯物主义哲学的《一年有半》《续一年有半》,在日本哲学史上留下了不可磨灭的业绩。总之,百科全书式的功利主义是明治初期移植西洋学术的一大特征。

自幕末乃至明治一朝,在不同阶段对西洋学术思想有过不同的侧重。幕末和明治前期接触的主要是英美新兴资本主义文化的自由主义,并以此对抗传统文化,在学术思想界占据优势地位。究其原因,一方面是基于对西洋社会学、政治学等人文学科的关心,另一方面也是明治初年学者们要为日本寻求政治上的发展方向。穆勒的学说影响了一大批知识分子,如后来的众议院议长河野广中就是读过穆勒的《自由之理》后,改变政治观点而投身自由民权运动的。

中村正直翻译的穆勒著《自由之理》和松岛刚翻译的斯宾塞著《社会平权论》曾是日本自由民权思想的指导性理论著作。斯宾塞的社会进化论也在日本大行其道,与自由思想一起成为明治前期各类西方社会思想的根脉。明治初期法国的社会学和实证主义社会学创始人孔德的思想也曾随穆勒思想一起传入日本,但更吸引日本知识界的是法国的人权思想。孟德斯鸠、卢梭等具有革命性的思想,对自由民权运动产生了深刻的影响,尤其是卢梭的《民约论》曾风行一时,有中江兆民等翻译的三种译本。[①] 法国思想的影响还表现在法学方面,《法国民法典》对日本发挥了指导性的影响,日本编纂法典初期也多请法国专家参与,还在法国学者的建议下,废除了刑讯拷问。不过,岩仓使节团一行访问在普法战争中获胜而如日中天的德国首相俾斯麦之后,便倾倒于当时的德国文化,

---

① 儿玉幸多:《图说日本文化史大系 11》,小学馆 1967 年,第 36 页。

尤其钦慕德国政府的保守主义和国权主义思想,以至于把普鲁士宪法作为制定明治宪法的楷模。明治政府以德国的集权主义对抗民间宣传的英美等国的自由主义,镇压民权运动。19世纪80年代中期以后,德国的思想文化以及学术取代了英美法等国的文化而占据了统治地位。然而,英美思想和文化在日本社会各阶层都不同程度地扎下了根基,政府的选择并不能彻底扫除英美文化的影响,尤其是英语的普及充分证明英美文化影响的持久性,甚至德、法、俄等国的文学作品几乎都是通过英文转译为日文的。

可以说明治初期的学术思想界是以天赋人权、个人的自由独立及其国家政体论为核心的,诸如福泽渝吉的《西洋事情》《劝学篇》,西周的《百一新论》等一般启蒙读物都涉及这些问题。更有1868年岭木唯一译《英政如何》(五册),对英国的政治组织结构作了详细的说明,翌年铃木又与后藤谦吉合译《英国刑典》,同年福泽渝吉出版了他的《英国议事院谈》。又有加藤弘之的《立宪政体论》《真政大意》《立宪政体起立史》,箕作麟祥翻译的《万国政体论》,安川繁成的《英国政事概论》,井上毅的《王国建国法》等。这些译述书籍否定封建社会压抑人性的制度和思想等,提倡西方资产阶级自由主义者们主张的天赋人权、主权在民等进步思想,并主张建立"公明正大"之政体,而为保证"公明正大"则需要制定宪法。

然而,明治初年的这类思想普及具有相当的局限性。其一,当时的人们虽然醉心于欧美文化,但并不十分清楚欧美各国的实情,只不过是暂且先介绍欧美政治的外在形式。其二,如前所述,诸多启蒙思想家多是在以"王政复古"为基础而建立起来的明治政府中服务的官僚学者,这就注定了他们的社会存在与他们思想之间的悖论,当明治政府要建立以天皇为主导的独裁政权的时候,他们便宿命地从民权主义者转变为国权主义者。

2. 斯宾塞学说的魔法

上述明治初年启蒙思想家们自身无法克服的内在矛盾,也反映在对诸多西洋思想理论的选择上。赫伯特·斯宾塞(Herbert Spencer,

1820—1903)的思想在明治前期广为流行,深刻地反映出当时学术和思想界的犹豫和徘徊。

斯宾塞是位多产学者,1850年发表第一部著作《社会静力学》,1852年发表论文《进化的假说》首次提出社会进化论思想(而达尔文的《物种起源》出版于1859年),因而被称为"社会达尔文主义之父",这也成为斯宾塞学说的符号。其实,斯宾塞在人文科学的诸多领域多有著述,诸如:《心理学原理》《第一原理》《生物学原理》《社会学研究》《社会学原理》《伦理学原理》《教育论》等,在形而上学、宗教、政治、修辞、生物学、心理学、教育学等学术领域都有所建树。此外,"快乐教育""父性教育""科学知识最有价值"等近代名言,都是斯宾塞留给人类的人文财富。斯宾塞还被称为"人类历史上的第二个牛顿""现代的亚里士多德""真正的教育先锋"。这些桂冠虽然有西洋人动辄夸大其词之嫌,但至少反映出斯宾塞在自然科学、人文科学和教育学领域的声望。这样一位人物的学说在明治时代日本的流行,说明日本人已经开始接受与西洋渐趋同步的人文社会科学。

自1871年在日本就有关于斯宾塞思想的介绍,但似乎还没有引起知识界的重视。此后从1877年尾崎行雄翻译斯宾塞的作品《权利提纲》(即《社会静力学》)开始,到1894年永井久满次翻译《个人对社会》的18年间,有关斯宾塞书籍的译本多达37种①。其中包括松岛刚译《社会平权论》、井上勤译《女权真论》、山口松五郎译《社会组织论》《商业利害论》《哲学原理》、西村玄道等摘译《万物进化要论》、有贺长雄译《标注斯氏教育论》、高桥达郎译《宗教进化论》、平松熊太郎译《代议政体得失论》等等。由上述译著也可看出斯宾塞的学术触角非常广泛,满足了明治前期日本人对西方人文社会科学的需求。

另一方面,斯宾塞学说的内容和观点也是十分复杂的。斯宾塞提出

---

① 周建高:《斯宾塞对近代日本影响管窥》,载《日本研究论集2007》,天津人民出版社2007年,第277—279页。

了生物有机体和社会有机体的理论,并认为后者是高级形式,社会是为个人而存在的,其核心要素是个人的自由,显然这是尊重个人的自由主义理论。但同时,斯宾塞的社会达尔文主义学说,是以"优胜劣汰""适者生存"的理论来解释个人在社会中的成功与失败的现实,并引伸到民族和国家的盛衰兴亡。这种理论认为是成功的个人和强盛的国家促进了人类的发展与进步,而失败的个人和衰弱的国家理应被淘汰。这种极端的竞争理论为国际社会中弱肉强食的侵略行为建立了理论基础,它可以用来解释当时日本落后于西洋的原因,使日本人认识到个人要做强者,国家要成为强国。斯宾塞的思想魔术般地同时满足了民权主义者和国权主义者的需求,二者都旨在将其转化成为一种社会道德原则,这无疑成为日本在现代化道路上迅跑中重要的精神力量。然而这种学说也成为日本为扩张自己而侵略别国的理论依据。明治时代绝大多数资产阶级启蒙思想家和民权主义者,后来大多成为国权主义者,先是力争与西洋国家平起平坐,继而提出武力侵略别国。福泽谕吉从启蒙思想的旗手蜕变为主张在国际社会中弱肉强食的极端的国权主义者,他毫无掩饰地提出"各国交际中只有灭亡他国或被他国灭亡之两途"[①]。福泽谕吉的思想变化过程,不折不扣地实现了斯宾塞思想中"残酷哲学"的学说,同时也阉割了斯宾塞学说体系中的进步思想。福泽谕吉思想的变化也反映了明治时期学术思想与"社会实践"紧密相关的特征。

前述翻译《标注斯氏教育论》的有贺长雄是日本社会学的建立者。他于1883年在《东洋学艺杂志》上发表了题为《社会与个人关系的进化》的社会学论文,同年又出版《社会进化论》《宗教进化论》和《族制进化论》等著述,在日本大体建立起较系统的社会学。有贺长雄的社会学基本上继承了斯宾塞建立在生物学基础之上的社会学理论。不过,此后有贺长雄没有继续他的社会学研究,而是转向了法学。

演说社会达尔文主义,大概不能不提起达尔文的生物进化论。在日

[①] 福泽谕吉:《通俗国权论》,载《福泽谕吉全集》第四卷,岩波书店1964年,第108页。

本较系统介绍达尔文生物进化论的是从1877年开始在东京大学执教两年的莫斯(Edward Syluester Morse)，后由石川千代松将莫斯的讲义笔记以《动物进化论》为题，于1883年出版，这是在日本介绍达尔文进化论的最初文献①，之后又于1891年出版《进化新论》。然而最有影响力的还是兵浅次郎于1904年出版的《进化论讲话》。总之，与斯宾塞的社会进化论相比，达尔文的生物进化论传入时间较晚，因而影响也远不及前者。这似乎又一次显示了日本在吸收外来文化中的实用主义特征。

3. 围绕国家的诸学说

明治政府不能无视公论众议，而且还需要以此来树立新政府尊重公论的形象，因而《五条誓文》第一条即是"广兴会议，万机决于公论"，宣布了"尊重公论"的理念。对明治政府来说，如此自我约束，确属痛苦的选择，然而为稳固政权又不得不为之。《五条誓文》的又一值得留意的是最后一条"求知识于世界，大振皇基"，这里的上下句似可理解为手段与目的的关系，即开明的上句是手段，而复古的下句是目的。如果对照天皇在同日发布的《宣扬国威之宸翰》就会一目了然："朕于此与百官公誓，续书列祖之伟业，不问一身之艰难辛苦，亲自经营四方，安抚汝亿兆。"②一纸宸翰已经明白无误地表示了天皇亲政的意向，为后来集权的近代天皇制以及为此服务的"皇国文化"做了铺垫。其实，这两个文件已经规定了近代日本文化的政治走向。但另一方面，后来的自由民权运动也正是要求明治政府实现"广兴会议，万机决于公论"的诺言。

由于"广兴会议"与"大振皇基"的矛盾，在明治时代的前十年，日本的国家政治组织将采取什么形式始终不明朗。激进派期盼开设议会，并主张将国家权力交给议会，这一派通过穆勒的《自由论》、卢梭的《社会契约论》论证他们的主张。与议会派正相对立的保守派主张遵从传统政治

---

① 开国百年纪念文化事业会：《明治文化史5》，洋洋社1954年，第581—582页。
② 笹山晴生等编：《详说日本史史料集》，山川出版社1994年，第240页。

理念,国家权力应属于天皇,并依赖天皇的权威使日本人达到精神上的统一。介于上述两派之间的是君主立宪派,这一派多是政府要员。还有一派就是为单纯的复古而强烈主张树立天皇权威以统一日本精神。激进派在西方民主思想的激励下,兴起了一轮以民选议院为政治目标的自由民权运动,但最终国权主义理论成为舆论的主导。政治体制与日本精神的纠葛,使明治初期的政治分歧表现得较为激烈,结果是建立了在天皇集权下的议会向臣民交差,使日本走向了绝对天皇制,并确立了以天皇崇拜为轴心的日本精神权威。天皇亲政的国家体制,决定了近代以来日本人价值观念的主基调。随着日本的尊皇传统战胜了西洋的民主思想,学术思想也相应地朝着逆文明开化的方向发展。

《大日本帝国宪法》及其相应的《皇室典范》等的颁布刺激了学术界,尤其是政治学领域。宪法公布的1889年,如伊藤博文的《帝国宪法皇室典范义解》等一批对《大日本帝国宪法》进行诠释之作即有二十余种①,大部分是丝毫不加批判之作。其中引人注目的作者,有东京帝国大学的穗积八束(1860—1912)和有贺长雄(1860—1921)②,二人围绕《大日本帝国宪法》展开了针锋相对的论战。穗积八束首先把宪法定义为钦定宪法而不是"国约宪法"(由国会制定的宪法)或革命宪法,是立宪君主制的成文法而不是从来的君主独裁的惯例法,依据宪法日本是立宪制君主国家而不是议院制君主国家。基于这种判定,穗积八束还认为,从法理上说国家是统御的主体,实际天皇即是国家,君主制国家和非君主制国家的差异实在于此。他认为,统御之主体与君主同一则为君主政体之国,非同一者则不是君主政体之国,由此认为英国等国的国王一人不能独揽大权、不是唯一的主权者,因此是议院制国家,而不属于君主制国家。由此,穗积八束承认并论证了《大日本帝国宪法》规定的天皇独裁统治权的合理

---

① 开国百年纪念文化事业会:《明治文化史5》,第659页。
② 东京帝国大学毕业,留学德国攻法学,回国后曾任枢密院书记、农商务省特许局长等职,1913年被袁世凯聘为总统法律顾问。

合法性。①

鉴于穗积八束的上述诠释是关乎日本国家制度和天皇制的重大理论问题，许多学者纷纷提出异议，其中有贺长雄的理论可作为代表。有贺长雄针锋相对地否定了穗积八束天皇即国家的说法，因为"天皇之外，在国家之内还有种种机关"。可见宪法公布之初，即出现截然相反的两种对立的解释，一方是穗积八束提出的"不得用法律限制作为最高主权者的天皇"的"天皇主权说"，另一方是有贺长雄提出的"天皇是国家机关之一"的"国家有机体"学说。

穗积还从历史的角度论证了他的理论，认为人类形成国家有两种情况，"其一是家族制度发达的血族团体，其二是和平组合的共和团体"，而血族的不断扩展即是家族、民族、国家。在日本是"依据服从天祖传承主权之观念，团结一体以形成不可动摇之国家"②。在穗积看来，由于日本国家是在上述特殊历史条件下形成的国体，因而必须要有不同于其他国家的宪法。③ 穗积八束还出版了《国民教育爱国心》《国民教育宪法大义》《宪法提要》等著述宣传"天皇最高主权论"，影响极大。

有贺长雄除出版前述诸多社会学著作之外，还有《国家学》(1889年)、《日本古代法释义》(1893年)等诸多著作出版。有贺认为国家是谋求全体国民利益的机关，早在其《社会进化论》中就谈到："日本开辟以来二千五百年，人民受天皇之统治，而今立宪法以国会之意定法律，依法行政，从来之统治体制不得不为之一变，此乃必然之势。"④有贺于1901年著《国法学》上下两卷，其对国法学的定义是："国法学是剖析被称为国家的权力编制，明确其各部门的组织权限，属于法学中最重要且最艰深之部分。"有贺还提出，日本历史上经历了血族国家、等级身份制国家，而明治

---

① 开国百年纪念文化事业会：《明治文化史 5》，第 660—661 页。有关二人争论的内容，多参考此书。
② 开国百年纪念文化事业会：《明治文化史 5》，第 661 页。
③ 穗积八束：《我国宪法之特质》，载《明义》第 3 卷第 12 号，1902 年 12 月。
④ 开国百年纪念文化事业会：《明治文化史 5》，第 663 页。

维新之后废除了等级制度，形成了公民国家。有贺运用"国家有机体"原理说明天皇只不过是协调各国家机关，以使其有机地正常运转的元首，即使承认在其他国家不曾有过的天皇地位的特殊性，天皇的行为也还是要遵从法律。可见，有贺对天皇在国家中的定位与穗积相去甚远。

伴随着上述论争，政治学开始从国家学和国法学中独立出来。1896年小野冢喜平次(1870—1944)于《国家学会杂志》15—16 号上发表题为《政治学的系统》的论文，又于 1903 年出版《政治学大纲》。小野冢将政治学分为广义和狭义两类，广义政治学是"有关国家诸学科的总称"，狭义政治学是"对国家事实的说明和讨论国家政策之学"，前者属于纯学理研究的"国家原论"，后者是属于应用研究的"政策原论"。在小野冢的政治学中，国家仍然是重要的概念，小野冢为国家下的定义是："国家是在一定的土地范围内拥有统治组织延续性的人类社会。"很明显，这里的国家概念，既不是"国家法人说"，也非"天皇即国家说"，而是使用了区别于国家学和国法学的独自的政治学话语。小野冢政治学的重点在于"政策原论"，而不是"国家原论"。小野冢为政策所作的定义是："国家机关和国民为达到国家的目的而应采取的手段。"总之，这些似乎都反映出小野冢政治学是在尽量与现实政治拉开距离的趋向，虽然还未能与国家学和国法学彻底区别开来，但初步建立起日本政治学体系，成为日本政治学的先驱。①

二、明治史学的近代更新

1. 文明史学的启蒙

明治史学的一大亮点是兴起了受西洋文明史观影响的近代史学启蒙之风。文明史观不再满足于单纯的编年体、纪传体等叙事体裁，与传统史学"正君臣名分之宜，明华夷内外之辨，扶天下之纲常"的功能全然不同。文明史观着眼于解读人类文化发展进步的历史，换言之，发展、进

---

① 开国百年纪念文化事业会：《明治文化史 5》，第 668—670 页。

步等理念成为近代史学关注的核心。明治前期诸如基佐的《欧洲文明史》(永峰秀树译,1877年)、巴克尔的《英国文明史》(土居光华等译,1879年)、米涅的《法国革命史》(河津祐之译,1876—1878年分四册发行)等代表当时欧洲学术水平的名著先后被移译到日本。同时普及性的西洋史学书籍,也很流行,诸如国别史有:1870年河津孙四郎译述的《英国史略》、1872年楯冈良知译《希腊史略》、1878年高桥二郎译述的《法兰西志》等。在世界史领域影响较大的著述应属箕作麟祥参考若干书籍编译的《万国新史》。

值得一提的还有中村正直和嵯峨正作的译著《历史》,全书分七章:第一章为史学序论;第二章为东方各国和古希腊;第三至第七章分别为希腊、罗马、基督教、中世、近世。该书一大特色在于非常重视文化史、史学史和历史观变迁的论述,是在日本综合介绍西洋史学研究的重要著作。该书于1887年译成后藏于史料编纂所而没有公开出版,但对史学界还是产生了一定的影响,尤其是译者之一嵯峨正作于1888年出版的《日本史纲》反映出作者深受《历史》的影响。《日本史纲》卷头对历史作了如下定义:"历史乃蒐集作为关联于社会的人的事迹,明其原因结果,以显示宇宙间有关于人事的定而不可移的法则。"[1]

到明治末期在西洋史领域已不再满足于仅仅翻译西洋人的历史著作,为适应日本人的需要,出现了日本学者撰写的西洋史。1909年箕作元八著《西洋史讲话》出版发行,是同类著作中的佼佼者。此外,还有诸如濑川秀雄的《西洋通史》(1904年)和《西洋全史》三卷(1909年)、木村重治的《西洋史眼》等。这些世界史著述基本上还停留在叙述,尚没有达到充分运用原始史料进行研究的阶段,不过,也正因非专业性,此类著述更容易得到普及。

在普及西洋史学知识的同时,欧洲的史学研究方法和文明史观也被日本学者用来重新阐发日本历史,1877年田口卯吉著《日本开化小史》开日本近代史学风气之先。该书以紧凑的篇幅,讲述了从神道滥觞到德川

---

[1] 开国百年纪念文化事业会:《明治文化史5》,第573页。

幕府败亡的日本通史,被认为是"将西洋史学的方法应用于国史的最初的著作",学院派史学家黑板胜美(1874—1946)更赞誉该书是"为我国学界提供了一个我国学者不曾有人考虑过的新坐标,是警醒史家的名著"①。之后的十几年间,文明史、开化史著述屡屡出版,诸如:北川藤太《日本文明史》(1878年)、渡边修次郎《明治开化史》(1880年)、藤田茂吉《文明东渐史》(1884年)、室田充美《大日本文明史》(1884年)、物集高见《日本文明史略》(1885年)、羽山尚德《大日本开化史》(1888年)、福田久松《大日本文明史略》(1891年)等等。

在文明史的潮流中终于涌现出被称为"史论史学家"的民间史家竹越与三郎(1865—1850),所撰《新日本史》(1891年)是体系地研究明治维新的著作。书中认为:明治维新的原因并不像时人所说发轫于"尊王论"等等,而是因为农民、市民商人等对封建社会的不满,即幕府盘剥诸侯、诸侯盘剥四民,四民不堪而期待革命。竹越与三郎在《二千五百年史》(1896年)的序言中提出了历史应该观照的目标:"国民如何生活、如何显示本性、如何向往理想而欲摆脱桎梏?这些才应该是史家们作为最重要目标必须描述的内容。我国古今多少史家,能有几人达此目的。"②由此可知竹越对当时文明史学并不满足,而是要深入到国民生活及庶民的精神世界,这种对平民的历史观照,在当时确实不同凡响。竹越的著述充分吸收了西洋史学思想的营养,即"今余独力网罗古今,苗画二千五百年间国民之生活思想,欲作前人所未曾为者……然岂敢自称创一方式哉,不过只是融化泰西古今名流之方式,应用于国史而已。"③对此,黑板胜美给予了积极的肯定,认为竹越史学"打破了国史学界的寂寞"。

史学发展促发了专业学会和刊物的繁荣。1889年日本史学会成立,发行《史学会杂志》(1892年改称《史学杂志》),田口卯吉主持的《史海》也于1891年创刊。此外,还有《史学普及杂志》《史论》等诸多史学刊物发

---

① 芳贺登:《批判近代日本史学思想史》,柏书房1974年,第66页。
② 竹越与三郎:《二千五百年史》,开拓社1896年,第1页。
③ 竹越与三郎:《二千五百年史》,第1页。

行,为史学的繁荣提供了平台。

2. 日本史与东洋史

从时间上看,明治史学是与王政复古联袂登场的。明治天皇为建立皇室的权威,志在续写《六国史》①以后的正史,其旨意明言:"修史乃万世不朽之大典,祖宗之盛举,三代实录以后绝而无续,岂非大缺典乎?"② 1868 年 4 月明治天皇命太政大臣三条实美统管续修《六国史》之后的正史。同年在昌平学校设立国史编辑局,1872 年又在太政官正院设立历史和地志两科,后几经重组更名,1886 年改为"内阁临时修史局",一直延续到 1888 年。明治初年官修史稿是用汉文书写的编年史,如官修《明治史要》等。这种追随传统史学之古风,在民间也很盛行,诸如椒山野史著《近世史略》、宗国夫著《大日本史略纲目》、龙三瓦著《皇朝小史》、北川舜治著《明治新史》等。

1888 年文科大学开设了国史学,教授有重野安驿、久米邦武、星野恒等。1895 年在帝国大学③设立史料编纂所(当时称史料编纂挂)一直延续至今,开展了大规模的搜集、整理史料的事业,1900 年开始陆续出版《大日本史料》《大日本古文书》等大型史料集。《大日本史料》涉及时间范围始于上接"六国史"的公元 887 年,下到明治维新开始前的 1867 年,内容以政治史为主,编纂体例采用编年体。《大日本史料》是作为政府事业施行的,从其收录史料的起始时间看,便明确了明治政府以皇家为线索续写正史的意图。但客观上说,大规模的资料建设促进了建立在真实史料基础之上的实证的"国史"研究,至今日本史学界仍受益良多。

大藏省还编纂了诸如:《大日本货币史》《旧典类纂田制篇》《大日本

---

① 仿照中国官修正史的传统,由官方编纂的六部史书:《日本书纪》《续日本纪》《日本后纪》《续日本后纪》《文德天皇实录》《日本三代实录》,记述年代连续衔接,上自神代下迄光孝天皇仁和三年(887 年)。此后因战乱等原因官方修史中断。
② 开国百年纪念文化事业会:《明治文化史 5》,第 567 页。
③ 1886 年东京大学改称帝国大学,1897 年随着京都帝国大学的设立,帝国大学又改称东京帝国大学。

租税史》《驿递史稿》《日本教育史资料》《德川禁令考》《大日本财政经济史料》《大日本农史》《农政垂统记》《商事惯例类聚》等。

上述之外,大森金五郎编纂的《日本读史年表》(1903 年)、黑板胜美的《国史的研究》(1908 年)成为当时被广泛利用的工具书。此外,田口卯吉主持的经济杂志社于 1897 年开始刊行《国史大系》,到 1901 年完成了《日本书纪》等 17 卷,1902—1903 年作为《续国史大系》完成了《续史愚抄》等 15 卷。除上述著作和史料整理之外,早稻田大学出版部出版了由久米邦武等执笔、堪称日本史标志性成果的《大日本时代史》(1907—1909)的系列通史,全书按时代顺序从《日本古代史》到《维新史》共 10 种。

明治史学中的东洋史研究可谓是一大领域,其中有关中国历史更是自古以来日本文人必备的知识,儒学中经史并重相辅相成,在日本一直受到尊重,直到明治初年中国历史仍然是知识人必备的常识。但是,明治以后,随着西洋史学的传入,日本史学界不再满足《通鉴纲目》《十八史略》等传统的中国史知识,于是日本史学界开始运用西洋史学的理论和方法重新建立中国史研究体系。在这个领域,首开先河的仍然是《日本开化小史》的作者田口卯吉。1888 年他的《支那开化小史》出版发行,脱离了传统的儒家史论,开创了中国史研究的新局面,被日本史学界认为是真正改变了江户时代中国史研究传统的标志性著作。

明治以来学院派中国史研究的先驱当属那珂通世(1851—1908)于 1888 年开始出版《支那通史》(1890 年出版第五卷,截止到宋),是近代日本学者撰写的中国历史概论之名著。中村正直在序文中概括了该书不同于以往中国史著述的特点:"今世所行支那史之简易者,如十八史略、通鉴览要,非不良善,但止于记事实,而不及典章法度,此为可憾。那珂通世氏之此书,记事实而及制度,略古代而详近世,不独采于支那史,而兼收洋人所录。简易明白,一览了然。"[①]在当时以西洋史为中心的日本

[①] 那珂通世编:《支那通史》,中央堂 1888 年,序。

史学界,将目光投向东洋各国,显示了那珂通世的见识。该书在当时的中国史学界也产生了影响。那珂还提出"外国史可分为东洋史和西洋史……东洋史中应以中国史为中心"①,之后日本史学界分为三大领域,即西洋史、东洋史、国史(日本史)。日本社会逐渐开始关心东洋史,尤其是甲午战争之后,中国史研究与日本人对中国大陆的"关心"同步进行,甚至"有极而言之者称,我国东洋史学的发展是与侵略中国相关联的"②。1904年东京帝国大学"支那史学科"从史学科独立出来,原来的史学科改称西洋史学科,这时的中国史领域带头人是白鸟库吉和市村瓒次郎。当时还有市村瓒次郎和泷川龟太郎合著的六卷本《支那史》(1888年—1893年),该书虽无明显特色,但作为教科书多次再版,尤其是在甲午战争之后,影响较大。

白鸟库吉(1865—1942)毕业于东京大学,研究领域为朝鲜历史和中国周边民族史,多采用欧洲式的语言学方法。发表《突厥阙特勤碑铭考》《匈奴及东胡民族考》等多篇论文,其中若干译成德文在德国发表。另有狩野直喜、内藤湖南等人采用了在传统的中国研究的基础上,引入欧洲学风的研究方法。此外,这一时期专攻朝鲜史的有币原坦、林泰辅等;佛教史研究领域有松本文三郎;考古学民俗学方面有鸟居龙藏;而桑原骘藏则以宋史研究闻名。这一时期的中国研究有一种倾向,即如白鸟库吉,将研究目标指向中国边远地区和民族,反而疏漏了对中国史主体的研究。

这一时期还出现了一批概论性的著述,如:高桑驹吉《东洋大历史》(1905年)、《东洋历史详解》(1908年);市村瓒次郎的《东洋史要》(1897年,1912年修订);田中萃一郎的《东邦近世史》(1900年)等。20世纪初,《史学杂志》还发表了一批东洋地区民族史的论文,诸如:白鸟库吉的《蒙古民族的起源》、内藤湖南的《蒙文元朝秘史》,西域史有白鸟库吉的《乌

---

① 芳贺登:《批判近代日本史学思想史》,第133页。
② 芳贺登:《批判近代日本史学思想史》,第133页。

孙考》《关于大秦国和拂菻国》等等。

3. 实证史学与学案

谈论日本近代史学不可不言兰克史学的影响。德国史学家里斯(Ludwing Riess,1861—1928)1885年来日本协助东京帝国大学创设史学科,在日本侨居17年,将兰克的实证主义史学移植到日本。兰克提倡尊重史实的方法论,反对将历史用于说教,也反对黑格尔把自己的哲学体系嵌入历史的历史哲学,成为当时德国的主流史学。1893年于德国留学8年后归来的箕作元八(1862—1919)任东京大学教授,继承了兰克史学。此后,兰克史学在日本史学界始终占据着统治地位,影响至今不衰。

兰克史学占据主导地位,似乎符合明治政府限制文明史观批判锋芒的愿望,然而事实上体制内的学院派史学反而运用实证的方法,对传统史学,尤其是尊皇史学进行了实证的批判。由此,明治史学的发展与明治其他文化领域一样,欧洲自由主义史学的研究体系,不可避免地要对日本传统史学体系形成一种挑战,当然这种挑战也就不可避免地会遭遇到来自尊皇者们的政治性攻击。日本近代实证主义史学奠基者重野安绎(1827—1910)曾提出从事史学者其心必须至公至平,否定传统史学中大义名分的主导思想,为此被皇国史观主义者讥笑为"抹煞博士"。这似乎预示着非传统史学与"尊王史学"之间迟早会发生冲突。

著名的"久米邦武笔祸"事件终于引爆了这颗定时炸弹。《史海》1892年第8号上转载了久米邦武的论文《神道乃祭天之古俗》。论文认为,敬神源于祭天的遗俗,是日本民族固有的风俗而并非宗教,故而可与佛教并行不悖。[①] 其实论文只是对神代史作了科学的解释,但即刻招来神道学家们的攻击。然而,神道学家们无力从学术上进行反驳,而是使用了诸如"对皇室甚为不敬""误导天下后世而有损国体""侮辱国民的历史"等政治语言。就是这样的政治大批判,迫使东京帝国大学免去了久

---

① 久米邦武:《神道乃祭天之古俗》,载《明治文学全集78》,筑摩书房1976年。

米邦武的教授职务。这个事件发出了一个极其恶劣的信号，即科学的古代史研究几乎被定性为反国体的。对此，田口卯吉向各报刊寄送题为《告神道者诸氏》的文章，反击神道家们言论，主张古代史研究的自由："难道今日人民就不能提出不同于本居和平田对古事解释的新说？是否提出新说就是对皇室的不敬？我坚信神代诸神并非灵妙之神灵，而是与吾人同一人种，即同样要吃饭、饮水、跳舞、做梦，这绝不会造成国体紊乱。我坚信敬皇室、爱国家，与其如彼本居、平田单单寻思古事记之语义，不如更广泛地于人种、风俗、语言、器物等领域发挥研究的功用。"①不用说，田口的议论又遭到新一轮的围攻，而围攻者的武器仍然是"不敬论""乱国体、破典故"等苍白的嚣鸣，最终结论是"伤害皇室的尊严"。

　　久米邦武事件后，史学界较少动荡。然而，就在明治时代即将结束的1911年，视南朝为正统的极端国粹主义者们又突然将长期以来作为学术问题的"南北朝正闰之争"②政治化，攻击当时历史教科书中南北两朝并立的观点，本来属于学术争论的问题居然被搬上了国会，成为政治热点问题。结果经明治天皇"敕裁"，从年表中删除北朝天皇，教科书中将"南北朝时代"改称为"吉野朝廷时代"（南朝），原教科书的编修者喜田贞吉受到"长期休假"的处罚。明治初年官修史学的目的即在于加强皇室在日本历史上的突出地位，之后经过民间史学为主倡导的文明史学和学院派史学的实证史学的不懈努力，初步建立起日本近代史学的体系。但是再次将学术问题政治化，而且由天皇"敕裁"学术问题，对史学界来说却是不祥之兆，它为明治史学画上了一个灰色的句号。

　　通观明治史学可以发现两条发展路径，其一是作为民间史学的文明史观，其二是作为学院派史学的实证史学。在明治时代的竞争中，似乎后者占据了上风。然而，家永三郎并不承认民间史学衰落，提出："昭和

---

① 开国百年纪念文化事业会：《明治文化史5》，第634—635页。
② 围绕南朝和北朝哪一方为正统的问题，在史学界始终存在不同意见，当时大致有三种观点：以吉田东伍为代表的北朝正统说；以黑板胜美等为代表的南朝正统说；多数学者主张南北并立，即同时承认南北两朝廷和各自的天皇。1903年编的历史教科书采用并立说。

初年之后迅速发展起来的唯物主义史学,在某种意义上说,是继承了由'文明史'向'民间史学'展开的史学的血脉。"①当然双方也并非泾渭分明,完全无视另一派的优越之处,正是在这种相互宽容中逐渐建立起日本近代史学的轮廓。当然,以皇国史观为政治武器极尽围剿学术研究之辈则另当别论。

三、东西融合的哲学

1. 对西洋哲学的选择

西周是明治时代哲学的启蒙学者,人称"近代日本哲学之父"。西周早在幕末蕃书调所任教时代就已经了解到西洋哲学,但那时对西洋哲学(Philosophy)理解尚浅,因而只能将其音译为ヒロソフル(Hirosofuru)。1863年到荷兰留学时期,西周已经开始在书信中使用"哲学"一词了,及至《百一新论》出版,将 Philosophy 一词正式译名为哲学。此外,诸如:主观、客观、归纳、演绎、现象、实在等诸多哲学概念也是由西周译定的。西周的另一大学术贡献是对哲学作了如下分类:致知学(逻辑学)、性理学(心理学)、理体学(本体论)、名教学(伦理学)、政理学(政治学)、佳趣学(美学)和哲学史。从上述对西方哲学诸多概念的译名和哲学所辖分科名称,明显反映出在移植西方哲学过程中的东西文化融合的印记,即日本人通过传统中国思想完成了对西方概念的理解,而且西周译定的哲学词汇大多被中国人所接受。这种整合不同文化间不同概念的复杂方式在人类文化交流融合史上可谓一奇特景观。

西周在荷兰留学期间主要受到约翰·穆勒的功利主义和孔德的实证主义哲学的影响,并将这种思想传播到日本,成为明治前期影响较大的西方哲学思想的主要流派。西周秉承实证主义"哲学乃科学之科学"

---

① 家永三郎:《日本的近代史学》,日本评论二1957年,第29页。

的论断,提出"哲学者,百学之学也"①的观点,将哲学置于统辖诸多学科的至高位置。西周强调观察、实验才是人类知识的基础,不考虑主观经验之外存在的世界。鉴于此,西周认为实证主义以外的其他西洋诸家哲学派别是"无形理学",因而加以排斥。毋庸置疑,对于百业待兴的明治前期的国家目标而言,功利和实证是再适合不过的思想了。关于这些内容已经在明治启蒙思想中接触过的福泽谕吉等人的呼号中得到理解。然而明治后期,德国唯心主义哲学开始逐渐取代前期英法的功利和实证哲学,这也反映了明治后期反西化运动的民族主义盛行的社会气氛。

其实西周早在《人生三宝说》(1875年)中就曾提到过康德的《纯粹理性批判》,但西周并非康德的崇拜者。最初真正把德国唯心主义哲学传入日本的是菲诺罗萨,他在讲授穆勒和斯宾塞思想的同时,讲解了康德、费希特、谢林、黑格尔等人的哲学思想。根据井上哲次郎的回忆:菲诺罗萨的哲学讲义是以进化论为主线的,生物进化依据达尔文的理论,精神进化则取自黑格尔,将两者融于一体来解释人体和精神的进化过程②。然而,日本似乎并没有完全接受菲诺罗萨的体系,而是将德国观念论哲学置于主流地位。由于菲诺罗萨钟情于日本美术而兴趣转移,之后英国人库贝尔于1879—1881在日本大学专门讲授康德哲学。又有竹越与三郎于1884年编译出版《独逸哲学英华》,简要概述了德国哲学的情况。1886年中江兆民著《理学钩玄》③也用相当篇幅介绍了康德等德国哲学。直到德国学者布希(Ludwig Busse)1887—1892年来东京大学任教鼓吹德国哲学,才开始系统地将德国观念论哲学移植到日本,并占据了主流地位,造成日本哲学界一次转变。

明治后期德国唯心主义哲学之所以上升为主流地位,是与当时政治

---

① 大久保利谦编:《西周全集》第1卷,宗高书房1960年,第36页。
② 井上哲次郎:《菲诺罗萨以及库贝尔》,载大日本文明协会编:《明治文化发祥纪念志》,大日本文明协会1924年。
③ 实为编译,该书凡例曰:"泰西之文丁宁反复毫发无遗,故而照直翻译往往难免冗漫。本书博采诸家……不拘原文,所以称著不称译。"见中江兆民:《理学钩玄》凡例,集成社1886年。

动向和社会思潮密不可分的。从政治形势看,此时的日本为建立不容动摇的天皇崇拜,亟需有利于帝国的"精神哲学"。从社会思潮看,日本主义开始反击全盘西化思想,并且呼声日渐高涨。尤其是国粹主义开始盛行,政教社和他们的杂志《日本人》,开始从学术角度反思明治前期为西洋文化马首是瞻的偏颇现象,呼吁保留和弘扬包括传统道德在内的东洋文化。应该说政教社同仁的论题有相当的合理部分,而且也并非全盘否定西洋文化。但是,国粹主义之风客观上引领了日本主义的潮流。在这种状况下,日本似乎不再需要功利和实证思想,因而转向注重观念的德国哲学。

东京大学毕业的井上哲次郎1880年登上母校讲堂,成为哲学教授,由此开始出现"讲坛哲学"。井上虽然对儒学、佛教、武士道等东洋哲学思想多有论及,但其专业是德国哲学,以其《现象即实在论》论述形而上学问题,把德国哲学推向主流位置。这是与启蒙哲学思想家们完全不同的"学院派哲学",井上本人也被称为日本"学院哲学之父"。

然而,井上哲次郎是具有浓烈政治倾向的御用学者,1891年著《敕语衍义》,对前一年公布的《教育敕语》作了全面的解释,简而言之就是要建立以天皇为中心的家族主义的国家观和国体论,以及与此相呼应的忠孝道德伦理。作为官方学者井上的议论是一个明确的信号,宣布了明治前期本来就先天不足的近代民主思想在日本的终结,不少文人学者也开始论证日本主义的合理性。可以说,这也是明治以来思想变化的一个宿命的归结。作为"学院派"哲学代表的井上哲次郎借助德国观念论哲学,形成了他的唯心主义哲学。尤其是在伦理学领域,井上哲次郎的《敕语衍义》《国民道德概论》等著述,确立了适应天皇制国家主义的"道德论",其影响延及明治、大正、昭和三个时期。

大西祝(1864—1900)可谓明治哲学史上的一名骁将,被称为"日本的康德"。他虽曾在东京大学受教于井上哲次郎,但其哲学历程与其师大相径庭。他虽以36岁壮年早逝,却留下了《大西博士全集》七卷。1891年到早稻田大学前身的东京专门学校任教,其间著有《伦理学》《西洋哲学史》等哲学著作。大西在大学期间多受布希影响,而布希则受德国"目的唯心主义"者洛采(Rudolf Hermann Lotze,1817—1881)的影响颇深,大西还在读研究生期间即开始钻研"良心论",之后著《良心起源论》。大西主张理性思考,否则就达不到康德所说的"尊重真实",因而不承认自身之外的权威,而是从自身内面寻求权威。这显然是一种自由主义的主张,不承认将个人的伦理规范置于社会统治之下。可见大西哲学带有浓重的伦理成分,似乎与井上哲次郎如出一辙,然而大西哲学的生命力在于其具有较强烈的批判性,而批判甚至破坏是为了重新整合以建设新思想。即:"无论是西洋主义,还是日本主义,无论是激进还是保守,都只是看到事物的一个方面。思想界必须站在更高层次上,对之进行综合。"①基于此,大西就井上哲次郎的《敕语衍义》进行了批判,认为学术研究不应与政治相混淆,并对井上的"敕语伦理体系"中"忠孝是日本道德之根本"的命题进行了批判,指出忠孝不具备人类道德的普遍性,应该提倡能适用人类普遍原理的道德。可以说大西的思想在当时日本思想界趋于保守的形势下,保持了一位哲学研究者应有的冷静和睿智。然而,即便是坚持批判主义哲学的大西也没能摆脱"国家至上的爱国主义"。

2. 日本化的西田哲学

中江兆民留下过传世名言:"我们日本从古代到现在,一直没有哲学。"他毫不客气地评论说:"本居宣长和平田笃胤这些人,只是发掘古代陵墓,研究古代语言文字的一种考古学家,茫茫然不懂得宇宙和人生的道理;伊藤仁斋和荻生徂徕这些人也就经书的注解提出了新的意见,而归根结底只能够算是经学家;佛教僧侣方面,固然不是没有人发挥创造性,完成了开山成佛的功夫,然而这终究是属于宗教家的范围,而不是纯粹的哲学。近来有加藤某和井上某(指加藤弘之和井上哲次郎),自己标榜是哲学家,社会上也许有人承认,而实际上却不过是把自己从西方某些人所学到的论点和

---

① 卞崇道、王青主编:《明治哲学与文化》,中国社会科学出版社2005年,第215页。

学说照样传入日本。这是所谓囫囵吞枣,而不配叫做哲学家。"①可见,明治时代西方哲学传入日本以来,基本上停留在引进、学习阶段,并没能形成具有日本特色的哲学思想。而"待到西田几多郎登上哲坛,才推翻了'日本没有哲学'的论断,真正出现彻底的哲学思索。勿庸置疑,把起源于希腊(西欧),有着悠久传统的作为理论普遍形态的哲学导入日本,并依此严格地衡量日本和东方的思想,堪称哲学第一者的,还是西田几多郎的哲学吧。"②上述中江和中村的论断在日本很是流行。

1911年西田几多郎(1870—1945)《善的研究》出版,创立了以西洋近代哲学概念表现禅的思维方式的日本式的思考,西田本人也一跃成为近代日本的哲学大家,被称为"最初的独创性哲学家"③。

对于西田哲学,我们更注意其融汇东西的发展主线。有日本学者说过,西田的名言,"不是有了个人才有经验,而是有了经验才有个人"④之说,使他联想到镰仓时代曹洞宗(禅宗之一支)始祖道元(1200—1253)所说的:"勿以自身之功而修正万法坠执迷,应随万法进退而修正自己以开悟"⑤,意为二者有异曲同工之妙。可见,西田是在用西洋近代哲学的话语来解释和展现佛教中禅的思想,或者说是通过禅接受了西方近代哲学。有学者将西田哲学概括为三个递进的特征:"第一是宗教的哲学,第二是'东方型'的宗教的哲学,第三是以'无'之理论为基调的宗教的哲学。"⑥西田几多郎也自称是宗教哲学家,而且也是修禅求道的实践家,他认为宗教重在心灵上的事实,因而必须要理解宗教心。

西田的东西哲学之辨也颇有深意,他认为在哲学真理的层面不应该有古今东西之分,但因艺术、宗教等文化背景相异,因而东洋和西洋都应该有适应于自己"性情"的哲学,东洋的哲学要表现和光大东洋文化。西

---

① 中江兆民著、吴藻溪译:《一年有半、续一年有半》,商务印书馆1982年,第15页。
② 中村雄二郎著,卞崇道、刘文柱译:《西田几多郎》,三联书店1993年,第10页。
③ 中村雄二郎著,卞崇道、刘文柱译:《西田几多郎》,第15页。
④ 西田几多郎著、何倩译:《善的研究》,商务印书馆2007年,第5页。
⑤ 尾藤正英:《日本文化的历史》,岩波书店2000年,第223—224页。
⑥ 朱谦之:《日本哲学史》,人民出版社2002年,第320页。

田还明确指出:"在哲学的学问的形式,我以为不可不学于西洋,而其内容,则必须为我们自身的东西。"①上述西田的东西哲学之辨强调了三点:真理具有人类普适性;哲学必须有特殊性;以西洋的哲学形式成就东方哲学的内容。

那么东西方哲学的根本区别何在？西田认为西洋文化是以有形为本的文化,东洋文化是以无形为本的文化;西洋文化是以知为本的文化,东洋文化可说是以情与意为本的文化。西田进一步将这种区别抽象为:西洋文化的根底是有的思想,东洋文化的根底是无的思想;西洋从客观的方向考察世界,东洋从主观的方向考察世界。这便使西田"无的哲学"逐渐浮出水面,西洋论理以物为对象,东洋论理以心为对象。

毋庸赘言,西田的这种思维方式来自他长年修禅的体验,他自己曾说过"觉得所谓禅者,岂不是真把现实把握成生命的东西吗？我虽不能做到,但总希望怎样将它和哲学结合起来"②。于是,禅中被称为"无见之见"的"见性",就成为西田哲学中的"纯粹经验"。西田对"纯粹经验"解释说:"所谓纯粹的,实指丝毫未加思虑辨别的,真正经验的本然状态而言。例如在看到一种颜色或听到一种声音的瞬息之间,不仅还没有考虑这是外物的作用或是自己在感觉它,而且还没有判断这个颜色或声音是什么之前的那种状态……这是最纯粹的经验……真正的纯粹经验是不具有任何意义的,而只是照事实原样的现在意识。"③不难理解,作为西田哲学中举足轻重的"纯粹经验","具有强烈的从禅的体验来把握哲学的印象。此外,西田哲学中绝对无的思想的根本,就是东洋思想,尤其是禅乃至佛教"。④

西田几多郎没有停留在被动接受休谟的经验主义哲学,而是开通了融合东西方哲学的路径,通过对东西方深层文化的比对,试图在哲学精

---

① 西田几多郎著、魏肇基译:《善之研究》,开明书店 1940 年,序。
② 朱谦之:《日本哲学史》,第 330 页。
③ 西田几多郎著、何倩译:《善的研究》,第 7 页。
④ 竹村牧男:《西田几多郎与佛教》,大东出版社 2002 年,第 4 页。

神的高度会通两者,以求超越东西方哲学思维的差异,将东方古老的禅文化变成掺入西洋文化的混血的"无的哲学"体系。虽然西田或许夸大了佛教思想在东洋哲学中的分量,但是这种以"会通超胜"建立日本哲学体系的思路确属一巧妙创造。

《善的研究》被誉为明治以来唯一具有日本特色的哲学著作,西方哲学界认为日本自西田几多郎始,才开始有了自己的哲学。西田后来的作品,诸如《思索与体验》(1915)、《意识的问题》(1920)、《哲学之根本问题》(1933)等,基本都是《善的研究》的延伸和发挥。他在《善的研究》初版20多年以后的1937年说过:"我最初写《善的研究》以来直到近日,经过很长年月,因而有种种变化,但根本精神在《善的研究》中早已萌芽着了。"[1] 西田哲学还有一个超级目标,那就是弘扬源于中国和西洋的文化而又超越中西文化的日本文化,就像他自己的哲学源于中国的禅思想和西方近代哲学,而又超越两者而形成"无的哲学"。"我们要在不断发展特有的文化,不断形成日本方式的同时,将这种文化造就成世界文化不可缺的要素之一。"[2]

从西田哲学的发展脉络似乎应该悟出一个日本文化史上具有普遍性的问题,那就是总是试图将外来文化改造成超越外来文化本身的日本文化。这已是外来文化日本化的一个重要的途径,而且到了西田思想活跃的时代,随着西方思想文化的传入,使这种融合、超越外来文化的作业,变得更加复杂化了。西田哲学就像是以西医理论来论证中医的精髓,从而使本来不承认中医为科学的西洋人承认了中医的科学性。也正是因为有了西田哲学,西洋人才把日本哲学写入百科全书。然而,遗憾的是西田晚年像许多日本学者一样随着日本对外侵略战争的步伐,使弘扬日本文化的理论走向"国体论"的法西斯化,其哲学思想也成为日本对外侵略的精神基础。

---

[1] 朱谦之:《日本哲学史》,第319—320页。
[2] 上山春平编集:《日本的名著47 西田几多郎》,中央公论社1990年,第444页。

3. 明治学术发展线索

通观明治学术的历程，可以梳理出两条线索：从学术本身而言，经历了由机械地移植，发展到带动传统学术领域的改造转型；从学术与政治的关系而言，明显地反映出由初期相对的自由学术，转变为御用学术。

以东京大学教授阵容为例，可以反映出明治时代日本的西方近代人文社会科学还难以脱离西方学者而完全独立。如1881年法学部6名教授中，日本人和外籍各3名，其他各学科也都难以脱离外籍教授的支持，诸如：哲学领域的菲诺罗萨和库贝尔，史学领域的里斯等等。

在移植西方人文学科的过程中，还形成了试图以西洋理论和方法改造国学、汉学和佛教等传统学问的潮流。在学术的西化过程中，虽然一般而言认为传统学问仍有某种价值，但整体被贴上了非科学的封建学问的标签，并开始尝试以西洋的人文理念改造传统的东洋学问，以使东洋学问转换为近代学术。然而，西方的人文精神是在西方社会环境下形成的，在许多领域不能合理地解释东洋的人文现象，这就需要日本学术界自己来完成这种改造。在这个过程中，形成了以日本、中国、印度为研究对象的"国史学""国文学""汉文学""东洋史学""印度哲学"等带有近代色彩的"传统新学科"。其中"印度哲学"研究颇有成果，得到国际学界的称誉。

近代以前日本的佛教、佛学研究一直利用汉译的经典，明治时代受到欧美学者印度研究的刺激，日本学者也开始利用梵文资料，研究不断深化：1876年留学英国的南条文雄在英国语言宗教学家的协助下，出版了梵文本的《无量寿经》《阿弥陀经》《般若心经》等佛教经典；1890年访欧的光南顺次郎将汉译本《观无量寿经》《南海寄归传》译成英文；荻原云来对于《大乘集菩萨学论》梵、汉本进行对校，并发现古梵文本的《瑜伽谕本地分中菩萨地》等。[①] 这些成果为国际学界作出了重要的贡献。

---

① 儿玉幸多：《图说日本文化史大系11》，第163—164页。

日本学者们上述严谨执着的学力和独创的成果确实令人敬佩。然而由于学案频发,日本学者"在国史学、国文学等领域却屡屡顺从于国粹主义和国家主义"①,这就使得日本近代学术很难健康地发展。

明治初期日本国家的文化指导层与民间被指导层的文化意识具有很大的差异,然而明治中期,即《大日本帝国宪法》颁布以后,在忠君爱国思想的统辖之下,两者的文化意识差异逐渐消失,走向趋同。

明治维新后日本社会结构的变化和社会问题的复杂化,促动着人文学科向专业化发展,再加之19世纪70年代末东京大学的法学部和文学部也开始向社会输送毕业生,已成为学科专业化的人才基础。不过,一般而言,与明治初期百科全书式的经世学者相比,这时期的多数学者在逐渐向专业化迈进的同时,也与社会越来越疏远。以哲学为例,从西周的《百学连环》、井上哲次郎的《现象即实在论》,到西田几多郎的《善的研究》彻底遁入象牙之塔,可以清楚地显现出这种趋势。

作为上述趋势的背景,对明治初年学者们的出身和与政权的关系稍作分析,可以得到一些解释。这些学者虽然大多出身于与幕府多有渊源的封建统治层,但在接触西洋文化后逐渐生成了反封建的意识。然而他们的出身又决定了他们难于站在被统治者的立场去反对权力,而是跟随一开始就带有专制性质的明治政权宣传自上而下的文明开化。他们批判封建传统的意识极强,虽然出发点不尽相同,但反封建并发展近代资本主义的意愿却基本一致。然而,这批知识分子已经习惯了与政权的合作,如绝大多数明六社成员。这样随着明治政府不断加强对内专制统治和对外提倡拓展国权,不愿意附和专制权力的有良心的学者们便放弃了对社会实践的热情,遁入研究室从事学院式的纯学术研究。尤其在"国史学"领域,出现埋头于史料搜集和整理,机械的实证主义史学。还有一部分学者,放弃了启蒙时代的自由主义而转向国家主义,其中井上哲次郎可算典型的代表。如果说井上是在建立符合明治专制政府要求的"专

---

① 儿玉幸多:《图说日本文化史大系11》,第164页。

制主义的道德哲学",那么穗积八束就是在建立以天皇神权说为内容的符合明治政府需要的"专制宪法学"。当然不能主观地断定此类人物出卖了学者的良心,也可能是在坚持自己的学术或政治观点,但至少不能否认,他们的确扮演了支持专制政府反民主的工具。

(本章原载《日本近现代文化史》)

明治文化小议

阐释明治时代历史文化的版本可谓五花八门,而且还在不断增加,因而作为一部文化史书籍不得不对明治文化点评一二。下述议论既有长期思索之结果,也有执笔偶思之所得。

一、文化选择的症结

明治时代在封建文化的基础上,引入了西洋近代文化,从而形成了半日本半西洋、半传统半近代、半封建半资本主义的明治文化,成为继古代以中国文化为主色调的奈良文化、以本土化成熟为标志的江户文化之后,又一个具有明显文化特色的时代。明治时代全程45年,社会变动之剧烈史无前例,其间文化现象更是纷繁陆离,既有通过援取西洋文化而实现的跳跃性的文化进步,也有对传统文化的扬弃,更不乏传统文化与西洋文化的融合与冲突。明治文化是日本文化的一次大重组,其间既有光辉和昏暗,也有弥足珍贵的经验与令人扼腕的教训。明治文化的历程,从正反两个向度为人类如何对待自身传统和外来文化留下了一个不可多得的历史标本。

从古至今,日本文化最显著的特征之一就是依赖外来文化而支撑自身文化的延续和进步。明治时代之前,外来文化主要是汉文化以及经过汉化的佛教文化。明治初期,日本开始如饥似渴地吸吮西洋文化的乳汁,西洋文化也成为日本文化构成中至关重要的成分。可以说在19世纪后半,世界上没有哪一个国家像日本那样主动地大规模引进西洋文化。然而,当时的日本对西洋文化究竟理解到怎样的程度?到底真正消化了多少西洋文化?西洋的近代精神和社会原理在明治日本实现了吗?

明治时期,西洋文化在日本的社会经历表现为两条平行线,其中的一条线是西洋文化与日本文化的自然接触,在另一条线上则是由明治政府人为地筛选、抛弃甚至是扼杀西洋文化。但是平行的两条路径却并不平衡,最终要由高度集权的国家来为各类西洋文化因素定性,决定它们在日本的命运。所以,明治时代并不是无限制地随意进口西洋文化的所有产品,明治政府对那些可能危及到自身权力的西洋文化并不宽容。到明治中期,政府开始大力引进以集权政治统治为内核的"德国精神",以替代明治初年风行日本的英美自由民主主义思想。

必须承认,明治维新为学习西洋文化付出了巨大的努力,这是因为明治政府要员们曾亲身感受到西洋国家利用他们的文明和文化优势,将日本逼到了沦为殖民地的边缘。日本要脱离这种险境,最便捷的方法就是学习西洋以维护国家的独立。换言之,学习西洋是为了避免沦为殖民地的厄运。站在这个角度,就可以理解明治政府对西洋文化的不同领域所采取的不同态度,以及不同时期对西方文化的不同待遇。虽然明治初年政府曾大力宣扬文明开化,但最终并没有建立起真正意义上的近代民主国家,而是选择了君主立宪政体下的天皇绝对统治的国体,这种选择已经明确宣布了明治政府对西方近代社会文化理念的态度。

明治政府的文明开化政策,与"殖产兴业"一样,是作为"富国强兵"的配套政策而提出的,因而多停留在一些表层,而且一旦脱离"富国强兵"的主线,进步的文化也会遭受无情的打击。浅薄的官方"鹿鸣馆开化"可以堂而皇之地大行其道,而自下而上的民权运动则遭到扼杀。民权运动虽然促进了宪法的颁布和国会的召开,然而这不过是以近代形式的宪法确保了天皇专制政治的合法性,作为民主政治象征的议会,反而粉饰了专制,而试图要求民主政治和人权自由者则屡遭镇压。

专制政府的对方是服从的民众。明治维新虽然打破了封建的等级身份制度,但同时却保留和"光大"了盲从的习性,并使之向奴性化发展。早在19和20世纪之交就有周游远东地区的美国实业家指出了作为近代社会的日本人的重大缺陷,"日本人是非人格的,所谓非人格意味着缺乏个性,没有自我观念"①。这种观点的根据就是,明治时代日本人把忠君爱国作为最根本的德目。这种判断确实道出了明治日本人的文化症结,日本人的"非人格性"保证了天皇专制的"精神源泉",使近代西洋文化理念难以撼动原始迷信的"神皇观念"。虽然明治前期就传入了彻底否定神创论的生物进化论,然而却丝毫没有撼动《古事记》天皇祖神开天辟地,并生出天皇始祖的神创论的迷信,反而将社会进化论的优胜劣汰改造成为"神国"优越的极端民族主义。

明治政府移植西洋君主立宪政体,非但没有促进民主化,反而强化了专制天皇制,《军人敕谕》《教育敕语》就是这种政治的文化反映。在国家权力的诱导下,奴化的忠君爱国思想急剧升温,极端的国家主义迅速膨胀。在强化专制权力优先的原则下,个人的自由和文化个性被窒息,作为西方近代文化最根本原则的民主自由思想,在日本还没有形成一种社会认同,便偃旗息鼓了。这是明治文化的致命伤。

二、文化跛行的代价

从表象上看明治文化是东洋与西洋、传统与近代的两元并存,呈现着日本文化自古以来的混血型特征。但是,表面华丽时髦的明治文化,在深层却进行着激烈的文化碰撞,这种碰撞既促生了一些文化领域的更新换代,也造成了日本文化整体的失衡、迷离和冲突。文化的不平衡又

---

① 开国百年纪念文化事业会:《明治文化史1》,洋洋社1955年,第711—712页。

造成了诸多社会矛盾,诸如:城市与农村的矛盾、经济与政治的矛盾、进步与保守的矛盾等等。这种矛盾蹒跚到昭和前期,终于导致了文化矛盾的裂变,结果是彻底否定了明治以来对西洋文化的崇拜,以至于以欧美国家为敌,彻底退回到文明开化前的日本。

御制的"皇国文化"造成了明治时代的文化跛行现象,而文化的跛行,势必造成日本现代化道路整体的跛行。通过甲午战争和日俄战争,到明治末年日本已经发展成与欧美比肩的强国,尤其是日俄战争大大提高了日本的国际地位,欧美人更把日本看作是东方的明星国家。然而,就文化层面而言,愚昧的忠君爱国思想和极端狭隘的民族主义、对外扩张论、近代"伪武士道"等反动和倒退的思想文化全面泛滥,而这些失去理性的狂乱被冠名为极富感染力的"爱国心""明治精神""大和魂",成为官方规制日本文化的主基调。

明治时代日本人的爱国心是炙热的,颇有献身精神,尤其是明治后半日本社会与其说是以个人为基本单位,莫如说全体日本人是一个单位,国家、皇室、故乡、家族、个人结成一个统一的整体。即便是自由民权运动也不曾触及皇室和皇国的权威,而只是反对藩阀专制。"及至民权派反对的目标藩阀专制消失,一些民权'壮士'也只存爱国心,多形成反动的国粹主义团体。"[1]这种爱国心肯定曾经为明治现代化进程做出过不可替代的贡献,然而它的负面影响也是非常可悲的。明治人只考虑日本的问题,祖国就是他们的最高价值,为祖国献身就是最高的美德,而从不考虑人类的普遍价值,更缺少最基本的是非观念。因此,造成了日本人价值判断的狭隘性,致使爱国心发展到"举国一致"对外发动侵略战争。正如有西方学者所言:"爱国主义与偏爱故乡的情结如出一辙,它表现为轻视其他的民族,所以它偏离了真理的轨迹……其目的有时就是伤害其他人。"[2]正是"爱国心"的无限膨胀把日本送上了战争的不归路,险些亡

---

[1] 竹山道雄:《明治精神的变化》,新潮社 1960 年,第 15 页。
[2] 雅各布·布克哈特著、金寿福译:《关于世界历史问题的思考》,载陈恒、耿相新主编:《新史学 第四辑·新文化史》,大象出版社 2005 年。

国灭种。

在明治时代对神圣天皇的崇拜成为"民族集体意识"。这是一种单向的奉献,是由天皇和政府强加给日本民众的迷信,它的危害在于,崇拜天皇的"集体意识"使日本民众变成唯天皇马首是瞻的"集体无意识",这是日本文化史上一个最可悲的时代。这种文化的非理性支配着自明治时代到战败为止日本文化的走向,成为阻碍日本文化发展的无法挣脱的桎梏。

还应注意一个问题,按照文化发展的一般路径,在文化进化的同时,还伴随着落后文化的退化过程,这就是所谓文化的弃旧图新。而明治日本则是进化过快,来不及消化吸收,而退化的过程又很缓慢,甚至一些文化糟粕卷土重来,以至于阻断了文化进化的进程。就明治文化而言,既曾有过史无前例的"维新",也确实发生了世所罕见的"复古";既有促动日本社会飞速进步的精华,也有诱导日本走向军国主义的糟粕。由此,形成了一个典型的文明进步与文化倒退,或者叫做物质进步与精神倒退的怪圈。对于明治日本超速西化所造成的不良反应,夏目漱石做过分析:不间断地摄入高度发达的先进文化的结果,形成了强压力,不可避免地造成了日本文化发展的不自然,大多数日本人对此难以忍耐,造成了神经衰弱。这大概很符合明治知识分子的共同感受。①

文明与文化发展的不平衡,新文化进化与旧文化退化的不平衡,最终以战败葬送了明治以来曾令全世界倾慕的日本现代化的骄人成果。有日本学者机智地指出:"今天读起明治以来的书籍,无论如何也看不懂……日本人八九十年间流淌的汗水,都是为了昭和二十年八月十五日的投降而工作。"②

如果用一句话为明治时代做宏观上的定性,可以表述为:最前沿之西方文明与最原始之天皇崇拜的"二位一体"。前者成就了日本工业化的顺利进行,创造了令世人瞩目的近代文明;后者培养了日本人的愚昧

---

① 儿玉幸多:《图说日本文化史大系 11》,第 38 页。
② 日本文化论坛编:《日本文化的传统与变迁》,新潮社 1958 年,第 185 页。

于盲从,并因此将自己创造的近代文明几乎消耗殆尽。明治日本的现代化道路和对外侵略扩张的历史向世人昭示了跛行现代化道路的惨痛教训。文明与文化的悖论、维新与复古的倒错,这是明治文化为人们留下的值得反复思考的命题。

(本篇原载《日本近现代文化史》)

第八章　大正时代的文化精神

大正时代被称为"明治与昭和之间的峡谷"①,意思是说与变动激烈的明治时代和躁动疯狂的昭和前期相比,大正时代显得波澜不惊。但是就文化而言,如果把明治、大正、昭和前期比作一套三明治,那么作为夹心的大正时代就会散发出自身的"品味"。大正文化是从明治时代到战败为止日本文化史上健康成长的小阳春。

一、大正时代政治思想述论

1. "新时代"的社会文化氛围

1912 年 7 月 30 日,已经成为明治时代日本民族符号的明治天皇死去,大正天皇践祚,为明治时代画上了句号。对于明治人来说,明治天皇是一个矛盾的存在,既是明治日本的精神象征,也是压抑国民精神生活的超凡的存在,因而人们在悼念明治天皇的同时也在轻松地呼吸着新鲜、自由的空气。当时的夏目漱石道出了这种感受:"这时我似乎觉得,

---

① 生松敬三:《大正期的思想与文化》,青木书店 1971 年,第 5 页。

明治精神随天皇而开始，又随天皇而告终。"①臣民们悲切茫然地匍匐在皇宫二重桥前，似乎一时间失去了目标和信念。然而就在明治天皇驾崩的隔日，《万朝报》即发文宣示："我等新人已不是明治人，而是大正人，我们的舞台是大正……所谓武士道是封建遗存，其名甚是不祥……于大正之新时代，提起武士道、军人政治，我等决不能听之任之……山县（有朋）、桂（太郎）、井上（馨）、松方（正义）等老臣已经是'明治的遗物'"，而作为大正的新事业，"必须要开辟以天皇为中心的民主主义政治。"②这段议论意在吐故纳新，就像明治时代催促"天保钱"退出历史舞台一样，要求"明治遗物"让出舞台，从而使日本弃旧布新，建立并不奢华的"天皇制民主主义"。《万朝报》的议论可谓先知先觉，大正文化的历程果真遵循着驱逐"明治遗物"的目标发展。

　　大正时代开始，不仅仅是天皇的更替，社会文化也出现了新动向。③明治天皇的标准像威严而慈祥，雄跨白马的形象俨然一副超人的权威，而大正天皇却是患脑病的虚弱之体极少现身，对日本人说来他无益也无害，很少受到人们的关注。但是，与大正天皇的身体状况相反，大正时代却是充满活力的时代。

　　日俄战争的胜利实现了明治维新以来几十年的大国梦想，然而胜利所得似乎与付出不成比例，民众对艰苦生活强烈不满甚至愤怒，加之对外目标也暂告一段落，因而人们将目光和能量转向国内。种种社会变化，又到了日本人文化选择的迷离时期，结果是激发了日本人对社会变革的向往，催生了大正民主运动的兴起。

　　刚刚进入大正时代的翌年，就发生了大正政变、护宪运动，在明治时代被压抑的民主思想的能量空前释放，同时显示了民众的激情和力量，明治时代确立起来的藩阀政权的堡垒逐渐趋于崩溃。加之，日本在第一

---

① 中野久夫等：《大正的日本人》，鹈鹕社1981年，第126页。
②《万朝报》1912年8月1日。
③ 实际上许多社会事物在20世纪之交，尤其是日俄战争之后已经开始发生变化，因而为叙述方便和顺应事物发展逻辑，本章有些内容会追溯到明治末期。

次世界大战中几乎是兵不血刃,却夺取到极大的利益,促使日本资本主义快速发展,民众也开始享受着相对暂短的和平时期的自由。上述社会状况为大正时期的文化定下了基调,其间各种社会思潮风行日本舆论界。

明治人是靠国家精神支撑的,而大正时代人们开始认真地思考个人独立的精神世界,这种转换势必会在思想上有所反映。夏目漱石早在1905年发表的《我是猫》中就有一段妙文揶揄作为"明治精神"基调的大和魂,代表了部分文人的思考路径,值得抄录于此:"大和魂!一个日本人这样呼喊以后,发出了痨病鬼式的一声咳嗽……大和魂!一个报混子说。大和魂!一个扒手说……东乡大将具有大和魂,鱼铺子掌柜阿银也具有大和魂。投机者、骗子手、杀人犯也都具有大和魂……谁都挂在嘴上,可谁也没有见过。谁都听人说过,可谁也没碰上过。大和魂,大和魂,其天狗之类欤?"①

大正时代的文化精英们抛开了国家至上和唯本民族独尊的思想,成就了大政时代的思想解放,他们敞开胸怀重新将目光投向外部世界、投向欧美思想的前沿。

大正文化的基调,可以说是资产阶级提倡的德谟克拉西思想,它反映了一种真正近代社会市民精神。虽然大正民主思想没能彻底抹去明治时代留下的封建社会色彩,但毕竟将真正意义上的自由民主等近代思想文化传布到日本。具有讽刺意义的是,大正民主思想居然源于日本在第一次世界大战中趁火打劫的夺取殖民地的行径。在第一次世界大战期间,日本作为协约国一员参战,而协约国对同盟国作战的口号是"以民主主义扫灭军国主义"。同为军国主义的日本为夺取殖民地也接受了这个口号,于是民主主义成为日本国内进步势力攻击专制统治的思想武器,这大概是日本统治者始料不及的。第一次世界大战的结果,造成了德国军国主义和沙俄帝政的崩溃,德国走向共和,而俄国则建立了苏维

---

① 夏目漱石著、刘振瀛译:《我是猫》,上海译文出版社2007年,第188—189页。

埃政权。在世界专制主义溃败的背景下,民主主义在日本各阶层中得到普遍的支持,资产阶级提倡的自由民主思想成为大正文化的基调。

资产阶级兴起的自由民主主义风潮,得到了普通民众的支持。在大正政变、护宪运动、普选运动、米骚动等社会运动中充分显示了民众的力量,这与明治时代的臣民任凭藩阀政府肆意操纵政治的状况大不相同。这种趋势也逐渐扩展到日本的中小城市以至于农村,原来在明治时代被少数新兴资产阶级知识分子推崇的自由民主思想在加速向日本全社会辐射。

大正时代还有一个亮点是出现一批知识人开始探索社会主义思想和马克思主义,使日本成为当时仅次于苏俄的马克思主义研究大国,并渗透到社会科学甚至文学等各个领域。这种进步思想在日本命运多舛,始终是统治者残酷镇压的对象,无论是明治、大正还是昭和时代唯有社会主义者在不断地流血。也正是因为曾遭受专制主义的残酷镇压,在战后相当长的一段时间里,社会主义思想始终具有强大的吸引力,而且马克思主义理论在日本人文社会科学的诸多领域占据着主流地位。

在明治时代人们对西洋文化和日本传统文化认识的分歧,出现过较为激烈的思想文化冲突,而到大正时代,把外来文化作为异文化的意识明显淡漠了,这种内外障碍的解除,使得日本接受外来思想文化更加自然流畅。而且随着日本与世界关系的不断密切,世界流行的文化经常可以在第一时间传入日本,甚至东京的舞女跳着与美国同样的舞步。

2. 民主政治文化理念

在上述社会大环境之下,人们被压抑日久的思想突然爆发,大正时代可以说是"主义"盛行的时代。德谟克拉西是大正文化的基础,而自由主义又是大正德谟克拉西的精神支撑。按照日本学者的话说:"'大正自由主义'……是德谟克拉西德精神的核心。"[①]顾名思义,对于个人来说,自由就是排除来自外部的压制,自己决定自己的信仰、言论等思想行为。

---

① 石田一良编:《日本思想史概论》,吉川弘文馆2001年,第301页。

自由主义思想支撑下的社会民主运动在明治时代的自由民权运动中已经显现出来,但那时只限于在政争中下野的政治家和极少数思想精英们的"演剧",因而在从武士变身形成的"有司专政"的藩阀政府的强力利诱和镇压下偃旗息鼓。而大正时代,随着日本资本主义发展日渐羽翼丰满,资产阶级开始形成一股独立的社会政治力量,他们结成政党,并吸引着普通民众、中小资产阶级、知识分子以及农民等,兴起了反对专制政治的社会民主运动。

大正时代之初,从明治时代承受了种种社会危机:"大逆事件"显露出的政治危机、东京市电六千人的大罢工反映了民众生活的困窘。在对外方面,因吞并朝鲜而招致朝鲜独立运动的抵抗;又因辛亥革命日本趁火打劫出兵中国,为此军部要求增设两个师团。对此,政府和资产阶级为保证与其他帝国主义在经济竞争中的优势,反对为军备扩张而增税,并向政党捐资以遏制军部的专横。对此,军方抬出军阀巨头桂太郎出面组阁,从而进一步刺激了反对之声。第三次桂内阁试图解散反对军部的议会,但民众示威声援议会,甚至袭击支持桂内阁的报社,焚毁警署、岗楼等,"倒桂运动"波及京都、大阪、神户、广岛等重要城市。虽有大正天皇通过诏敕制止政争,但短命的第三次桂内阁(1912年12月21日—1913年2月11日)最终仍没能逃脱总辞职的结局。这是首次以民众的力量倒阁成功,意义重大,它宣告了仅仅依靠天皇的权威而没有议会为基础的政府终难一手遮天,也显示了民众政治热情的能量,这是日本近代史上值得特书的一笔,也预示了大正时代社会文化的前景。

民主势力和民众与军阀政治几经较量,结果于1915年成立了以陆军大将寺内正毅为首相的内阁,重新建立起军阀专制政治。作为对专制政治的抵制,以民本主义为旗帜,营造了大正民主文化的社会氛围。

大正民主运动包括了以两次拥护宪政运动(1913年和1924年)为线索的一系列政治运动。与藩阀军阀官僚势力对抗的除政党势力之外,还聚集了实业家、学者、新闻界人士和一般民众。它不仅仅是一场政治运动,还对大正社会文化产生了诸多影响。早在日俄战争结束后不久,民众就曾经因为不满日俄条约而进行带有民族主义色彩的反政府运动,但后来逐渐演变为反对专制、支持民主政治的运动。

在大正时期的资产阶级自由民主主义思想中,美浓部达吉和吉野作造可称双璧。

东京帝国大学教授美浓部达吉(1873—1948)是位法学者,曾留学德国海德堡大学和英法等国。主要著作有:《国法学》《日本国法学》《宪法及宪法史研究》等。美浓部达吉的著名理论就是"天皇机关说",主张主权与治权的分离。主权属于国家所有,而治权则是天皇监督行使。天皇是国家的最高机关,但要受到国家组织和宪法的制约,而且宪法要朝着更加理性的方向改变,即要逐渐建立对国家负责的政府和大众参与的政治。

1912年美浓部出版《宪法讲话》,在提倡"天皇机关说"的同时,批判穗积八束一派的国家主义宪法学说是:"借国体论鼓吹专制思想,压制国民之权利,要求国民绝对服从,在立宪政治掩饰之下,其实是要实行专制政治。"①美浓部达吉的理论招致了担当东京大学宪法讲座的穗积八束及其弟子上杉慎吉一派的猛烈攻击②。先是上杉慎吉在《太阳》杂志上发表文章用"神权主义天皇观"对美浓部进行颇带政治性的攻击,指责美浓部的"天皇机关说"是无视国体、排除万世一系天皇统治的异端邪说。美浓部也在《太阳》上发文回应,阐述了"天皇机关说"的大要,即:日本的主权属于在法律上具有人格(法人)的国家这一团体,天皇是作为国家的最高行政机关而行使权力,因而国家权力的主体是国家而不是君主。由此,否定了"天皇主权说",为后来的政党政治奠定了理论基础。

双方的论战结果是"天皇机关说"得到了普遍的认可,成为当时的主流学说,上杉慎吉败北。穗积八束在给加藤弘之的信中承认:"目前反对'天皇机关说'者,除阁下之外,只有本人和上杉了。"③美浓部的著作在日本流传广、影响大,被作为宪法课程的指定教材。也许是历史的巧合,大

---

① 开国百年纪念文化事业会:《明治文化史 5·学术编》,洋洋社1954年,第666页。
② 穗积八束直到1912年去世前,始终在病床上支援上杉慎吉。
③ 开国百年纪念文化事业会:《明治文化史 5·学术编》,第667页。

正元年是这场争论的一个新的起点,即美浓部的《宪法讲话》成书和穗积八束的去世,恰巧都在这一年,这似乎也寓意着大正时代思想纠偏的新趋向(1935年他的"天皇机关说"被指控为对天皇的不敬,美浓部最终被迫辞去贵族院议员职务,形同软禁,即便如此也还是遭遇右翼行刺,他的著述也遭明令禁止出售)。

如果说美浓部达吉是在运用法学理论抑制天皇专制主义统治,那么东京帝国大学教授吉野作造(1873—1933)就是在以他的民本主义宣传广义的民主原则。吉野作造对明治时代国家中心主义造成的国家强大化和个人矮小化的两个极端的现状进行了激烈的批评,并认为真正伟大的国家,作为个人的国民也必须是伟大的,这可以视为吉野民本主义思想体系的基石。吉野于1916年在《中央公论》上发表长篇论文《从宪政本意之解说论其有始有终之途径》,倡导民本主义,批判军阀官僚独裁政治,为德谟克拉西主义提供了理论基础。吉野提出:"作为国家根本法则的宪法,必须包含三项规定,即保障人民权利、三权分立主义、民选议院制度。"①民本主义原理在于,大凡近代国家无论主权在君还是在民,政治的目的都应该是为民众谋求利益和幸福,政策的决定也应遵从民意。民本主义的目标是,"政治必须依据一般民众的意志而实施"②。具体而言则主张给予普通民众广泛参政权的普选权,并主张必须将民意代表机关的议会作为政治基石。为此就要建立政党内阁制和普选制,使议会变为国家政治的中心。民本主义顺应时代的潮流,深得资产阶级和市民阶层拥护。吉野还呼吁放弃穷兵黩武的对外侵略政策,并指出:富国强兵的口号将被"人类文化的进步向上"替代,"把'富国强兵'作为国家生活唯一理想的时代已经终结"③,从而将国家的地位相对化。

1918年9月政友会总裁原敬组成日本第一个真正意义上的政党内阁,日本政治生活充满革新风气,普选运动民众化,工会组织激增。吉野

---

① 吉野作造:《论宪政本义及其有始有终完成之途径》,《中央公论》1916年1月。
② 《吉野作造博士民主主义论集》第1卷,新纪元社1946年,第45页。
③ 吉野作造:《国家生活之一新》,《中央公论》1920年1月。

作造于 1918 年 11 月 24 日出席在东京神田南明俱乐部举行的一次演讲会，成为新时代的宠儿，德谟克拉西也达到高潮。学生和市民群众簇拥着吉野乘坐的轿车高呼"吉野博士万岁""德谟克拉西万岁"。同年 12 月以吉野作造、福田德三、麻生久等人为核心，包括新渡户稻造、大山郁夫、朝永三十郎、三宅雪岭、森户辰男等在内的 23 位大学教授和舆论界人士结成"黎明会"，之后桑木严翼、阿部次郎、左右田喜一郎等大正哲学界重镇也纷纷入会。他们庆贺第一次世界大战的结束，认为这次战争"是自由主义、进步主义、民本主义对专制主义、保守主义、军国主义的战争，今后全世界的国民依赖于此光辉的捷报与和平，开始具有了迈入文明生活的希望"①。他们提出三大纲领：1、从学理上阐明日本国家之本，发挥日本在世界人文发达中之使命；2、扑灭逆世界大势而行的顽固思想；3、顺应战后世界之新趋势，促进国民生活的安定和充实。② 黎明会的这些主张反映了新时代的新思想，可谓当时日本思想前沿，也顺应了第一次世界大战后世界民主主义潮流。

　　然而，大正德谟克拉西，尤其是吉野所主张的民本主义有一个无法调和的悖论。民本主义，实际上是西文 democracy（德谟克拉西，民主主义）的译语。之所以译作民本主义，是有意区别于主张提倡"主权在民"的西洋的民主主义，以避免与天皇制的日本国体发生正面冲突。由此也可窥见，在强固的君主制度下，很难提出彻底的民主主义主张，因而吉野的民本主义的最终目标边界，也只能设定在扩大选举权范围、尊重民意等不触动天皇制的要求。不敢触动日本天皇制国体，成为民本主义思想运动的致命伤。再有，大正政治民主运动虽然重新点燃了明治时代熄灭的自由民权思想，但它推动的政党政治的支持者主要是资产阶级和城市知识分子。虽然也有广泛的民众背景，但民众并没有被有效地组织起来，因而所担当的角色也不过是舆论工具。上述弱点就注定了这场运动

---

① 生松敬三：《大正期的思想与文化》，第 81 页。
② 儿玉幸多：《图说日本文化史大系 12》，小学馆 1967 年，第 153—154 页。

不可能实现主权在民的真正健康的议会民主政治。

民本主义思想受到局限,但毕竟对元老、藩阀、军部等专制势力进行了激烈的批判,得到了因财产限制而被剥夺选举权的广大民众的支持,民本主义思想也成为议会辩论中批评专制主义时频繁使用的理论依据。

3. 社会主义与无政府主义

在上述资产阶级民主思想的平行线上,出现了更为激烈的以彻底改造日本社会为目标的社会主义思想。大正的社会主义思想并非凭空出来,而是有深刻的社会背景。作为第一次世界大战战胜国的日本成为暴发户,国家的骤富又成就了一些企业和个人爆发户,然而正是这批暴发户,制造出大规模的贫困阶层。对此,社会主义者依据马克思唯物主义社会发展规律学说,清晰地分析了大正时代日本资本主义矛盾表面化的现实,并给出了解决社会问题的对策。社会主义者们发现了资本主义社会基本矛盾的核心问题,因而在激烈批判资本主义制度的同时,对资产阶级民主主义思想也进行了批判。他们认为,温和的民本主义等资产阶级改革思想,不过是维持劳资协调现状的主张。

堺利彦(1870—1933)在日本普及马克思主义过程中功不可没。1903年他与幸德秋水等人创立平民社、出版《平民新闻》,宣传反战思想。1906年2月组建日本社会党,1908年6月因"赤旗事件"①入狱。1910年9月出狱后,因大逆事件暂时停止公开的社会活动。1914年创办文学刊物《丝瓜花》静观形势,1915年复改刊名为《新社会》,开始重新研究介绍社会主义思想,并积极参加工人运动和普选运动。1922年日本共产党成立,堺利彦为首任委员长,之后全力从事普及马克思主义的启蒙活动。早在1902年他就翻译了《共产党宣言》,1912年出版考斯基的《社会主义伦理学》,同年翻译了恩格斯的《社会主义从空想到科学的发展》。除上述译著之外,堺利彦还与森近运平合著《社会主义纲要》(1907年11月),

---

① 镇压社会主义者和无政府主义者的事件,大杉荣、荒畑寒村、山川均、堺利彦等14人被捕。

运用社会形态发展理论论证了人类社会必将走向社会主义的方向,是当时马克思主义研究领域的重要代表作。该书虽然与片山潜的《我的社会主义》(1903年6月)、幸德秋水的《社会主义神髓》(1903年7月)并称明治时代社会主义三大名著,但一般认为《社会主义纲要》论述的系统性超过了后两部著作。①

然而,由于社会主义思想对日本社会的批判边际远远超过资产阶级自由民主主义者,因而从传入日本之初,统治者就无时不在伺机镇压社会主义者。继"赤旗事件"后,1910年5月统治者又以谋杀天皇的罪名逮捕幸德秋水等一批社会主义者和无政府主义者,并于1911年1月判处幸德秋水等12人死刑,另有12人被判处无期徒刑,此即"大逆事件"。恐怖镇压后,社会主义运动一度进入"寒冬时期"。然而,这并不是最终的结局,面对反动政府的残酷镇压,一部分社会主义者开始反省以往的活动策略是否符合社会现实,日本社会主义者阵营内原来主张"议会政策论"派的片山潜等人逐渐走上革命道路。在国内阶级对立激化、国外俄国十月革命等背景下,1920年日本社会主义同盟成立,1921年有爱会改组为日本劳动总同盟,成为日本规模最大的全国性工会组织,1922年日本农民组合成立,几乎同时全国部落民解放运动组织"水平社"成立,同年日本共产党成立。这一切显示着日本文化史上全新的无产阶级文化呼之欲出。

值得注意的是与社会主义思想运动相携并进的还有无政府主义思想和运动,而且这两者往往二位一体。这可以从赤旗事件中"直接行动派"社会主义者们的旗帜和口号中得到证实。1908年6月在迎接山口义三出狱的集会上,社会主义者们打出的旗帜是"无政府共产",呼喊的口号是"无政府主义万岁"。幸德秋水、大杉荣等可谓社会主义者中倡导无政府主义的代表。幸德秋水1907年发表《我的思想变化》一文,全面阐释了无政府工团主义思想观点,1911年因"大逆事件"被处以死刑,因而大杉荣的影响时间更长一些。

---

① 宋成有:《新编日本近代史》,北京大学出版社2006年,第285页。

大杉荣(1885—1923)学生时代学业优秀,但性格叛逆,1902年接受海老名弹正洗礼入信基督教,后因海老名弹正支持日俄战争而弃教。1906年2月参加日本社会党,随即因参加反对电车费涨价运动被捕,被保释后11月翻译发表了克鲁泡特金的《告新兵诸君》,宣传无政府主义。直到赤旗事件已数次被捕入狱。1912年10月与荒畑寒村创办文艺思想刊物《近代思想》,打破了社会主义运动的窒息局面。1913年又与荒村创办"工团主义研究会"。十月革命以后,1918年5月创办《劳动新闻》,直接参与工人运动,并参加"米骚动"。1919年3月组织革命工运团体"北风会",成为无政府主义运动和工团主义运动的据点。1922年12月还参加了在柏林举行的国际无政府主义大会。关于理论与实践的关系,大杉荣认为:无政府主义不是非现实的理想,而是来源于现实生活的科学理论,不过这种理论更倾向于理想。大杉荣的理想社会是建立各团体之间意见容易达成一致的自治联合制度,团体内部的个人之间也是如此。① 与他所主张的政治理想相适应,在经济制度上他主张具有共产主义色彩的共同劳动平均分配的制度。② 直到1923年遇害,大杉荣一直是活跃在第一线的无政府主义理论家与社会活动家。他的理论与实践对日本天皇专制统治的威胁是显而易见的。无政府主义者对统治者权威进行激烈的言论挑战的同时,还时常伴随着一些无政府主义者比较过激的行动。对统治者过分的刺激,不仅使自身惨遭迫害,而且连同社会主义运动也遭到了毁灭性的打击。

4. 法西斯主义的登场

与上述各种进步和革命思想相对,大正时代国家主义也仍然很活跃。第一次世界大战结束后的1918年11月起,因军需订货戛然而止,日本物价暴跌,尤其是钢铁和军需产业。1920年又逢世界性经济危机,

---

① 大杉荣:《个人主义者与政治运动》,《大杉荣全集1》,世界文库1963年。
② 陈秀武:《日本大正时期政治思潮与知识分子研究》,中国社会科学出版社2004年,第278页。

致使日本社会矛盾激化,劳资纠纷激增,出现万人以上的大罢工。1920年在东京上野举行了日本历史上第一次"五一"集会。第一次世界大战后,日本在华盛顿会议和凡尔赛会议上得到了诸多权益,但同时也受到欧美国家限制,英国宣布中止英日同盟,日本的侵略扩张一时间受到遏制。与此同时,1919年在朝鲜和中国分别爆发了反抗日本帝国主义的"三一运动"和"五四运动"。日本帝国主义焦头烂额,陷入国际困境。法西斯主义正是利用了日本的内外困境,一方面反对"软弱"的政党和民主政治,另一方面也反对科学社会主义思想。

无论是在意大利还是在德国,法西斯主义都是在社会动荡中,利用广大民众对秩序的诉求而蛊惑视听,并建立集权专制的法西斯统治的。在日本也不例外,上述内外形势刺激了国家主义的升级,诸如大正赤心团(1918)、大日本国粹会(1919)、赤化防止团(1920)等法西斯团体相继形成。尤其是大川周明、北一辉等人结成的老壮会(1918年)、犹存社(1919)对后来昭和时代日本军国主义化产生了极大的影响。国家主义本来是明治时代之初针对来自欧美列强的侵略而生成的建国理念,之后逐渐发展到日本是黄种人阻止白种人侵略的保护神的意识,由此产生了以日本为主导的所谓的泛亚细亚主义。他们认为在亚洲只有日本保持了独立,而且通过第一次世界大战成为世界一流强国,因而要想拯救亚洲就必须普及日本精神。

1919年北一辉(1883—1937)[①]写了《日本改造法案大纲》[②],主要内容可分为三个部分或者说是三个步骤:第一、利用天皇大权通过政变改造国家机构;第二、提出建立新的国家统治机构和国家社会主义政策;第三、建立统治广阔地域的大帝国。他认为只有国民在天皇大权之下形成大同团结才能度过危机,因而为此要"清君侧",即进行铲除妨碍天皇与国民结合的军阀、财阀、政党、华族等势力的政变,甚至提出停止执行宪

[①] 北一辉曾参与中国革命,并与幸德秋水等社会主义者有过接触,其一生的思想和行动十分复杂。
[②] 北一辉:《日本改造法案大纲》,桥川文三编:《现代日本思想大系31》,筑摩书房1965年。

法三年,总之是必须要实现天皇亲政。在对外问题上主张以武力"解放亚洲"的侵略主义思想。这一时期的法西斯主义著作还有权藤成卿的《自治民范》(1919)、安冈正笃的《日本精神之研究》(1924)、大川周明的《日本及日本人之道》(1926)等,极力宣传日本精神和日本主义思想。与法西斯主义思想遥相呼应,还出现了刺杀财阀安田善次郎和内阁首相原敬(均发生在 1921)等一系列恐怖事件。第一次世界大战后,美国舆论界针对日本的不断扩张,出现了防患日本的"黄祸论",并于 1924 年通过了排日移民法案。法西斯主义者们趁机煽动国民,大肆宣传法西斯思想。这种思潮即是后来以天皇为中心的军部统治和日本妄图称霸亚洲及世界的八纮一宇梦幻的源头。

日本法西斯思想的兴起在世界上并不落后,从法西斯团体出现的时间看,与 1919 年 3 月墨索里尼建立的"法西斯战斗团"(又称黑衫党)几乎同时,有的甚至早于意大利法西斯的出现。从出现法西斯理论著述的时间看,1919 年北一辉撰写的《日本改造法案大纲》,更早于 1925 年希特勒的《我的奋斗》。可以说,这一时期的日本法西斯思想还处于初级阶段①,而且法西斯主义与当时大正民主潮流格格不入,因而在大正时期对日本社会并没能产生太大的影响。然而到昭和时代法西斯主义在日本社会肆虐,北一辉的《日本改造法案大纲》成为"二二六事件"等法西斯主义以恐怖政变夺取政权的"圣典"。

在上述各种政治思想中,日本最终选择了法西斯主义。然而,大正的进步思想并非仅仅是一个历史的插曲。大正时代的思想文化精英们摒弃了明治中后期甚嚣尘上的国家至上和唯本民族独尊的思想,成就了大正时代的思想解放,他们敞开胸怀重新将目光投向外部世界、投向欧美思想的前沿。而这种风气为战后思想家所继承,形成了战后日本又一次新的思想启蒙。

---

① 崔新京:《略论日本法西斯思想的形成》,载《日本研究》2001 年第 4 期。

二、哲学前沿与人文思潮

明治时代无疑是日本广泛摄取西洋学术的高峰期,但是基本上属于比较机械的移植阶段,经过潜心学习消化,到大正时代西洋学术开始在日本扎根,并开始融入日本人的学问体系。明治时代的教育普及提高了民众的知识和智力水准,这也正是学术进步的土壤。明治学术多表现为国家权力支撑的官学,比如东京帝国大学(1877)、京都帝国大学(1897)、东北帝国大学(1907)、九州帝国大学(1911)等官立"四帝大",拥有诸多专业和相应的研究设施和研究经费,阵容齐整,教学与科研并进,是明治时代学术的主要承担者。到大正时期,私立大学在教育和学术研究方面也逐渐达到了与官立大学相抗衡的水平。此外,与大学并存的研究机构也在不断加强,1879年文部省设立的"东京学士会院"于1906年改组为西洋研究院式的"帝国学士院",正式开通了与国际学术界交流的渠道。

与上述大学和专门研究机构的专业化相对称,学问也开始迅速走向民众。明治后期已经有博文馆出版各类大型丛书,其中1898年到1908年连续出版的《帝国百科全书》几乎网罗了人文社会科学和理工科类所有领域,诸如:哲学、美学、历史学、文学、教育学、心理学、宗教学、伦理学、音乐、美术、政治学、社会学、法学,理工科类则囊括了数理化各科,甚至生理学、植物学等等,可谓名副其实的百科全书。此外还有1893年到1898年连续出版的日本传统文学丛书《帝国文库》等等。进入大正时代以后,又有《有朋堂文库》等多种丛书出版。上述丛书的出版以低廉的价格网罗了人类知识的各个领域,把学问送到民间百姓家,不啻为一次新的知识启蒙运动。

1. 新康德主义哲学

哲学是日本近代人文科学中起步较早的学科,可以说明治时代的启蒙思想就是在移植西洋哲学中展开的。如果说大正时代的政治思想核心是民本主义,那么大正时代的哲学核心则是新康德主义①。康德哲学于19世纪70年代在德国的复兴,是对唯物论和经验论的一种反拨,有其时代的要求。当时德意志完成统一步伐,并开始快速发展成为欧洲后来居上的新型帝国。而从日俄战争到大正时代的日本,正如俾斯麦时代踌躇满志的德意志,对未来充满了无限的憧憬。再加之明治中期以后日本就在诸多领域以德国为榜样,于是在德国兴盛一时的新康德主义便顺理成章地流入日本,并占据了哲学界的主流地位。

大正时代正是桑木严翼(1874—1946)、朝永三十郎(1871—1951)、左右田喜一郎(1881—1927)、西田几多郎等一批哲学家活跃的时代。"这个时代也是新康德学派的全盛时代,当时日本年轻的哲学家都在学习新康德派。"②大正的哲学思想是从桑木严翼等人移植新康德派哲学开始的。桑木出身东大,曾一度在京都大学任教,后留学德国期间倾倒于康德派的批判哲学。回国后执教于东大,讲授哲学和哲学史。桑木于1917年出版《康德与现代哲学》一书,标志着日本对新康德主义哲学研究的开始。桑木依据新康德主义中西南学派的理论,强调哲学研究不应该仅仅停留在"独立于'我'之外的实在",而应该研究"物与我的关系",并提出理性才是建立价值观的基础。

新康德派哲学引起人们的关心,还有赖于西田几多郎的《现代理想主义的哲学》(1917)一书。西田以新康德学派、胡塞尔的现象学和柏格森的直观哲学为中心,论证了现代哲学主流是浪漫主义的。西田的这种理解也代表着大正时期的哲学倾向。与此相关,桑木严翼也曾在其《现代思潮十讲》中,从19世纪孔德的实证主义谈起,言及功利主义和新实在论,其结论是:现代思潮一定是脱离实证主义的理想主义,而文德尔班和李凯尔特的新康德主义就是理想主义的代表。日本新康德主义阵营

---

① 在日本主要吸纳了新康德主义中西南学派的文德尔班和李凯尔特等人的学说。
② 门胁卓尔:《日本对新康德派的受容》,载《理想》1989年7月。

的著述还有朝永三十郎的《在近世"我"的自觉史》等。另有左右田喜一郎著《经济哲学的诸问题》《文化价值与极限概念》，运用李凯尔特的方法分别尝试建立经济哲学和文化科学。由此，新康德派哲学成为当时日本学院派哲学的主流，后述"文化主义"等人文思潮的盛行可以说就是新康德主义的日本版。需要说明的是，对新康德学派的吸收也并非仅仅是被动接受，西田几多郎就在与新康德派哲学的对话与质疑中，论述了自己的哲学主张。1917年西田继《善的研究》之后，出版了作为西田哲学又一基础的《自觉中的直观与反省》，其"核心内容即是与新康德派李凯尔特的交锋"①。

新康德派哲学反对科学决定论，认为科学认识是有限界的，因而也对实证主义和唯物论提出质疑，实际上是站在了社会主义思想的对立面，再观照后述人文思潮，不难看出这种哲学的资产阶级立场。另一方面，这种哲学提倡以注重个人理性来充实自我，这就在客观上显现出摒弃国家观念的意向。这种哲学指导下的个人主义特征是：限定在不与国家权力发生冲突的范围内，同时也回避与既成的统治体制发生关系。②应该承认新康德主义哲学对大正时代人们的自由思考风气发挥了积极作用。

与上述来自德国的属于学院派的新康德学派相对，大正时代还存在着来自英美的经验主义和实证主义的在野哲学派别。英美派哲学的扛鼎人物是留学美国归来的田中王堂（1867—1932）。田中依据美国哲学家詹姆士和杜威的实用主义哲学，发表《从书斋到街头》《哲人主义》等文章，与桑木严翼等东大学院派哲学家们展开论战。田中将自己的哲学自命为"市井哲学"，他提倡生活的哲学，主张彻底的民主主义，并认为彻底的民主主义必须依赖彻底的个人主义。另一位自称"市井哲学家"的在野哲学骁将长谷川如是闲（1875—1969），站在经验主义的立场对新康德

---

① 门胁卓尔：《日本对新康德派的受容》。
② 参阅新岛繁：《大正期的思想与文学》，载《文学》1957年4月。

学派的唯心主义哲学进行了尖锐的批判。长谷川如是闲认为德国唯心论哲学游离现实生活,是一种错误的观念。田中王堂和长谷川如是闲分别活跃于《中央公论》和《朝日新闻》等报刊,频频发表评论,这种站在经验主义和实证主义立场,反学院派官学、反唯心主义的倾向,似乎更符合大正德谟克拉西的时代精神。

值得一提的是,由岩波书店从1915年开始出版面向社会的大型《哲学丛书》。丛书由西田几多郎、桑木严翼、夏目漱石、三宅雪岭等为顾问,执笔者都是当时哲学大家,诸如阿部次郎著《伦理学的根本问题》、田边元著《最近的自然科学》、石原谦著《宗教哲学》、安倍能成著《西洋古代中世哲学史》等等。这套丛书的出版,促成了一股哲学热,使哲学走出象牙之塔而向民众普及。

2. 理想主义新思潮

大正民主运动反映了日本政治文化的重大变化,回顾日俄战争之前的明治时代,强调国家至上的国家主义几乎被日本人毫无置疑地接受了,可以说国家主义是社会政治的核心。民本主义强调政治的目的在于人民的幸福,无疑是对把国家利益绝对化的国家主义的一种反拨,提示出追求个人幸福的诉求。与此同时吸引人们眼球的还有与新康德主义等哲学思想联袂登场的以人为主题的人格主义、文化主义、人道主义等人文思潮,也对日本社会产生着重要的影响。

阿部次郎(1883—1559)提出:"所谓人格主义,至少在关系到人的生活方面,人格的成长和发展是至上的价值,与此第一义的价值相关联,它将规定其他所有的价值意义和等级。"[①]可见,阿部已经将"人格主义"看作评判其他所有价值的终极标准,从而对作为日本国家伦理基础的"国家至上主义"以及对外扩张主义提出了质疑。换言之,与国家相比,人格的价值更应处于优先位置。

---

① 阿部次郎:《作为人生批评原理的人格主义的见地》,载《中央公论》1921年1月。

桑木严翼使用的同类概念称为"文化主义",桑木解释说:文化是与自然相对的概念,即是与人类活动"现实性"相对的"理想的"生活和事业。文化是"人的能力的自由发展",是以"人格的自我观念"为基础的,反对将自然界和动物间生存竞争的原理引入人类社会,否定强制规定人的思想和生活方式的专制主义,并以文化主义反对扰乱和平的军国主义。用桑木的话说:"我所说的文化主义,用现今流行语言或可称做'德谟克拉西',或是包括永久和平、国际联盟、改造世界等诸端。"①总之,桑木意在拒绝国家至高无上的地位。这些思想虽非旗帜鲜明地对抗国家主义,但的确是在阐释着与国家主义完全不同的文化理念。

　　大正时代还出现了人道主义的践行者。作为白桦派的人道主义者武者小路实笃(1885—1976)受托尔斯泰的人道主义影响,为宣倡同胞之爱、人类之爱,建立了体现人文关怀的"新村"②,以实现劳动平等与兼爱的理想社会之梦。值得注意的是,这里不仅谈及同胞之爱,而且将其升华为超越国家民族的人类之爱,是作为"世界人"在提倡人类大爱。左翼作家江口涣(1887—1975)还针对当时文学领域以国家和民族为单位,把民族特质作为最高价值的倾向,提出:今后的方向是"世界人主义文学"③。

　　上述诸种主张或受国际民主潮流的影响,或出于对人性本身的探求,虽然使用的话语不尽相同,但他们的诉求不约而同地将批评的对象聚焦于国家主义。长谷川如是闲更针对"本国绝对至高无上"的道德判断提出,国家无论是对内还是对外都应该实行人道主义。这是对明治时代无限制的"国家膨胀论"和"力的福音"等自国本位的自私政治理念的深度反省。不过,由于这些思潮并没有提出彻底否定国家主义的理论,因而似乎也没能彻底动摇国家主义的基础,然而对国家主义的种种质疑,毕竟使人们从新的视角来审视国家主义是否是最合理的目标。

---

① 石田一良编:《日本文化概论》,吉川弘文馆 1981 年,第 493—494 页。
② 武者小路于 1918 年在宫崎县儿汤郡木城村建立的理想主义的农业共同体,被当时的社会主义者称为乌托邦、"桃源乡"。
③ 江口涣:《否定传统主义的价值》,载《日本近代文学大系 58》,角川书店 1972 年。

如前所述,吉野作造的民本主义以及持有人格主义、文化主义、人道主义的知识分子群,在弱化国家权威的同时,提高了民众的社会地位。他们主张通过给予民众参政权,使民众成为公正的政治监督者,并期待民众成为支持民主政治的灵魂,政治道义的判定者。但是,他们虽然承认民众是政治的监督者,但对民众超出此界限的诉求却采取了拒绝的态度,即否定民众作为主动者或者说是政治生活主体的地位。尤其是站在人格主义、文化主义、人道主义等理想主义的立场上,对民众为争取自身生存幸福权利而采取的敌对行动,显示出排斥的立场。他们认为应该将"少数贤达"作为政治的指导者。吉野就认为,最好的政治是"以民众政治为基础的贵族政治",并称此为"哲人主义""天才主义"。

阿部次郎的人格主义和桑木严翼的文化主义,也是以物质主义、自然主义为批评目标而提倡"人格价值"和"文化价值"的,这种重视观念的理想主义很难顾及民众在现实生活中的社会、经济等方面的需求。受新康德派影响提出文化主义主张的左右田喜一郎甚至认为:"真正的民主主义"应该是努力在特权与非特权阶级之间进行"文化价值"规范上的协调,而且"真正的民主主义"必须是"建立在差别主义之上的民主主义",从实现"文化价值"的角度看,阶级的对立只不过是"形而下"的差别。

可见无论是民本主义还是各类文化主义的背后都隐含着"知识贵族主义"的思想,这种思想一方面需要民众作为民主主义的同盟军参与政治,而另一方面又不能对民众现实生活中的实际需求作出回应,从而成为"形而上"的画饼,这便造成了文化知识精英与普通民众之间的隔阂。如此一来,这批民主主义者在批评专制政治的同时,也没能真正与民众结成政治和文化上的同盟。他们自闭于"知识贵族"的小天地,成为悬在空中的漂浮势力,大大削弱了自身自由民主主张的社会效应,也缩短了自己的政治文化生命。

3. 人文思潮的扩散

在大正德谟克拉西的社会氛围中,除上述在远离政治温文尔雅的精神气氛中谈论人文问题的观念型知识贵族主义之外,还活跃着一批旨在真正理解民众物质和情感需求的知识分子。长谷川如是闲指出了当时的一种文化现象,即当时已经形成了以所有欲和支配欲为基础的少数者阶级的"现代文化",而在这个"现代文化"中,民众的"生活事实"被完全排除在外。为此长谷川主张,文化必须以民众的"生活事实""生活意识"为依托,即"民众化"是至关重要的。① 这种立足于民众的文化观念顺应了第一次世界大战后日本工人运动和社会运动骤然激增的现实。社会各界也以不同的方式反映了这种趋向,大杉荣等人提出了"民众艺术论",而大西克礼(1888—1959,美学家)在"文艺的民本主义"的论题下探讨了无产阶级艺术的问题②。有岛五郎对"第四阶级"(时指无产阶级)的独立文化更是充满期待,认为:学者和思想家们试图通过学说来指导第四阶级成长的思维方式完全是"僭越行为",第四阶级完全有能力解决自己的问题。③

由民俗学家柳宗悦(1889—1961)和柳田国男(1875—1962)倡导的"民艺"运动也反映了尊重民众的趋向。顾名思义"民艺"即民间工艺和技艺。"民艺"运动提倡人类的创造力,反对民间器具等工艺品的批量生产,以此来保持不知名的身怀绝技的民间艺人们的技艺,其实这也是通过艺术美感的效果来保存民众日常生活的感受。"民艺"提倡保护工匠们的人格尊严,把他们的劳动看作是一种艺术创造。通过"民艺"运动,大量反映传统民间工艺技术的作品被收藏于博物馆,诸如木雕、金属皮革、各类纺织印染、烧瓷、竹器等等,供专家研究和游客欣赏。可以说这个运动为后来日本保存传统工艺起到了重要作用,以至于在今天日本高度现代化的大城市仍然还能看到不少"民艺"作坊。这些作坊的作品也经常出现在日本的电视节目中,成为日本传统大众文化的重要组成部分。

---

① 参阅石田一良:《日本文化史概论》,第499—500页。
② 参阅大西克礼:《关于文艺上的民本主义》,载《帝国文学》1918年9月。
③ 参阅有岛五郎:《一纸宣言》,载《改造》1922年1月。

第八章 大正时代的文化精神

在大正时代还有一种通过学术研究切实颠覆"神皇一统"而讨回人之尊严的思想，或可称为"学术人文"思想。这里只想提示一下津田左右吉(1873—1961)"去神存人"的"记纪"研究成果。在大正民主主义运动的社会背景下，历史学也开始注重思想文化史的研究，并逐渐构建起文化史的方法论。津田左右吉开创了以文学作品为素材，进行国民思想研究的新领域。津田的主要著作有：《神代史的新研究》(1913)、《古事记及日本书纪的研究》(1919)、《日本神代史的研究》(1924)、《上代日本的社会及思想》等一系列著作，并同时集成《文学中所表现的我国国民思想研究——贵族文学的时代》。津田的"记纪"研究直指"日本神国说"，提出："'记纪'中的上代史至少是神功皇后以前的部分，不能当做严密意义上的历史，那以后的部分作为趣味的物语之类的插话也不能看做是事实，这些条目下所记载的歌谣绝不是那么久远的古作。"[①]由此逐渐剥下了被"记纪"神化为神代史的日本古史的面纱，使得日本古代史的真相逐渐浮出水面。津田还对本居宣长等人的神代史观进行了严厉的批判，认为以"记纪"神话中的创世之说、大国主命让国、天孙降临和神武天皇东征等一系列故事构成的天皇是天照大神后裔的说法，不是历史事实，而是宫廷有目的蓄意制造的虚拟世界，从而建构起日本古代史实证研究的基础。"津田史学"对"记纪文化"发出的质疑和向"天皇神权"的挑战，对明治以来通过捏造建立起来的神国史观，无异于釜底抽薪，因而其影响远远超出历史学研究的范围。津田史学是对日本古代历史文化领域的一次总结算，"是启蒙思想史学的体现者"[②]，甚至可以认为是对美浓部达吉弱化天皇权威理论的曲折支撑。从这个角度说，原本属于史学领域的津田"记纪"研究，在大正时代的学术、政治领域和人文思潮中都是一个耀眼的亮点。

由上述可知，大正文化在经历着一个关键性的转型，其间表象与具

[①] 津田左右吉：《文学中所表现的我国国民思想的研究1》，岩波书店1980年，第49页。
[②] 芳贺登：《批判近代日本史学思想史》，柏书房1974年，第168页。

象、理念与现实、文化贵族主义与民众文化主义,多方交织混杂,其中诸多思想又难以解决自身理论所存在的悖论。也正因如此,大正时代的自由民主与人文思潮没有本身的归宿,"自由、文化、民主诸神仅只留下瞬间的'微苦笑'便离去"了①,因而不得不在昭和时代的动荡期重新经历一场全社会的文化倒退。

三、教育传媒与文化生活

1. 自由教育的兴起

从政府一方看,大正时代的教育仍然执行着明治时代以培养帝国忠顺臣民为指导思想的《学校令》②的国家主义"教化统制"方针,而且在第一次世界大战期间反而有所加强。日本政府为统制思想、宣扬国体,于1917年9月设置了独立于文部省之外、直属内阁的"临时教育会议"。"会议"对大学教育的态度是:"今后之大学在于存国风之美,以其中本邦特有之国家思想之磅礴,整备真正帝国之大学的资质,务使达到愈加完善之境",为此"必需专意于人格之陶冶及国家思想之涵养"。③ 显然政府的这种方针与大正文化精神是格格不入的,将大学教育的目的定位在国家至上主义,与大学本身应该具有的自由气氛南辕北辙,因而遭到抵抗应在情理之中。

1920年发生了"森户事件"。东京帝国大学副教授森户辰男于《经济学研究》创刊号上发表《克鲁泡特金的社会思想研究》,被在上杉慎吉指导下的"兴国同志会"看做是超出了无政府主义思想研究的范围,是"威胁国体的危险思想"。森户随即受到停职处分,杂志署名编辑大内兵卫副教授被起诉,同年10月22日大审院以"紊乱朝宪"罪判处森户禁锢三

---

① 中野久夫等:《大正的日本人》,鹈鹕社1981年,第11页。
② 指1886年明治政府公布的《帝国大学令》《小学校令》《师范学校令》等一系列有关教育的法令,广义上说还包括此后公布的《高等学校令》《实业学校令》《私立学校令》等诸多有关学校教育的法令。
③ 儿玉幸多:《图说日本文化史大系12》,第170页。

个月、罚金40元,判处大内禁锢二月、罚金20元,两人均被取消在东京帝国大学的职位。然而,对思想的镇压并没有使大学得到政府所希望的安定,几乎就在"森户事件"发生的同时,相继出现了东大"新人会"、早稻田大学的"民人同盟"和"建设者同盟"等大学生思想结社,被认为是宣告了"知识界的黎明"。

与上述政府的教育统制相比,大正时代的自由教育运动有声有色,尤其引人注目。

20世纪初伴随着欧美资产阶级的不断成长,杜威在教育界掀起了一场新的自由主义教育思潮,主张立足于自由民主思想、尊重儿童等受教育者的人权、尊重经验主义的自由学习。对此,早在1906年留学欧美归来任东大教授的谷本富(1867—1946)就将这种教育理念带回日本。谷本在《新教育讲义》中提倡"自学辅导主义"的教育方式,在教育界引起极大反响,并出现了积极的实践者。

1907年兵库县女子师范学校主事及川平治(1875—1939)依据杜威的教育思想,在其所属的明石村附属小学推行名为"分班式动的教育"的自由教育示范,即根据学童的个性和能力差异等诸多因素,实行分班教育,还提出"学习即生活"的新的教育理念,从而将历来以教师为中心的注入式教育,变为学童中心主义。"及川式"教育吸引了大批来取经者,大正初期每年来校参观者达万人,成为新教育运动的滥觞。及川自己虽然只有师范学校的学历,但却成为当时日本自由教育运动的创始人。继及川之后,中村春二(1877—1924)于1912年在东京郊外创立了成蹊实务学校,采取尊重个性的自发主义教育理念,彻底摒弃传统教育方式。成蹊实务学校引起了教育界的关注,被认为是反映大正德谟克拉西时代潮流的新型学校。此外,还有奈良女子高等师范附属小学主事木下竹次(1872—1946)提倡"合科学习法",即为消除机械地分科学习的传统,提倡在小学低年级使用以生活中常见的事物为中心、将各门科目有机结合为一体的教材,由此使学生在提高实际生活能力的同时学习知识。从1920年起木下在附属小学实践他的教育理论,引起不小的反响,甚至学校所在地的奈良也成为自由教育的中心地区。

　　自由主义教育思潮风靡大正初年的教育界,新的教育主张和实践相继出现,到1921年新教育运动发展到高峰期,出现了号称"八大教育主张"的各种教育理论。这些理论是:及川平治的"动的教育论"、稻毛金七"创造教育论"、樋口长市"自学教育论"、手冢岸卫"自由教育论"、片上申"文艺教育论"、千叶命吉"一切冲动皆满足论"、河野清丸"自动教育论"、小原国芳"全人教育论"。① 仅从这些理论命题也可窥见大正时期日本教育界"求新求用"的风尚,可以说是大正德谟克拉西风潮的典型反映。

　　"八大教育主张"进一步催生了诸多以新教育理念为指导的新兴学校,并在20年代扩散到全国。其中1921年4月羽仁元子创立的自由学园和西村伊作、与谢野晶子等人创立的文化学院颇具特色,两校自由和文化的校名显现着大正时代的社会风气。羽仁元子(1873—1947)中学时代即受洗入信基督教,1901年成为日本第一位职业女性新闻记者,与报纸新闻社同事结婚后退职,1903年发行《妇人之友》杂志。自由学园是不受文部省管辖的七年制女子中等教育学校,办学方针崇尚自主、自由、自治和创造性。文化学院是男女同校的初中学校,办学口号是"确立自由和个人"。文化学院教育的最大亮点是诸多文化教育界名流来校授业,除西村伊作、与谢野晶子亲自授课外,受聘来校讲课的有:有岛武郎、岛崎藤村、正宗白鸟、美浓部达吉、桑木严翼、长谷川如是闲、菊池宽、芥川龙之介等人,足见文化学院的"文化品位"。文化学院不仅教学新潮,其男女混校而且同桌的形式,在当时的日本是空前的,因而被看作是"异端学校"。这种异端在政治上也有所表现,1940年"建国2600年纪念"之际,西村却提出"哪一年之类的事不值得特别庆祝",因此类问题西村多次受到审查,终于因讲义内容触犯"不敬罪"而遭拘禁。1941年文化学院也因"不符合大日本帝国国是"而被强制关闭,1946年才得恢复。②

---

① 可参阅小原国芳等:《八大教育主张》,玉川大学出版部1976年。
② 关于两校概况可参阅中野久夫等:《大正的日本人》,第73—77页。

上述诸般教育理论和教育实践虽然名目繁多、风格各异,但确有共同之处,即尊重学生个性、关心生活实践、促动自主学习,这是对学校教育游离生活状况的反省。这场普及到全国的新教育运动可以看做是在大正相对自由的社会气氛下,对明治时代沉闷呆滞的国家主义教育的反抗,尤其是开发学生个性,促动学生独立思考的教育方针,在客观上是对"教育敕语"奴性教育桎梏的反叛。然而,进入昭和时代,尤其是"九一八事变"以后,随着日本法西斯主义的不断猖獗和对外侵略步伐的加速,"日本教育的春天"被全面扼杀,学校教育完全被编入战争体制,成为培养战争工具的兵营。

2. 传播媒体的发达

大正时代的报纸空前发达,究其原因,除了第一次世界大战的消息吸引广大读者之外,报社大多形成股份公司,其经营性质已经成为牟利的经济行为。另一个最基本的原因还应归功于明治时代基础教育的普及,可以说对文字新闻信息的需求几乎扩大到全体成年日本人。由此,报纸的发行量比起明治时代形成了重大突破,以《大阪每日新闻》发行量的增长速度为例,大正元年的 1912 年发行数量为 28 万份、1916 年为 46 万份、1921 年为 71 万份、1924 年为 111 万份、1926 年(大正 15 年即昭和元年)为 123 万份。① 当时影响全国的大报还有:《报知新闻》《东京日日》《东京朝日》《国民》《时事新报》《万朝报》②《大和》《读卖》等等。随着报纸发行量的扩张,商业广告收入不断增加,这样可以不再依赖于他人的资金资助。经济的独立带来经营方式和办报方针的独立,由此才有可能做到新闻自由,建立自身在新闻观点等方面的特色和独立性,这是报纸商业化带来的一个本质性的变化。报社不再对投资人负责,而是要考虑读

---

① 南博编:《大正文化》,劲草书房 1965 年,第 121 页。
② 1892 年创刊,是明治和大正时期影响很广的报纸,但 1923 年关东大地震中损失惨重,之后逐渐衰落,1940 年因"战时新闻整备计划"被"废刊"。

者的需求灵活办报,在坚持报道第一原则下,充分注重社会问题和文娱体育等事项,从而使报纸无论在经营方面,还是社会效益方面都进入良性循环阶段。除全国性的报纸杂志外,大学也开始发行报纸,如庆应义塾大学发行的《三田新闻》、东京帝国大学的《帝国大学新闻》等,整个大正时期国立、公立、私立大学的学生报纸不断出现。

大正思想的百花齐放刺激了杂志的迅速发展,诸多刊物与思想互为激励而相映成趣。如前所述,《太阳》杂志成为上杉慎吉与美浓部达吉的论争战场,而《中央公论》成为吉野作造一派的宣传阵地。

以知识界为读者群的综合性刊物《中央公论》,站在大正民主运动宣传的前列,几乎每期都请吉野作造为杂志撰写文章,为《中央公论》赢得了"指导性言论媒介的声誉",因而"取代了《太阳》杂志,在思想界占据主导地位"①。此外大正民主运动还促生《改造》(1918)、《解放》(1919)等刊物后来居上,《改造》创刊不久便与《中央公论》占据了两大综合杂志的地位。此外,1919年创刊的《我等》、1923年创刊的《文艺春秋》、《经济往来》(1936年改名为《日本评论》)、《日本及日本人》等也占有一席之地。

大正及昭和初期各种思想、主义也都在发行自己的刊物,宣传自己的主张。引人注目的是左翼社会主义和站在对立立场上的右翼的刊物。

较早发行的社会主义刊物是堺利彦创办的《新社会》(1915年,之后两次改名为《新社会评论》《社会主义》),之后左翼思想家们发行的刊物激增,如:《近代思想》(1915)、《文明批评》(1916)、《青服》(1916)、《社会问题研究》(1919)、《社会主义研究》(1919)、《播种人》(1921)、《马克思主义》(1924)、《文艺战线》(1924)、《劳动新闻》(1925)、《无产者新闻》(1925)、《劳农》(1927)、《赤旗》(1928)、《无产阶级科学》(1929)等等。1925年公布《治安维持法》之后,对言论控制更加严酷,左翼经常受到干扰,以至于时常陷入无法按期出版等状态。

与社会主义正相对立的右翼团体也纷纷创办刊物,如黑龙会的《亚

---

① 山本文雄编著、诸葛蔚东译:《日本大众传媒史》,第123页。

细亚时论》(1917年改名为《黑龙》)、国本社的《国本》(1922)等。1923年关东大地震之后随着法西斯主义的渐行猖獗,新创刊物迅速增加,如:青天会的《日本》、国本社的《国本新闻》、大川周明等行地社的《日本》、日本国家社会党的《维新日本》、新日本国民同盟的《锦旗国民军》、日本国家社会主义全国协议会的《前进》、皇道会的《皇道》、明伦会的《明伦》、日本国家社会主义学盟的《国家社会主义》等等,到1935年右翼报刊杂志达到90种。①

于上述政治性刊物之外,面向普通大众的知识娱乐性启蒙杂志也在大正时代大行其道。其中讲谈社可谓创办此类刊物的大户,除明治时代创刊的《雄辩》《讲谈俱乐部》之外,大正时代创刊的另有《少年俱乐部》(1914)、《趣味俱乐部》(1916)、《妇女俱乐部》(1920)、《现代》(1920)、《少女俱乐部》(1923)、《国王》(1925)、《幼年俱乐部》(1926)等面向特定人群的七种杂志,合称"讲谈九刊"。其中《国王》创刊号销售74万册,翌年达到150万册②,昭和初期讲谈社杂志发行总量"达到600万册,占日本杂志市场的70％—80％"③,被称为"杂志王国"。此外,另有博文馆以青少年为读者对象发行的娱乐性杂志《新青年》,以侦探小说、漫画等时尚的内容和诙谐的风格深得读者喜爱。

随着大正时代女性逐渐走出家庭,专门以女性为读者的刊物也成为一大类别,除上述讲谈社几种外,影响较大的还有诸如:1916年中央公论社创刊的《妇人公论》、1922年改造社创刊的《女性改造》等,都比明治时代创刊的《妇人世界》等刊物具有明显的进步性。此外还有《妇女界》(1913)、《妇人界》(1917)、《妇女之友》(1917)、《妇人画报》(1922)等。这些刊物促成了新的女性文化的形成。

上述罗列的报纸刊物的爆发之势,可以反映出诸多当时的社会信息。比如,社会政治热点和变化的过程,当然社会媒体的发达不仅可以

---

① 参阅儿玉幸多:《图说日本文化史大系12》,第182、186页。
② 参阅山本文雄编著、诸葛卫东译:《日本大众传媒史》,第122页。
③ 山本文雄编著、诸葛卫东译:《日本大众传媒史》,第148页。

宣传自由民主,也可以用于右翼团体宣传法西斯主义,这柄双刃剑的双刃同样锋利。再比如,媒体的发达带来了信息传播速度的空前迅捷和传播范围空前广阔,无论是城市农村还是国内国外,读一份报纸便可一目了然。媒体的发达促成了更大规模的大众化社会信息共享,从而为各类思想运动、民众生活内容的更新、大众消费文化的流行搭建起宽阔的平台。

大正末年又一种新媒体无线广播技术登陆日本。世界上第一家广播电台开始播音是美国匹兹堡广播电台于1920年11月开始的,1922年已拥有收音机200万台。日本受此刺激在1925年3月也开始了无线电台的播送。这一新工具可以说是传媒领域的一次革命性的突破。时任东京放送局总裁的后藤新平列举了电台广播的四项新功能:第一是文化的机会均等;第二是家庭生活的革新,合家围坐在收音机旁,享受家庭生活的团栾;第三是实现教育的社会化,改眼为耳每天都可摄入各种学问知识;第四是促进国内外各类经济信息的快捷化。可见,在当时人们的印象中,电台广播不亚于当代人对互联网的青睐。然而,在广播电台建立之初就受到严格的控制,后藤新平就表示过他的担忧:"如此文明的利器,必须要给予最周密科学的注意,极力避免混乱和误用,若利用方法失当,反而会招致不测之祸。对此必须时常铭记在心。"[1]后藤新平的担心不幸被言中,不过这个"不测之祸"并不是电台变成了《中央公论》那样的"麻烦制造者",而是在侵略战争中成为鼓噪战争的机器,为日本民族招致灭顶之灾。这又一次告诫人们,脱离文化的"文明的滥用"会造成何等惨痛的悲剧。

所有媒体进入昭和时代都逐渐受到来自政府的管制,甚至遭受右翼势力的破坏,及至全面侵华战争爆发,传媒界已无言论自由可言。到1939年提出停刊的报纸杂志达500多家,"从1940年起内务省还根据《新闻事业令》,加紧进行'一县一纸'(每个县只存一种报纸)的合并措施……除东京、大阪两大城市外,各地均实现了'一县一纸'"[2]。更具象

---

[1] 南博编:《大正文化》,第244—245页。
[2] 孙继强:《侵华战争期间日本报界的"转向"》,载南开大学日本研究院编:《日本研究论集2006》,天津人民出版社2006年。

征意义的事件是,大正时代以来以自由民主和社会进步为己任的《中央公论》和《改造》杂志,虽然已经"转向",但还是出现编辑或作者遭笔祸事件,军部终于"忍无可忍",于1944年解散了中央公论社和改造社,《中央公论》和《改造》杂志于同年7月被东条内阁勒令停刊。在日本军部控制下,媒体只剩下了为战争服务的一个声音,"异端之声"彻底沉默到战败。

3. 生活文化的更新

明治时代日本人的臣民意识,到大正时代开始向国民意识和个人主义转变。夏目漱石在1914年的一次讲演中通俗地解释说:"走街串巷卖豆腐的小贩绝不是为了国家,其目的是为得到自己的衣食之资。"并认为于太平之世"没有必要不厌其烦地吵嚷着国家",而更应该重视"德义心高尚的个人主义"[①]。漱石还站在批判军国主义的立场上提出,战争除了破坏文明之外,不会有任何成果。漱石的议论在民众中也的确多有反映,甚至出现逃避征兵的现象,理由是服兵役乃浪费时间,妨碍实现人生目标,而且兵营内了无趣味,因而讨厌军队中机器般划一的共同生活。这种厌倦兵营生活者已非少数,当时的流行歌曲唱到:"我撇下双亲妻儿来当兵,哭泣三年而归,家屋却在漏雨。"[②]可见大正青年已经不想再为弘扬明治精神而无怨无悔地为皇国"奉公",他们觉悟到自身应有的价值,因而要自由安排自己的正常生活。换言之,他们要抛弃为"国家文明"而甘为"臣民"的身份,憧憬为追求"国民文化"而为"国民"的自由人生。

国民正常生活意识与媒体发达等诸多因素的聚合,促动了一轮国民生活的向上和流行文化的空前繁荣。其间西洋文化又一次涌入日本,向社会民众生活中渗透,带动了诸如饮食、住房、穿着等生活方式的变化。明治时代西餐虽然已经比较普及,但还不足以成为普通日本人的日常主食,而到大正时代日本人日常饮食的菜谱中开始出现洋式风味的炸肉

[①] 夏目漱石:《我的个人主义》,载《夏目漱石全集》第12卷,角川书店1961年。
[②] 南博编:《大正文化》,第151页。

排、炸肉饼、扒牛排、咖喱饭等①。不过与西洋料理搭配的主食却不是面包,而是日本传统主食的米饭,这也可看作是外来饮食的日本化吧。

明治末年到大正时代引导服装潮流的"三越模式"颇引人注目②。所谓"三越模式"是以百货商场为依托的规模经营,以引领新潮时装为目标。"三越模式"突出一个新字,比如服装展示会上的时装隔日就可以零售,服装之外的各类百货商品也是品种繁多。此外,商场内还配有轻食快餐店、照相室等设施,场内更有乐队演奏西洋音乐。三越百货随着自身实力的增强开始制造时尚,比如请专业画家设计和服的图案,不断挖掘日本传统绘画中的浮世绘、琳派风格等构图,用于和服绸缎的图案,变传统为时尚的同时创出了文化市场化的途径。"三越模式"成为流行文化的发源地,以至于当时出现"今日帝剧③,明日三越"的流行语。此外,高岛屋(1919)、伊势丹(1922)等百货业巨头也都创建于大正时代。

大正时代政府为解决住房问题,开始推进住宅合理化、标准化计划,主要是推广带有近代设备的公寓式住宅。诸如:公寓建筑采用钢筋预制板材料、通过水泵供水并有净化装置、设有垃圾通道等。公寓区内还配备有食堂和浴池等公共设施。此类公寓中的高端住宅,被称为"文化住宅",成为新中间层文化的象征。"文化住宅"的内涵不仅仅是指建筑外在的西洋化,而是考虑了住宅的综合合理化。比如:房屋采用玻璃门窗采光充足的同时也起到了保暖的作用;房内设有客厅;为出行方便,地点多选在铁路沿线,而大正时代也正是日本铁路修建的高峰期,为开发此类住宅提供了良好的条件。像这样工作场所与个人生活场所的分离,有利于促进工作意识与生活意识的分离。"文化住宅"确实改变了一部分日本人的传统生活方式,显现出它的文化功能。

---

① 这些菜品至今仍然是日本大众餐馆和学校公司食堂的常见快餐。
② 三越百货源于三井家族于1673年开业的三越绸缎庄,1908年效仿英国兴建西洋式三层楼的百货商场,成为日本百货行业的先驱。
③ 指1911年建造,具有欧派文艺复兴时期风格的帝国剧场,是当时一大文化景观,场内也有食堂和小吃店等设施。

随着报刊、书籍、电影等媒体实现规模化经营和生产,使日本开始进入文化产业化阶段,由此也造就了一个大众文化消费的时代。大正时代的文化消费生活是空前的,诸如:照相机、留声机、电影都进入了大众消费阶段。在引导生活新潮的银座,身着时髦舶来服装的摩登男女川流不息奔向他们的目的地——上演爵士乐的音乐厅或放映时髦影片的电影院。这些流行文化逐渐向偏远地区蔓延,并扩散到全国。随着交通的不断发达,旅游观光也成为时尚。

大正时代更惹人眼球的是出现了"职业女性"的概念。在上述社会观念和生活文化的变动中,女性在家庭中的作用发生了变化。她们开始走出家庭,担当以往只有男子才能担当的社会角色。当然明治时代就已经出现大量的廉价工厂女工,但是大正时代的女性职业开始扩展。诸如:巴士售票员、餐厅和咖啡屋的服务员、事务员、电影明星等等,更有前述羽仁元子出任职业记者,创办刊物。总之,职业女性已经得到社会承认。①

伴随着女性步入社会,新的独立的女性文化也自然闪亮登场。进入社会的女性自有她们的风采,她们身着洋式职业装,留着入时的西洋式发型,模仿西洋人的化妆。这种装束上的移风易俗不仅仅是外在审美情趣的变化,它还具有精神解放的积极意义。职业女性对服饰的需求,刺激了新的产业出现。前述"三越模式"与此不无关系,化妆品产业的发展也自不待言。与服装相配套的女性美容院也开始盛行,位于银座的资生堂推出了为女性提供洋装、美容、美发三位一体的综合整体设计服务,并邀请美国美容师来日本各地做演讲和现场技术展示,使西洋美容理念和技术普及到全日本。另外,电影女明星的出现也为这场女性消费文化推波助澜。随着电影开始启用女演员,便不断出现女明星,并取代了男明星的地位,这种变化在增加电影吸引力的同时,还出现了"女明星文化"。从明星的服装、发型、化妆到影片插曲等诸多元素一起展示了"女明星文化"的光彩,并招来大批追星族的效仿。"女明星文化"不断成为社会的

---

① 有关大正女性文化的概貌可参阅南博编:《大正文化》,第 255—263 页。

公共话题,并引导着女性流行文化的潮流。

  总之:"宏观而言,如果明治是生产文明,那么就能看到消费文化是大正的特色。生活文化的需要促进了文化产业的发展……从文明生活转向文化生活。"①

四、大正文化小议

  至此,可以对大正文化做一下盘点了。学界对大正时代在日本历史上所处地位的认识,历来都是不确定的,随着评价主体和角度的不同可能会做出迥异的判断。即便是日本的进步学者,也多认为大正时代的历史地位不及明治时代。笔者无意加入这场争论,而只是想从文化史的角度对大正时代做一宏观上的价值判断。以明治时代作为参照系,来对大正文化作出判断,这在方法论上应该没有什么不妥之处。那么据此可以抽象出这样一个命题:如果说明治时代的主题是"文明开化",那么大正时代的主题就是"文化更新"。

  综观明治时代,近代物质文明飞速进步,而于精神文化方面却没能深刻理解西洋社会文化的真谛。其实明治时代崇拜西洋之风的浅薄,当时就曾遭到永井荷风的严厉批评。荷风认为:崇拜西洋不在于西洋的物质文明,而在于植根在西洋人胸中的根本思想,甚至认为明治时代欧洲文明的输入"实在是丑恶之极""明治的生活趋向浅薄恶俗"②。荷风批评明治现代化浅薄的观点是不错的。

  现在可以比照明治时代大致梳理出大正时代较为明显的文化特征了。首先,明治时代是以殖产兴业、富国强兵等物质指标为主导的推进物质文明的时代,而西方近代思想文化的生长刚刚起步就被"皇统文化"阉割了;而大正时代知识精英们通过对明治时代跛行现代化道路的反思,真正把文化的现代化置于应有的重要位置。其次,如果说明治时代

---

① 南博编:《大正文化》,第 7 页。
② 永井荷风:《新归朝者日记》,载《现代日本思想大系 32》,筑摩书房 1965 年。

是以国家为中心的时代,那么大正时代一大批知识人则认为明治时代达到了追求新文明国家的目标,因而抛弃了明治时代极端狭隘的国家主义和民族主义,将眼光更多地投向了世界和实现个人价值的自由主义和个人主义。第三,大正文化不再囿于明治时代以"皇统文化"为核心而虚构出来的"日本国体精神"的束缚,而是提倡现实理性,引导国民迈向精神解放的目标。这是一个聚精会神探索近代文化的时代,是以人为本的文化兴盛的时代。此外,就社会文化担当者而言,明治时代是官僚和半官半学体制派知识人统治和活跃的时代,而大正时代社会文化担当者的主体向体制外知识分子转移,而且普通市民也加入了这个行列。

当然,大正时代仍然存在着极端西化与泥古传统的争论。谷崎润一郎就对西洋崇拜得五体投地,以至于因景仰西洋而宁可成为外国人,甚至埋骨外国。[①] 而另一个极端则有远藤吉三郎激烈抨击并讽刺全盘西化主义:"吃生鱼片的日本人是野蛮,吃鲜红滴血牛肉的西洋人是文明;多神信仰是野蛮,一神信仰是文明"[②],远藤认为这是浅薄的"西洋中毒"。不过总体看,大正时代的文化倾向与明治时代相比,已经较少两个极端了。

总之,在从明治时代到第二次大战战败的日本文化史上,也只有大正时代才真正显现出"现代文化"的景象。大正文化的自由民主风气使日本充满了希望,如果这股清新闪亮的文化景象继续下去的话,很有可能使日本免遭法西斯军国主义的毒害而放弃侵略战争的思维逻辑。然而遗憾的是,为日本带来社会进步曙光的大正文化,尤其是民主主义思想和运动与自由民权运动一样,仅只昙花一现,日本最终选择了黑暗,令人扼腕。究其原因,可作如下解释。

上述对大正文化的肯定判断是基于大正时代出现的新的文化倾向,而实际上大正文化并非阳光普照。

首先,日本在第一次世界大战中,兵不血刃获取巨大利益,资本主义

---

① 参阅谷崎润一郎:《独探》,载《谷崎润一郎全集》第三卷,中央公论社1981年。
② 远藤吉三郎:《西洋中毒》,大空社1997年,第13页。

经济空前发展、膨胀,成为经济暴发户,因而在文化上也显露出暴发户的轻薄和张狂,尤其是在对外问题上,各类右翼思想即属此类。

其次,大正时代,尤其是1923年关东大地震时期,大规模虐杀朝鲜人、大杉荣被杀①、虎门事件②等各类恐怖事件屡屡发生,致使政治生活变得阴沉窒息。

第三,守旧势力仍然固守着国家主义的巢穴,"以'思想善导'为目的的官制文化运动和组织运动也非常活跃,随着右翼的抬头,为昭和法西斯主义作了准备。"③关东大地震使日本经济遭受重创,造成了昭和初期的经济恐慌,致使社会动荡,文化专制随之渐趋嚣张。

最后,以德谟克拉西为主导的各类欧洲思想突然大量涌入日本,恰似四季的花卉同时开放,令人目不暇接。时代没有给予日本人充分消化这些思想的时间,这使得本来就不太擅长纯观念思辨的日本人,似在云里雾里,因而仅仅成就了一些理想主义的梦想家。

我们不妨稍加设想,如果日本沿着大正文化的路径前行,或许会走向相对民主、和平的发展道路。这种假设并非没有意义,至少可以昭示人们,疯狂的昭和时代并非是日本的必经之路。观照今天的日本,高速发展时代已然逝去,就像昭和初期大正文化趋向末路,一批在朝右翼政治家与在野的右翼社会势力上下呼应,似乎又开始了新一轮昭和式的疯狂,而日本的有识之士群体似乎也正在酝酿着反击。这种为设计未来日本社会走向的博弈,又把人们带到酷似昭和前期的历史节点。这也许就是大正文化留给今天日本人的重要启示吧。

(本章第一节原载《南昌航空大学学报》2010年第1期,第二、三、四节原载《日本近现代文化史》)

---

① 在关东大地震期间镇压朝鲜人和社会主义者的恐怖中,大杉荣夫妻及外甥三人被东京宪兵队以"不敬谋反罪"逮捕,并全部被甘粕正彦大尉杀害。
② 1923年12月无政府主义者难波大助在虎门附近刺杀当时的摄政亲王裕仁未遂事件。
③ 南博编:《大正文化》,第8—9页。

第九章 中日两国西学的异同

一、西方文化东来与中日两国的对应

在西力东渐的潮流中,1517年葡萄牙殖民者闯入中国广东,1543年到达日本的种子岛。此后,1549年沙勿略赴日,1581年利玛窦来华。从此,中日两国便开始面临汤因比所说的"西方问题"了。这是自大航海时代西方向全世界扩张以来,对远东挑战的绪端。不言而喻,如何迎接这次挑战,将成为中日两国重要的历史课题。近代之前16世纪中叶至19世纪中叶可称为早期西学阶段,这一历史阶段又可分为前后两个时期。中日两国不同时期对西方文化的反应各有不同,尤其后期,中日两国对来自西方的文化挑战所采取的不同态度,成为两国近代走上不同发展道路的主要原因之一。下面试就此作一概观的探讨。

1. 前期中日西学的成败

在这次挑战的第一个时期,也即16世纪后期至18世纪前期,中国对以耶稣会为主的西方传教士以及与之俱来的西方科学文化在中国的传播,保持了冷静的态度。

明末,士大夫阶层出现了以徐光启(1562－1633)、李之藻(1565—1630)等人为首的西学重镇,对西方的科学技术表现出浓厚的兴趣。徐光启在《泰西水法·序》中,针对当时封建"硕学"们将科学技术视为末业的传统认识,指出传教士们的学问中"更有一种格物穷理之学,凡世间世外,万事万物之理,叩之无不河悬响答,丝分理解;推而思之,穷年累月,愈见其说之必然,而不可易也。格物穷理之中,又复旁出一种象术之学,大者为历法,为律吕;至其他有形有质之物,有度有数之事,无不赖以为用,用之无不尽巧极妙者"。① 简而言之,他认为西方科学的特征是"重实证、求实用"。徐光启本着"一物不知,儒者之耻"的求知精神与利玛窦合作,于明万历三十五年(1607)译成《几何原本》前六卷,这在当时是一部非常重要的著作。徐光启不但是系统介绍西方科学的先觉者,同时也是中国人运用西方科学方法之先驱,体现了那个时代不可多得的科学精神。他力倡经世致用,为总结民间农业生产经验,"布衣徒步","广资博讯,遇一人辄问,至一地辄问,问则随闻随笔,一事一物,必讲求精研,不穷其极不已"②。旷世名著《农政全书》即是上述以科学精神为基础的经世致用的典范。③ 徐光启不但对西方科学知识身体力行,而且细心揣摩,在较为深层的方法论方面,逐渐接近西方科学的核心。他察觉到西方科学以形式逻辑为指导的定理化的方法,并认为这正是中国科学中所缺少的思维方式。他指出:中西数学的差异不在"法"而在"义",西方之"义"是以《几何原本》为代表的演绎逻辑体系,即它"能传其义也"④。他希望通过"由数达理"的途径,使中国科学走向更高的层次。这也正是徐光启要把《几何原本》介绍给中国人的原因。

正是沿着这一思路,李之藻帮助傅凡际(Francisus Furtado,1587—

---

① 王重民辑校:《徐光启集》,上海古籍出版社1984年,第66页。
② 王重民辑校:《徐光启集》,第560页。
③ 有关徐光启的科学业绩,国内外论著颇多,本文不再赘述。
④ 徐宗泽:《明清间耶稣会士译著提要》,中华书局1989年,第269页。

1653)翻译了介绍西方逻辑学著作的《名理探》。李天经在为该书所作的序言中指出:"世乃侈谭虚无,诧为神奇,是致知不必格物……其去真实之大道,不亦远乎。西儒傅先生复衍名理探……推论为梯。读之其旨似奥,而味之其理皆真,诚也格物穷理之大本原哉。"[1]爱因斯坦曾把希腊哲学家发明的形式逻辑体系(体现在欧几里得的几何学中)和通过系统的实验找出因果关系的方法,看作是西方科学发展的两个伟大的基础[2],而当时部分中国的知识分子,已经开始重视形式逻辑的"由数达理"的思维方法,换言之当时中国士大夫阶层中的西学派开始接近西方科学的思想核心。

李之藻是明末西学的又一员骁将,一生参与翻译的西方科学技术书籍,总计达三四十种,内容涉及数学、天文、历法、水利等领域,其中比较著名的有《寰有诠》《名理探》等。李之藻还热心编辑刊印他人的著作,其中以1682年刻印的西学丛书《天学初函》影响最大。该丛书共辑录了西学书籍20种,分为理编和器编两大部类,而器编皆为科学书籍。(见下表)李之藻积极学习、传播西方科学,表现了当时中国知识界探求进步的开放精神。《天学初函》为中国科学技术领域增加了新的养分,尤其是《职方外纪》,"言五大洲各国之风土,民情,气候名胜等等……并刻有万国舆图,北舆地图、南舆地图。是书在明末,当然为地舆学之一种新知识,足以纠正中国古人天圆地方之许多谬见"。[3]

《四库全书》收录《天学初函》各书之概要

理 编				器 编			
书 名	作、译者	初版	采择	书 名	作、译者	初版	采择
天主实义	利玛窦	1603	子部存目	泰西水法	熊三拔 徐光启	1612	子部全录

---

[1] 徐宗泽:《明清间耶稣会士译著提要》,第194页。
[2]《爱因斯坦文集》第一卷,商务印书馆1976年,第574页。
[3] 徐宗泽:《明清间耶稣会士译著提要》,第194页。

续 表

理编				器编			
书 名	作、译者	初版	采择	书 名	作、译者	初版	采择
西学凡	艾儒略	1623	子部存目	简平仪说	熊三拔徐光启	1611	子部全录
辨学遗牍	利玛窦等	1609	子部存目	浑盖通宪图说	利玛窦李之藻	1607	子部全录
唐景教碑书后	李之藻	1625		同文算指	利玛窦李之藻	1613	子部全录
畸人十篇	利玛窦	1608	子部存目	几何原本	利玛窦徐光启	1607	子部全录
交友论	利玛窦	1595	子部存目	圜容较义	利玛窦李之藻	1614	子部全录
二十五言	利玛窦	1604	子部存目	表度说	熊三拔周子愚	1614	子部全录
七克	庞迪我	1604	子部存目	测量法义	利玛窦徐光启	1608	子部全录
灵言蠡勺	毕方济徐光启	1624	子部存目	天问略	阳玛诺	1615	子部全录
职方外纪	艾儒略李之藻	1623	史部全录	勾股义	利玛窦徐光启	1608	子部全录

  从上表可以看到,器编各书皆被《四库全书》编纂者全文收录。另外,理编中的《职方外纪》实际上是讲述世界地理的书籍,对此编纂者没有忘记将其全文照录。《四库全书》对《天学初函》各书的处理,充分说明了中国人对西方科学技术的重视。虽然对天主教书籍不感兴趣,但还是将其列入存目以备一说,这也足以反映了中国人对天主教的宽容大度。《天学初函》之外,收录于《四库全书》的还有利玛窦的《乾坤体义》、南怀仁的《坤舆图说》、邓玉函与王征合作的《远西奇器图说》等诸多科技类作品。

在明末西学的影响下，清初天文学、数学有了长足的发展，其中王锡阐(1628—1682)、梅文鼎(1633—1721)可谓佼佼者。"王氏精而核，梅氏博而大，各造其极。"①他们主张"去中西之见"，"务集众长以观其会通，毋拘名目而取其精粹"，"法有可采，何论东西，理所当明，何分新旧"。② 但是他们并非盲从西法，而是以"考证古法之误，而存其是，择取西说之长，而去其短"③，作为他们对中西学问作出判断的基本态度。

士大夫如此，明末清初，万历、崇祯、顺治、康熙各朝，也对传教士的正常传教活动采取了开明政策，同时通过传教士积极地摄取西方科学文化，表现出一种名副其实的"天朝气度"。利玛窦去世后，万历皇帝特赐与墓地。当时有人向礼部尚书叶向高提出异议说："自古外人来我中国，未有钦赐葬地者，何独厚利玛窦？"叶答曰："他且勿论，只观其所著《几何原本》一书，发古人之未发，功在万世，仅此一事，即当钦赐葬地。"④由此可见当时知识界对该书的重视，同时也说明当时皇帝及士大夫阶层尊重先进外来文化，虚心向上的求实精神。清朝入关后，也十分重视传教士在科学技术上的特长。因推崇汤若望于天文历法领域的成就，任命其为钦天监监正。顺治帝更呼汤氏为"玛法"（满语：师父之意），认为中国历代历家"实不及尔（汤若望）"⑤，并时常召其至禁殿询问关于天象或朝政等问题，并亲临其邸，仅1656—1657两年间就有24次之多。⑥

康熙更是尊重西方科学的一代帝王，在位的60年间，对西方传教士基本上采取的是宽容、利用的政策。钦天监案的结局具体表现出康熙注重实学的理智态度。1664年杨光先基于"宁可使中夏无好历法，不可使

---

① 阮元撰：《畴人传·王锡阐》，商务印书馆1955年，第446页。
② 梅文鼎：《堑堵测量》，转引自杜石然等编：《中国科学技术史稿》下，科学出版社1984年，第217页。
③ 阮元撰：《畴人传·王锡阐》，第446页。
④ 刘准：《天主教传行中国考》，中国河北献县1937年，第145页。
⑤ 《清史稿·汤若望传》。
⑥ 魏特著、杨丙辰译：《汤若望传》第一册，台湾商务印书馆1960年，第220页。

中夏有洋人"①的观念,以"历法荒谬""谋反"等罪名参劾汤若望、南怀仁等传教士,一时兴起钦天监大狱,拘捕传教士,判汤若望死刑。然而杨光先制历不利,康熙亲政后于七年(1668)命杨光先与南怀仁同测正午日影,结果杨氏所测不验,而南怀仁的推算则不差分毫。杨光先仍扬言:"中国乃尧舜之历,安可去尧舜之圣君而采用天主教历? 若用西洋历,必至短促国祚,不利子孙。"②在科学面前,康熙做出明断,革去杨光先钦天监监正职务,以南怀仁为钦天监监正,并开释所有在拘传教士。

康熙自己也对诸如天文历算、物理、医学、地理、测量等西方科学颇感兴趣,对传教士中"凡有一技之能者,往往被召至蒙养斋"③,并"几暇格物……为古今所未觏"。④ 康熙曾长期随传教士学习上述各门学科,而且"每次上课,他几乎没有一回不称赞欧洲科学的……对欧洲科学和向他施教的传教士赞不绝口"。⑤ 据法国传教士白晋记述:"皇上每天都和我们在一起达一两个小时。皇上亲自向我们垂询有关西洋科学、西欧各国的风俗和传闻以及其他各种问题。"⑥康熙对法国的科学文化尤为赞慕,他使用法国制造的工艺品,仿照法国科学院在宫中设立学艺院。日本学者后藤末雄在其《中国思想西渐法兰西》一书中,饶有兴趣地指出:"从这些事实看,康熙皇帝显然是位具有法国趣味的帝王。"⑦

由于皇室对西学的推崇,这一时期引入了西方的天文、历法、数学、地理、地图测绘、物理、机械、医学等各门科学,以及建筑、绘画、音乐等西洋艺术⑧。据王韬《泰西著述考》统计,仅1552—1674年间,传教士用汉文介绍西洋知识的著作,就有211种⑨。另据梁启超《西学书目表》收录,

---

① (清)杨光先等撰、陈占山校注:《不得已附二种》,黄山书社2000年,第79页。
② 沈福伟:《中西文化交流史》,上海人民出版社1987年,第380页。
③ 《清史稿·艺术列传序》。
④ 《清史稿·圣祖本纪》。
⑤ 《清史史料》第6辑,中华书局1985年,第162页。
⑥ 白晋著、赵晨译:《康熙皇帝》,黑龙江人民出版社1981年,第43页。
⑦ 转引自信夫清三郎著、周启乾译:《日本政治史》第一卷,上海译文出版社1982年,第30页。
⑧ 参阅朱谦之:《中国哲学对于欧洲的影响》,福建人民出版社1983年,有关章节。
⑨ 王韬辑:《西学十二种·泰西著述考》四,云南武备学堂藏书。

这一时期翻译西书达 86 种(不含宗教类)。此外,自 1644 年汤若望任钦天监监正直到 1805 年有 11 名传教士担任钦天监监正一职,在这 160 年的时间里,传教士几乎垄断了这一职务①。可见,即使在禁教以后,精通天文历法的传教士仍然受到朝廷的重用。当然这时传入的西方科学技术尚属近代科学以前的体系,而且也还只限于士大夫阶层,但它终究为中国带来了可供吸取的新的科学知识来源。更重要的意义在于,它使中国对外部世界保持了一定限度的了解,防止了盲目自大的愚妄意识的滋生。

在这一历史时段里,日本却没有中国那么幸运。由于当时日本历史环境的原因,自 1543 年耶稣会士来日本传教至 1639 年德川幕府彻底驱逐传教士的近一个世纪,是日本历史上的"天主教时代",而西方的科学技术仅仅是作为副产品而存在的。

1467 年开始的应仁之乱将日本推入了长达一个世纪的战国混乱之中,使日本陷入文化虚脱状态。值此日本文化的灰色时期,1549 年天主教耶稣会来日本传教,将异质的天主教文化传入日本列岛,并强烈地吸引着处于文化饥饿状态下的日本人。日本人对天主教趋之若鹜,信徒人数直线上升,一般估算,最多时达七十五万人②,而且波及从大名以至乞丐的各个社会阶层。在这一时期的日本,也曾经接受了一些随传教活动而夹带进日本的西方科学知识,诸如医学、天文学等领域,但是就其规模和对当时知识界的影响,是无法与同期中国相比的。当然,另一方面它对后来日本的兰学发展起到了承前启后的历史作用。

这一时期传教士们带来的西方文化中,表现为正价值的是科学技术,而他们的宗教观念总的看来还停留在保守的中世纪。至康熙五十九年(1720)康熙皇帝因"礼仪之争"而禁止天主教,其间虽发生过南京教案和钦天监教案,但后来都予以平反,总的说来传教士基本上受到了公正的待遇。然而即使是在康熙年间宽容的气氛下,在数倍于日本人口的中

---

① 荣振华著、耿升译:《在华耶稣会士列传及书目补编》下,中华书局 1995 年,第 760—761 页。
② 福尾猛市郎:《日本史史料集成》,第一学习社 1980 年,第 149 页。

国,信徒人数也仅有16万余人(1664)①,相当于日本天主教时代繁荣期75万信徒的22%。但是当时中国对传教士带来的西方科学技术的兴趣却远远超过了日本。综观这一时期中日两国对西方文化的取向是不同的,即日本是宗教的,中国是世俗的;日本注重贸易利益,中国憧憬科学价值;传入日本的西方科学科技只是副产品,而在中国,西方科学是摄取的主要对象。正如德富稣峰所言:"在当时日本的耶稣教信徒中,能够达到像李之藻翻译《西学凡》那样学力的人,一位也没有。"②在日本随着严酷的禁教政策,包括科学技术在内的南蛮文化也随之夭亡。在中国虽也有过排耶之举,但从未走到日本那样的极端,而且也鲜少涉及科学技术领域。

由此,可得出这样的结论,即在这第一期与西方文化的接触中,中国成功地完成了历史的答卷,相比之下日本则收获寥寥。

2. 后期中日西学的反转

从前述史实不难看出,随着欧洲文化东来,及历代皇帝和士大夫阶层的上下呼应,中国大有进入近代科学阶段的可能性。然而遗憾的是,与中国的宽宏相反,罗马教廷却表现出偏狭的排他性,终于酿成北京朝廷与罗马教廷之间的"礼仪之争"。正如汤因比所说:"西方文明的第一次出现③所引起的远东各民族在情感上的反响是十分复杂的,它是一种既时髦又令人嫌恶的不稳定的混合物,并且在第一次冲突中,嫌恶的感情最终占了上风。"④

1704年教皇克莱孟十一世命圣职部向在华传教士发布了禁约七条,其中包括:不许用天或上帝称天主⑤;不准教堂悬挂有"敬天"字样的匾

---

① 徐宗泽:《中国天主教传教史概论》,上海书店1990年,第238—240页。
② 转引自郑学稼:《日本史》第三卷,台北黎明公司1977年,第368页。此处需要说明的是,无论李之藻还是徐光启,无疑具有相当高的理解西方科学的学力,不过他们还不通西语,他们的"翻译"还不是独立进行的,而是通过传教士的口述,而"笔受"记录而成。
③ 指十六世纪中叶起两个世纪间天主教传教士在中国和日本传教的历史。
④ 汤因比:《文明经受着考验》,浙江人民出版社1988年,第262页。
⑤ 天、上帝皆为中国传统概念,有特定的含义,因而教廷恐怕出现"同名异神"误解。

额;禁止教徒进入孔庙、祠堂祭孔祭祖;禁止在家安放亡人牌位等①,并要求中国皇帝认可。针对罗马教廷这种干涉中国日常生活礼俗的无理要求,康熙严正旨谕,传教士必须服从中国礼仪,并需持有朝廷准予传教的印票,否则不得在中国传教。同时派在华耶稣会士赴教廷,劝戒教皇收回禁约,但遭到拒绝。康熙为维护主权,不得已于1720年敕令禁教,朱批曰:"以后不必西洋人在中国行教,禁止可也,免得多事。"②就事论事,导致清廷禁教的责任与其说在中国方面,不如说在教皇方面更公允。然而,历史并不单单裁判这个事件本身的谁是谁非,重要的是,这次事件造成的历史性转折所带来的严重后果。

1720年正是日本德川幕府八代将军德川吉宗下令放宽洋书进口限制的年头,大凡有关西洋的书籍,除宣传基督教者外,不再禁止。由于德川吉宗的"洋书缓禁"政策,至江户时代中期,在日本知识阶层中出现了以荷兰语为媒介,研究、摄取西方近代学术的学问体系——兰学。它以研究西方近代科学为开端,逐渐扩展到西方社会思想等领域,成为江户时代日本人了解外部世界的媒介,并在幕末维新时期产生了积极的历史影响。日本由此扩大了对西方文化的吸收,而中国自此以后,却经历了雍正、乾隆时代的严厉禁教,致使中西文化交流几乎中断。其后虽有少数传教士滞留宫中及钦天监,但是其活动受到严格限制,形同软禁,西方科学在中国的传播奄奄一息。1720年遂成为中日两国对西方文化态度逆转的开始。

有关日本兰学成果,第三章已有述及,为阅读方便,在此稍作扼要提示。1774年由前野良泽、杉田玄白等人译述的《解体新书》是兰学兴隆的标志。我们知道,近代科学的方法是通过实验和观察,推导出科学理论。通过《解体新书》的翻译,杉田玄白提倡的"实测穷理",即实践与理论相结合的科学方法,不仅在医学界,而且也为兰学的其他领域确立了近代的科学研究方法。

---

① 北平故宫博物院编:《康熙与罗马使节关系文书影印本》(十四)。
② 北平故宫博物院编:《康熙与罗马使节关系文书影印本》(十四)。

继解剖学著作《解体新书》刊行之后,作为西医基础理论主要分科的解剖学、生理学、病理学先后传入日本。通过兰学家们的上述学术活动,近代西方医学在日本确立了地位。而宇田川榕庵又在其撰写的植物学著作《菩多尼诃经》和《植学启原》中,将瑞典著名植物学家林耐的植物组织理论及林耐分类法介绍到日本,从而在日本建立起近代植物学理论。在天文学领域,本木良永于1774年和1793年先后翻译了《天地二球用法》《新制天地二球用法记》,专门介绍了哥白尼的太阳系理论以及经刻卜勒、伽利略直至牛顿的地动说的发展情况,并指出托勒密的地球中心说是旧学,而哥白尼创始的太阳中心说是新学。志筑忠雄译成著名的《历象新书》,将牛顿的天体力学体系移植到日本,构筑起近代天文学及天体力学的理论基础。1825年青地林宗著《气海观澜》,描绘了十九世纪初欧洲基础物理学的概况,使物理学在日本形成了一门独立的学科。1836年帆足万里撰成《穷理通》,该书最大的特色在于试图建立以自然科学为基础的世界观体系化,日本学者称其为日本自然科学史上划时代的著作。以至明治维新时代来日本的荷兰人"为江户时代能有如此杰出的学者而颇感惊异"①。至天保年间,化学也以舍密(chemie的音译)学的名称形成独立的学科。宇田川榕庵撰《舍密开宗》(1837)全21卷,内容包括无机、有机和分析化学,并以被称为近代化学革命的元素概念为中心,论及化学反应和试验方法,将西方近代化学体系输入日本。

从以上兰学自然科学各领域的成果不难看出,西方近代科学的主要成就已大体移入日本,以至有日本学者认为兰学促成了科学的新时代②。到化政时期(1804—1830),兰学的研究领域已超出自然科学的范围,发展到唯物主义自然论与合理的社会思想统一的阶段,最终产生了对封建幕府的批判意识。

---

① 森铣三:《荷兰正月》,富山房1989年,第222页。
② 有马成甫:《司马江汉的自然科学业绩》,载《兰学资料研究会研究报告》52号,1959年。

山片蟠桃是通过融汇合理的穷理精神和兰学知识,升华为具有近代自然科学知识和唯物主义思想的学者。其代表作《梦之代》(1820)不仅摒弃了地心说的旧体系,而且还提出了恢宏的"大宇宙理论"。① 他认为宇宙间排列着大小无数个与太阳系类似的恒星系,并推测在其他恒星系中也存在着人类社会,从而指出了地球在宇宙中的位置。山片蟠桃的唯物主义自然观孕育出他先进的社会思想。针对神代史中"先有君而后造民"的传统谬说,山片蟠桃依据唯物主义思想直截了当地指出:"有天后有地,有地后有人,有人后有仁义礼智、忠信孝悌,有庶民后立君,一旦君立,万民皆为其所使。"②从而他唯物地解释了人类社会发展史。从上述可以看出蟠桃以近代自然科学为基础形成了新的唯物主义世界观和具有近代意识的社会思想。如果说山片蟠桃从西方近代科学中发现了唯物论,那么司马江汉思想的特点则是从近代科学中引申出社会平等观。他认为,自然万物皆禀"天气"(太阳之火)和"地气"(水)和合而成,进而提出了鸟兽草木皆从此理,人类也不外是宇宙之虫的生物平等理论,而这种理论的归结点是人类社会平等观。司马江汉针对江户时代严格的等级制度,提出:"上自天子将军,下至士农工商非人乞丐,皆人也。"③司马江汉的思想已经开始触及幕府统治秩序的根基。此外,司马江汉还指出了"彼诸国以穷理治国"④,而"我日本技术不及欧罗巴人"的根源在于"吾国之人不好穷万物之理,不好天文、地理","虚构文章以为文雅,不述信实"⑤,尖刻地批判了当时腐儒们的空理空论。这也正是司马江汉兰学研究的社会价值。

兰学在社会思想领域的发展,终于与封建幕府爆发了正面冲突。19世纪30年代后,在天保大饥馑(1833—1836)和英国东渐势头加快

---

① 山片蟠桃:《梦之代》,载《日本思想大系43》,岩波书店1979年。
② 山片蟠桃:《梦之代》。
③ 司马江汉:《春波楼笔记》,载《日本随笔大成》第一期第二卷,吉川弘文馆1975年。
④ 司马江汉:《天地理谭》,转引自有坂隆道编:《日本洋学史的研究》Ⅵ,创元社1975年,第146页。
⑤ 司马江汉:《春波楼笔记》。

的内外危机形势下,渡边华山依照兰学知识,明确提出了社会变革理论,主张要向西方学习,以适应世界大势之剧变。他明确提出:"彼犀兕之革可以作铠,波斯之草可以活人。若夫当路重任读之,有审其俗而知其变,防其微而杜其渐,余望外之幸也。"①总之,西洋在变,世界在变,日本也必需要变。我们可以从渡边华山的洋学论著中,通过与西洋对比而描述日本社会的文脉中整理出其要求变革的一系列愿望。即,古来华夷之辩的"井蛙之见"②要变为"以天下为天下"③;"高明空虚之学"④要变为"万事议论皆专务穷理";面对西洋向东亚的攻势,"唐山御戎之论、我邦神风之说不足恃",因之"专于内患、不虑外患"⑤的海防体制也要变;"不痛不痒的世界"(指日本国内状况)⑥要变为"忧勤国政、内外慎密"⑦之局面。渡边华山这种以兰学知识批评、变革社会现实的意识已经大大超出了当时的任何兰学家,也是至开国为止兰学社会批判意识发展的最高峰。

3. 历史错位

如果说至 16 世纪止的科学史对人类文明发展的影响还不很重要的话,那么进入 17、18 世纪,西方科学革命进入高潮。在这种革命力量的催动下,18 世纪欧洲启蒙思想风行,工业革命在欧洲各国相继兴起,由此大大改变了人类历史的面貌,为人类指出了一条不同于以往几千年文明史发展定规的新方向。同时它也是向全世界提出的严峻挑战,它预示着各古老文明的历史光彩已成为过去,无论哪个民族,要想

---

① 渡边华山:《慎舌或问》。有关渡边华山论著的引文,皆采用佐藤昌介校注的《华山·长英论集》(岩波书店 1978 年)本。
② 渡边华山:《慎机论》。
③ 渡边华山:《外国事情书》。
④ 渡边华山:《慎机论》。
⑤ 渡边华山:《诸国建地草图》。
⑥ 渡边华山:《慎机论》。
⑦ 渡边华山:《外国事情书》。

使自己不被历史抛弃,就要正视并积极应对这个新文明的挑战。迎接这次挑战的成功与否将决定着非西方各民族近代的命运。而中国恰恰在这个历史的重要关头阻绝了吸收西方近代文明的途径。从这个意义上讲,中日两国对西方文化态度的逆转,正是两国近代走向不同道路的开始。

日本兰学的发展恰好出现于世界历史大转折这一重要时期,这不能不说是日本民族的历史幸运。从兰学有形成果看,仅译书一项,自1744—1852年即达480部,参加翻译的人数115人①。另据大槻如电统计,至明治初年,译书达700种②。此外,据日本学者不完全统计,到明治维新前,有34所兰学塾培养了9000余名塾生③。兰学研究不仅使日本人及时地吸收了西方科学革命的新成果,而且还接触到西方近代思想,从而促发了否定日本传统封建意识形态的思想,树立了面对现实的科学对外观。兰学家们在和平的社会环境中较从容而主动地完成了至关紧要的历史性积累。

由于中日两国这次历史性的转换,日本通过百余年兰学的发展,汲取了近代文化的新成果,逐渐清醒地认识到世界发展大势,并由此产生了促使一个民族发展的危机意识,从而省悟到要使自己继续健康地生存下去,就必须顺应时代的潮流,这就在科学技术和观念上为明治维新后全面走向世界奠定了历史性的基础。而清朝在这关键的一个世纪里自

---

① 穗亭主人:《西洋学家译述目录》,载图书刊行会编:《文明源流丛书》第三,名著刊行会1969年,第465—481页。该目录编辑者在例言中称:"此编专为辑录西洋医学之译述,然于天文、地理、历算、舍密(化学)、本草之著书亦并载之。"可见,该目录是以搜集医学译述书籍为主,而对其他部类虽有兼顾,但所列不多。诸如当时著名兰学家山片蟠桃、本多利明、渡边华山等人的译述书籍皆未收录。再如,虽然收录了著名兰学家司马江汉的著书,但如《和兰通舶》《天地理谭》等著书皆未收录,而兰学泰斗大槻玄泽译述书籍达百余种,该目录仅收录25种。因之,该目录远远不能反映江户兰学成果之概貌。今录于此,仅聊为参考。该书目所列译述者为117项,其中彰考馆不是个人署名,楢林宗建和楢林至心院两项实为同一人,因而个人译者为115人。该目录所列书目共488项,其中有8项重复,实际译述书籍为480种。
② 辻善之助:《日本文化史》Ⅵ,春秋社1955年,第293页。
③ 青木岁幸:〈信浓兰学的展开状况〉,载《实学史研究》Ⅰ,思文阁出版,第138—139页。

因于新文明之外,致使中华民族学习先进文化的热情荡然无存,学界一片沉闷,即使在所谓乾隆盛世,其学术成就充其量也仅限于训诂考证。然而这样的学问是无法应付近代西方文明挑战的。对于一个民族来说,最可悲的莫过于在历史变革的关键时刻不了解它的发展方向和自己所处的位置。短短几十年的禁教政策就使得中国知识界对外部世界变得孤陋寡闻。在这种盲目自大意识笼罩下,"中夏"终于丧失了对外部世界的正确判断和反应能力,竟把以英国为首的西方各国打入"朝贡国"的名册。中国就是在这种夷狄观和"华夷秩序"观念的指导下来迎接西方势力第二次冲击的。

乾隆五十八年(1793)英国政府为打破这种"华夷秩序",并把中国纳入资本主义体系,派使团前来北京。7月英使马嘎尔尼于大沽登陆,9月谒见乾隆皇帝,献上了洋枪和当时英国巨舰的模型,之后提出了关于通商的六项要求。就在这前一年,俄国使节拉克斯曼也为要求通商而来到日本。在这次历史性考验面前,日中两国的反应形成了鲜明的对照。日本依靠兰学积累起来的海外知识,通过这次冲击听到了历史的脚步声,从而作出了积极的反应。幕府老中松平定信亲自指派官吏广泛搜集洋书,以学习四方之"理",认识到西欧国家秩序与大君(将军)外交体制(指日本式的"华夷秩序")具有完全不同的性质,由此产生了民族危机感,断定为对付欧洲的挑战就必须加强海防,着手制定具体措施(参阅第三章第三节之"幕府与兰学")。而乾隆皇帝面对英国炫耀近代工业技术、武器和试图打破华夷秩序的双重挑战,却向英王宣示了中国帝国的愚钝。"天朝抚有四海,珍奇宝物,并不贵重。尔国王此次赍进各物,念其诚心远献,特谕该衙门收纳。其实天朝德威远被,万国来朝,种种贵重之物,梯航毕集,无所不有,并无需尔国制办。尔国王惟当善体朕意,益励款诚,永矢恭顺,……共享太平之福。"①可见当时清廷对后来置中国于绝境的西方先进的军事技术麻木到了极点,对英国的外交意图更是答非所

---

① 《大清高宗皇帝实录》卷一四五三,第 13—14 页。

问。在乾隆眼里,英国是同所有传统夷狄番邦同等的朝贡国,并没有察觉到这是西欧冲击中国的开始,因而怀柔蛮夷以"共享太平"的梦呓自然是顺理成章的了。由于对外部世界的闭塞,清廷始终没能捕捉住这次历史性的机缘。这一纸"堂堂正正"的谕旨实际是在宣告近代中国的厄运。

如果说对近代文明的孤陋寡闻和反应迟钝在上述相对和平的时代还无关紧要的话,那么到了激荡的历史关头就成为民族兴衰的决定性因素了。及至鸦片战争爆发,道光皇帝与群臣不知英吉利在何处。正如当时较开明的清吏姚莹所言:"吾中国曾无一人焉留心海外事者,不待兵戈之交,而胜负之数已较然矣。"①

1862年福泽谕吉在伦敦遇到一位叫唐学埙的中国人,二人语及为使东洋富强就必须努力摄取近代西方文化时,唐氏问在日本能读洋书并兼教他人者有多少,福泽谕吉答约500人,旋即转问,中国这样的人才有多少,唐氏沉吟片刻,愧答曰,只有11人。福泽谕吉闻此叹曰,清国难望进步矣。② 日本凭着对西方的知识和世界大势的了解,在伯理叩关时做出了敏锐的反应,顺应历史方向选择了开国,进而进行了明治维新,较早地摆脱了沦为殖民地的厄运。与日本相比,中国不幸被福泽谕吉言中了。

由上述可知,日本依靠一个多世纪积累起来的西洋近代文化基础和健康的世界观念,在民族兴衰的紧要关头与时俱进,"在主要来自西欧的文明诸要素大量引入日本时,日本已经有了对其可以纵横自如加以支配的驾驶员"③,由此日本终于走上了发展资本主义的道路。相反,中国在这一个多世纪里积累起来的是对外部世界的无知和虚狂自大,且又延宕了相当长的一段时期。因此,清末一般文人政客闭目塞听,"若问以亚洲

---

① 姚莹:《东溟文后集》卷八。
② 参阅吕万和:《明治维新与中国》,日本六兴出版1988年,前言。
③ 梅棹忠夫著、王子今译:《文明的生态史观》,上海三联书店1988年,第95页。

之地舆,欧美之政学,张口瞪目,不知何语也"。① 这种对世界先进文化不屑一顾的无知,使中华民族错过了历史机遇,从而不得不经受鸦片战争以来屈辱的一个世纪。由此,不得不承认,对近代西方文化的不同反应成为近代中日两国走上不同道路的重要原因之一。当然造成这种不同结果的还有其他诸多因素,这要留待以后专文论及了。

二、耶稣会士传入天文学辨②

长期以来,国内学者对明清间由耶稣会士传入中国之西方科学技术的评价,可谓众说纷纭、定位悬殊。

首先归纳一下学界对该问题的不同观点。低调处理一派的学者认为:"来华的天主教士所介绍过来的书籍,多系欧洲中世纪或中世纪以前的旧货。他们介绍过来的科学书籍,也是用天主教神学宇宙观改造了的古希腊科学。"③有些学者虽然承认耶稣会士传来的西方科学对中国科学做出了贡献,但还是批评耶稣会士"对十六世纪出现的那些最富于革命性、危及封建神权基础的自然科学成就,却缄口不谈。例如,哥白尼的日心说、伽利略的物理学、开普勒的行星三大定律,都是科学史上具有划时代意义的贡献……但他们或守口如瓶,不作介绍;或者在介绍中偷梁换柱,加以歪曲"④;"近代科学在这一历史时期内的中心任务,乃是在于古典体系(牛顿体系)的建立,而正是由于耶稣会传教士的阻挠,直到19世纪初,中国学者(阮元)还在托勒密与哥白尼体系之间徘徊,被弄得莫名其妙,不知所从"⑤。与上述观点相反的意见则认为,"西学的东来,犹如清新的春风,催促着孕育在古老帝国土壤中的启蒙思想的种子发芽,破

---

① 康有为语,转引自冯天瑜:《明清文化史散论》,华中工学院出版社,1986年,第160页。
② 通过与南蛮科学、兰学的对照,来理解中日两国摄取西洋科学的异同。
③ 向仍旦:《如何评价明清之间天主教士翻译的书籍》,北京大学学报1963年第3期。
④ 冯天瑜:《利玛窦等耶稣会士的在华学术活动》,《江汉论坛》1979年第4期。
⑤ 利玛窦、金尼阁著,何高济等译:《利玛窦中国札记》,中华书局1983年,序言第23页。

土而出"①。甚而有学者将明末清初西学入华看作是中国的自然科学革命。②

笔者在日本洋学史以及中日西学比较研究的过程中偶有所感,又翻阅相关资料,以为上述评价多有模糊之处,亟待澄清。于此斗胆抛砖引玉,以求学界赐正。

1. 近代科学革命是一个过程

从明清西学的不同阶段看,如果抛开上述评介的褒贬倾向,应该说两种观点都接近于历史事实。然而,如果作为对明清 200 年西学史的整体评价,又都不够准确。要了解一种文化,首先要了解那个文化存在的时代。笔者以为,要对耶稣会士们传入的西方科学作出符合历史事实的评价,必须搞清这种科学在它的原发地欧洲的地位,否则就不可能对明清耶稣会士传入的西方科学作出恰如其分的公允评价。

作为科学史的常识,人们把天文学的发展看作欧洲科学革命的象征。这场革命的起点是 1543 年出版的哥白尼的《天体运行论》,其中提出了众所周知的与托勒密"地心说"相反的"日心说"理论。其后又经过第谷的折衷体系、开普勒的天文学三大定律、伽利略的天文望远镜的发明等环节,直到牛顿实现了数学、天体力学等领域的"大综合",并于 1687 年出版《自然哲学的数学原理》,才基本上完成了欧洲近代科学革命。由此可见,科学革命的过程经历了将近一个半世纪。从年代上看,人们自然会提出十分尖锐的问题,那就是,耶稣会士进入中国的时间是 1583 年,距哥白尼提出太阳中心说,已经过了 40 年,为什么他们不向中国人介绍哥白尼的学说呢?

上述关于科学革命的历程是现代人对科学史的描述,然而,在上述新理论提出的当时,欧洲科学界和者甚寡。因为哥白尼的理论在当时

---

① 白莉民:《西学东渐与明清之际教育思潮》,教育科学出版社 1989 年,第 2 页。
② 张纯成等:《15—16 世纪中国自然科学的革命》,《史学月刊》1990 年第 2 期。

尚属众多假说之一，而且还很不完善。哥白尼的"日心说"体系中的"地动说"是人们依据一般常识所难于理解的，因为任何人都可以提出一些极其简单的问题：如果说地球在运动，那为什么人们感觉不到？为什么没有迎面冲来的空气流？为什么落体垂直下落，而不被运动的地球丢向后面？这些都是那个时代的力学所不能回答的问题。① 看来"日心说"要确立它在科学上的地位，还有待于克服理论上的弱点。科学本身要求哥白尼的理论经历一个非常艰难的历程才能逐渐走向完善。正如一位美国学者所指出的："倘若设想1543年哥白尼的伟大著作一发表就马上会动摇欧洲思想的基础，或者便足以完成象科学革命那样的任务，这是错误的。差不多需要经过150年的时间，才达到各种思想的一种令人满意的结合。"② 另一位美国学者则指出："正是托勒密在其《大综合论》中描述的这个体系，直到17世纪都一直得到大多数天文学家的公认……这个体系在相当准确的程度上解释并预测了天体的运动"③。

综上所述，并不是哥白尼的理论一经发表便击败了托勒密的体系，而是又经过了漫长的时期。在这漫长的时期里，写入欧洲教科书的是托勒密的理论，而不是哥白尼的学说。

2. 科学革命前沿成果的传入

低调评价明清西学的主要证据之一是：耶稣会士因遵守教皇对哥白尼理论的禁令，而有意隐藏"日心说"理论。然而，事实是就在罗马教廷1616年把《天体运行论》列入禁书目录以后，传教士们反而在《崇祯历书》中介绍了哥白尼、第谷、伽利略、开普勒等人的天文学研究成果。以下，简要列举传教士们在《崇祯历书》中对西方天文学发展动态的介绍。

---

① 具体科学上的问题可以参阅鲁品越：《西方科学历程及其理论透视》，中国人民大学出版社1992年，有关章节。
② 赫伯特·巴特菲尔德著、张丽萍等译：《近代科学的起源》，华夏出版社1988年，第49页。
③ 埃伦·G·杜布斯著、陆建华等译：《文艺复兴时期的人与自然》，浙江人民出版社1988年，第102页。

关于"日心说"。罗雅谷《五纬历指》云:"问宗动天①之行若何……或曰宗动天非日一周天左旋于地内,挈诸天与俱西也。今在地面以上,见诸星在行,亦非星之本行……如人行船,见岸树等,不觉己行而觉岸行。地以上人见诸星之西行,理亦如此。是以地之一行,免天上之多行,以地之小周,免天上之大周也。"②这里的"或曰"以下,是指"日心说"理论,其中"行船"与"岸树"关系的比喻,是"日心说"理论的自我阐释。显然,这种论证是很难令人信服的。因而罗雅谷指出:"然古今诸士,又以为实非正解,盖地为诸天之心,心如枢轴,定是不动。且在船如见岸行,曷不许在岸者得见船行乎?其所取譬,仍非确证。"③有些学者认为,罗雅谷不同意"日心说"理论是传教士对中国人吸收西方天文学的误导。笔者却以为罗雅谷的介绍无可厚非。因为它是事实。在当时,"日心说"虽然处于论据未尽如人意的假说阶段,而罗雅谷却没有因为自己不同意哥白尼的理论而忽略其说。这正表现了耶稣会士实事求是而又小心严谨的科学态度。对"日心说"采取慎重态度的,不只是耶稣会士,正如有学者指出的:"日心说并没有为当时受过教育的人所乐意接受……只有少数具有非凡洞见的人物,才能预言它的发展前途的可能性。"④在欧洲大多数人尚未承认"日心说"的时候,为什么非要求耶稣会士们接受不尽完善的"日心说"理论呢?

关于木星等行星之卫星。汤若望《历法西传》曰:"第谷没后,望远镜出,天象微妙,盖著于是。有加利勒阿(指伽利略)于三十年前创有新图,发千古星学之所未发,著书一部。自后名贤继起,著作转多,乃知木星旁有小星四,其行甚疾,土星旁亦有小星二,金星有上下弦等象,皆前所未

---

① 据《明史》卷 25《天文一》载:"其言九重天也,日最上为宗动天,每日带各重天自东而西左旋一周。"此为地静天动之说,即地球固定不动,而整个天体围绕地球旋转。宗动天为天体中距地球最远处。
②《古今图书集成·历象汇编历法典·六十五卷·历法总部·五纬历指·总论》,中华书局 1985 年。
③《古今图书集成·历象汇编历法典·六十五卷·历法总部·五纬历指·总论》。
④ 鲁品越:《西方科学历程及其理论透视》,第 141—142 页。

闻……所以星图记载独全。"①这是伽利略的发现,时在1610年。

关于银河之说。汤若望《历指》曰:"问天汉何物也?曰:古人以天汉非星,不置诸列宿天之上也。意其光与映日之轻云相类,谓在空中月天之下,为恒清气而已。今则不然,远镜既出,用以仰窥,明见为无数小星。"②又云:"天汉邪络,天体与天异色,昔称云汉,疑为白气者非也。新法测以远镜,始知是无算小星攒聚成形,足破从前谬解。"③这也是伽利略的发现,时在1611年。

伽利略的上述重大发现,在当时引起了天文学界的极大轰动。关于木星、火星均有卫星的发现,证明了太阳系中的确有不绕地球旋转的天体。而银河系是由无数的小星组成的事实,则进一步扩大了人们对宇宙的研究视野,开拓了天文学研究的广阔前景,使狭隘的"地球中心说"的经典地位发生动摇。这些在当时的欧洲均属前沿性的研究观测成果,来华耶稣会士们将其毫无保留地介绍给中国人。因为这些发现是通过望远镜实际观测所得到的确定的结果,所以,耶稣会士也没有忘记将作为上述重大发现工具的天文望远镜介绍到中国。伽利略制成他的第一架望远镜是在1608年。在时隔7年的1615年,阳玛诺就在其《天问略》中介绍了望远镜的情况:"近世西洋精于历法一名士,务测日月星辰奥理……则造创一巧器以助之。持此器观六十里远一尺之物,明视之,无异在目前也。持之观月,则千倍大于常;观金星,大似月……观土星,圆似鸡卵,两侧继有两小星……观木星其四围恒有四小星……观列宿之天,则其中小星更多,稠密,故其体光显相连若白练然,即今所谓天河者。待此器至中国之日,而后详言妙用也"④。至1622年汤若望便将望远镜带来中国,并于1626年译《远镜说》,详加解说。及至1629年,便有徐光

---

① 《古今图书集成·历象汇编历法典·七十七卷·历法总部·历法西传》。
② 《古今图书集成·历象汇编历法典·七十七卷·新法历书·历指》。
③ 《古今图书集成·历象汇编历法典·七十九卷·历法总部·新法表异·天汉破疑》。
④ 《文渊阁四库全书·子部天文算法类·天问略》787册,台湾商务印书馆。

启奏报望远镜的条陈,"装修测候七政交食远镜三架,用铜铁木料"①。至1634年制成中国第一架望远镜②。

3. 第谷体系的历史定位

这里还必须回答一个问题。《崇祯历书》在理论上采用了丹麦天文学家第谷·布拉赫(Tyeho Brahe,1546—1601)的体系。这个体系认为:地球仍然是宇宙的中心,太阳和月亮围绕地球旋转,但其他星的轨道则以运动着的太阳为中心。显而易见,第谷体系是介于"地心说"与"日心说"之间的折衷体系。那么,为什么《崇祯历书》既不用毛勒密之说,也不用哥白尼之说,而采用第谷的折衷体系呢?

诚然,第谷的体系并不比哥白尼的理论更完整,但是第谷掌握有大量的天文观测数据。在丹麦国王腓特列二世资助下,第谷于哥本哈根附近的胡恩岛上建立了一个天文观测台,世称"空中堡垒"。在这座"堡垒"中设有规模宏大的观测仪器群。第谷在这里工作了20年,积累了大量精确可靠的天文数据。第谷将其观测结果编成著名的《路德福天文表》,以至名声大振。第谷也因此被誉为"星学之王""公认的欧洲第一流的天文学观测家"③。英国科技史家沃尔夫也认为,在16世纪下半期的天文学领域,"最杰出的人物是丹麦天文学家第谷·布拉赫",因为他"研究了精密天文学的大多数问题,他还以前所未有的精确度测定了大多数重要的天文学常数"④。

耶稣会士们编制《崇祯历书》时,需要大量而具体的天文观测资料。而在这个领域,第谷是当时享誉欧洲的权威,因而对传教士们来说,采用第谷的体系是很自然的事情。正如罗雅谷所说:"第谷及门人所测更密

---

① 王重民辑校:《徐光启集》,上海古籍出版社1984年,第336页。
② 方豪:《中西交通史》,岳麓书社1987年,第710页。
③ 埃伦·G·杜布斯著、陆建华等译:《文艺复兴时期的人与自然》,第122页。
④ 亚·沃尔夫著、周昌忠等译:《十六、十七世纪科学、技术和哲学史》,商务印书馆1985年,第135、138页。

更细,今为本历历测先具第谷所用之率。"①换言之,耶稣会士是因为信服第谷的天文观测资料而采用第谷体系的,而哥白尼理论于实际天文观测方面,是无法与第谷相比的。另外,已如前述,伽利略关于木星、土星有环绕它运行的卫星的说法,已经证明了所有天体都围绕地球旋转的"地心说"的错误,然而,这些观测结果还远远不足以证明"日心说"的正确。在这种情况下,采用第谷的体系,毋宁说是耶稣会士们的最佳选择。

通过上述过程的分析,我们只能认为,参加编修《崇祯历书》的耶稣会士们更为相信已经确定的天文学研究成果。由此可以看出,国内学者将《崇祯历书》中引用的第谷体系与托勒密体系一起视为过时的看法,是对第谷体系的误解。

曾为第谷助手并被誉为"天空的立法者"的德国著名天文学家开普勒(Johannes Kepler,1571—1630),在第谷成果的基础上发现了行星运动的三大定律:即椭圆轨道定律、面积定律、周期定律。用这些定律去推定行星的位置,比用圆周轨迹所得出的结果要精确得多。开普勒的发现使哥白尼的理论又前进了一大步。直到英国天文学家、格林威治天文台台长詹姆斯·布拉德莱(James Bradley,1693—1762)于1727年发现"光行差"现象,才最终证明了地球确实是运动着的。由此,地动说在天文学界以及整个科学界才得到最终公认。针对这一进步,耶稣会士戴进贤(P. Ignatius Kogler,1680—1746)在《历象考成后编》(1742)中,及时地导入了开普勒有关行星运行的椭圆轨道定律和面积定律,并以此修正了第谷体系。随后,1760年耶稣会士蒋友仁(Michael Benoist,1715—1774)在进呈乾隆的《坤舆全图》的说明中,否定了托勒密和第谷的学说而主张哥白尼的学说:"歌百尼论诸曜,以太阳静地球动为主。人初闻此论,辄惊为异说,盖止恃目证之故。今以理推之,如人自地视太阳、太阴,谓其两径相等,而大不过五六寸。若以法推,则知太阳之径百倍大于地

---

① 《古今图书集成·历象汇编历法典·六十五卷·历法总部·五纬历指·四》。

球之径,而太阴之径止为地球径四分之一也。人自地视太阳,似太阳动而地球静,今设地球动太阳静,于推算既觅合,而于理亦属无碍。"①

4. 结论

综观上述,笔者只能得出与"西学落后论"相反的结论。我们看到,当时欧洲天文学界的前沿理论和重大发现,均被传教士一一介绍到中国,而且上述伽利略的各项研究成果,都是在伽利略生前(1546—1642)传入中国的。可见,来华耶稣会士们传入中国的西方科学非但不是旧货,而且是欧洲天文学研究已有定论的新成果。在欧洲近代科学形成的全过程中,耶稣会士始终是在华传播欧洲科学的中介者。在这次延续近两个世纪的科学传播过程的开始阶段,即利玛窦时代,欧洲近代科学还没有形成,古代科学和中世纪的科学在欧洲仍然占据主导地位。而到戴进贤的《历象考成后编》和蒋友仁的《坤舆全图》时期,正是欧洲近代科学确立权威的时期。在这个过程中,耶稣会士们带来的西方科学既有"古学",又有"新学",确实是新旧杂糅。其实,它反映的正是当时欧洲科学在研究、论争中发展的趋势。应该说耶稣会士介绍给中国的西方科学几乎与近代科学在欧洲的进展相同步。这正是我们评介耶稣会士带来的欧洲科学的极其重要的线索。长期以来,国内学者之所以对耶稣会士们带来的科学见仁见智、莫衷一是,恰恰忽略了这条线索。加之,学者们往往以当今科学史上的定论来评判三四百年前的状况,自然不免会酿成"历史冤案"。有的学者认为:中国当时没有能够出现近代科学,其原因不在于中国本身,而在于耶稣会士传播者的身上②。甚至有学者提出:"从利玛窦算起到南怀仁来华为止,生活和活动着的西方著名科学家就有哥白尼、布鲁诺、培根、伽利略、康帕内拉、开普勒、哈维、霍布士、惠更

---

① 阮元:《畴人传》,商务印书馆 1955 年,第603 页。该书第 603—609 页还有详细介绍。
② 利玛窦、金尼阁著,何高济等译:《利玛窦中国札记》,中译者序言,第 21 页。这里是引用美国学者席文(Siwin)的一次私人谈话。

斯、斯宾诺莎、洛克、牛顿、莱布尼兹和哈雷等23人之多。试问：传教士们对这些科学家的学说和理论，究竟介绍了多少？"①笔者以为提出这种要求是不符合实际的。上述质问如果是针对一个来华的欧洲科学讲师团而言，也许是恰当的。但是，不应忘记耶稣会士来华的目的是传播天主教，况且在欧洲科学尚在发展的时代，传教士们能脚踏实地为中国修改历法，为编制《崇祯历书》而耗费他们大量的精力，已是难能可贵。再要求他们将所有的西方科学新理论全方位地介绍给中国人，则未免过于苛刻。且术业有专攻，来华传教士的主要科学知识是在天文历法方面。就了解与传播这方面的知识而言，他们已经尽了最大努力。

三、林则徐与渡边华山的西洋研究

本节意在通过追寻林则徐(1785—1850)和渡边华山(1793—1841)研究西洋的轨迹，在中日西洋学(为叙述方便，暂以此概念含指中国的西学和日本的洋学)比较研究领域做一粗略的尝试。

1. 时代与历史角色

林则徐和渡边华山都是我崇敬的历史人物，不过把他们放在一起，或曰不着边际。其实，寻遍与林则徐同时代的日本人，最相近的莫过于渡边华山了。众所周知，林则徐是公认的"近代中国开眼看世界的第一人"，而东邻的渡边华山被日本人誉为"我开国史上最初的第一人"②，二人均为中日两国近代认识西洋的先觉者。他们处在同一个时代，都是站在迎接西洋挑战前沿的在朝学者，他们为自己的民族尽了最大的努力，却在当时受到了不公正的待遇，但是都为后世所敬仰。对他们研究西洋的轨迹做一探查，或许会给我们某种启示。

---

① 马祖毅：《中国翻译史话——明末清初的"科学"翻译》，《安徽大学学报》1978年第3期。
② 铃木清节编纂：《华山全集》第一卷，华山会1938年，"华山全集发行趣旨"。

林则徐自1838年受命钦差大臣赴广东上任后,由于处理对外问题的需要,才开始接触并研究西洋问题,而且主要集中在钦差大臣任内(1840年9月被革职)。渡边华山是日本江户幕府末期三河国(现爱知县东部)田原藩藩士,于1832年天保饥馑和英国东渐势力加速的内外形势下,被任命为田原藩家老兼海防挂。当时在三河地区只有田原藩面临太平洋,因之该藩为三河地区海防的唯一据点。对此,渡边华山深感责任重大,为解决内外危机,开始认真研究西洋问题,直至因笔祸罹罪的1839年。与日本正统洋学家比较起来,林则徐和渡边华山的西洋研究起步较晚,况且二人皆不谙外国语,虽然如此,他们却分别达到了那个时代本国对"西洋问题"认识的最高水平。其中的原因,有许多具体问题有待于深入地考察研究,但是,有一点是显而易见的,即他们所处的时代以及在那个时代中所担当的角色。

十九世纪中叶,就远东地区而言,西方殖民势力的攻势由"西力东渐"急速发展为"西潮东涌"的时代。中日两国面临着有史以来空前深刻的民族危机,传统的对外观念以及对外交涉原则已无用武之地,从而如何迎接来自西方的挑战便成为中日两国亟待解决的历史课题,迎接这次挑战的成功与否将决定两国近代史的发展方向。然而,在当时的中国和日本能清醒地认识上述现实的人却寥寥无几。林则徐和渡边华山同处于这一激荡的时代,并分别担当"驭夷"要职,又分属本国统治阶级中的开明人物。这些客观条件促使他们对本国所面临的险恶的国际环境以及民族前途极为敏感,面对欧美列强的强烈冲击,他们不同程度地意识到西洋诸国的先进性和自我危机的严重性。为此,他们积极了解、研究、学习西方的先进事物,以寻求摆脱民族危机的途径。在此过程中他们各自将本国的西洋学提高到一个新阶段,从而成为"近代中国开眼看世界的第一人"和"洋学的大施主"。简而言之,他们处于同一时代,有着相似的感受以及这种感受所促发的民族使命感。正是上述相似的经历将他们造就成为冷静环视周围世界的民族先觉者。另一方面,由于中日两国具体国情的差异,他们研究西洋的侧重面、深广度又不尽相同。以下将扼要叙述这种差异以及形成这种差异的前因后果。

2. 林则徐主持的移译之功

　　林则徐主持翻译编译的西方书刊主要计有:《四洲志》(Hugh Murray, Cyclopaedia of Geography)、《各国律例》(Vattel Emericde, Law of Nations)、《澳门新闻纸》(Canton Press)、《澳门月报》(Chinese Repository)等。《四洲志》是英国人慕瑞所著,原本于1836年在伦敦出版,属当时最新之世界地理书,书中介绍了五大洲三十几个国家和地区的地理、历史、军事、政情等。全译本共四十九页,其中欧美部分占五分之三,美国部分则占全书的五分之一。更值得注意的是书中详细地描述了美国总统、上下两院及司法等三权分立的政治制度,只可惜美国的民主制度没能引发林则徐的兴趣。尽管如此,该书是中国第一部较系统地介绍世界地理志的译著,也是林则徐译述中对后来影响最大的一部书。它使中国西学、尤其是世界地理学领域跨入了新时代。梁启超曾赞曰:"林少穆(则徐)督两广。命人译四洲志。实为新地志之嚆矢。"[1]《各国律例》的作者是瑞士人,汉译名为滑达尔,该中译本系原书之摘译,后收于魏源著《海国图志》。其内容包括关于一个主权国家对在留外侨的司法管辖权问题以及作为对外敌对措施的封锁、禁运等手段。《澳门新闻纸》又译作《澳门新闻录》或《广州周报》,系广州商馆英国自由贸易派商人于1835年创刊,1839年7月迁往澳门继续出版,主编为慕勒(Moller Edmund)。由于该报"将广东事传至该国(指英国)并将该国事传至广东"[2],自1839年春始,林则徐命人将其中有关的时事报导和评论一一摘译出来,诸如鸦片生产,国际社会对中国禁烟的反应,直至西方国家在中

---

[1] 梁启超:《中国近三百年学术史》,中国书店1985年,第323页。
[2] 林则徐:《致奕山·道光二十一年三月》,杨国祯编:《林则徐书简》增订本,福建人民出版社1985年,第174页。

国周边及邻国的活动等。为便于查阅,又命人将译文按时间顺序"抄齐统订数本"①,如此一直继续到林则徐被革职。现存中译《澳门新闻纸》抄本六册,译载了原刊1838年7月至1840年11月间的部分内容。《澳门月报》亦译为《中国丛报》,由美匡公理会传教士卑治文(Bridgman)主编,1832年创刊,至1852年共出版了二十卷。现存中译《澳门月报》译自其中1839年和1840年部分。与《澳门新闻纸》不同,《澳门月报》是按事项分类,即:论中国、论茶叶、论禁烟、论用兵、论各国夷情等五辑,收于《海国图志》卷八十一。

从林则徐组织翻译的内容看,可大致分为以下几大类,即:海外,特别是欧美国家地志学知识;直接服务于外交的情报及其外交技术;欧洲舆论对中国的反应。从以上内容结构不难看出,这些译书主要是为"驭夷"需要而作,事实上也确实为办理"夷务"发挥了作用。

由于林则徐对西洋列强及其动向有了初步的了解,因此他的对外策略远高于其他官吏。当时,主和派强调不可"轻起边衅",主张对英让步,甚至提出容忍鸦片贸易。抵抗派则主张"闭关绝市"以彻底断绝一切对外贸易的强硬政策。林则徐属坚决抵抗派,反对被动让步,但同时也反对"闭关绝市"论。林则徐的原则是"奉法者来之,抗法者去之"②,他通过《各国律例》察知"此等奸夷(指欧美的鸦片走私犯)并未领照经商,而取偷渡蹿越,若被该国查出,在夷法亦必处以重刑"。③ 据此,林则徐采取了一系列严禁鸦片的措施。但同时他又认为:"将现未犯法之各国夷船与英吉利一同拒绝,是抗违者摈之,恭顺者亦摈之,未免不分良莠,事出无名。设诸夷禀问何辜,臣等碍难批示。"④他还强调:"凡有夹带鸦片夷船,无论何国不准通商,则不带鸦片者,仍皆准予通商。"⑤这里林则徐实际上

---

① 林则徐:《致怡良·道光十九年二月》,杨国桢编:《林则徐书简》增订本,第174页。
② 林则徐:《会奏川鼻尖沙嘴迭次袭击夷船情形摺》,中国史学会主编:《中国近代史资料丛刊·鸦片战争》二,第190页。
③ 林则徐:《东西各洋越蹿外船严行惩办片》,《林则徐集·奏稿》中,中华书局1985年,第649页。
④ 林则徐:《复议曾望颜条陈封关禁海事宜摺》,《林则徐集·奏稿》中,第794页。
⑤ 林则徐:《复议曾望颜条陈封关禁海事宜摺》,《林则徐集·奏稿》中,第796页。

已在遵循国际法的原则，可以说国际法知识之引入中国并应用于对外交涉是自林则徐开始的，他的国家主权观念已开始带有近代色彩。作为具体策略，他还提出："查英吉利在外国最称强悍，诸夷中惟美利坚及佛兰西尚足与之抗衡……此中控驭之法，似可以夷制夷。"①林则徐之所以在处理外交事物中错落有致，很大程度上是得力于他的西洋知识，林则徐自己也曾说过："其中所得夷情实为不少，制驭准备之方多由此出。"②

林则徐得力于西洋知识的又一重要收获是他在海防上的作为。他针对英国"以船坚炮利称其强"的现实，于海防上倾注了极大的努力，在给道光的奏章中提出："尤恐各台旧安炮位未尽得力，复设法密购西洋大铜炮，自五千斤至八九千斤不等，务使利于远攻。"③并"用价一万八千元购得西洋大号旧夷船一只，一备兵勇演习仰攻"。④（此为中国购买西洋船只之始）1840年4月又首次仿造西洋式战舰，奏报朝廷："今春检查旧籍，捐资仿造两船，底用铜包，蓬如洋式。"⑤当时有外国人记曰："1840年4月25日，二三只双桅船已在广州河面下水，这些船都是按照欧洲船式修造的，它们已能加入帝国的海军了。"⑥林则徐还曾向奕山建议："查洋面水战，系英夷长技……非自单薄之船所能追剿。应另制坚厚战船，以资制胜。……总需有船一百只，始可敷用。此系海疆长久之计，似宜及早筹办。"⑦可见林则徐是在试图建立一只有近代装备的新式海军，并认为如能拥有这样一只"器良"并且"技熟、胆壮、心齐"⑧的海军，"有船有

---

① 林则徐：《复议曾望颜条陈封关禁海事宜摺》，《林则徐集·奏稿》中，第794—795页。
② 林则徐：《答奕将军防御粤省六条》，陈锡祺主编：《林则徐奏稿·公牍·日记补编》，中山大学出版社1985年，第101页。
③ 林则徐：《英人续来兵船及粤省布置情形片》，《林则徐集·奏稿》中，第838页。
④ 魏源：《海国图志·筹海总论》卷八十，古微堂重印本，咸丰二年(1852年)。
⑤ 林则徐：《广州舟师实难分遣赴浙会剿片》，《林则徐集·奏稿》中，第865页。
⑥ 陈大宜：《从鸦片战争到一八六一年的中国军事工业》，列岛编：《鸦片战争史论文集》，三联书店1958年，第163页。
⑦ 林则徐：《答奕将军防御粤省六条》，陈锡祺主编：《林则徐奏稿·公牍·日记补编》，第100页。
⑧ 林则徐：《致姚椿、王柏心·道光二十二年八月》，杨国桢编：《林则徐书简》增订本，第193页。

炮,水军主之,往来海中追奔逐北,彼所能往者,我亦能往……逆夷以舟为巢穴,有大邦水军追逐于巨浸之中,彼敢舍舟而扰陆路,占之城垣,吾不信也"。① 综观上述不难看出,林则徐将西洋知识付诸实践,颇有成果。总体看来,林则徐作为钦差在广州期间,英国在外交和军事上始终不得要领。此外还有一点颇值得注意,即他在主持编译《四洲志》时已察知沙俄正向伊犁推进,并开始注意沙俄的动向,且预言:"为中国患者,其俄罗斯乎?"②对此林则徐建议在中国西北边境应"改屯兵为操防。"③而满清朝廷对西北边境的危机却无动于衷,不幸,其后不久,林则徐的忧虑变成了现实。

在中国西学中衰约百年后,林则徐能在不满两年的时间里对西方了解到如此程度,并能运用于对外策略的实践中,不能不令人叹服。

3. 渡边华山的西洋研究

参照渡边华山的洋学研究成果,或许会加深对中日两国近代史的理解。

如前所述,渡边华山真正的兰学研究是从 1832 年被举为家老和海防挂以后才开始的,从这个角度讲,在关心西洋的动机上与林则徐是相同的。渡边华山明确指出:"搜索西洋诸番之事情,实今时之急务"④,"不审敌情则无以立兵备之策谋。"(《慎机论》)渡边华山有关海防的构想集中在其《诸国建地草图》一文中。和林则徐一样,渡边华山充分认识到西方船炮的威力以及日本传统海防布局和武器的落后,并提出过海防构想图。此外,渡边华山对于沙俄的扩张也表示出极大的忧虑,并认为:"鲁西亚垂涎日本最久,日本之忧患必在北陲。"(《慎机论》)很明显二人对西洋关心的重合部分在于海防。然而,这个重合部分几乎是林则徐西学知

---

① 林则徐:《致苏廷玉·道光二十二年三月》,杨国桢编:《林则徐书简》增订本,第 186 页。
② 《清史稿·林则徐传》卷三百六十九,第三十册,中华书局 1977 年,第 11494 页。
③ 清朝国史管撰:《林则徐传》,上海师范大学历史系中国近代史组:《林则徐诗文选注·附》上海古籍出版社 1978 年,第 326 页。
④ 渡边华山:《再稿西洋事情书》。以下有关渡边华山论著之引文皆引自,佐藤昌介校注:《华山·长英论集》,岩波书店 1978 年。下文为节省篇幅,随文括号标示。

识的全部内容,而对渡边华山来说只占其洋学成果的一部分,或者说是不太重要的一部分。华山洋学的真正价值在其引照欧洲的经验用以解决日本问题的思想和基于科学分析西洋而形成的具体的世界认识。

  高野长英在述及以渡边华山为首的蛮社形成的最初动机时曾说:"近年凶欠延绵,人心紊乱,故于洋书之中抄寻万国之国体、政务、人情、世态等。"①渡边华山通过潜心研究,得出结论,认为西方文化的优越性在于"物理之精确",而且"不惟于万物以图穷理,且于万事议论皆专务穷理"(《初稿西洋事情书》)。他还提出西洋富强的根源是"学校之盛行",即"其政事以养才造士为先",通过教育"成才成德后,入教院、成学师,施其所学"(《外国事情书》)。渡边华山基于对西洋尊重实学、因才适用社会原理的憧憬,将当时日本的封建等级制度比作"天下(指将军)为一大箱,诸侯为小箱,士闭其内,制活物世界于死地"(《退役愿书之稿》)的社会棺裹。在对外问题上,他对幕府采取了同样的批判态度。1837年美国商船摩里逊号为送还日本漂流民和要求缔结通商条约驶来日本,幕府决定依照祖法予以武力驱逐。对此,渡边华山通过分析当时国际形势,提出了日本应采取的对策。他清醒地指出:"五大洲内除亚细亚外,四海大抵已成洋人领地。于亚洲之内,亦仅唐土、波斯、我邦未遭洋人之污秽"(《再稿西洋事情书》)的局面。对日本来说,"英吉利(华山误认为摩里逊号为英国商船)求之于我者,如蝇逐膻,驱之而必复来"(《慎机论》)。针对内外形势和力量对比的现实,渡边华山认为:"古来唐土御戎之论、我邦之神风不足恃"(《初稿西洋事情书》),并揶揄幕府的攘夷政策是"井蛙之见",主张取消"异国船击退令",并提出"因时变而立政法乃古今之通义"(《初稿西洋事情书》)的对处原则。这便引出了华山洋学中,通过分析西洋及内外形势而得出的"变"的主题。

  统观渡边华山有关西洋的论著,颇具冷静的分析和清晰的思想体系。他是站在历史哲学或称人类文明发达史的高度来分析世界历史并

---

① 高野长英:《鸟之鸣音》,载《日本思想大系55》,岩波书店1971年,第179页。

把握当时世界现状的。因此,梳理出这些论述中"变"的主线可进一步理解华山洋学的历史地位。渡边华山的著作虽不那样庞大,但是简明扼要地勾画出了人类文明发达史上"变"的历程:"一地球因诸国变革而生生不已"(《外国事情书》),"或英主忽出以至天地化育相变,又由政度酿出英杰,以至学风政事一变,实乃千变万化"(《再稿西洋事情书》)。首先是:"亚细亚四十度以南之地,自远古教化开、文物盛。……古代南方尊,北方卑,后来南方之教化次第扩至北方",由此"北方剽悍诡黠之俗一变为强勇深智之国",而南方"高明文华之地成疏大浮弱之风。……唯今欧罗巴诸国于海外无不到之隅,以押领四大洲诸国"(《外国事情书》)。此"实天地古今为之一变。……其间物极则衰,衰极则又盛,理势乘除无所不至"(《再稿西洋事情书》)。可见,渡边华山把上述盛衰兴亡看作是历史发展的铁则。那么十九世纪当时西洋变强的原因何在,或者说西洋是靠什么来押领四大洲的呢?对此,渡边华山精辟地指出:"西夷皆专于物理之学,故而,审度天地四方,不以一国为天下,而以天下为天下,匡是,颇有广张规模之风气。"(《外国事情书》)简而言之即是"穷理精神"和"世界视野"。这就是西夷变强的原因,同时也是世界格局急剧变化的源点。由此渡边华山产生了强烈的危机意识,他清醒地认识到:"古之夷狄为古之夷狄,今之夷狄为今之夷狄"(《外国事情书》),"时势既今非古。故以古论今者。如胶拄鼓琴"(渡边华山:《鴃舌或问》)。

那么在剧烈变动的世界中,日本该如何应对?对此,渡边华山主张要向西方学习以适应世界大势之剧变。他在《鴃舌或问》中明言:"彼犀兕之革可以作铠。波斯之草可以活人。……非以备用考乎。若夫当路重任读之。有审其俗而知其变。防其微而杜其渐。……余望外之幸也。"总之,西洋在变,世界在变,日本也必需要变。

我们可以从渡边华山的洋学论著中,通过与西洋对比而描述日本社会的文脉中整理出其要求变革的一系列愿望。即,古来华夷之辨的"井蛙之见"(《慎机论》)要变为"以天下为天下"(《外国事情书》);"高明空虚之学"(《慎机论》)要变为"万事议论皆专务穷理";面对西洋向东亚的攻势,"唐山御戎之论、我邦神风之说不足恃",因之"专于内患、不虑外患"(《诸国建地草图》)的海防体制也要变;"不痛不痒的世界"(《慎机论》)要变为"忧勤国政、内外慎密"(《外国事情书》)之局面。笔者以为,这正是渡边华山真正的苦心所在,如能达到上述变革,渡边华山大概就会感到"望外之幸"了。总之,他始终抱定一个"变"的信念,以至于临终前致好友"极秘永诀"的遗书中,仍念念不忘"数年之后为之一变"(《遗书》)。这里虽然没有更具体地说明变什么、怎样变,但是,如果通读上述论述,似乎已无须再做解释了。

综观上述,可映照出林则徐与渡边华山研究西洋的不同特点。林则徐的西洋知识直接应用于对外交涉,是制定具体"驭夷"策略的重要参考资料,具有明显的实用主义倾向,并确实收到了一定的效果。但是,另一方面,可以说林则徐研究西洋还仅仅局限于直接与中国有关的知识,因此其西洋学视野还不似渡边华山那样宽阔、系统,也没能达到渡边华山那样的理论体系。对比之下渡边华山对西洋各国本质认识的水平远远超乎林则徐之上,他是从原理上认识西洋社会的。他认为"万事穷理"为西洋社会运行的基本原理,观其文脉,有理由认为他是站在新旧社会的高度来看待西洋社会与东亚及日本社会的,只是没有使用"近代社会"和"传统社会"这样的概念而已。也正因如此,在渡边华山那里才出现了相连续的"变"的思想,即西洋社会变了,创出了新的社会原理,日本也要学习西洋,以变应变,从而,在理论上提出了迎接西洋挑战的总原则。然而,另一方面也应该承认在将西洋知识付诸实践的领域,是渡边华山的弱点,他虽然也曾在海防方面倾注过精力,却是无法与林则徐系统的海防活动相提并论的。正如有日本学者所述:"就其(华山)一般施政而言,几乎找不到直接将洋学知识直接付诸实践的证迹。"[1]由此,从理论和实

---

[1] 佐藤昌介:《渡边华山的洋学研究与蛮社之狱》,载东北大学文学会《文化》,第十八卷第一号,1954年。

践的角度暂且可以得出"实践的则徐"和"理论的华山"这样的认识。当然,笔者无意否定渡边华山洋学的实学性质,而且必须承认华山洋学中浓烈的危机意识正是当时日本即将走向近代变革过程中的一个至关重要的,甚至说是不可缺少的认识环节。林则徐虽然也抱有危机意识,但是,那是从当时中国所面临的具体危机所感受到的,而不似渡边华山那样对西洋深入研究而得到的较清晰的认识。因此,林则徐不可能认识世界发展趋势,也不可能从东西不同社会原理的高度来理解这种危机的深刻程度。如前所述,林则徐甚至认为只要有一只近代化的舰队即可渡过危机。

4. 西洋研究的积累和动机之差异

为什么活动于同一时期的这两种西洋学会出现上述差异?

首先追溯一下两国西洋学史就会发现,十八世纪二十年代是至关重要的历史关节点。1720 年日中两国的统治者分别发出了内容截然相反的政令。德川幕府第八代将军德川吉宗发布"洋书缓禁"令,使洋学信息源源流入日本,包括通过荷兰商馆购入的荷兰语书籍和由中国输入的有关西学的汉文书籍。1740 年德川吉宗又授命青木昆阳、野吕元丈学习荷兰语,其后,自杉田玄白翻译《解本新书》以来,洋学家学习荷兰语便成为一种传统,洋学运动在日本骤然兴起。反观中国,明末清初有不少西方传教士将西洋书籍译成汉文,早期西学曾一度发达。但是,因清廷与罗马教廷之间发生"礼仪之争",康熙皇帝于 1720 年明令在中国禁止天主教,由此,西学在中国也随之衰落。如果说在相对和平的时代这种差异还无关紧要的话,那么在十九世纪中叶的国际环境下,这种差距所带来的恶果便暴露无遗了。我们可以从渡边华山和林则徐的洋学知识来源清楚地看到这一点。

渡边华山的情况约略说来主要有以下几条途径。其一是利用当时传入日本的有关西洋知识的汉籍(包括汉译西书)以及日本洋学家们译述的有关洋学的书籍。关于前者,自 1720 年缓禁洋书以来,有关西洋知识的汉文书籍不断流入日本。而后者,即使自 1774 年杉田玄白翻译的《解体新书》刊行算起,至渡边华山活动的时代也已历 60 年,这期间日本洋学家译、著的洋学书籍已逾几百种。此外,渡边华山任家老后极力鼓动藩主继承人三宅友信修习洋学,在此期间三宅有信购入了"一室充栋"的荷兰文书籍,仅现存兵学类即有 219 册。① 这些书籍成为渡边华山研究西洋的基本资料。仅渡边华山所著万余言的《外国事情书》直接引用的书籍计有:《职方外纪》(在华耶稣会士艾儒略所著)、《皇朝经世文编》中的《澳门图说》《外番借地互市说》、日本洋学教育家大槻玄泽编著的《环海异闻》、日本洋学家青地林宗所译《舆地志略》等十余种。② 其二,延请高野长英、小关三英等一流洋学家译读所需荷兰语书籍,《华山先生略传》即云:(渡边华山)"常招小关、高野二氏,使读地志历史之属。"其三,直接请教荷兰商馆人员以补正自己的洋学知识。渡边华山的《缺舌或问》即是 1838 年 3 月访问在江户参府中的荷兰商馆馆长尼曼后而撰写的有关西洋情势的访谈录。

在中国,由于西学的中衰,从皇帝到官僚以至知识层对西洋事物以及西洋所发生的变革一无所知,更可悲的是"沿海文武员弁不谙夷情,震于英吉利之名,而实不知其来历"③。在这种背景下,林则徐要研究西洋只得依靠自身的苦心经营,在料理政事的同时,还要利用各种机会购买、搜求西方书刊,"欲系夷情,多方购求"④,且须"辗转购得新闻纸"⑤。由于信息源的限制,林则徐不得不采取"凡以海洋事进者,无不纳之,所得夷书,就地翻译"⑥的做法。此外,当时国内翻译人材也是凤毛麟角。林则徐到广州时,十三行(独占对外贸易的公行)中虽有华籍通事,但他们

---

① 三宅友信:《兰书目录·兵书之部》,早稻田大学图书馆藏本。
② 佐藤昌介:《洋学史的研究》,中央公论社 1980 年,第 176—197 页。
③ 林则徐:《东西各洋越蹿外船严行惩办片》,《林则徐集·奏稿》中,中华书局 1985 年,第 649 页。
④ 琦善:《奏遵查林则徐在粤办理禁烟情形摺》,《筹办夷务始末·道光朝》二,中华书局 1964 年,第 615 页。
⑤ 林则徐:《致奕山·道光二十一年三月》,杨国桢编:《林则徐书简》增订本,第 174 页。
⑥ 姚莹:《康𬨎纪行》卷十六。

只是略知商务知识而已,而林则徐需要的译员则要具备政治、法律、历史、军事、科学技术等诸方面知识,而且对外国语的要求也很高。通过苦心访求,也仅得四名英语译员。① 因而,不得不请西洋人协助审定译文、翻译和介绍"夷情"资料。② 这些翻译人员与在具有洋学功底的基础上精通本国和外国文字的日本洋学家相比,自是不可同日而语。

从以上二人的知识源可以了解到渡边华山是在日本洋学界已有研究成果的基础之上进一步拓宽研究领域,提高研究水平,而林则徐的使命则是奠定中国近代西学的基础,显而易见,与渡边华山相比,林则徐的西学研究要困难得多。

其次,当时西洋对中日两国冲击的力度是大不相同的。日本虽然面临"北方之警"沙俄的威胁和英国的进逼,但是,终究没有发展到伯理扣关的阶段,渡边华山有充分的时间从理论上深入了解、研究西洋。换言之,西洋对日本的总攻击虽然已迫在眉睫,但终究还没有成为现实。因而,渡边华山的洋学研究是出于一种强烈的预感,其使命是警世,即向日本的统治者说明世界旷古以来巨大的变动和随这一变动而即将到来的民族危机,并提出"防其微而杜其渐"的对处原则。换言之,历史要求渡边华山以思想家的眼光来分析西洋社会进步的原因,从根本上为日本对付西洋的冲击寻求理性的出路,从而,产生了渡边华山以穷理观为核心的变迁理论。而在中国,根本就没有经历过渡边华山那样的预感阶段,来自英国咄咄逼人的攻势已然使中国陷于名副其实的深刻的民族危机。严酷的现实不容林则徐像渡边华山那样做书斋式的研究,而只能急起应战。林则徐一到广州便亲身感受到,以英国不法商人为首的鸦片走私贸易正使中国步步陷入亡国灭种的危险,同时也亲眼看到了船坚炮利的英国海军。出于直接应对这种民族危局的政治家的责任感,林则徐亟待解决的现实问题是如何摆脱眼前的危局,保国保种。总之,林则徐是为抵

---

① 参见林永:《论林则徐组织的迻译工作》,福建社会科学院历史所编:《林则徐与鸦片战争论文集》,福建人民出版社 1985 年。
② 林永俣:《论林则徐组织的迻译工作》。

抗侵略而被迫研究西洋的,这一点与渡边华山不同。渡边华山是通过洋学研究逐渐意识到即将到来的民族危机,而林则徐是危机到来之后才开始认识西洋。很明显,林则徐的西洋学是以直接抵御侵略为核心而成立的,因此,其内容除为制定外交策略所需要的知识外,学习西洋先进的军事技术就被至于首要位置。

5. 历史影响的不同

与上述差异相因果,他们所产生的历史影响也不尽相同。林则徐的影响不在于其研究水平的高低,而在于他奠定了中国近代西学研究的基础。如前所述,中国西学自明末清初以来即已发端,并留下了不少汉译的西洋书籍。不过这些书籍皆是西洋人所译,或经西洋传教士口译,再由中国热心于西学的知识人笔录而成。而由中国人自己翻译西洋书籍则是从林则徐开始的,这在中国西学史上是一个革命性的环节。明末清初时的早期西学因中国人不通西文,因而对于西洋知识的选择和吸收量的多寡完全是由西方传教士决定的,这便使得中国西学无法反映西洋世界的最新发展动向,而自林则徐西学始,跨越了这种局限。再有,通观前述林则徐组织的翻译事业,报刊自不必说,主要译书也皆为当时西洋最新出版的著作,这些译著书刊在相当时期内成为中国西学研究的基本资料。魏源的名著《海国图志》即是林则徐西学的延续和发展。1841 年林则徐遭贬在赴流放地伊犁途中巧遇魏源,遂将他在广州时收集、翻译的资料和《四洲志》原稿交与魏源,并托嘱魏源进一步搜寻、研究海外资料,以编撰《海国图志》。[①] 魏源自己也曾说:"海国图志六十卷,何所据? 一据前两广总督林尚书所译西夷之四洲志,再据历代史志及明以来岛志,及近日夷图、夷语。"[②]可见,《海国图志》所利用的最新资料主要是由林则徐提供的。不仅如此,林则徐的一些主张也被其后人继承下来。例如,

---

[①] 杨国桢:《林则徐传》,人民出版社 1981 年,第 348 页。
[②] 魏源:《海国图志·原叙》。

中国近代史上著名的"师夷之长技以制夷"的思想即是魏源从林则徐继承而来,并通过《海国图志》发展并传播的。林则徐的学生,早期维新思想家冯桂芬"以学问文章受之于文忠最深"①,并继承发展了林则徐"藏富于民"和"造炮御侮"的主张,明确提出了"求富求强"的口号。晚清官吏中直接继承林则徐遗志的莫过于左宗棠了,左以林则徐后继者自许,为完成林则徐未竟之事业,"今我复重来"②。洋务运动期间左宗棠在福州创立船政局,制造出西洋式蒸汽船,并在新疆实行屯垦以抵御沙俄,初步实现了林则徐的遗愿。也正因如此,甚至有人认为洋务派是林则徐的继承者,当然,这种说法还有待于研究。

林则徐的另一大历史功绩还在于他实为康熙禁教以来"开眼看世界的第一人"。他冲破了"天朝尽善尽美"的中华意识,魏源推崇《四洲志》等译书,是使世人"始知不披海图、海志,不知宇宙之大"③。如果追溯中国的历史就会发现,在承认中华民族落后的前提下而学习外国的发想是从林则徐开始的。从此之后,如何了解、学习西方就成为中国近代史上一个至关重要的命题,同时也是贯通中国近代史的一条主线。在中国近代蹒跚的步履中,自魏源开始,经早期改良派、洋务派到资本主义改良派的康梁变法,直至本世纪初期的新文化运动,无一例外地贯穿着学习西方的思想。从这个角度讲,如果又仅停留在将林则徐评价为抵抗外国侵略的民族英雄,势必会大大降低他在中国历史上应有的地位。

回溯渡边华山以前的日本洋学史,总体看来主要研究对象是西洋的近代科学,当然,掌握西方近代科学是日本进入近代社会的一个不可逾越的历史环节。然而,在封建幕藩体制下,近代科学技术是很难充分发挥其应有效率的。也正因如此,渡边华山开创了以洋学知识批判、并试图改造日本社会的新的研究领域,将日本的洋学研究推向了新的阶段。

---

① 冯桂芬:《显志堂集·吴序》,校邠庐刊光绪二年(1876)。
② 《左文襄公全集·联语》,第四函,光绪二十三年(1898)。
③ 魏源:《海国图志·后叙》。

与此同时，渡边华山"将近代社会轮廓明确地形象化了"①。再有，在渡边华山著作中首次利用的最新西文资料《志略》(1817)、《世界地理辞典》(1821—1826)、《学艺辞典》等，直至幕末始终是日本人研究西洋的主要知识源。② 可见，华山洋学代表着当时日本洋学研究的最新水平。他对西洋社会原理的研究虽然很难说有直接的继承人，但是，这种研究西洋的视点已经预示了至幕末维新时期洋学研究的发展方向。在一定意义上可以说，到福泽谕吉的文明论出现为止，渡边华山的西洋观始终居于高水平，从这个意义上讲，渡边华山的思想似乎已超前进入近代思想阶段。此外，华山思想对周围人们的影响也颇值得注意，如果说渡边华山在世时没能将自己的思想付诸实践的话，那么，其对外交涉原则和海防策略在很大程度上通过深受其影响的幕臣江川英龙得以实现。③ 首先是1842年幕府撤销了"异国船击退令"，继而，起用江川英龙推进军事改革，而江川的施策贯穿了渡边华山的海防构想。再对照一下幕末维新时期的日本社会，可以说渡边华山所期待的变革已逐渐成为现实。

　通过上述两相对照清晰地显现出，林则徐的西学还只停留在反侵略的本能反应，学习西方的重点也还仅限于军事技术和应用外交领域，远没有达到渡边华山那样深邃的西洋观。以华山洋学作为参考系便清楚地映照出中国近代西学的先天不足，"中体西用"论即是典型的反映。在这种理论指导下，至十九世纪末，中国学习西洋的范围基本上被限定在军事技术和产业技术领域，作为结果，中国人终于为此付出了惨重的代价。

---

① 佐藤昌介：《渡边华山的洋学研究与蛮社之狱》。
② 佐藤昌介：《洋学史的研究》，第184—194页。
③ 1839年3月江川英龙视察江户湾沿海后，计划在向幕藩进呈视察复命书时添加一些有关西洋情况的材料，并将此事托付给渡边华山。《初稿西洋事情书》《再稿西洋事情书》《外国事情书》《诸国建地草图》等，皆为此而作，对江川英龙产生了不小的影响。

四、两国西洋认知的逆转与结局

西学东渐对中日两国来说均是一次难得的历史契机。无论当时的人们是否意识到,它始终都在显示着深刻的历史意义,而且越是临近近代,表现得就愈加明显。不言而喻,如何迎接这次来自西方的挑战,是中日两国共同的重要历史课题。通过前几章的考察已经显示出,在16世纪中叶至19世纪中叶这一历史时期的不同阶段,中日两国对西方文化的反应各有不同。如果用曲线来表示其反应的变化,就会发现日本的起伏要比中国大得多。在这次与西方接触的第一阶段,日本人表现得盲目无序而又急躁。中国人却并非像人们经常谈论的那样,出于天朝上国意识而对西方文化不屑一顾,而是恰恰相反,对传教士显示了冷静而宽容的态度,尤其对西方科学的摄取采取了比日本更积极的姿态。然而,到了第二阶段,两国对西方文化的态度便出现逆转。而这一逆转恰恰发生在历史的紧要关头,从而成为两国近代走上不同道路的重要原因之一。

1. 禁教与求师

在第一阶段,中日两国吸收西方文化的目标是不同的:日本是宗教的,中国是世俗的;日本注重贸易利益,中国憧憬科学价值;日本可称天主教时代,而中国则是以吸收西方科学为主要对象的西学时代。虽然南蛮文化时代也曾有西方科学知识随传教活动被夹带进日本,但是,就其规模和对当时知识界的影响而言,是无法与当时的中国相比的。如前述德富苏峰语:"在当时日本的20万耶稣教信徒中,能够达到象李之藻翻译《西学凡》那样学力的人,一位也没有。"而且随着德川幕府严酷的禁教政策,包括科学技术在内的南蛮文化也倍受打击而冷却下来。

在第一阶段的中国,西学派士大夫和明末清初历代皇帝对以耶稣会传教士为主的传教活动以及与之俱来的西方科学文化,保持了冷静的态度。至1720年康熙因"礼仪之争"而禁止天主教,其间虽发生过南京教案和钦天监历案,但后来都予以平反。总的说来,传教士受到了公正的待遇。明末,徐光启等开明士大夫本着"一物不知,儒者之耻""法有可采,何论东西"的求知精神,对西方科学技术表现出浓厚的兴趣,并虚心就学于传教士,成为西学重镇。徐光启不但学习西方科学技术知识,而且通过细心揣摩,身体力行,察觉到西方科学以形式逻辑为指导的定理化方法,以《几何原本》为代表的演绎逻辑体系。这说明,当时的西学派已经开始在哲学和较为深层的方法论方面,接近西方科学思想的核心。

明末清初历代皇帝,也对传教士的正常传教活动采取了开明政策,同时通过传教士积极地摄取西方科学文化。康熙从实事求是的态度出发,始终将钦天监案限定在科学领域,更没有华夷之辨的民族偏见。正如阮元所说:"夫欧罗巴极西之小国也,若望小国之陪臣也。而其术诚验于天,即录而用之。我国家圣圣相传,用人行政,惟求其是,而不先设成心,即是一端,可以仰见如天之度量矣。"①康熙对历案的裁决确实充分显示了尊重科学的理智态度和泱泱大国应有的风度。在此后的 50 余年里,他对传教士显示了宽阔的胸怀,双方不仅相安无事,而且关系密切。据南怀仁自己记述:"皇帝(康熙)对我表示异乎寻常的好意,确如他自己说的那样,如同他信赖的密友一般,盼我不离开他的身旁。"②康熙甚至把停止迫害山东教徒的谕旨提前给耶稣会士徐日升看。③ 即使在禁教以后,精通天文历法的传教士戴进贤虽然经历了康熙、雍正、乾隆三朝不断的禁教风波,但他本人始终受到朝廷的重用。④ 当然,这时传入的西方科学技术并非系统的近代科学体系,而且其流传也还只限于士大夫阶层和清代宫廷,但它终究为中国带来了新的科学知识,防止了盲目自大意识的滋生。

---

① 阮元:《畴人传》,商务印书馆 1955 年,第 589 页。
② 南怀仁著、薛虹译:《鞑靼旅行记》,杜文凯编《清代西人见闻录》,中国人民大学出版社 1985 年,第 75 页。
③ 陈霞飞译:《张诚日记》,商务印书馆 1973 年,第 78 页。
④ 参阅李兰琴:《钦天监的又一位德籍监正——戴进贤》,许明龙主编《中西文化交流先驱》,东方出版社 1993 年。

在这一阶段传教士们带来的西方文化中，表现为正价值的是科学技术，而他们的宗教观念大体仍还停留在中世纪的阶段。由此，可得出这样的结论，即在与西方文化接触的第一阶段，中国做出了正确的判断和反应。日本禁教前后正是中国吸收西方科学的全盛期，西学派士大夫与传教士合作译介了大量的西方书籍，而这些书籍在日本却被列为禁书。尤其是与罗马教廷的文化狭隘性相比更充分显示了康熙的文化宽容。清廷在160年间一直任用传教士为钦天监监正，体现了名副其实的大国风范，而日本却没有这种勇气和度量。这说明当时中华民族对西方文化的反应能力大大超过了日本。

令人深思的是，这一时期中国吸收先进外来文化的主体正是作为儒家文化载体的士大夫阶层和中华帝国的最高统治者皇帝。一般认为，日本人对外来文化有着与生俱来的兴趣，而中国文化则"天生具有抵制外来文化的排异性"。这和先入为主的"定论"，经常影响着学者们在相关研究中的判断力，以致于形成这样一种印象，即日本民族是积极摄取外来文化的化身，而中国则是固步自封、顽固抵制外来文化尤其是西方文化的典型。然而，本书的考察，却提供了一个反证。南蛮文化时代昭示人们，外来文化并非都能顺利地在日本生根，它还要适应日本社会本身发展的要求，否则，即使暂时进入日本，最终也难逃厄运。相比之下，经常被人们批判的中国士大夫阶层，反而心胸开阔地接纳了域外夷狄的"奇技淫巧"。明清时代的西学输入为人们澄清了一个历史事实，即当时士大夫阶层中的有识之士，非但不像人们不加区别地形容的那样"冥顽不化"，而且如饥似渴地引入先进的西方科学，而且表现得十分谦虚。甚至高居九五之尊的顺治、康熙也将学有所长的传教士请进宫来作为"宫廷教师"。在这些历史事实面前，我们有什么理由不加区别地指责甚至揶揄我们的先人呢？

笔者以为，至少不能将此后特定历史环境中产生的畸形盲目自大意识说成是儒家文化必然的组成部分，这大概又是上述考察的一个意义所在。

2. 再兴与萎缩

郭沫若曾做过一个假设："中国文化在明末就已经与西欧文化接触，假如听其自然发展下去，三百年间，当然可以发展出一个东西来。"①周一良也认为："耶稣会士东来传教，同时带来了当时西方先进的算学、天文、地理等学问和工艺技术。如果这些学问不受阻碍继续传播，发扬光大，中国的历史面貌可能与今天大不相同。"②就当时情形而言，中国科学确有进入近代科学阶段的可能性。然而，遗憾的是，就在此时，发生了北京朝廷与罗马教廷之间的"礼仪之争"。对中国西学而言，此次事件可谓不祥之兆。

就在中国发生"礼仪之争"之际，日本幕府下令放宽了汉译西书进口的范围，而汉译西书恰恰是兰学兴起的一个重要契机。如前所述，在洋书缓禁之前，已有不少汉译西书流入日本。缓禁之后，诸如《崇祯历书》《西洋新法历书》《历算全书》《历象考成》《天经或问》等天文历算书籍源源流入日本。至《解体新书》出版前夕，仍有汉译西书输入。明和八年（1771）唐船输入书目总计18种，其中包括《天学初函》中的《西学凡》《泰西水法》《几何原本》《畸人十篇》等。③ 汉译西书的公开传布，大大刺激了日本人对西方科学的兴趣，为吸收西方文化打开了大门。在《解体新书》出版之前，日本人大多是靠这些汉译西书了解西方科学的。汉译西书为西洋科学在日本的普及提供了便利的条件。例如艾儒略的《职方外纪》便是兰学家了解西方世界地理学的必备书，《解体新书·凡例》称"斯书所直译文字，皆取汉人所译西洋诸国地名，而合诸和兰万国地图相参勘，集以译之，旁书倭训以便读者也"。④ 由于德川吉宗实行书籍缓禁政策，当年被驱逐的南蛮文化中的南蛮科学重新被请回日本。换言之，中国西

---

① 郭沫若：《中日文化的交流》，《沫若文集》第11卷，人民文学出版社1959年，第71页。
② 周一良：《中外文化交流史》，河南人民出版社1987年，第5页。
③ 参阅杉本孜：《江户时期兰语学的成立及其展开》Ⅳ，早稻田大学出版部1978年，第250页。
④ 杉本孜：《江户时期兰语学的成立及其展开》Ⅳ，第252页。

学为日本兰学的发展提供了知识上的储备。

在中国,西学反而因康熙的后继者雍正、乾隆对西方科学缺乏热情而急剧萎缩。1774年杉田玄白出版了象征兰学兴盛标志的《解体新书》。而就在这前一年的1773年,耶稣会被解散,致使中西文化交流也成无水之源。这两个年份所发生的上述事件是继1720年之后,为西学衰落和兰学兴起的又一个重要的阶段性标志,甚至可以说最终预示了中日两国近代的命运。

历史进入18世纪90年代。1792年,俄国使节拉克斯曼为要求通商而来到日本。幕府老中松平定信做出了积极的反应,亲自指派官吏广泛搜集洋书,以学习西方之"理",由此产生了民族危机感。再看1793年发生在中国的事件。英国政府为把中国纳入其世界贸易体系,派使团前来北京。7月,英使马嘎尔尼乘"狮子号"军舰于大沽登陆,9月在避暑山庄谒见了乾隆皇帝,献上洋枪和当对英国首号巨舰的模型,之后提出了关于通商的六项要求。对此,乾隆的答复是:"天朝抚有四海,万国来朝。尔国王惟当永矢恭顺……共享太平之福。"①可见,乾隆对英国的外交意图了无所知,英使递交的国书被看作是"贡表",而上述礼物则被称为"贡品"。在乾隆眼里,英国是同所有传统夷狄番邦同等的朝贡国,并没有察觉到第二轮西欧冲击已经开始。

在这次历史性考验面前,日中两国的反应形成了鲜明的对照。当然,其结果也是不言自明了。正如郁达夫曾经精辟地指出的那样:"生于忧患,死于逸乐,这话确是中日两国一盛一衰的病源脉案。"②

3. 紧迫的时代

对中国来说,更不幸的是上述逆转恰恰发生在世界历史发展的一个

---

① 《大清高宗皇帝实录》卷1453,第13—14页,《清高宗实录》第29册,台湾华文书局1963年,第21319页。
② 郁达夫:《日本的文化生活》,《宇宙风》第25期,1936年9月。

重要转折关头。如果说16、17世纪之交的科学史对人类文明发展的影响还没有充分显露出来的话,那么以后的历史就完全不同了。"17世纪下半叶,不仅科学史而且整个社会和文明的转折都变得明显了,这种变化接踵而来……现代文明正以明显的方式初见端倪。"①在17世纪中叶以来的欧洲,近代科学体系不断完善,进入发展的高峰期。

18世纪对中日两国来说是一个历史性的转折点。在这个时期,科学的意义比历史上任何时期都显得更加重要,因为在稍后的历史中它足以使一个民族征服另一个民族。随着这种文明的发展,"过去那种地方的和民族的自给自足和闭关自守状态,被各民族的各方面的互相往来和各方面的互相依赖代替了。物质的生产是如此,精神的生产也是如此。各民族的精神产品成了公共的财产。民族的片面性和局限性日益成为不可能,于是许多民族的和地方的文学(这句话中的文学Liteatur一词是指科学、艺术、哲学等方面的书面著作——原书注)形成了一种世界文学。"②这种"世界文学"促成了西方资本主义世界的恶性膨胀。在这种膨胀的驱使下,西方殖民者以极其野蛮、原始的方式将这种新文明滥用于对其他发展滞后民族的掠夺,全世界面临着严峻的挑战。它预示着各古老文明的历史光彩已成为过去,无论哪个民族,要想使自己不被历史抛弃,就要正视并积极采用这个新的文明。迎接这次挑战的成功与否将决定着非西方各民族的近代命运。既然地域性的传统文明已经难以为继,那就要看哪个民族,尤其是尚未被殖民地化的民族能抢先把握住这个机会,以接纳这种"世界文学"。

在论及兰学以前的日本科学时,日本学者认为:"近世以前,在日本文化中科学思想是极其稀薄而贫困的"③;就科学史而言,只有可称为日本最早的地理著作《风土记》和最早的现存医书《医心方》,除此之外,至

---

① 赫伯特·巴特菲尔德著、张丽萍等译:《近代科学的起源》,华夏出版社1988年,第159—160页。
② 《马克思恩格斯选集》第1卷,第225页。
③ 渡边敏夫:《近世日本天文学史》,恒星社厚生阁1986年,序言。

沙勿略抵达日本之前,都是空白①;"日本古来几乎没有称得上科学的东西,是兰学使日本人开始接触科学。"②日本通过近百年的兰学活动汲取了西方近代文明的新成果,兰学研究不仅使日本人及时地将欧洲科学革命以来的成果大体引入日本,而且还接触到西方近代理性的人文思想。同时,也了解了世界发展大势,生成了促使一个民族发展的危机意识,树立了面对现实的科学对外观。这一切使日本人省悟到,要继续健康地生存下去,就必须顺应时代的潮流。兰学成为江户时代日本人了解外部世界的中介,进而吸纳了马克思所讲的"世界文学",完成了至关紧要的历史性积累,在科学技术和观念上为明治维新后全面走向世界奠定了历史性基础。

中国西学恰恰在这个历史转折期走向衰落,失去了吸收西方近代文明的机会,以致于对西方文化的认识反而出现了倒退。本来在《明史·意大里亚传》③中是承认利玛窦所述五大洲之说的,虽然认为"其说荒渺莫考,然其国人充斥中土,则其地宜有之,信不诬也"。而乾隆年间编修的《清文献通考》则称:"至意大里亚人所称天下有五大洲,盖沿于战国邹衍裨海之说,第敢以中土为五洲之一,又名之曰亚细亚洲。而据其所称第五洲曰墨瓦蜡泥加洲者,乃以其臣墨瓦兰辗转经年忽得海峡,亘千余里,因首开此区,固名之曰墨瓦蜡泥加洲。夫以千余里之地,名之为一洲,而以中国数万里之地为一洲,以矛刺盾,妄谬不攻自破矣……彼所称五洲之说,语涉诞诳,则诸如此类,亦疑为剿说。"④阮元虽然承认汤若望"其术试验于天",但却判定哥白尼的学说是"离经叛道,不可为训"⑤。此时知

---

① 汤浅光朝著、张利华译:《科学文化史年表》,科学普及出版社1984年,第153页。《风土记》:公元713年,元明天皇诏令日本各地对地形、土质、物产等进行调查,各地将调查结果编成本地的《风土记》,现完整保存下来的只有《出云国风土记》。《医心方》:全书80卷,公元984年丹波康赖著。该书以中国隋代《病源候论》为主,并引用类集了隋唐医书80余种。
② 家永三郎:《检定不合格日本史》,三一书房1980年,第161页。
③ 《明史》开始修于顺治二年(1645),未成而止,康熙十八年(1679)再开史馆续修,乾隆四年(1739)刊行。
④ 《清朝文献通考》卷198《四裔考六》,商务印书馆1936年。
⑤ 阮元:《畴人传》,商务印书馆1955年,第610页。

识界对西方科学的态度,正如梁启超所言:"乾嘉学者视同邹衍谈天,目笑存之而已。"①

由于在这关键的历史时期缺乏对近代西洋文化的了解,致使中华民族学习先进文明的热情急剧冷却,对外部世界变得孤陋寡闻。乾嘉学派学术成果虽然令人惊叹,但是,它毕竟被限定在训诂考证的天地里,放弃了对现实社会的责任感。看来乾嘉学人是无法应付近代西方文明挑战的。这期间,不但中国科学远远落后于西方,而且几乎与所有西方事物绝缘。中国终于丧失了对外部世界的正确判断力和反应能力。鸦片战争期间虽有林则徐等开明官吏通过积极了解西洋而捍卫中华民族的尊严,但终因西学基础薄弱而归于失败。反观日本,兰学家们确实走到了时代的前面。他们在西方还没有以武力入侵远东的时代,主动、和平、从容地学习西方,为日本积累了近代文化。正如西方学者所说:"当我们谈到西方文明在近几代正在被传到像日本这样的东方国家时,是指17世纪后半期以来正在开始改变西方面貌的科学、思想方式以及所有文明工具。"②由此,日本在"资产阶级……迫使一切民族……如果它不想灭亡的话……采取资产阶级的生产方式"③的重大历史关头,后来居上,远远地走到了中国人的前面。而中国"到近代一醒来看时,资本主义的文化已经发展到最后的阶段,我们就竭力的追也追不上了"。④

4. 中日近代史的宿命

恩格斯在评价近代欧洲科学革命时说:"这是一次人类从来没有经历过的最伟大的、进步的变革。"⑤他又在论述18世纪欧洲自然科学时

---

① 梁启超:《中国近三百年学术史》,东方出版社1996年,第390—391页。
② 赫伯特·巴特菲尔德著、张丽萍等译:《近代科学的起源》,第159页。
③ 《马克思恩格斯选集》第1卷,第225页。
④ 郭沫若:《中日文化的交流》,《沫若文集》第11卷,第71页。
⑤ 《马克思恩格斯全集》第20卷,第361页。

精辟地指出:"科学和哲学结合的结果就是唯物主义、启蒙时代和法国的政治革命。"①我们看到,日本知识层自江户中期以来通过兰学研究,已经大体掌握了西方近代科学的新成果,并诱发出山片蟠桃以大宇宙理论为基础的唯物论和司马江汉的平等主义社会思想,乃至渡边华山的社会批判意识及社会变革思想。至幕末,面对列强压境的险境,主张闭关自守的儒学和盲目攘夷的国学都因其不合时宜而无能为力,历史证明了这些学问已无法使日本渡过民族危机。唯独洋学系学者们审时度势,提出了打开国门学习西方而变革日本社会的激进思想,最终通过明治维新使日本走上了发展资本主义的道路。至此,日本完整地经历了上述恩格斯描绘的历史逻辑发展的历程。

更值得注意的是,在这个历史过程中,并非只有少数兰学先觉者勉为呼号,他们的先进思想还通过人数众多的中间层,即兰学塾塾生们传递给日本社会的最基层。如前所述,至幕末,仅据有案可查的各兰学塾名簿粗略统计,这些塾生就达9000余人(附表)。如果再加上幕府其他洋学机构和诸藩校的洋学科培养的学生,在幕末接受过洋学教育的人数至少当在万人以上。兰学人才不仅人数众多,而且如前所述,自杉田玄白时代以来,就已经形成了一个普及兰学的网络。兰学通过兰学家之间跨地区的交流和兰学教育活动,广泛地辐射到日本各地,至幕末这种趋势更趋明显。

著名兰学塾一览表②

序号	创办者	地点	塾名	创立时间	塾生数
1	西 玄甫	长崎江户		1673	6

---

① 《马克思恩格斯全集》第1卷,第666—667页。
② 青木岁幸:《信浓兰学的展开状况》,载《实学史研究》Ⅰ,思文阁1984年,第138—139页。另可对照青木岁幸:《在村兰学的研究》,思文阁1998年,第70—71页。此表与第三章"主要兰学塾塾生分布表"统计的人数稍有出入,其中芝兰堂、象先堂、适塾塾生数字,应以第三章表为准。表中所列蕃书调所、江户医学所为幕府洋学设施、大野洋学馆为大野藩所设。又表中福泽谕吉的庆应义塾始称兰学所,1868年改称庆应义塾。

续表

序号	创办者	地点	塾名	创立时间	塾生数
2	杉田玄白	江户	天真楼	1757	104
3	大槻玄泽	江户	芝兰堂	1786	94
4	江马门	大垣	格物堂	1795	331
5	稻村三伯	京都下总		1802	136
6	土生玄硕	江户艺州	迎翠堂	1822	206
7	小石门	京都	究理堂	1801	566
8	小森玄良	京都	素诊馆	1802	381
9	吉雄幸载	长崎	青襄堂	1813	17
10	西保尔德	长崎	鸣泷塾	1824	111
11	伊东玄朴	江户	象先堂	1828	406
12	伊藤圭介	名古屋	洋学堂	1820	10
13	坪井信道	江户	安怀堂日习堂	1829 1832	272
14	箕作阮甫	江户		1834	19
15	川本幸民	江户摄州	静修堂	1835	344
16	绪方洪庵	大阪	适适斋	1838	637
17	佐藤泰然	江户佐仓	顺天堂	1838	575
18	广濑元恭	京都	时习堂	1847	356
19	大村益次郎	京都	鸠居堂	1856	161
20	松本顺	江户长崎	学习舍	1857	304
21	福泽谕吉	江户	庆应义塾	1858	1108
22	蕃书调所	江户		1861	89
23	江户医学所	江户		1867	59
24	伊良子道牛	近江		1697	232
25	吉田长淑	江户	兰馨堂	1812	153
26	青木周弼	荻	好生馆	1840	81
27	绪方郁藏	大阪	独笑轩		84

续 表

序号	创办者	地点	塾名	创立时间	塾生数
28	大野洋学馆	越前		1856	38
29	华冈　门	纪伊大阪	春林轩 合水堂	1786	1883
30	江川坦庵	江户菲山		1842	77
31	佐久间象山	江户松代			9
32	佐久间象山	江户松代		1849	452
33	高岛秋帆	长崎江户			
34	饭沼欲斋	大垣	饭沼塾	1781	22
合计					9323

　　再从洋学成果看,第四章所列举的译述者人数及各类译述书籍数量,在当时欧美以外的国家中,足以令人瞠目,兰学的发展已经铸就了一个以兰学为专门职业的社会群体。由此也可窥见,明治维新初期大规模吸收西方文化的运动,绝非日本灵族一时的心血来潮,明治政府"求知识于世界"的口号正是兰学百余年积累、发展的自然结果。如果说明治时代是日本近代化的起飞阶段,那么,江户兰学就是为其起飞预设的跑道。如果能正视这种因果传承,那么对日本近代的"飞跃"就不会觉得神秘莫测了。

　　在中国,由于早期西学的先天不足,使得林则徐开创的近代西学的发展十分缓慢。即使在鸦片战争中"亡羊"之后,中国人仍不思"补牢"。魏源《海国图志》的命运即是明证。魏源于1842年编成《海国图志》50卷,1852年增至100卷,全书约90万字,并附地图75幅。书中介绍了五大州几十个国家的历史地理和西方先进的科学技术,尤其是关于战舰、火器的生产技术。该书还总结了鸦片战争的经验教训及海防战略,提出了著名的"师夷之长技以制夷"的战略思想,斥责了顽固派反对师夷的论调。这是中国人自己编纂的第一部关于世界知识和海防战略的百科全书,也是医治当时清廷病痛的一剂良药。只可惜魏源太少,能够认识《海国图志》价值的人,也寥寥可数。在此期间,还有梁廷枏撰《英吉利国记》(1844)和《海国四说》(1846)、徐继畬著《瀛寰志略》(1848),介绍英美情况,然而,在当时的中国,更是知之者无几。时至1879年,王韬与日本人谈及魏源时仍然慨叹:"师夷一说,实倡先声,惜昔日言之而不为,今日为之而犹徒袭皮毛也。"①

然而,该书百卷本出版当年的1852年即传入日本,且广遇知音。据统计仅日本开国之初的1854—1856年间出版的《海国图志》选译本就达21种②。《海国图志》不仅为幕末洋学注入了新的养分,而且激发了日本一代志士。对于这一现象,似乎只能做出如下解释,即日本由于具有较为深厚的洋学基础,因而能立即认识到该书的价值。当时,日本儒学家盐谷宕阴(1809—1867)在《翻刻海国图志》序言中曾写到:"呜呼,忠智之士,忧国著书,不为其君所用,反落他邦,吾不独为默深(魏源的字)悲,而更为清主悲。"《海国图志》在中日两国的不同命运,再一次证明了中日两国西洋学基础差异所带来的历史影响。

于是便出现了前述1862年福泽谕吉与唐学埙对谈中500∶11的桥段。唐氏所举数字虽然不尽准确,但两国在这个领域的巨大差距确实存在。其时,近代西学已由新教传教士传入中国,而且传教士伟烈亚力、傅兰雅与中国数学家李善兰、华蘅芳合作开始翻译西方科学书籍。然而,其翻译过程仍然是由传教士口授,中国人笔述的形式。显而易见,此时的中国西学,与日本江户时代兰学家独立自主地运用西方语言研究西方科学的兰学,实不可同日而语。

鸦片战争之后中国虽然出现了不少与洋人打交道的"通事",但这些人与他们的日本同行难以相提并论。冯桂芬曾对这些通事做过评价:

---

① 王韬:《扶桑游记》四月初二,钟叔河编:《走向世界丛书》第一辑第三册,岳麓书社1985年,第413页。
② 有关《海国图志》对日本的影响,参阅王晓秋:《近代中日启示录》,北京出版社1987年,第24—37页;汪向荣:《中国的近代化与日本》,湖南人民出版社1987年,第150—155页。

有交涉不得不寄耳目于所谓通事者,而其人遂为洋务之大害。上海通事甚多,获利甚厚,遂于士农工商之外,别成一业。广州宁波人居多,其人不外两种,一为无业商贾,凡市井中游间跅弛,不齿乡里,无复转移执事之路者,以学习通事为逋逃。一为义学生徒,英法两国设立义学广招贫苦童稚,与以衣食而教督之市儿村竖,流品甚杂,不特易于濡染洋泾习气,更出无业商贾之下。此两种人者,声色货利之外,不知其他。惟藉洋人势力,狐假虎威,欺压平民,蔑视官长,以求其所欲。①

可见,这些通事非"无业商贾"即"市儿村竖"。显然,这样的通事是无法为中国近代西学提供有用的西方知识的。针对这种状况,冯桂芬提出:

夫通习西语西文……势所不能少,与其使市井无赖能之,不若使读书明理之人能之。前总理衙门文,新设同文馆……聘西人教习诸国语言文字,与汉教习相辅而行。此举最为善法,行之既久,能之者必多……然后得西人之要领。②

然而,大学士倭仁仍在反对科举正途人员入同文馆,并反对同文馆以洋人为师。鲁迅曾不无遗憾地描述了清末一般中国人对西方文化的态度:"那时读书应试是正路,所谓学洋务,社会上便以为是一种走投无路的人……更加倍地奚落而且排斥的。"③当时人们对西方事物的这种鄙夷态度,造成了清末一般文人政客闭目塞听。

由上述可知,日本依靠洋学积累起来的西方知识和对世界发展大势的了解,在伯理叩关民族兴衰的紧要关头顺应历史发展方向,迅速选择了开国的道路。进而实现了明治维新,终于走上发展资本主义的道路,较早地摆脱了沦为殖民地的厄运。相反,中国在这一历史时期积累起来

---

① 冯桂芬:《显志堂稿》卷十,校邠庐刊,光绪二年。
② 冯桂芬:《显志堂稿》卷十。
③ 鲁迅:《呐喊》,人民出版社1973年,第2页。

的,是对外部世界的麻木和对西方社会发展的无知。而且,这种麻木与无知又延宕了相当长的一段时期。之所以出现这种现象,一个很重要的原因就是,鸦片战争以来西方文化是伴随着武力征服以强制方式进入中国的,这自然要引起中国人民对西方文化的憎恶感。正如有学者指出的:"中国的西化之所以不顺利不彻底,其中最特殊的一种原因就是西方文化传入的时机与方式。西方文化是随着武力上的胜利以强迫的方式输入的。这对中国的西化或现代化来说,实在是很大的不幸。因为这样一方面使得中国惊惧仓惶不知所措,一方面使中国在羞辱之余,对西方文化产生反感与憎恨;这种不正常的心理一直难以消除。"①这种情结使得中国人学习西方先进文明变得愈加困难。

日本通过百年兰学阶段,对西方文化是在和平的交往中逐渐适应的,因而没有形成中国人那样的心理负担。日本在面临伯理叩关时虽曾一度混乱,不过那只是暂短的选择迟疑,随即便兴起了学习西方的浪潮。而对中国来说,西学萎缩以致中断之后,便针对西方文明形成一座高高的天然堤坝,阻绝了与西方文化的沟通。而鸦片战争之后西方文明的涌入,对中国人来说如同洪峰决口,人们在慌乱中无所措手足,不可避免地造成巨大灾难。相比之下,伯理叩关对日本人而言,只能算作一次浪潮来袭。换言之,西方文化是经过延绵百余年的涓涓细流而渗入日本的,而对中国来说,积蓄了百余年的巨流是一次倾泻而下。由此看来,面对西方殖民者的挑战,中国人之所以反应迟缓,应是历史之使然。在某种意义上可以说,鸦片战争的屈辱不仅仅是近代中国落后的开始,也是此前无视西方文化的结果。正所谓"事所必至、理有固然"。冯友兰先生曾追究中国人究竟是"能之而不为"还是"为之而不能",笔者认为答案应是:西学衰落时期,是"能之而不为";而到鸦片战争失败以后,在相当一段时间里则是"为之而不能"了。

在上述背景下,曾为世界文明增添无数文化硕果的中国,不得不为

---

① 孙广德:《晚清传统与西化的争论》,台湾商务印书馆1982年,第8页。

追赶由自己奠立的文明而付出数倍的艰辛、努力和无以数计的惨痛代价。中国近代西学的发展显得步履蹒跚,至19世纪末,学习西洋的范围仍被限定在军事技术和产业技术领域。作为其结果,甲午战争中,清朝舰队不可谓不强,结果却是中方惨败。至此,中国人才终于明白仅效法西洋的皮毛是无补于事的,好不容易才导出了要求更大规模学习西方资本主义的百日维新。由林则徐创始的近代西学发展到康有为、梁启超的变法运动,竟然蹒跚了近60年,且又旋即失败。不得不承认,中国早期西学的先天不足,决定性地延宕了中国近代化的进程,成为近代中国落后的一个关键性症结。

五、中日早期西学差异成因论析

中国日本史学界在有关中日近代化比较研究中,对诸如政治、经济、思想文化等诸多领域做了大量考察,并取得了相当的成果。中日两国近代走上了不同的道路,固然有许多历史原因,但两国近代前夕西学和兰学发展水平的差异及由此而产生的历史影响应该是极其重要的,甚至是起决定性作用的因素之一。诚然,日本学者的兰学研究成绩斐然,中国学者的西学研究也颇具规模。然而,如果在两相比照中重新审视这段历史,就会发现在西学和兰学的分别研究中难以显露的问题点。诸如:他们在载体、内容、规模上的差异等,而廓清形成这些差异的原因更是在分别研究中难以显现的盲点。本书将对上述问题展开论述,以求拓宽西学和兰学的研究领域,并进而得出一些新的认识。

1. 西学与兰学的差异

本章第一节和第四节对中日两国早期西学状况及其历史影响做了比照,并提出从吸收外来文化角度看,第一阶段的日本是不成功的,而中国则成功地接受了来自西方文明的挑战;然而,在第二阶段,中日两国的西学状况以及对西方文化的态度却出现了相互逆转,而这个逆转对中日两国的近代化进程产生了至关重要的历史影响。通过本书相关章节的探讨,可以发现,中国西学与兰学在社会普及程度和内容上存在着明显的差异。就普及程度而论,西学流传大体囿于明末部分当政士大夫和清代宫廷,民间虽有方以智、王锡阐等讲求西学者,但毋宁说是凤毛麟角。综观中国西学的传入媒介,只是通过少数具有科学素养的传教士。除利玛窦时代之外,这些传教士的科学活动基本上被限定在钦天监和皇宫大内,很少能与民间科学家交流,俨然被封闭于象牙之塔,从而失去了向社会辐射的功能。在日本,长崎的荷兰商馆作为对外窗口虽然不大,但吞吐量却不小,对兰学的发展起到了至关重要的作用。幕府通过这个窗口可以直接购入荷兰语书籍,并以《荷兰风说书》的形式了解西方乃至世界的动态。民间兰学家也可以利用荷兰商馆人员到江户参见将军的机会,直接请教荷兰人,并通过这些荷兰人购买荷兰语书籍。此外,各地兰学家和有志于兰学者还可以游学长崎,诸如前野良泽、大槻玄泽、司马江汉等著名兰学家都曾亲赴长崎求学。尤其是西保尔德的鸣泷塾,使日本人可以直接跟随西方人学习西方科学,更加深了对西方科学的理解。上述多种渠道使兰学不断得到较充分的滋养,为兰学在民间普及创造了良好的社会条件。

　　再从西学和兰学的内容上看,西学还处于西方中世纪科学和科学革命进行之中的阶段,而且西学家的兴趣主要集中在天文历算领域,并表现为明显的实用主义倾向。兰学则已经属于西方近代科学阶段,而且涉及广泛的科学领域,明显地显示了纯学术的特征,发展成为江户时代三大学问之一,并逐渐生成了社会批判意识。简而言之,中国西学可称为实用经世型,而兰学则是学术思想型。当然在日本也同样存在着经世兰学家,但整体而言不占主流。之所以形成这种差异,西方科学革命的历史进程和西学、兰学所处的不同历史阶段应是最直接的原因,这似乎已无须赘述。

　　以下,还想从科举制与身分制、上层西学的局限、语言工具的作用等三个方面探讨形成上述差异的历史原因。

2. 科举制与长子继承制

中外学界对科举制度多有论说,且褒贬各异。笔者无意对科举制度进行总体评价,但就西学发展而言,科举制度的影响应是负面的,它的存在决定性地限制了西学的普及。

先节录一段利玛窦的议论:

> 在这里每个人都很清楚,凡有希望在哲学领域成名的(指通过科举考试做官)没有人会愿意费劲去钻研数学或医学。结果是几乎没有人献身于研究数学和医学,除非由于家务或才力平庸的阻挠而不能致力于那些被认为是更高级的研究。钻研数学和医学并不受人尊敬,因为它们不象哲学(指儒学)研究那样受到荣誉的鼓励……这一点从人们学习道德哲学深感兴趣,就可以很容易看到。在这一领域被提升到更高学位的人,都很自豪他实际上已达到了中国人幸福的顶峰。①

这段议论确实切中要害。自从唐代科举制度定型以来,科场及第便成为一般读书人进入仕途、尽享荣华、耀祖光宗的唯一途径。宋真宗的《劝学诗》可谓劝"士"良言:

> 富家不用买良田,书中自有千钟粟。安居不用架高堂,书中自有黄金屋。
>
> 出门莫恨无人随,书中车马多如簇。娶妻莫恨无良媒,书中自有颜如玉。

在中国的封建社会,是否能取得功名及社会地位的高低成为衡量一个人成功与否的唯一标志。即使是希望实现自己政治主张的仁人志士,也只有闯过这道关卡才有可能施展自己的抱负。普天之下无论是有志于治国平天下的君子,还是窥伺财富的贪婪小人,都可以通过科举及第

---

① 何高济等译:《利玛窦中国札记》,中华书局1983年,第34页。

而达到相应的目的。在科举制度的引导下,对没有功名的人来说,研习西学实在是太"奢侈"了,因而很少有人在这个没有收获的领域里投资。看一下明末西学派们的社会地位便可一目了然。西学大家徐光启为文渊阁大学士兼礼部尚书,李之藻官拜光禄少卿,杨廷筠为京兆尹,王徵任山东佥事,且都取得进士功名。可见,西学派的主力都是功成名就的在朝士大夫,而布衣之士则属罕见。看来,科举制度确实是阻塞了社会向西学输送人才的途径。

日本江户时代不设科举是幸运的,而且作为批判对象的士农工商等级制度和长子继承制度,反而为兰学的成长提供了人才资源。

德川幕府为保持作为其统治基础的武士阶层的稳定性,在规定四民制度的同时,还实行武士阶层的长子继承制,继承的内容包括武士身份及与其相应的俸禄。幕府通过这种制度,用以防止因武士家产的分割继承而使武士阶层贫弱化,以致于动摇幕府的统治基础。有些"百姓"甚至工商阶层,也实行长子继承制。在四民等级制度和长子继承制度下,不仅武士以外的等级被排斥在仕途之外,即使是出生于武士家族,如果不是长子也没有继承武士身份及相应俸禄的资格,他们必须自谋生路。①

另一方面,被剥夺继承权的武士后裔虽然没有进入仕途或继承家业的资格,但同时他们也无需为获取这种资格而耗费精力。在某种程度上说,非长子的武士子弟们的人生选择是相对自由的,他们无需掌握作为武士所必备的儒学修养和其他技能,因而也摆脱了身份上的束缚。这些被排斥在仕途和家业继承之外的人们,在人生设计上有更广阔的选择余地,而研习兰学便成为他们立身出世的路径之一。据笔者粗略查阅,著名兰学家中,明确为非长子的有:杉田玄白(三子)、高野长英(三子)、吉田长淑(三子)、小关三英(次子)、稲村三伯(三子)、本多利明(次子)、帆

---

① 关于日本近世的长子继承制可参阅李卓:《家族制度与日本近代化》第二章,天津人民出版社1997年。

足万里(三子)、福泽谕吉(三子)等。

兰学是从医学领域开始的。在兰学家中,不少人仗靠他们掌握的西方医术开设诊疗所,将兰学知识转化为他们的生存手段。此外,幕府设立兰学研究机构的目的虽然在于垄断兰学,但实际上,兰学家们利用幕府提供的资金可购入大量各类荷兰书籍,从而扩大了兰学研究的领域。更重要的是幕府对兰学的认可,又开通了一条入仕的渠道,客观上鼓励了民间研习兰学的热情。此外,在全日本200多所藩校中,有77所藩校开设了天文、地理、化学、物理、数学等兰学课程。[①] 藩校所设兰学课程一方面使更多的日本人能够学到西方科学,另一方面,由于需要大量兰学教师,也为兰学家提供了生活来源,进一步刺激了人们研习兰学的积极性。"兰癖大名"对兰学家的需求也是吸引人们从事兰学研究的重要原因之一。聚集在渡边华山周围的高野长英、小关三英、幡崎鼎等著名兰学家服务于田原藩可为典型事例。甚至作为幕府通缉犯的高野长英,居然受聘于宇和岛藩主伊达宗成,并为鹿儿岛藩主岛津齐彬翻译荷兰书籍。总而言之,学习兰学是当时前景不错的选择,于是民间兰学教育应运而生。在民间,以江户、大坂、京都、长崎为光源,形成了辐射日本各地的民间兰学塾。大批兰学塾的兴起,说明兰学已被纳入社会的教育系统,成为普及兰学的重要而稳固的社会基础。正是由于这种良性循环,使兰学不断发展,形成了与儒学、国学并驾齐驱的三大学问之一。

由于严格的长子继承制及四民等级制度关闭了许多人进入最高统治集团的大门,所以兰学家们才可以安心从事"形而下"的科学研究,使兰学逐渐成为一种专门职业。兰学家们特定的社会地位,使他们成为以科学研究为目的的专职科学家,并形成一个较有影响的社会阶层。而在中国,科举制度几乎将所有知识人尽摄囊中,中国的知识人除非功成名就,是很难下决心加入研究"形而下之技艺末节"的西学行列的。由于科

---

① 参阅笠井助治:《近世藩校的综合研究》,吉川弘文馆1982年,第274—279页。

举制度的存在，决定性地制约了中国社会为西学提供人才的机制，中国最终没有形成日本那样规模化的西学群体。

3. 士大夫西学与民间兰学

从西学派优越的社会地位以及皇帝的支持而言，西学的内容和历史影响本应超过兰学，然而，历史发展的结果却恰恰相反。明末西学实际上是将传教士作为修改历法的工具，而清初的顺治也没能使传教士在其他科学领域有所作为。康熙除个人研习西学和利用传教士绘制《皇舆全览图》而增强了其西方地理学方面的影响外，也没有进一步挖掘传教士们在其他科学技术领域的潜力。

明末西学派与耶稣会士们通力合作，为引入西方科学，在编制历法和翻译西书方面作出了不小的贡献。虽然这些成果与日本兰学时代相比，还有很大的差距，但从当时中国历史看，毕竟是前所未有的事业，而且显示出明确的经世致用的态度。但是，如果变换一个角度看，上述西学派的大部分精力耗费在修订历法的工作中，这是他们采纳西学的主要目标。当完成《崇祯历书》而达到预期目标时，他们便失去了学习的方向。又由于中国西学缺乏人才基础，随着徐光启等西学中坚人物的相继去世，西学失去了有力的支撑者，呈现出后继无人的状况。清代前期，虽有顺治、康熙任用传教士掌管钦天监，但是，明末那样的规模不大的西学小群体也已不复存在。支撑西学的主要因素变为传教士在钦天监内的孤军作战和康熙皇帝对西方科学的个人兴趣。换言之，西学基本上被局限于宫廷及钦天监之内。同时，对西方科学技术书籍的翻译也几乎停滞，西学规模已远不及明末。

入清以后西学转入宫廷，皇帝成为西学存在的唯一支撑，从而皇帝的态度便成为左右西学命运的主要因素。不可否认，顺治、尤其是康熙确属中国历史上并不多见的尊重科学的帝王，也正因为如此，他们替代了明末西学派，使西学在中国历史上又延续了百余年。虽然清代西学的影响已经比不上明末，但毕竟反映出他们实事求是的科学态度。不过，另一方面也不能否认,在很大程度上,康熙对西学的推崇是建立在个人爱好基础之上的。康熙虽然"几暇格物",对西学显示了极其浓厚的兴趣,但从未想到过将西学推向社会,更没有想过扶植一个由中国人组成的西学队伍,反而将所有掌握科学技能的传教士搜罗到宫廷,在客观上阻断了西学向社会的辐射。相对明末西学而言,清代宫廷西学明显退步了。

本来,明末西学产生于内忧外患的时代,是与社会需求紧密相连的。然而,进入清代以后可以说已经基本上渡过了明末的危机,而到康乾时期,又形成了中国历史上典型的辉煌盛世。由此,大大减弱了西学与"富国之术"之间的联系。康熙对西方科学的爱好也自然不能与明末西学派们出于社会责任感的激情同日而语。康熙组织测绘的《皇舆全览图》取得了很高的科学成就,虽然不能断定它的诞生仅仅是出于康熙的偏好,但是完成之后,却一直秘藏在宫廷之中,除少数特权阶层外,一般人士无从得见。乾隆朝迭次印行的《大清一统舆图》(1744、1756、1761),民间亦不易见。直到同治二年(1863),胡林翼、严树森根据内府秘藏,刊行《大清一统舆图》,才算把清初测绘的成果,辗转公布于世①,但距最初成图的1718年已时隔145年了。清代西学完全依赖于皇帝的爱好,一旦皇帝丧失了对科学的兴趣,西学便失去了存在的基础。康熙去世后,雍、乾两代对西学已是不闻不问。1760年,蒋友仁向乾隆进献《坤舆全图》,其中讲述了哥白尼的学说,而乾隆却将其视作珍奇玩物深藏宫中。此时,西学已陷入奄奄一息的境地,及至1773年耶稣会被解散,西学之源终于枯竭。

在日本,民间兰学家没有对幕府负责的义务,因而他们的研究是自由的。又由于从事兰学已经成为一种专门职业,兰学的职业化,也对兰学的发展起到了至关重要的推动作用。首先,他们可以有足够的时间按部就班地学习荷兰语和专心研习西方科学。其次,由于兰学家的职业专一性,不仅使兰学具备了稳定的人才基础,而且使兰学获得了以科学研

---

① 参阅陈正祥:《中国地图学史》,商务印书馆香港分馆1979年,第43页。

究为方向而独立发展的可能性,兰学在相当程度上可以说是一种近乎于纯科学的活动。随着兰学研究领域的不断拓宽,终于出现了社会批判意识,这是近代科学发展的一种普遍趋势。

而在中国,明末西学派的主要目标是经世致用,更具体的目标则是修订历法。换言之,他们的着眼点在于实际应用,而在科学理论研究方面则显得薄弱。又由于在朝当政,他们也不可能像兰学家那样以全部精力去学习外国人的语言、做兰学家那样书斋式的学问。综观西学内容,若从纯科学的角度看,还仅仅是一些比较零星的科学知识。虽然徐光启曾有"法""义"之论[1],但是,终究没有形成更系统的科学方法论。总之,西学没有形成比较体系化的科学基础理论。

相比之下,兰学在医学、天文、物理、化学等主要学科都出现了系统介绍基础理论的译著和著作[2]。当然,也应该看到,兰学的内容除医学之外仍停留在书本知识阶段,没有出现中国利用西方科学制订《崇祯历书》和测量绘制《皇舆全览图》那样大规模的应用活动。但另一方面,兰学通过近百年的科学研究活动,加深了对西方科学内涵以至社会原理的体系性理解,并形成了一个独立从事西方科学研究的社会群体。兰学通过漫长的积累,为幕末大规模洋学社会实践奠定了比较稳定而广泛的科学基础和人才基础。而西学,由于缺乏独立自主的发展机制,因而一旦失去依托便难以为续。

4. 自主翻译与笔受移译

日本自南蛮时代就有不少南蛮通辞(葡萄牙语翻译人员),至荷兰商馆开设以后又有荷兰通辞。幕府还逐步确立了稳定而规范的通辞制度并培养荷兰通辞,使日本人掌握了自主了解西方事物的有力工具。日本

---

[1] 徐光启发现了西方数学中的推理、演绎等逻辑思维的优势,认为西方科学不但可以言"法"(方法),而且可以立"义"(原理),而重视"义"正是中国传统科学所缺乏的思维方式。
[2] 如:大槻玄泽的《重订解体新书》、绪方洪庵的《病学通论》、志筑忠雄的《历象新书》、帆足万里的《穷理通》、宇田川榕庵撰《舍密开宗》等等。

的第一代兰学家大多是殖荷兰通辞学习荷兰语的,而且像本木良永、志筑忠雄等兰学大家本身就是荷兰通辞出身。由于兰学家们掌握了语言工具,因而大都是自己独立研习兰学。不仅如此,他们在对西方文化的取舍上,也表现出明显的独立性。兰学家们获得荷兰语图书不是依赖荷兰人的随意供给,而是根据自己的需要进行选择订购。日译兰书从选定书目到具体翻译也都是日本人自主进行的。这种自主性使兰学家们可以根据自己的判断,建立自主的兰学研究体系,而无需受荷兰人的制约。总之,日本兰学是在不依赖外国人的情况下,独自开拓研究领域的,而这种独立自主性使兰学得以长期稳步发展并不断得到普及。

在中国,当时的西学家们从来就没有想到过要学习西文,语言工具成为传教士们的专利,这就在客观上限定了翻译西方书籍的范围和成书方式。当时,除由传教士独立翻译外,一般的译书过程是,由传教士负责口译原书,再经西学家"笔受"并加工润色而成。这种翻译方式决定了西学无法脱离对传教士的依赖,在很大程度上丧失了摄取西方科学的主动权。徐光启曾两次向传教士提出译书请求。第一次是在完成《几何原本》前六卷的翻译之后,"徐保禄(徐光启的教名)还要继续(翻译)欧氏的其余部分(《几何原本》后九卷),但利玛窦神父认为就适合他们的目的而言有这六卷就已经足够了"。① 利玛窦的态度使徐光启留下了"续成大业,未知何日,未知何人"②的遗憾。直到250年后的19世纪60年代才由李善兰"续成大业",完成了《几何原本》后九卷的翻译工作。第二次是请求熊三拔传西洋水法,但是,熊三拔认为水利之事为支艺末节,"唯唯者久之……而顾有怍色"。经徐光启一再解释,并讲了"备物致用,立成器以为天下利,莫大乎圣人"的道理,熊三拔才勉强应允,而且要求徐光启在《泰西水法》付梓时,说明该书成立之经过。③ 由这两个事例也可以窥见,独立性的丧失使西学派们处于十分被动的地位。由于西学派不懂

---

① 何高济等译:《利玛窦中国札记》,第517—518页。
② 《题几何原本再校本》,王重民辑校:《徐光启集》,上海古籍出版社1984年,第79页。
③ 《泰西水法序》,王重民辑校:《徐光启集》,第67页。

西文,只能被动地听凭传教士们的判断和选择。而传教士则可以轻而易举地决定中国西学的内容和规模,这种状况从根本上限制了西学的发展。由于对传教士的过分依赖,一旦这个传播媒介发生问题,中国西学也就成了无源之水,渐趋枯竭。

从具备科学知识的水准看,来华耶稣会士的阵容并不比在日本的荷兰人弱。如著名来华传教士邓玉函、汤若望、罗雅谷三人都是意大利最著名的科学社团灵采研究院的成员[1];而艾儒略则毕业于著名的帕多瓦大学;再如庞迪我、金尼阁、熊三拔、阳玛诺、穆尼阁,特别是南怀仁以及其后作为历代钦天监监正的耶稣会士们,都证明了他们在天文历法领域的造诣。而且传教士与西学家们的接触也比荷兰商馆人员与日本人的接触更紧密。然而,传教士的身份规定了他们的主要任务是传播天主教,而介绍西方科学技术只不过是一种迂回手段,他们须臾不忘宣扬他们的信仰。结果是,虽然西学家们主要目标在于摄取西方的科学技术,但是,从全部汉译西书的比例看,宗教类却占去了很大比重。据统计,16、17世纪传教士于科学技术方面的中文著述和译述约有120种[2]。又一说,从利玛窦来华,到耶稣会解散的190年间,耶稣会传教士在中国译著西方书籍凡437种,其中纯宗教书籍251种,占57%;自然科学书籍131种,占总数的30%;人文科学书籍55种,占总数的13%[3]。

如果参照日本的情况,便可以形成明显的对照。由于幕府的禁教政策,在整个兰学时代,天主教类书籍几近于无。而在科学领域,仅据幕末穗亭主人以医学译述为主要对象的不完全统计,自延享(1744—1747)年间至1852年的百余年间,译述西书即达480种,译述者达115人,且全部是日本人(参阅本章第一节之3文中注释)。此外,尚有世界史地类书籍

---

[1] 方豪:《中国天主教史人物传》上,中华书局1988年,第221、216、217页。
[2] 参阅侯外庐主编:《中国思想通史》第4卷,人民出版社1960年,第1254页。
[3] 钱存训:《近世译书对中国现代化的影响》,《文献》1986年第2期。关于明末清初之西书,还可参阅王韬:《泰西著述考》,载《西学十二种》四,云南武备学堂藏书;梁启超:《西学书目表》,光绪23年;朱谦之:《中国哲学对于欧洲的影响》,福建人民出版社1983年等。

三百余种①,三宅友信所藏兵书 219 册等。上述统计可充分比照出中国西学中科技类译述的微不足道。

在中国西学史上,还有更令笔者不忍言及的一段公案。1620 年,金尼阁等耶稣会士将在欧洲募集到的 7000 余部西文书籍携来中国,据金尼阁称:

> 余迄今所获者,无论就数量言,就学术门类之繁多言,就装潢之富丽言,在耶稣会中尚无足以与此颉颃者……以学科之门类言,除吾人图书馆所习有之人文类、哲学类、神学类、教义类及其他名著外,余所搜医学、法学、音乐类书,亦复甚多,而今日所已发明之数学书,则可谓应有尽有。②

据学者们考证,这些图书运到澳门已无可疑,但是,有多少进入中国内地,尚无定说。方豪认为:"七千部书运往北京也费了一大番气力,最初数年只能暂存澳门;此后是分批逐渐带进。"③另据魏特《汤若望传》载,1644 年清军入关时,汤若望的教堂中约有 3000 卷欧洲书籍。有学者推测:"虽然这 3000 卷并不一定尽属 7000 部之内,恐怕大多数会是的。"④杨廷筠曾踌躇满志地表示:"所称六科经籍,约略七千余部,业已航海而来,具在可译……假我十年,集同志数十手,众共成之。"⑤然而,杨廷筠的宏愿只不过是一厢情愿的空想。当时,在学问领域有造旨的传教士都在忙于《崇祯历书》的编纂工作,无暇顾及杨廷筠设想的翻译事业,更何况传教士们已经在纷纷抱怨科学活动挤掉了他们传布福音的时间。传教士罗雅谷抱怨说:"孜孜测验弗休,日月七政等书,次等翻译成帙,盖旦夕拮据,喘息非宁。阅二年,如一日,未遑他务也。既而追惟八万里东来本

---

① 开国百年纪念文化事业会编:《锁国时代日本人的海外知识——世界地理·西洋史文献解题》,原书房 1980 年。
② 《方豪文录》,北平上智编译馆 1948 年,第 5 页。
③ 方豪:《中国天主教史人物传》上,第 182 页。
④ 樊洪业:《耶稣会士与中国科学》,中国人民大学出版社 1992 年,第 48 页。
⑤ 杨廷筠:《刻西学凡序》,徐宗泽:《明清间耶稣会士译著提要》,中华书局 1989 年,第 292 页。

意,所图何事?治历与治人孰急,明时与明道又孰急,然而膺有成命,罔敢懈弛,用是两念横衷,未决者久之。"①

入清以后,这 7000 部西书的去向如石沉大海,无从考稽。直到本世纪 30 年代整理北平北堂时才有几百册重见天日,而哥白尼的《天体运行论》(北堂藏书号 1385)和开普勒的《哥白尼天文学概要》(北堂藏书号 1897)俱在其中②。然而,时隔 300 年,它们已经失去了在科学上的价值,充其量也只能充作珍贵的历史资料而已。

以下,比照一下日本的兰学时代。由于日本与荷兰之间的交往主要是贸易关系,兰学家们要得到兰书就需要自己出资,即使如此,他们还是争相购求。加之"兰癖大名"们对荷兰书籍的嗜好,致使其身价倍增。杉田玄白即因《解体新书》原本价格昂贵,以至于无力购买而不得不请求家老冈新左卫门资助。③ 再如,据田原藩三宅友信所藏兰书之兵书目录记载:"总计二百十九册三图面,总价金百七十八两三分一朱银四匁六分余。"④可见,在当时的日本,荷兰书籍毋宁说是一种紧俏奢侈品。也正因为如此,兰学家们在选择兰书时非常谨慎,利用率也很高。相比之下,在中国,传教士们拱手相送的 7000 部西洋书籍却如"泥牛入海"。试想,如果当时中国的西学具有日本兰学那样的规模,西学家也能够阅读、翻译这些书籍,那么西学的发展至少不应该落后于日本。就能否掌握外语而言,当时西学派们的小小失误便造成西学的极大局限,也引发了后来中国历史学家们无限的遗憾。方豪曾感慨万分地袒露过这种心情:

> 孰知三百年前……入华天学图书,竟有万部之富耶?使其时果能一一迻译,则影响于我国文化,岂易言哉……然译事之成败,实一重要关键。七千部之淹没不彰,又不仅教会蒙受损失而已,我国科

---

① 罗雅谷:《哀矜行诠自叙》,徐宗泽:《明清间耶稣会士译著提要》,第 73 页。
② 郑文光、席泽宗:《中国历史上的宇宙理论》,人民出版社 1976 年,第 167 页。
③ 杉田玄白著、绪方富雄校注:《兰学事始》,岩波书店 1992 年,第 30 页。
④ 赠从四位三宅友信公自笔:《兰书目录・兵书之部》,早稻田大学图书馆藏本。

408

学之进步,亦为之延迟二三百年,此语或非过当。①

当然,历史是不能假设的,但是,西学派不去学习外国语,至少是丢掉了这次历史赐予中国的良机。中国西学不如日本兰学影响之大,"译事之成败,实一重要关键",而译事之未成又在于西学家们没能掌握外国语这一最基本的工具。

(本章第一节原载李卓、高宁主编:《日本文化研究》,中国社会科学出版社1998年;第二节原载《历史教学》2004年第7期;第三节原载《书屋》2007年第4期;第四节原载《西学东渐与中日两国的对应——中日西学比较研究》;第五节原载《武藏大学综合研究所纪要》No.16,2007年6月)

---

① 《方豪文录》,第13页。

附　中日早期西学史对照年表

年代	中国	日本
1517	葡萄牙来广州要求贸易	
1518	葡萄牙人占据屯门岛	
1523	新会县西草湾事件	
1543		葡萄牙人漂流到种子岛（铁炮传来）
1547		沙勿略于马六甲遇日本人野次郎，决定来日本传教
1549		沙勿略于鹿儿岛登陆
1550		沙勿略初到山口，遭到冷遇
1551		沙勿略再赴山口，大内义隆准许传教
1552	沙勿略来上川岛，未能进入中国内地病死该岛◇明朝武力收回屯门岛	
1553	葡萄牙人入据澳门	阿尔梅达于平户传教并行医
1555		传教士于府内建育儿院
1556		大友宗麟邀传教士设立救济院
1557	葡萄牙人在澳门私设官衙，建造城垣	耶稣会在府内开设第一所医院
1560		将军义辉准许传教
1561		耶稣会于府内开设初级教会学校
1562	耶稣会在澳门建立教堂	
1565	耶稣会士贝勒兹进入中国内地的尝试失败	
1568		大村纯忠于长崎建立教堂
1569	传教士在澳门设立医院	织田信长向弗罗伊斯发放传教许可证
1573	范礼安受命为远东巡察使	室町幕府灭亡

续　表

年代	中国	日本
1576	教皇谕旨建立澳门教区	
1577	范礼安抵达澳门	罗德里格斯来日
1579	罗明坚抵达澳门	范礼安初来日本,1581年离日
1580		耶稣会于有马开设神学校
1581		织田信长接见范礼安◇耶稣会在府内创办神学院
1582	利玛窦抵达澳门、罗明坚来肇夫	丰臣秀吉继承织田信长霸业◇天正遣欧使节团出发
1583	利玛窦来华定居◇耶稣会士桑彻斯提出以武力向中国传教,利玛窦等在华耶稣会士坚决反对	弗罗伊斯著《日欧文化比较》
1584	罗明坚《天主圣教实录》于广州刻印◇王泮刻印《山海舆地图》	
1585		丰臣秀吉平定四国
1586		范礼安编写《日本教理问答》
1587		丰臣秀吉平定九州◇发布"驱逐传教士令"
1588	罗明坚为请求教皇派使节来华返回欧洲	
1590		范礼安二度来日,1592年离日◇摩莱拉用观象仪测定西日本纬度
1594		耶稣会士高迈斯编成《哲学神学提要》用于传教
1595	利玛窦改着儒服◇利玛窦《天学实义》《交友论》《西国记法》等在南昌刻印	
1596		圣·菲利浦号漂流日本◇26圣人殉教事件
1597	利玛窦任耶稣会中国教区长◇龙华民来华	

续　表

年代	中国	日本
1598		丰臣秀吉病殁◇范礼安三度来日，1603 年离日
1600		德川家康接见三浦按针
1601	利玛窦向万历皇帝献贡表、贡物，定居北京	
1602	李之藻刻《坤舆万国全图》	荷兰、英国来平户居住并开展贸易
1603	徐光启受洗入天主教◇利玛窦《天主实义》刻印	德川家康江户开府◇深田正室完成日本人自己绘制的第一幅世界地图
1604	天主教中国教区脱离澳门管辖	罗德里格斯编纂《日本大文典》
1605	利玛窦撰成《西字奇迹》，用拉丁字母为汉字注音	天主教徒达 75 万人◇耶稣会士斯比诺拉在京都开设格雷学院
1606	熊三拔来华	林罗山与巴毗庵争论"地圆说"
1607	利玛窦《几何原本》前六卷、《浑盖通宪图说》刻印	
1608	利玛窦《畸人十篇》《测量法义》《勾股义》刻印	
1609	利玛窦《辨学遗牍》刻印	荷兰于平户开设商馆
1610	李之藻受洗入教◇利玛窦卒于北京◇金尼阁来华	
1611	杨廷筠受洗入教◇熊三拔撰说、徐光启记，《简平仪说》刻印	
1612	熊三拔撰说、徐光启笔记，编成《泰西水法》	支仓使团赴欧◇德川幕府开始禁教，毁京都的教堂
1613	艾儒略来华	英国在日设立商馆◇全日本禁教，驱逐传教士和教徒
1614	利玛窦《同文算指》《圆容较义》刻印◇熊三拔口授、周子愚等笔记《表度说》刻印	高山右近等 48 名天主教徒被驱逐出日本

续 表

年代	中国	日本
1615	利玛窦《基督教远征中国史》(即中译《利玛窦中国札记》)于德国出版◇阳玛诺撰《天问略》	幕府制定公家诸法度等
1616	沈㴶发动南京教案	中国船只以外的外国船只被限定在长崎和平户两港停泊
1618	徐光启受命操演军兵	德川幕府发布禁教令◇池田好运著《元和航海记》
1619		山本玄仙著《万外集要》
1620	金尼阁二次来华,携来西书7000余部◇熊三拔卒于澳门	长崎拆毁天主教堂和教会医院
1621	叶向高出任首辅,沈㴶被革职,南京教案平息◇徐光启上《台铳事宜疏》提出请耶稣会士协助造铳◇邓玉函来华	禁止日本人乘坐外国船只
1622	汤若望来华◇望远镜传入中国	元和大殉教
1623	艾儒略增译杨廷筠汇记《职方外纪》成书、艾儒略答述《西学凡》刻印	英国关闭在日商馆
1624	罗雅谷来华◇荷兰占领台湾	与西班牙断绝往来
1625	于西安发现"大秦景教流行中国碑"	
1626	金尼阁等《西儒耳目资》、汤若望译《远镜说》、龙华民《地震解》等刻印	强化对天主教的镇压,"踏绘"制度化
1627	邓玉函口授、王征译绘《奇器图说》刻印	
1628	李之藻编辑之《天学初函》在杭州刻印◇傅汛际译义、李之藻达辞《寰有诠》刻印◇金尼阁卒于杭州	在长崎处死天主教徒
1629	徐光启奉旨监修历法、设立西洋历局,龙华民、邓玉函入历局	
1630	召汤若望、罗雅谷入历局◇罗雅谷《比例规解》刻印◇邓玉函卒于北京	宽永禁书32种

413

续 表

年代	中国	日本
1631	傅汎际译义、李之藻达辞《名理探》刻印	深田正室制成《万国舆图》
1633	方济各会传教士利安当批判中国礼仪	幕府禁止在海外居住5年以上的日本人回国◇泽野忠庵弃教◇荷兰商馆馆长赴江户参见将军制度化
1634	《崇祯历书》完成◇中国自制第一架望远镜	出岛建设开工
1635		幕府禁止日本人出海◇幕府修改武家诸法度◇参觐交代制度化
1636	汤若望为明朝铸造大炮	出岛建成◇驱逐葡日混血儿
1637	艾儒略著《西方问答》	岛原天草天主教起义爆发
1638	罗雅谷卒于北京	荷兰参与镇压岛原天草起义,起义失败
1639	徐昌治辑《圣朝破邪集》刊行	德川幕府规定"禁止葡萄牙人来航,违者,破其船、斩其员"◇中国商船被限定在长崎,荷兰商船被限定在平户
1640		葡萄牙使节请求重开贸易,幕府处死使节一行61人并烧毁其船只
1641		荷兰商馆移至长崎,荷兰风说书制度开始
1643	邓玉函译述、毕拱辰润定《泰西人身说概》刻印◇多明我会传教士范玉黎就中国礼仪提出17个问题◇卫匡国来华	
1644	明清嬗代◇汤若望任钦天监监正	
1645	教皇英诺森十世于1645年发布通谕,禁止中国信徒祭孔、祭祖	
1647		葡萄牙使节来日请求重开贸易,遭幕府拒绝
1649	艾儒略卒于福州	

续　表

年代	中国	日本
1650	顺治皇帝钦赐天三堂"钦崇天道"匾额	泽野忠庵卒
1654	卫匡国代表耶稣会到达罗马申辩中国礼仪问题◇龙华民卒于北京	向井元升译述《红毛流外科秘要》
1656	教皇亚力山大七甘准许奉行中国礼仪	向井元升、西吉兵卫译述《乾坤辩说》◇西吉兵卫任大通辞
1657	吴明烜奏报汤若望治历有误	
1658	汤若望官至一品光禄大夫	
1659	南怀仁来华	
1660	杨光先弹劾《时宪历》"依西洋新法"字样是"暗窃正朔"	
1661	顺治皇帝崩,辅政鳌拜掌管朝政◇卫匡国卒于杭州	岚山甫安随荷兰奇馆医生学习兰方外科
1663	杨光先作《不得已》	
1664	杨光先控告传教士潜谋造反、邪说惑众、历法荒谬◇利类思作《不得已辩》	
1665	拟处汤若望凌迟,南怀仁、安文思、利类思判杖一百,驱逐出境	岚山甫安取得荷兰商馆馆长和荷兰商馆医生联名签发的"医学传习证明书"
1666	汤若望卒于北京	
1668	康熙命耶稣会士和杨光先两派到午门测验日影	西玄甫取得荷兰商馆馆长和荷兰商馆医生联名签发的"医术传习证明书"
1669	南怀仁为钦天监监副◇罗马教皇克勒门九世答复在华传教士,根据具体情形,1645和1656年有关中国礼仪问题的两个通谕都有效。	西吉兵卫开设西医诊所,是为西流鼻祖
1670	中国天主教徒达27万人	岚山甫安于京都开设兰方外科诊所◇西玄甫于江户开设南蛮流外科诊所

续 表

年代	中国	日本
1675	康熙巡视北京天主堂,并赐"敬天"二字	
1679		名古屋玄医著《医方问余》,提倡古医方
1684		幕府设立"天文方"
1687	白晋、张诚来华	
1688	南怀仁卒于北京,闵明我任钦天监监正◇法国派遣之白晋、张诚等耶稣会士抵达北京	
1689	张诚、徐日升参加尼布楚条约谈判	
1690		肯贝尔到日本
1691		肯贝尔随荷兰商馆馆长到江户
1692	康熙上谕准许传教	楢林镇山辞大通辞职,专意研究兰方外科
1693	广州主教颜珰发布七条禁令	吉永升庵著《阿兰陀外科正传》
1695		西川如见著《华夷通商考》
1696		泽野忠庵著《阿兰陀外科指南》刊行
1697		宫崎安贞著《农业全书》刊行
1704	教皇克勒门十一世严禁中国教徒祭祖、祭孔	
1705	教皇使节多罗来华,坚持反对中国礼仪,被康熙驱逐出境	
1706	开始实行领票传教制度	楢林镇山摘译《红夷外科宗传》
1707	张诚卒于北京◇华籍教徒樊守义随传教士访欧	
1708	《皇舆全览图》测绘工作开始	西多蒂秘密来日,被捕

续 表

年代	中国	日本
1709		新井白石审讯西多蒂◇贝原益轩著《大和本草》刊行
1711	庞嘉宾任钦天监监正	
1712		正德禁书16种
1713	开始编纂《律历渊源》	新井白石著《采览异言》
1714	《律吕正义》成书	
1715	东印度公司在粤设商馆◇郎士宁来华	新井白石著《西洋纪闻》
1716	戴进贤来华	德川吉宗继任八代幕府将军，实行享保改革
1717	康熙首次下令禁教◇戴进贤任钦天监监正	德川吉宗废除隔帘接见荷兰商馆馆长的惯例
1718	《皇舆全览图》完成	
1719		稻生若水著《庶物类纂》
1720	教皇使节嘉乐来华，康熙谕旨"以后不必西洋人在中国传教，禁止可也，免得多事"◇樊守义回到北京	德川幕府发布汉译洋书输入弛禁令
1721	《数理精蕴》成书	
1722	雍正即位◇《历象考成》成书	
1723	《律历渊源》（包括《律吕正义》《数理精蕴》《历象考成》）刊印完毕	
1725		德川吉宗引进国外药品
1726	中俄恰克图谈判，耶稣会士宋君荣等任中方翻译	
1730	白晋卒于北京	西川正修训点《天经或问》刊行
1736		邀请一名能制作历法的荷兰人来日本
1737	耶稣会士郎世宁恳请乾隆宽恕天主教，乾隆朱批"天主教非邪教可比，不必禁止"	

续 表

年代	中国	日本
1738		丹羽正伯增补《庶物类纂》1054卷完成◇吉益东洞提倡"古医方"◇幕府命荷兰商馆馆长进献荷兰天文书籍
1740		德川吉宗派青木昆阳、野吕元丈学荷兰语
1742		青木昆阳著《荷兰货币考》
1743		东溟胜美著《荷兰事略志》
1744	蒋友仁来华	
1746	戴进贤卒于北京◇刘松龄任钦天监监正	青木昆阳著《荷兰文字略考》◇山胁东洋著《外科秘要》
1747	耶稣会士郎世宁、王致诚参加圆明园设计	
1754		山胁东洋进行人体解剖◇幕府废除《贞享历》,采用《宝历历》
1757	限定外贸于广州	
1759		山胁东洋著《藏志》
1760	蒋友仁进呈《坤舆全图》,详述日心说	输入荷兰摩电机一台
1763		平贺源内著《物类品骘》
1765		杉田玄白、中川淳庵等访问来江户的荷兰商馆馆长◇后藤梨春著《红毛谈》
1767		田沼意次任老中
1769		绫部正庵首倡"地动说"
1770		前野良泽赴长崎随荷兰通辞吉雄耕牛等学习荷兰语
1771		杉田玄白、前野良泽等亲临解剖尸体现场,核对《解体新书》图谱

续 表

年代	中国	日本
1772		田沼意次采纳平贺源内建议,输入各种西洋器物
1773	教皇取缔耶稣会	前野良泽再赴长崎,将搜集到的荷兰辞书、医书、算书等带回江户◇《解体约图》刊行
1774	蒋友仁卒于北京◇傅作霖任钦天监监正	《解体新书》刊行◇本木良永译著《天地二球用法》◇西村远里著《万国梦物语》
1775	在华耶稣会停止活动	三浦梅园著《玄语》
1777		前野良泽著《管蠡秘言》◇肯贝尔著《日本志》德文版刊行
1778		大槻玄泽随杉田玄白修习兰学
1779		宇田川玄随随桂川甫周修习兰学
1780		大槻玄泽著《六物新志》
1781	高慎思任钦天监监正	本木良永译《阿兰陀海镜书》
1882		志筑忠雄著《万国管窥》
1783		工藤平助著《赤虾夷风说考》◇前野良泽译《鲁西亚本纪》
1785	天主教遣使会接管在华耶稣会的工作	大槻玄泽游学长崎
1786		大槻玄泽在江户开设芝兰堂◇林子平著《三国通览图说》刊行
1787		松平定信任老中
1788		大槻玄泽著《兰学阶梯》刊行
1789		朽木昌纲著《泰西舆地图说》刊行◇麻田刚立《西洋历法考》
1791		林子平著《海国兵谈》刊行◇志筑忠雄完成《混沌分判图说》

续 表

年代	中国	日本
1792		俄国使节护送漂流民大黑屋光太夫一行来日本◇宇田川玄随翻译刊行《西说内科撰要》◇《海国兵谈》《三国通览图说》被毁版
1793	英使马嘎尔尼来华谒见乾隆皇帝	松平定信著《宇下人言》,辞老中职务◇本木良永译《新制天地二球用法记》
1794		大槻玄泽、宇田川玄随、杉田玄白、前野良泽等兰学家被许可出入荷兰人在江户住所◇桂川甫周著《北槎闻略》
1795		芝兰堂集会(荷兰正月)◇司马江汉著《和兰天说》◇本多利明著《经世秘策》
1796		稻村三伯等编《波留麻和解》
1798		大槻玄泽完成《重订解体新书》◇本多利明撰《西域物语》
1799		宇田川玄随完成《泰西眼科全书》
1801		小石元俊开设究理堂◇志筑忠雄译成《锁国论》
1802		桂川甫周完成《显微镜使用法》
1803		大槻玄干赴长崎就学于志筑忠雄◇山村才助著《订正增译采览异言》
1804		高桥景保任"天文方"◇俄国使节雷扎诺夫来长崎送还漂流民
1805		华冈青州使用自制的全身麻醉剂,施行乳瘤手术成功,是为世界史上第一次全身麻醉手术◇司马江汉著《和兰通舶》刊行◇杉田玄白以医术精湛谒见将军

续表

年代	中国	日本
1806		山村才助著《鲁西亚国志》◇吉田长淑著《兰药镜原》
1807	第一位新教传教士马礼逊(英)来华	大槻玄泽等著《环海异闻》
1808		佐藤信渊完成《西洋列国史略》
1809		司马江汉著《刻白尔天文图解》
1810		高桥景保《新订万国全图》刊行
1811		在天文方设"番书和解御用",大槻玄泽等主持《厚生新编》翻译工作◇大槻玄泽拜谒将家齐◇司马江汉著《春波楼笔记》
1812		吉田长淑开设兰馨堂
1813		宇田川玄真受命为蕃书调所御用挂
1814	马礼逊编成《华英字典》◇中国第一个新教徒蔡高由马礼逊施洗入教	
1815	马礼逊编《华英字典》六卷开始陆续出版	杉田玄白著《兰学事始》刊行◇杉田立卿完成《眼科新书》
1816	梁发成为第一位华籍新教传教士	司马江汉著《天地理谭》◇大槻玄泽著《兰译梯航》◇大槻玄干著《兰学凡》
1817		马场贞由译《泰西时规图说》◇大槻玄泽著《兰畹摘芳》
1818	英华书院在马六甲开设	大槻玄泽、宇田川玄真建议幕府订购西洋新药
1820		山片蟠桃著《梦之代》
1821		伊能忠敬完成《大日本沿海实测地图》
1822		宇田川榕庵著《菩多尼诃经》、宇田川玄随完成《增补重订内科撰要》

续 表

年代	中国	日本
1823	马礼逊《华英字典》六卷出齐◇《神天圣书》(第一部中译本《圣经》)出版◇袁德辉入英华书院读书	西保尔德来日
1824		西保尔德开设鸣泷塾
1825		幕府发布"异国船驱逐令"◇青地林宗译《气海观澜》
1826		大槻玄泽《重订解体新书》刊行◇西保尔德来江户结识桂川甫周、高桥景保等著名兰学家
1828		西保尔德事件
1829	第一位美国传教士裨治文来华	西保尔德被驱逐出境◇高桥景保狱死
1832		渡边华山受命为田原藩家老兼海防挂◇国友藤兵卫制作天体望远镜◇高野长英翻译出版《西说医原枢要》
1833	传教士郭实腊在广州创办《东西洋考每月统计传》,翌年迁往新加坡	水户藩招幡崎鼎翻译枪炮、造船书籍◇凑长安为天文台译员◇伊东玄朴于江户开设象先堂
1834	马礼逊卒于广州◇美国传教医师伯驾来华	小关三英为天文台译员
1835	伯驾于广州创立眼科医局	国友藤兵卫开始观测太阳黑子◇宇田川榕庵著《植学启原》刊行
1836		帆足万里撰成《穷理通》◇高野长英著《救荒二物考》
1837		摩里逊号来日本送还漂流民并要求通商◇土生玄硕再度成为侍医◇小关三英《拿破仑传》、宇田川榕庵《舍密开宗》刊行◇
1838	裨治文撰《美理哥国志略》于新加坡出版◇林则徐受命钦差大臣赴广东查禁鸦片	渡边华山、高野长英分别撰《慎机论》《梦物语》◇绪方洪庵于大坂开设适适斋

续 表

年代	中国	日本
1839	林则徐命人摘译《澳门新闻纸》、翻译《四洲志》等◇马礼逊学堂于澳门开学	蛮社之狱兴,渡边华山、高野长英被捕,小关三英自杀
1840	鸦片战争爆发◇林则徐被革职	幕府禁止《荷兰凤说书》外传◇高野长英著《蛮社遭厄小记》
1841		高岛秋帆训练洋枪队◇"天文方"开始翻译兵书
1842	清朝被迫签订《南京条约》◇魏源编著《海国图志》50卷	幕府准许高岛秋帆自由教授西洋炮术、撤销"异国舩驱逐令"
1843	英华书院迁至香港	天文台译员翻译《海上炮术全书》
1844	梁廷枏撰成《粤道贡国说》《耶稣教难入中国说》	幕府仿西洋改革兵制,编成枪炮队
1845	梁廷枏撰成《英吉利国记》	高野长英脱狱
1846	梁廷枏《海国四说》刊印◇容闳等赴美国留学	大同安开设西洋炮术专门学塾
1847		佐藤信渊完成《水陆战法录》◇川本幸民完成《气海观澜广义》
1848	徐继畬著《瀛寰志略》	幕府公许操练欧式枪队及实弹演习
1849	合信著《天文略论》出版	箕作阮甫译《水蒸船说略》◇绪方洪庵著《病学通论》刊行
1850	美国传教士丁韪良来华	佐贺藩建造反射炉◇福井藩采用荷兰炮术◇胜海舟于设兰学塾,专授西洋兵法◇《海国图志》流入日本
1851	合信《全体新论》(解剖书)出版	松下淳校订林子平的《海国兵谈》出版
1852	《海国图志》增为100卷◇传教士蒙克利编《算法全书》在香港出版	穗亭主人编著《西洋学家译述目录》
1853	伟烈亚力编《数学启蒙》出版	伯理来浦贺递交国书◇萨摩藩建成反射炉

423

续　表

年代	中国	日本
1854		"日美和亲条约"签订,下田、箱馆开港◇《海国图志》流入日本民间
1855	合信《博物新编》出版	幕府设立洋学所◇幕府邀请佩尔斯等来日本开办海军讲习所◇萨摩藩制造日本第一艘蒸汽船
1856	慕维廉编《大英国志》出版	洋学所改称"蕃书调所",开设各门新学课程并翻译各国报纸
1857	伟烈亚力和李善兰合译《续几何原本》(后九卷)、合信著《西医略论》出版◇伟烈亚力主编《六合丛谈》创刊	幕府邀请鲍姆培开办医学讲习班◇萨摩藩建成"集成馆"◇幕府订购的咸临丸到长崎
1858	伟烈亚力口译、王韬笔述《重学浅说》、合信撰《内科新说》出版	幕府于长崎开设英语传习所◇福泽谕吉开设兰学塾
1859	郭嵩涛奏请开设外语学校◇洪仁玕提出《资政新篇》◇李善兰与西人合译之《代数学》《重学》《谈天》《植物学》等出版。	西保尔德再次来日
1860	被迫签订《北京条约》◇美国传教士林乐知来华	咸临丸护送遣美使节出发◇蕃书调所内设"笔记方"专门从事外国报纸翻译
1861	设立总理各国事务衙门◇冯桂芬著《校邠庐抗议》◇英国传教士傅兰雅来华	幕府于长崎建立日本第一所西式近代医院◇幕府聘用西保尔德为外交顾问、解除对建造大船和购入外国船只的限制、于横滨创立英学校◇加藤弘之撰《邻草》
1862	开办京师同文馆	蕃书调所改称"洋学调所"◇榎本武扬等赴荷兰留学
1863	创办上海同文馆	"洋书调所"改称"开成所"◇萨英战争
1864	广州同文馆开馆◇丁韪良译《万国公法》出版	横滨开办法语专科学校◇萨摩藩创办藩立开成所◇岸田银次郎等在横滨创《新闻志》◇幕府于横须贺建造船所

续 表

年代	中国	日本
1865	开办江南制造局◇丁韪良在北京设立崇实馆,后改为崇实中学	西周、津田真道留学荷兰归国◇开成所刊行《万国公法》◇津田真道译《西洋各国盛衰强弱表》
1866	同文馆学生三人奉命随总税务司赫德赴欧洲考察◇创办福州船政学堂◇	幕府允许日本人出国修学、贸易◇福泽谕吉著《西洋事情》刊行◇津田真道译《泰西国法论》
1867	张盛藻上奏反对科举正途人员入同文馆,大学士倭仁附和,并反对以洋人为师	萨摩藩建成日本第一家纺织厂鹿儿岛纺绩所◇福泽谕吉等赴美为幕府购置军舰、兵器、书籍等◇王政复古
1868	江南制造局订购英文书籍150余种◇江南制造局正式开办翻译局,是为中国第一所官办译书机构,傅兰雅受聘入局	戊辰战争爆发◇福泽谕吉开设庆应义塾◇发布"五条誓文"◇开成所改称开成学校◇加藤弘之撰《立宪政体论》◇神田孝平译《和兰政典》◇西周助译《万国公法》刊行

(该表原载《西学东渐与中日两国的对应——中日西学比较研究》)

第十章 日本文化散议

一、战后日本文化论流变

80年代以来,我国学者对日本文化论的介绍不在少数,然而对战后日本文化论系统的评述似不多见。笔者认为,战后日本文化论的焦点,主要聚集在文化社会学领域。① 战后以来对日本社会文化的评价,与战后日本社会经济发展相对应,可以梳理出脉络清晰的四个阶段,即日本文化否定论、文化相对主义论、日本文化肯定论、对日本文化特殊论的否定。本文试就上述流变作一粗略的素描。

1. 日本文化否定论和文化相对主义

日本人大概永远也不会忘记麦克阿瑟对战败当时日本人的评价,即"日本人的精神年龄只有12岁"②。在战后初期处于"虚脱"状态的日本人对欧美人的看法发生了180度的急转弯,欧美国家从战时的"鬼魅"一

---

① 有关文化社会学的概念,可参阅司马云杰:《文化社会学》,山东人民出版社1987年,第一章中有关论述。
② 青木保:《日本文化论的变容》,中央公论社1990年,第150页。本文对该书多有参考。

变为"先进的楷模"。由此,日本又一次在"脱亚入欧"的支配下,开始"第二次开国",即以欧美为榜样,重新开始现代化的进程。战后初期的"日本文化论"就是在这种社会气氛下展开的。

社会学家川岛武宜把批判的锋芒指向作为日本社会基本单位的"家族",成为这一时期"日本家族论"的代表。川岛认为:"日本社会是由家族以及家族的结合而构成的,而在日本居统治地位的家族原理是与民主主义原理相对立的。正是这个家族原理,至今仍是妨碍我们的社会生活民主化的强大的阻力,不否定它,我们就不能达成民主化。"[1]根据川岛的研究,日本的"家族原理"有三个主要特征,即权威的统治和对权威的无条件服从;禁止所有自主性批判和反省的社会枷锁;通过亲子式结合起来的家族气氛和对外界的敌对意识。川岛称此为"非近代的家族原理",并认为只有否定这种非近代的原理才能够实现日本的民主化。

川岛的观点在今天看来似乎有过激之嫌,但在战后初期的历史时点上,毋宁说是日本知识界,尤其是社会科学界的一种"常识"。战后初期日本社会科学界普遍认为,日本面临的最大历史课题就是建立民主主义,因而必须铲除前近代的、封建的社会遗制,创造出合理的社会。与此相关联,必须彻底否定日本文化中的特殊性。在这个时期颇引人注目的是对日本社会的否定和批判来自两个方向,即马克思主义的社会形态变革理论和"近代化论"。依照马克思主义的社会形态阶段理论,当时的日本社会被定位在资产阶级革命以前的封建末期阶段。大冢久雄就认为:日本资本主义的发展与西方有很大的区别,日本缺乏达成资本主义的内在的精神,从而产生了封建因素和近代因素相互缠绕的现象,结果导致了法西斯主义的统治。[2]而"近代化论"则将西欧业已完成的近代合理主义作为评价日本社会的尺度,将日本社会看作是"非合理主义社会",即市民社会和民主主义尚未发达的前近代社会。

---

[1] 川岛武宜:《日本社会的家族式构成》,岩波书店1983年(初版1948年),第15页。
[2] 参阅大冢久雄:《近代资本主义的特质》,历史学研究会编:《日本社会史的研究》,岩波书店1947年。

总之在判断日本社会发展阶段的研究中,两种截然不同的理论体系做出了相同的判断,即日本社会是"封建的""前近代非合理的""反民主主义的"。两种批判都认为之所以在战前、战中允许皇国史观支配下的天皇制的存在和军部独裁,其原因就在于封建的社会关系,因而必须否定上述与近代社会相对立的后进性,重新建设近代民主主义国家。在这个过程中,欧美国家的社会关系和文化成为"先进的楷模",并在与欧美社会的对比中,认定日本文化中的特殊性是应该否定的"劣质文化"。

进入 50 年代,日本逐渐渡过了战后的混乱期,朝鲜战争带来了"特需景气"。随着国内、国际形势的变化,日本人开始重新审视"日本文化否定论",出现了新的文化相对主义的观点。其特征是通过比较文化研究为日本设定在世界中的位置,从而摆脱了战前国粹主义和战后初期否定日本文化特殊性的近代化论的框架,显现出比较自由的思考方式。这一时期具有代表性的论著有加藤周一的《日本文化的杂种性》①和梅棹忠夫的《文明的生态史观序说》②。这两篇论文的影响大大超出学界的范围,在日本重新获得独立和经济复苏、社会趋于稳定的形势下,似乎使日本人在精神上安定下来。

加藤指出,如果说英法文化是纯种文化的典型,那么日本文化就是杂种文化的典型。由于日本西洋化的加深,西洋方式和日本方式已经在深层融合起来,这正是日本文化的特征。③ 他认为:绝不能停留在由传统日本向西洋化日本演进这样的思路,日本文化的特征是两种文化要素的相互缠绕,去除任何一种要素都是不可想象的。日本既不是西洋,也不是西洋的殖民地,而是日本与西洋的折衷,由这两种要素结合而成的只能是"杂种"。而"杂种"是与"纯种"并行的概念,并无褒贬色彩。日本文化本来就不是作为"纯种"而形成的,但是,日本的知识人却不能坦然地

---

① 《思想》1955 年 6 月号。
② 《中央公论》1957 年 2 月号。
③ 加藤也注意到了中国文化在历史上对日本产生的影响,但他认为,近代以来日本主要是受西方文化的影响。

承认这个事实。知识人越是注重文化问题,就越是极力攻击"杂种性",并试图使日本文化"纯化",所谓日本文化的"纯化"运动便由此而起。然而,这种"纯化"运动,却"重复着必然失败的历史"。加藤的"杂种文化论"并无文化劣等意识,而是认为杂种性本身具有积极的意义,即探讨活用这种杂种性将会达到怎样的可能性,即怎样的前途。当然,加藤是抱乐观态度的。

1955年是日本经济进入高速发展阶段的开始,加藤的议论一方面针对战败后日本人自信的丧失,另一方面,针对知识界的"日本回归"而对"纯化"运动的批判和警告。"杂种文化论"具有广泛的影响,它告诉日本人,日本文化由于接受了中国大陆和欧美文化的影响而形成的"杂种性"具有积极的意义,在英法等纯种文化面前没有必要抱有劣等感,而且应该看到日本具有与欧美不同的未来道路。不难看出,"杂种文化论"是在与欧洲比较的基轴上展开的。加藤曾有数年欧洲生活的体验,他试图依赖这种体验,重新审视日本文化,以发现日本文化的可能性或称日本文化的前途。加藤试图寻找一种既不一味追随西欧现代化模式,又避免限于回归日本传统的"文化模式"。作为结论,作者肯定了"和洋折衷"的文化模式。今天看来,这种观点似乎并无奇特之处,但在当时川岛和大冢观点流行的时代,的确是不同凡响,它代表着"日本文化论"又进入了一个新的时期。

在加藤的论文发表两年后,出现了梅棹忠夫的"文明的生态史观"。以往的世界划分多使用西方和东方这两个概念,而文明生态史观将旧大陆分为第一地域和第二地域,日本和西欧同属第一地域,中国、印度、前苏联等为第二地域。这里值得注意的是将日本纳入发达资本主义的第一地域,而且还认为,从生活方式的特征看,日本也与亚洲诸国及其他第二地域国家不同。虽然从历史上看日本文化的源流无可争议地属于亚洲文化,但从现代化的角度看,在近代文明的水准上,与其他亚洲各国相比,日本更接近西欧的水平。而日本达到当时的文明水平,并不仅仅是模仿西方,在历史上西欧与日本是"平行进化"的。日本的现代化进程落后于西方是事实,日本近代文明构成中的许多因素是由西方引起的,这也是事实,但是一旦进入现代化的过程以后,日本便开始创造自己独自的文明。而创造的目的绝不是日本的西欧化,而是达成日本独自的近代文明。西欧和日本位于欧亚大陆的西端和东端,其生态学的位置和历史的过程,具有极其相似的条件,因而走过了平行的发展道路。日本的现代化不是通过对西欧的模仿,而是日本发展的必然趋势。作为上述议论的结论,梅棹忠夫以"生活得更好"作为近代文明发展的尺度。

表面上看"杂种文化论"与"生态史观"似乎没有什么共同之处,其实两者的目的基调是一致的。他们都是基于社会生活的实感而肯定"日本文明"的,而不是求助于观念和思辨。这与前述川岛和大冢等否定日本社会文化的近代性是针锋相对的。他们在50年代日本经济开始"离陆"的历史时点上,对日本文化的前途作了肯定的评价,同时批判了片面模仿、追随西欧的观点。

这一时期在外国学者中也出现了"平行现象论"。美国社会学家罗伯特·贝拉(R Bellah)在《日本近代与宗教伦理》一书中,试图从德川时代的宗教伦理和社会发展的分析中,寻找明治以后日本近代国家建设和产业化成功的原因。该书将石田心学比作德川时代的"新教伦理",并认为这种伦理是日本产业化发展的渊源。尤其是分析了武士阶层与产业化的关系,认为强固的政治体系和居于统治地位的政治价值,明显地适应了产业化的兴起。这种情况显示出,与其他亚洲各国相比,日本明显地类似于"欧洲型"。贝拉还提出,在非西欧社会进行产业化的过程中,由于缺乏西欧社会那样的资本、技术积累的历史背景,因而需要通过政府筹措资本,即自上而下地发展产业化。这种情况下,政府以及强力政治便成为决定性的因素,而在所有主要的非西欧社会中,日本具有强力的政治体制,它作为特异的存在是引人注目的。①

通观这一时期的日本论,出现了极大的变化,无论是日本人自己,还

---

① 参阅贝拉著、崛一郎等译:《日本近代与宗教伦理》,未来社1962年(原书于1956年出版)。

是欧美学者都趋向于对日本文化作出相对肯定的评价。无论是"杂种文化论",还是"平行进化论",在某种程度上,都反映了对'西欧中心主义'的怀疑和反击,并由此促成了日本人的"自信恢复"。

2. 日本文化肯定论

60年代被认为是世界性经济成长的时代,自1964—1973年的十年间,日本平均年经济增长率为10.2%。这与美国的4%、英国的3.1%、法国的5.6%、德国的4.7%相比,可谓遥遥领先[1]。由比日本人完全抹掉了战败国的形象,经济增长、生活富裕、政治的相对安定,促使日本人产生了强烈的文化优越意识。此前虽然通过"比较文明论"的研究,肯定了日本在世界中的位置,而此时的日本文化论,更进一步要求确认,是"日本文化结构的优越性"支撑着日本经济的高速发展。自1964—1983年约20年的时间,是对日本文化特殊性肯定的时期,也是日本文化论、日本人论在国际范围内的盛行时期,或者说是国际"日本学"的形成时期,日本内外出现了令人眼花缭乱的日本论。

1964年日本社会人类学家中根千枝发表了题为《日本式社会构造的发现》的论文[2],引起了极大的反响。该论文的主题是要解释日本人的"集团主义"原理,及其这种原理的"独特性"。

中根认为,日本人的集团及组织原理是"纵式"的,它包含着若干个决定性的要素,即:对"场"的重视;集团的全体参与;纵式组织的人际关系。中根通过对日本社会集团的分析,提出了与等级资格社会论相对的"场"的社会,和与"横向"的集团组织原理相对的"纵式"社会原理,并以此说明日本社会集团的形态。中根千枝强调"场"是日本社会集团的特色,个人在社会中的身份定位,与资格相比,更重视"场"[3]。即认为,无论

---

[1] 正村公宏:《图说战后史》,筑摩书房1988年,第234页。
[2]《中央公论》1964年5月号。
[3] 比如一位东京大学的教授,教授是他的资格,而东京大学是他所属的"场",即场所。

431

在公司，还是在大学里，个人的资格是第二位的，日本人并不认为自己是客体，而是经常说"我的公司，我们的公司"，并认为自己即是公司的主体，它显示了日本传统的"家"的观念。比如，将与本家族毫无血缘关系的外人作为家族的继承者，不会带来任何疑问，就是重视"场"的缘故。通过这种"场"和"集团一体感"生成的社会集团的组织关系（上下级关系等），被称为"模拟亲子"的纵向关系。为了加强集团的凝聚力，重视强化成员之间的一体感，强调集团意识。由此产生了"内"与"外"的意识和维护命运共同体的向心力。其结果形成通过全体成员"全面参与"的形式，即由集团意志决策的惯例。在日本社会里，这种纵向关系比横向关系（一些身份相同的人结成的社会组织，比如工会、学术团体等）发挥着更重要的作用（日本的跨行业工会与欧美相比，就形同虚设）。中根的结论是：绝不能简单地将"纵式"的人际关系看作是封建性的，而且恰恰相反，它为日本现代化做出了贡献。

中根千枝对"纵式"社会集团并非一味褒扬，也曾指出一体感带来的弊端，即排外主义和理性的欠缺。但是，中根的理论被日本人进行了极端的理解，认为"纵式社会"理论全面肯定了日本的集团主义，而集团主义又是日本现代化成功的最主要的原因。这种看法成为后来作为渲染"日本式经营"的理论基础。尾高邦雄《日本的经营》（中央公论社1965年），可视为这种理论的代表。当时的一些美国学者将日本企业中的"终身雇佣制""年功序列工资制""温情福利制""集团意志决定和集团责任制"等做法，看作是一种"家族"式结构，将其评价为前近代的、封建的、非合理的。而另一方面，又认为正是通过这种非合理的日本式经营和西方的生产技术相结合，产生了惊人的效果。[①] 针对美国人的观点，尾高指出：集团主义是在江户时代已然形成的传统，不能用西洋的尺度而将其指斥为"前近代的""封建的"的因素，并认为日本式的经营传统在现代社

---

① 参阅阿贝格林（J. Abeglen）著、占部都美监译：《日本的经营》，钻石社1958年；莱文（S. B. Levine）：《日本的劳资关系》，钻石社1959年等。

会中具有积极的方面,从而支持日本企业中的集团主义结构。与此同时,尾高还批评说:美国人提出的日本封建关系与西洋生产技术相结合的理论是走过了头。① 此后,"日本式经营论"作为"日本文化论"的变型而不断面世。

进入70年代,随着日本经济高速发展的顶点到来,和其后日本社会稳定发展局面的形成,日本人萌发出经济大国的意识,认为自己已经跨入世界先进国家的行列。基于这种自我认识,日本文化肯定论的趋向,愈发明显。其间的代表作有土居健郎的《"矫情"的构造》(弘文堂1971年),木村敏的《人与人之间——精神病理学的日本论》(弘文堂1972年)。这两部著作与前不同的特征在于,它们的作者提出了基于精神分析和心理分析的"日本社会文化论"。

土居的著作一经发表,便立即引起世人的瞩目,成为一大畅销书,"矫情"一词也成为当时的流行语。土居基于长年临床精神治疗的经验,通过观察分析日本人的儿童教育方式,看到了其独特的社会化过程,即日本人出生以后以母子亲情为基础的人际关系。土居认为幼儿对母亲的依赖是这种关系的核心,而且日本人成年以后,在家庭内外仍然继续求取依赖母亲那样的精神上的安定感。即使在社会集团内部,上下关系也是通过模仿母子亲情关系而形成的,上下关系在于培养感情,即精神的安定感。土居认为,日本人的心性和人际关系的基础是"矫情",它是"被动的爱的需求",即依赖性。这种"矫情心态"是"幼儿型"的,但是,这种"幼儿型"并非没有价值,"义理人情都是栖息在矫情之上的","矫情心态"作为诸多文化价值的原动力在发挥着作用。土居通过与西洋人的"自立"相比较,指出"矫情"是日本人的心理特征。虽然土居认为"矫情心态"属于非逻辑的、闭塞的,但它又是"尊重无差别的平等、是极其宽容"的,对于日本人的社会关系、集团来说它具有积极的、值得肯定的意义。首先"矫情"对于儿童的成长来说是必要的;其次,在日本人的人际

---

① 参阅尾高邦雄:《日本的经营》,中央公论社1965年。

关系中"矫情"起到了一种润滑剂的作用,而且保障了精神生活的健康。战后初期曾对日本人缺乏自立意识进行过批评,即认为它应该属于日本文化中被否定的因素,而土屋的观点可以看作是对以前观点的否定。

木村敏的《人与人之间》同样是基于临床经验的论著,而且将土居的论点又向前推进了一步。木村是在与西方人的"自我"意识相比较的过程中,论述了日本人的"自我"。根据木村的说法,日本人的"自我"与西洋人的"自我"是不同的,它不是确定的个人主义的"自我",也不是恒常的固定的主体。西洋人的"自我"虽然也是在人际关系中培养起来的,但结果是重视自己的独立性、自己的本质,并且保持着恒常的连续性。而日本人的"自我"是在自己与他人之间共同的生活过程中,根据具体情况,变换自己的位置,而不能独立的存在,即日本人只有在与他人的关系中的自己。"在日本式的思考方式中,自己是谁、对方是谁,这是要由自己和对方的关系来决定的。在考虑个人之前,首先要考虑人际之间的关系",或者说我是谁、你是谁这样的问题,绝不是靠个体本身决定的,它是根据"我"与"你"之间,即人与人之间的具体情况,而经常被重新规定的。上述即是木村所说的西洋的"自我"与日本的"自我"的根本区别。木村并没有专门评价作为"现代化绝对前提"的西洋式的个人主义,但似乎对日本人的"自我"形式作了积极的评价。

1977年滨口惠俊出版了《"日本方式"的再发现》(日本经济新闻社1977)一书,似乎更加"旗帜鲜明"。他认为日本人虽然没有把西洋式的个人主义作为理想,但是这丝毫不妨碍现代化的生活,毋宁说在人际关系越来越加强的社会里,日本方式被赋予了适合美好生活的前途。滨口认为人们所说的与西洋个人主义相对照的不是集团主义,而应该称为"间人主义"。所谓"间人主义"是与个人主义、自我中心主义相反的"相互依存主义""相互信赖主义"。滨口还以各类例证作了细致的分析,认为本尼迪克、赖肖尔等从"外部"理解日本是肤浅的,指出日本文化不是来自外部的"模板",而是自发的、积极的日本方式的"独自性"。按照滨口的说法,日本现代化的成功是依照"日本模式"进行的,因而,不应该以

"欧美模式"为标准来评判日本现代化的成败,从而表现出强烈的"日本文化肯定论"。

"纵式社会""矫情心态""间人主义"等概念,被日本人广泛深入地用于表现日本文化的"独自性"和"卓越性",以至于成为日本人的精神依托,"鼓舞"了这个经济大国的人们。

1979年作为村上泰亮、公文俊平、佐藤诚三郎共同研究的《作为文明的家社会》一书,试图对有关"近代"问题进行社会科学的全方位的把握。该项研究的第一个主题就是"个人主义"和与其相对的"集团主义"问题,提出:"在探索今后发展道路问题时,着眼点不应仅放在欧美型的个人主义文化,而必须考虑其他各种各样的可能性。"①该书还认为,作为产业化必要的价值观,集团主义似乎比个人主义更具有适应性。日本之所以达成现代化与产业化,是因为日本社会的"家族型组织原则"具有一种柔软的适应性,尤其是像企业等"中间集团",为实现现代化发挥了卓有成效的作用,这是贯通全书的主要论点。

作者们针对在现代化问题上的"西欧中心主义",明确地提出了包含日本在内的多系统并行发展的主张,并提出,集团主义与现代化不仅不对立,而且将在今后的世界发展中发挥积极作用。作者们指出,今后的社会发展所需要的新的系统乃至方式,既不是纯粹的个人主义,也不是纯粹的集团主义,而是某种"复合型"。为达到这种"复合型",日本社会可能比欧美社会居于更有利的地位。这项共同研究可以看作是日本文化肯定论的理论性概括,即认为日本现代化的实现不是西欧化的过程,而是一种其他的形态。作者对一些问题虽然尚有某些保留,但基本上认为日本是在特有的集团主义社会体系之下达成现代化的,并浓烈地表现出希望日本创造出超越欧美发达国家的发展模式。由此,以前被认为是反民主的、反近代的"日本社会的家族式结构",被认为是更为适应今后社会发展的社会原理。以该书的出版为界,有关日本文化肯定论的各类

---

① 村上泰亮等:《作为文明的家社会》,中央公论社1979年,第12—13页。

论著纷纷出版,因而七八十年代之交,可作为日本文化肯定论的顶峰时期。在这种舆论的影响下,对"日本式经营"的赞美也达到顶点。

3. 日本文化特殊论之否定

1984年,前述的尾高邦雄发表了《日本式经营——神话与现实》一书,从20年前对日本式经营的褒扬,转变为批判。尾高在前言中解释说:"当初的论文发表于60年代中期,距今已经过了20年,在此期间日本式经营的神话在不断被夸大的过程中,普及世界各国,其结果,尤其是在日本国内,造成了某些令人担忧的事态。"[①]所谓令人担忧的事态,是指日本经营方式肯定论在日本人当中出现了许多信奉者,其结果使这些人自鸣得意,不再努力摒弃明显的错误,以至失去日本式经营的真谛。结局是,曾经立下汗马功劳的"日本式经营"的常规体系,将会变成一个毫无意义的空壳。所谓日本式经营,一般包括:终身雇佣制、年功序列工资制、抑制竞争和重视人和、集体负责制、与权威主义并行的民主的参与制度、重视包括职工私生活在内的福利制度等特征。对此,尾高列举了日本式经营的四大缺陷:一、助长了职工的依赖心理并抑制了自由创造的精神;二、妨碍了自由的横向劳动力市场;三、论资排辈的弊病和中高龄层人浮于事的现象;四、丧失了工作的喜悦和劳动的意义、价值。通过上述批判,高尾发出质问:现今在日本国内也明显地表现为负面效应的日本式经营,如果原封不动地移植到海外,能期待出现神话吗?显而易见,尾高对所谓的"日本楷模论"提出了质疑。

尾高对日本文化肯定论的反省,是有其深刻背景的。进入80年代,日本人的"海外进军"明显加速,贸易黑字急剧膨大,成为世界上最大的债权国。自1984年前后,围绕日本的经济贸易摩擦渐趋深刻,来自欧美的"摧毁日本制品""敲打日本"的舆论不断出现。与此同时,对日本文化也进行了"过激"的批判。有人将日本文化肯定论视为"本民族中心主

---

① 高尾邦雄:《日本式经营——神话与现实》,中央公论社1984年,前言。

义"的体现,是弥漫着敌视异文化的国粹主义思维方式的产物。甚至还有人认为:日本文化特殊论不是忠实客观地描写日本文化,而是截取特定的日本特征加以不恰当的强调,有目的制造出来的观念形态,即它是人为地制造出来的体系,是一种"神话"。尾高的观点似乎可稍稍平息一下来自欧美的敌意和怨气。

自1989年开始,随着东西方冷战结束趋势的明朗化,日本在国际中的位置发生了变化。如所周知,日美关系进入了战后以来不曾有过的紧张状态。就在这前后出现了来自欧美的"日本批判"风潮,认为日本是与"欧美原则"不同质的国家。由于日本人不尊重民主主义、个人主义公平的市场体系等"国际通行的规则",因而不能以正常的原则与日本竞争,否则,欧美人肯定会失败。美国在提出封锁、孤立日本政策的同时,要求日本改变"日本结构"。由于前苏联和东欧的变化,使历史上的"欧美中心主义"再次复活,90年代以来,欧美对日本文化独自性批判的实质是要求日本遵守欧美的原则,进而试图重新将日本纳入西方文化体系。其实本书所述的日本文化论基本上也是以欧美文化为参照系而展开的。

如上所述,战后日本文化论经历了若干个阶段,学者们的研究提出了许多发人深省的观点,不仅为日本研究提供了大量有益的启示,而且为宏观的文化学研究领域提供了新的养料。但是不能否认,对日本文化的褒贬始终是随着日本社会经济发展水平和日本国内外形势变化而变化的,即大多是试图用文化研究来说明当时日本社会的状况。这种以今论古的逆向研究的思维方式,似乎是学者们在论述日本文化时的一个难以逾越的误区。从日本文化否定论和相对主义文化观的时期看,在某种意义上讲,是一种开放型的日本文化论,而日本文化肯定论时期则表现出文化封闭的趋向。然而正如加藤周一指出的:日本文化的纯化,必然是重复失败的历史。另一方面,欧美在批判日本文化特殊性的同时,又试图将欧美的原则强加给日本,这又从相反的方向不恰当地强调了欧美文化的合理性。事实上欧美原则并不能代表整个人类文化的普遍性,将来人类文化的发展方向应该是汇各民族文化中的优秀部分融合而成的世界性文化。就日本文化的发展而言，今后的课题大概是要在世界性文化和日本文化特殊性之间寻找平衡。

不可否认，战后对日本文化评价从否定开始又回到否定的研究历程，为日本文化和日本学研究积累了大量的学术成果。另一方面，这个研究历程似乎也为日本文化研究提供了一个教训，即从理性的学术研究和文化健康发展的角度看，对日本文化特殊性的片面的、孤立的肯定或否定，大概都是于事无补的。

二、中国的日本文化研究

本书所述内容将严守标题所示的三个关键词："中国的""日本文化""研究"。据此，翻译作品和非研究性作品只能割爱了。此外，本书将重点置于新世纪以来的研究状况，因而所述上个世纪的研究成果仅能止于浮光掠影。即便如此，择要而记的著述也只是中国的日本文化研究全部成果之冰山一角，或采择不当、论有偏颇，实为本人涉猎不足。

1. 新世纪之前研究格局的形成

中国人的日本文化研究，大概可以追溯到1854年罗森随伯理舰队"以助立约之事"而留下的《罗森日记》，之后又有清朝驻日使馆参赞黄遵宪著洋洋大观之《日本国志》（1887年成书）被视为影响至今的日本历史文化研究名著。此外，尚有一批中国官吏、文人亲历日本而记述的日本游记问世，形成了近代中国人研究日本及日本文化的小高潮[①]。此后直到20世纪80年代为止的约百年间的著述中，作为专家级的日本文化研究者周作人的议论，至今仍然吸引着有意了解日本文化的中国读者，《周作人论日本》（陕西师范大学出版社2005年）汇集了周作人颇具"文化味道"的日本文化议论之作。戴季陶《日本论》则从"政治为用"的角度对日

---

① 参阅钟叔河：《从东方到西方》，上海人民出版社1989年。

本历史文化做了潜心剖析,以求"知己知彼。"1949年至20世纪70年代,在特定的学术生态之下,日本文化研究几乎奄奄一息。但是,即使如此,仍有朱谦之所著日本哲学思想研究三部曲出版,即,《日本的朱子学》《日本哲学史》(三联书店1958年、1964年)以及《日本的古学及阳明学》(上海人民出版社1962年),后分别由人民出版社于2000、2002年再版。"三书"虽然间或留有"政治挂帅时代"的思想痕迹,但观其史料之翔实、梳理之清晰、观点之明确,不啻为当今值得敬仰的学术楷模,成为20世纪80年代以后日本哲学思想研究复兴的学术基础。

前辈的研究虽多有敏锐的观察力,填补了中国人对日本文化研究的空白,但因诸多原因而几度陷于停滞状态,无法形成时间上的连贯性和研究规模。直到"文革"结束,中国一觉醒来,日本如日中天,已经是世界上第二经济大国,国人再次显示出研究日本文化的欲望。此外,当时的国际日本学研究也把日本作为非西方国家成功实现现代化的标本,对日本文化进行着全方位的研究,并发出了几乎是一边倒的赞誉之声。沃格尔的《日本名列第一》和原驻日大使赖肖尔的《日本人》风靡全国,甚至可以把这两部书视为"文革"后中国人了解日本的起点。更有20世纪80年代作为对戕害文化的"文革"的反拨,中国学界的文化学研究不断升温,也对日本文化研究起到了助推作用。加之,当时中日两国正沉浸在"一衣带水"的初恋阶段。在上述综合因素作用下,中国的日本文化研究自然聚焦于学习日本文化中有益的经验,始自黄遵宪时代的日本文化研究又重新起步。不言而喻,这一切注定了中国学界日本文化研究的再兴从仰慕开始,具有明显的学习、借鉴的目的性,因而主要关注的是日本文化的积极意义。

与近代以来中国日本文化研究的命运多舛相比,这次重新起步的研究速度和效率远胜于此前的一百年。可以说上个世纪后二十年的研究历程,完成了起步奠基任务,初步创立了中国日本文化研究的格局。

关于日本文化史研究。武安隆《日本人涉外文化心理的史学考察》(《世界历史》1989年第5期)、《试论日本吸收外来文化的周期性》(《日本学刊》1992年第1期)、《日本知识阶层在吸收外来文化中的作用及心态》(《历史研究》1993年第3期)等论文探讨了日本吸收外来文化研究的若干理论问题。其后又出版专著《文化的抉择与发展：日本吸收外来文化史说》(天津人民出版社1993年)论述了自绳纹文化到战后日本与外来文化的关系，是国内日本文化史研究的拓荒之作。有关日本吸收外来文化的著作还有郑彭年《日本西方文化摄取史》(杭州大学出版社1996年)，魏常海《日本文化概论》(世界知识出版社1996年)全书七章中的前五章也可视为日本文化史。叶渭渠主编的《日本文明》(中国社会科学出版社1999年)是以历史顺序和重大专题相结合的架构撰写的线路清晰的日本文化史。汤重南等著《日本文化与现代化》(辽海出版社1999年)也在观照日本文化史中论述了日本传统文化的特点、日西文化融合等诸多学界关注的重要问题，并设专章分析了日本文化中的一些因素被扭曲为对外侵略思想的逻辑过程。

在中日文化关系史领域，周一良《中日文化关系史论》(江西人民出版社1990年)考察了中日文化交流史上诸多重大事件和重要人物，是中日文化关系史研究领域具有开拓性的重要成果。中日两国学者共同合作主编、撰写的《中日文化交流史大系》十卷本(历史卷、法制卷、思想卷、宗教卷、文学卷、艺术卷、民俗卷、科技卷、典籍卷、人物卷)由浙江人民出版社(1996年)和日本大修馆书店(1995－1998年)分别出版了中文版和日文版，可谓中日文化交流史研究领域成果的集结，也体现着其中中国学者的阶段性水平。

日本哲学思想是研究日本文化的重要线索，因而也成为中国学者研究的重点对象。王守华、卞崇道《日本哲学教程》(山东大学出版社1989年)是继朱谦之"三部曲"之后的第一部较为系统全面的日本哲学史，重新开启了对日本哲学的研究。王家骅《儒家思想与日本文化》(浙江人民出版社1990年)前半部是从儒学传入日本到近代的日本儒学史，后半部分论儒学对日本政治、法律、道德、宗教、文学、史学的影响，是国内首部系统研究儒学与日本文化关系的开拓之作。王家骅《儒家思想与日本的现代化》(浙江人民出版社 1995 年)研究对象是近代以来儒家思想与日本现代化中的思想文化的关系问题,指出了日本现代化的两重性与日本儒学两重性的相关性。卞崇道《现代日本哲学与文化》(吉林人民出版社1996 年)分为三编:"现代日本哲学""现代日本文化哲学""现代中国的日本哲学研究",是作者在这些领域中多年研究成果的深入和扩展。崔世广《近代启蒙思想与近代化——中日启蒙思想比较》(北京航空航天大学出版社 1989 年)旨在论述中日两国启蒙思想的异同是近代日中两国盛衰的重要原因,是中国学界系统研究日本启蒙思想的先驱之作。王中江《严复与福泽谕吉——中日启蒙思想比较》(河南大学出版社 1991 年)聚焦于启蒙思想家人物的比较研究,具有重要的启发意义。王中田《江户时代日本儒学研究》(中国社会科学出版社 1994 年)考察了武士町人与儒学的关系、儒学与国学和洋学的关系、儒学与日本近代化的关系等,是国内首部综合研究江户儒学的专著。韩立红《石田梅岩与陆象山思想比较研究》(天津人民出版社 1999 年)是对江户时代思想家与中国思想家做比较研究的起航之作,具有一定的示范意义。另外,张大柘《当代神道教》(东方出版社 1999 年)论及战后神社神道,教派神道、神道系新兴宗教等,是国内战后神道教研究的先驱之作。

吕万和、罗澍伟《西学在封建末期的中国与日本》(《历史研究》1981年第 3 期)透过中日两国对西学东渐的态度探求中日两国近代不同发展道路的历史文化原因,这一开创性研究被学界后辈继承,成为一个相对独立的研究领域。李小白著《信仰、利益、权力——基督教布教与日本的选择》(东北师范大学出版社 1999 年)是国内首次系统梳理研究自 16 世纪中叶开始西方天主教传入日本直到幕末维新时期西洋文化在日本传播及其历史影响,探讨了西方文化与日本现代化的关系。

与国际日本学研究相呼应,有关日本文化论和相关研究理论以及中日文化比较等论题,是这一时期引人注目的研究领域。盛邦和《内核与外缘:中日文化论》(学林出版社 1988 年),运用严密的理论框架,提出:在东亚文化区历史上以中国为"内核",日本为"外缘",但近代以后两国

"核""缘"位置发生逆转,从而在理论上阐释了中日两国近代以来走上不同道路的历史文化原因。崔世广《日本传统文化的基本特征——与西欧、中国的比较》(《日本学刊》1995年第5期)、《意的文化与情的文化——中日文化的一个比较》(《日本学刊》1996年第3期)、《日本传统文化形成与发展的三个周期》(《日本学刊》1996年第4期)、《日本文化研究方法论》(《日本学刊》1998年第3期)等系列论文,认为日本文化虽受中国文化影响颇深,但并非与中国文化雷同的文化体系,而是有着自身独自文化精神的文化类型,并"从'形成论'和'形态论'的结合上,构筑了对日本文化的独特解释框架"。①

卞崇道《跳跃与沉重:二十世纪日本文化》(东方出版社1999年)分别探讨了日本文化的理论问题(日本文化优劣说、精神主义文化论等)和较深层的哲学文化(京都学派、现代日本哲学思潮等)、宗教文化(总体特征,神道、佛教、基督教与新宗教)等。尚会鹏《中国人与日本人——社会集团、行为方式和文化心理的比较研究》(北京大学出版社1998年)涉及小集团本位、序列意识、义理人情、名与耻的意识等诸多较具体的论题,属于较深层的文化理论研究。

上述成果远不能反映上个世纪中国学人研究日本文化的全貌,但多属研究布局阶段的开疆拓土之作,基本上奠定了新世纪以来日本文化研究主要领域的宏观格局,成为新世纪研究不断生发、深入、扩展的坚实基础。

2. 新世纪出版的系列丛书

进入21世纪,在新老交替中新一代中坚学者跨入研究成熟期,在承继师辈研究不断扩展和深化的基础上,开辟了诸多新的研究领域,中国的日本文化研究成果呈井喷之势,就研究成果而言也进入了规模化的著

---

① 崔世广:《中国的日本文化研究30年综述》,李薇主编:《当代中国的日本研究(1981—2011)》,中国社会科学出版社2012年。

书阶段。这种态势除此前蓄势积累之功而外,还要归功于研究人员的迅速扩充以及通过与日本学界的学术交流增强了研究者的研究素质,更有海外归来学人带来了新的研究思路和课题,并与国内原有学者不断探讨、碰撞,在扩展问题意识的过程中,研究触角也随之迅速扩展。与日本研究中的政治经济等其他领域相比,日本文化研究进步显著,这也反映了学界关注研究领域均衡化的趋势。新世纪的研究进一步具体化、细密化和体系化,彰显出中国学者的研究视角和特色,中国的日本文化研究渐趋成熟。这集中表现在诸多日本研究丛书的出版。

王勇主编《中日文化研究文库》(上海古籍出版社2001—2008年)出版专著12种,涉及题材广泛,其中思想文化类如:刘岳兵《明治儒学与近代日本》、黄俊杰《德川日本〈论语〉诠释史论》、王青《日本近世儒学家荻生徂徕研究》、严绍璗《日本藏汉籍珍本追踪纪实》等。王勇主编的另一套丛书《日本文化大讲堂》(上海古籍出版社2004年)研究思路明确,这可以从各卷书名一见端倪:顾春芳、胡令远《花道》,吕顺长、沈国权《棋道》,泉敬史、何英莺《武道》,还有日本学者南谷美保《音乐》,可谓是对"日本之道"的专题研究。王勇在总序中言明了此种选题的深意,所谓:"日本文化的特点不在于模仿或独创,而在于取舍与组装。"可以说,上述日本诸道多与中国传统文化不离不弃而又若即若离,正是解释这一观点的绝好题材。

王晓平主编《人文日本新书》(宁夏人民出版社2004—2008年)20单册,规模大、系统性强,涉及领域广泛,分别"就一个日本人文题目说清楚来龙去脉",而且丛书各单册执笔者多是国内资深学者:诸如王金林《日本人的原始信仰》、王晓平《远传的衣钵:日本传衍的敦煌佛教文学》、高文汉《日本近代汉文学》、卢盛江《空海与文镜秘府论》、高宁《越界与误读:中日文化间性研究》、王向远《源头活水:日本当代历史小说与中国历史文化》等(限于篇幅恕不一一罗列),可谓厚积薄发。总之,"它们都是第一流的学者新写问世的最新研究成果,并以面向一般读者好读易懂为主旨"。(川本皓嗣开篇贺词)丛书集中展示了中国日本文化研究的又一阶段性成果,而且由专家向社会普及日本文化的思路也是一次创新。

杨栋梁主编《日本现代化历程研究丛书》(世界知识出版社 2010 年)十卷本,是以南开大学日本研究院为主体的南开学者们完成的集体研究成果,可从中窥见对日本文化的格外关注。其中五卷为文化专题:赵德宇等《日本近现代文化史》、刘岳兵《日本近现代思想史》、臧佩红《日本近现代教育史》、王健宜等《日本近现代文学史》、彭修银《日本近现代绘画史》,李卓《日本近现代社会史》也探讨了家族国家等社会深层文化问题。这套丛书也都是作者们积多年研究之功的成果,或可视为国内有关日本现代化与日本文化关系问题的阶段性、标志性研究成果。有评论称该丛书:"分量甸沉,敦厚笃实,在学术界引起很大影响,日本亦有多位学者向笔者问及此书,关注甚殊。让全国的日本史研究者有了更多的欣喜和更高的期待。"[1]

《儒学与东亚文明研究丛书》(华东师范大学出版社 2008 年)直接涉及日本儒学等题材的有:张宝三和徐兴庆合编《德川时代日本儒学史论集》,张昆将《德川日本忠孝概念形成与发展》和《日本德川时代古学派之王道政治论》,陈玮芬《近代日本汉学的关键词研究:儒学及其相关概念的嬗变》,张宝三、杨儒宾编《日本汉学研究初探》和《日本汉学研究初探:思想文化篇》等。这些专著反映出中国日本儒学研究的深耕细作和更加专业细密化的研究方向。

3. 文化史研究

日本文化史研究是支撑宏观日本文化论研究的基础,加之日本文化史与中国文化关系紧密,因而吸引着学者们的研究意欲。

(1) 通史、断代史和中日文化关系史

王勇《日本文化——模仿与创新的轨迹》(高教出版社 2001 年)以"模仿与创新"为主线,上自岩宿文化下至江户文化,侧重日本考古学的

---

[1] 周颂伦:《评〈日本现代化历程研究丛书〉》,《世界历史》2012 年第 3 期。

成果及其日本人、日本文化的由来等论题,并展示了"书籍之路"等诸多研究创见。显然,这是一部具有特色的半部文化通史。高增杰《东亚文明撞击——日本文化的历史特征》(广西教育出版社 2001 年)将研究范围扩展到了明治时代。作者通过章节标题对各时代的文化性质做了定位,诸如:"文明边缘上的飞跃"(文明发生期)、"民族文化的兴起"(中世武士文化)、"日本近代文化转型的意义"(日西文化关系)等,从而清晰地抽象出日本文化史的脉络特征。

叶渭渠《日本文化史》(广西师范大学出版社 2003 年)首次完成了从古代贯通至战后的日本文化史,除叙述文化史应有之内容,对文学艺术及其美学因素关注较多,略有遗憾的是江户时代以后的篇幅,仅占全书最短的一章。可喜的是叶渭渠《日本文化通史》(北京大学出版社 2009年)篇幅成倍扩充,内容更加丰富,凸显了各时代的不同主流文化内容和特征,尤其增强了近代以后部分的分量,对日本当代文化也给予了关注,可谓是名副其实的《日本文化通史》了。赵德宇等《日本近现代文化史》(世界知识出版社 2010 年)叙事范围上自江户时代日本文化传统,下至当代日本大众文化,并勾勒出其整体发展脉络和演化逻辑,还对诸多文化现象做出客观公允的重新解读和定位,力求以中国学人的理性穿越日本文化的迷雾,通过"文化叙事"破解"文化密码",建立对日本近现代文化史的新的认知体系。韦立新《日本中世文化研究》(世界图书出版公司2014 年)是国内第一部日本文化断代史,显示了文化史研究精细化的趋势。作者系统审视了作为武家政权时代的中日文化关系,认为:与 7—8世纪唐文化流入日本相比,13—15 世纪流入日本的宋元明文化波及范围更广泛、影响时间更长远,而且其主要精神内涵的影响和渗透都承袭至今。

为叙述方便,这里将中日文化关系史研究等专门史著述也归类于此。张爱萍《中日古代文化源流——以神话比较研究为中心》(浙江大学出版社 2005 年)对地震、风神、水神等八个神话系列做了分析研究,认为中日神话本身就是一部中日文化交流史,有助于认识中日文化交流的传统。滕军等《中日文化交流史考察与研究》(北京大学出版社 2011 年)考察梳理了从古代到江户时代中日文化交流史上的主要脉络。书中还附有诸多实地考察成果,诸如徐福东渡、"汉委奴国王印"等重要历史事件近 30 条,并间或提出作者们自己的观点,可谓兼顾史料和实地考察的用心之作。

(2) 中日两国对西学东渐的认知与对应

由吕万和开创的该项研究到新世纪逐渐形成规模。赵德宇《西学东渐与中日两国的对应——中日西学比较研究》(世界知识出版社 2001 年)以西学东渐为线索,在相互对比观照中论述了中日两国对西洋态度异同及其对各自历史所产生的损益,并认为这是两国近代走上不同道路的重要原因之一。于桂芬《西风东渐——中日摄取西方文化的比较研究》(商务印书馆 2001 年)涉及 16 世纪中叶至战后长达四个多世纪的历史,作者立意明确,即:从中日两国摄取西方文化的异同比较入手,探寻两国现代化进程迥异的缘由。专论 16 世纪中期开始的天主教东来传教的著作,有戚印平《日本早期耶稣会史研究》(商务印书馆 2003 年)和《远东耶稣会史研究》(中华书局 2007 年)。戚著的突出特点在于运用海量一手资料和"传统—情境—需要—变异"的理论模式还原了这次传教过程的历史场景,为中国学界在该领域课题研究扩展了史料范围和问题意识。陈景彦《19 世纪中日知识分子比较研究》(吉林人民出版社 2006 年)通过对 19 世纪两国知识分子对西学东渐的回应、西洋观的异同等问题的个案对比研究(如佐久间象山、渡边华山与冯桂芬、林则徐),反思在过去的历史进程中的缺憾与不足。郑彭年《西风东渐——日本崛起的历史考察》(人民出版社 2008 年)阐述的也是日本自 16 世纪中叶至战后接触西方文化历史发展进程之间的关系。李少军《甲午战争前中日西学比较研究》(湖北人民出版社 2007 年)对中日被打开国门至甲午战争前西学传入的过程进行比较研究,可以看作是与前述赵著的对接,认为两国导入西学的不同格局是两国现代化拉开距离的重要原因。李虎《中朝日三国西学史比较研究》(中央编译出版社 2004 年)把研究范围扩展到东亚三国的西学历程,指出三国西学呈现很大的差异,从而证实了一个观点,即东西文化交流和选择过程,就是通过注入外来文化因素实现主体文化新生的问题。上述研究都把目光聚焦于中、日、朝文化与西洋文化的接触碰撞及其与东亚三国近代史的关联,形成了一个不约而同的研究机理,体现出中国日本文化史研究思考方式的特色。

(3) 教育与大众文化雏形研究

王慧荣《近代日本女子教育研究》(中国社会科学出版社 2007 年)运用大量教育史资料和统计数据,从教育思想、教育政策和教育内容等方面入手,分析探讨了近代日本女子教育的特点、影响,并对近代中国女子教育作出反思。臧佩红《日本近现代教育史》(世界知识出版社 2010 年)在解读各类原始资料的基础上,系统考察了日本教育现代化的基本轨迹,不仅阐释了历史经验和当代教育新方向,也揭示了"皇国主义"等教育的脉络和特征,是国内日本近现代教育研究的重要著作。饶从满《日本现代化进程中的道德教育》(山东人民出版社 2010 年)认为日本现代化道德教育具有两个特点,即高度连续性(包括横向注重与社会的连续和纵向继承传统的历史延续)和高度的融合性(融合古今中外文化),并分析了其功过是非。

近年来国内学界,尤其是新一代研究者对江户社会文化研究的兴趣,逐渐转向更加具象的庶民文化。朱玲莉《日本近世寺子屋教育研究》(中国社会科学出版社 2010 年)对庶民教育场所寺子屋进行历史概观基础上,抽象出寺子屋教育的诸多特征,诸如:适应庶民的蒙学教育和讲求教育的实用性等等,并认为寺子屋为日本教育近代化打下了基础。谭建川《日本文化传承的历史透视——明治前启蒙教材研究》(商务印书馆 2010 年)对日本启蒙教材做了较全面系统的综合研究,作者所论中日两国启蒙教材"应试主义"与"能力主义"的差异等观点值得关注,该书可以看作是与上述朱著相辅相成的姊妹篇。张博《日本江户时代的大众文化》(上海三联书店 2014 年)考察了作为江户大众文化兴起重要基础的社会经济和社会生活风气,并具体论述了"京阪庶民的传媒""声色犬马之娱乐"等社会世相,认为江户文化已经具备了今天大众文化的特征。上述三部著作均属国内各自研究领域的开拓之作,也是三位作者在南开大学日本研究院获得博士学位的博士论文的基础上修改充实而成。

上述成果大多显示了中国学者自己的风格,有理由认为,中国的日本文化史研究必将形成自己的研究特色和体系。

4. 哲学思想研究

21世纪以来,日本哲学思想研究呈现出前所未有的盛况,新一代中坚学者纷纷开始摸索具有中国特色的研究方法、研究框架和问题意识,呈现多元化基础上又有相对共性的研究局面。比如探索日本哲学思想的特性及其与中国的差异,这大概是中国学者研究日本哲学思想史的一大特色。由于中日历史上的渊源,中国学人似乎对日本哲学思想更有发言权,事实上观中国学者的研究,确有特色。

(1) 哲学思想理论研究

卞崇道《日本哲学与现代化》(沈阳出版社2003年)从哲学的视角讨论了日本现代化过程中升腾、毁灭和再生的历史。作者试图从中国人的立场来探讨日本现代化进程中的精神和文化动因及其日本近现代思想的意义。结论中指出:"从日本方面来看,其现代化是以亚洲各国的协助与牺牲为基础而实现的",这在某种意义上道出了历史的真实。可以说,该书提示了新世纪该领域研究的出发点和问题意识。卞崇道《融合与共生——东亚视域中的日本哲学》(人民出版社2014年)认为明治时代以前通过导入中国思想促动了日本哲学思想的酿生以至成熟,其后以移植西方哲学为契机促发了现代日本哲学的诞生,以西田哲学为代表的京都学派哲学是鼎盛期。这个过程就是"共存—融合—共生",即作者主张的"共生文化论"。

刘岳兵著《日本近代儒学研究》(商务印书馆2003年)、《中日近现代思想与儒学》(三联书店2007年)、刘岳兵主编《明治儒学与近代日本》(上海古籍出版社2005年),以儒家思想为主线,对著名和并不那么著名的日本思想家和中日儒学交流中的重要人物进行了个案考察,并专门对"日本近代的军国主义与儒学"论题进行了历史的、理论的分析。在上述研究基础上,刘岳兵《日本近现代思想史》(世界知识出版社 2010 年)通过"传统与现代""日本与世界""个人与社会"三条线索,梳理考察了日本近现代思想史,可谓自成一家。

吴光辉《传统与超越——日本知识分子的精神轨迹》(中央编译社 2003 年)力图说明日本近代知识分子是如何运用阳明学等东方思想来对抗西方文化冲击的,并通过对江户时代日本阳明学、近代西田哲学等思想的探讨,引导出两大课题,即东方传统的重构和对西方文化的超越。陈秀武《日本大正时期政治思潮与知识分子研究》(中国社会科学出版社 2004 年)是首部系统研究该论题的专著,且多有创新。作者运用扎实的资料和诸多相关边缘学科的理论和方法提出了"文化转型三指标""社会结构三角形理论",尤其是认为"传统政治文化的根深蒂固是日本走上法西斯道路的精神要因"等观点,发人深省。赵京华《日本后现代与知识左翼》(三联书店 2007 年)以柄谷行人、子安宣邦、小森阳一、高桥哲哉等著名左翼学者为研究对象,梳理出日本后现代批评的历史线索,并从知识分子如何参与公共事务的角度,讨论了日本新生代知识左翼群体的新走向。赵著也是国内首次详述 20 世纪 70 年代以降日本思想的专著。上述三部论著不约而同地选取不同时代的知识分子作为研究对象,由远及近相映成趣,他们都清醒地认识到,在日本社会面临政治方向抉择的时点上,知识分子的表现将会产生重要的影响。

刘金才《町人伦理思想研究——日本近代化动因新论》(北京大学出版社 2001 年)可谓自成体系。作者梳理论述了随着町人阶级成长而产生的伦理思想萌芽、形成和确立的过程,并探讨了町人伦理对"士农"的影响和在幕末维新时期的近代取向,提出了"町人伦理精神动力论"的重要观点。

关于思想文化人物的研究成果,精彩纷呈,篇幅所限,只能忍痛割爱,存目于此:郭连友《吉田松阴与近代中国》(中国社会科学出版社 2007

年)、钱婉约《内藤湖南研究》、张哲俊《吉川幸次郎研究》、刘萍《津田左右吉研究》(钱、张、刘三书均为中华书局 2004 年出版)、钱昕怡《近代日本知识分子的中国革命论》(中国人民大学出版社 2007 年,以夏目漱石为主要研究对象)、戴宇《志贺重昂国粹主义思想研究》(吉林教育出版社 2009 年)、傅玉娟《木下杢太郎》(浙江大学出版社 2014 年)等。这些论著都具有很强的学术性,大多在关注日本知识分子思想的同时,还考察了他们的社会行为及其影响。可以说,中国学者的著述已然有了自己的研究视角、问题意识和自己的观点。

(2) 近世日本儒家思想研究

为寻觅近代以来日本诸多思想形成的基因,众多学者将目光聚焦在被看作是近代日本原乡的江户时代。

韩东育《日本近世新法家研究》(中华书局 2003 年)提出了"近世新法家"的新概念,并通过盘点荻生徂徕、太宰春台等思想家的思想轨迹,强调了近世思想"脱儒入法"的动向,并对日本泰斗级学者丸山真男著述中严重背离事实的附会和谬误提出了尖锐的质疑,成为学术前沿成果。韩著令日本学者刮目相看,权威学者黑住真盛赞:"我确信,这是一部极其重要的著作。"[①]王青《日本近世思想概论》(世界知识出版社 2006 年)对儒家思想、町人思想、农民思想、兰学与洋学、神道与国学、佛教等诸多思想领域的发展脉络做了简明扼要的梳理,是中国学者撰写的首部日本近世思想史的概论性著作,该书意味着中国学者开始尝试日本近世思想史研究的系统化。陈景彦、王玉强《江户时代日本对中国儒学的吸收与改造》(社会科学文献出版社 2014 年)详细论述、分析了江户时代日本的朱子学、古学、阳明学、折衷学派、独立学派和国学派等六大学派对中国儒学的不同态度以及所取得的学术成就。书中还探讨了日本如何运用中国伦理思想为自身服务等问题,且多有独到见解,可供文化反思之用。

[①] 韩著序言。韩东育还有诸多近世思想史论著,刘岳兵:《"中国式"日本研究的实像与虚像·中国日本思想史研究的方法论问题》(中国社会科学出版社 2015 年)文中有韩东育专论。

有关江户时代个体思想家的研究成果颇丰,且多有建树,显示了重要的学术价值和中国学人的特色,可惜篇幅所限也只能存目了。林罗山可谓江户儒学之祖,研究著作有赵刚《林罗山与日本的儒学》(世界知识出版社2006年)、龚颖《"似而非"的日本朱子学:林罗山思想研究》(学苑出版社2008年)。沟通中日两国思想的"学问大使"朱舜水可谓众目所归,研究朱舜水的成果颇丰,诸如:李甦平《朱之瑜评传》(南京大学出版社2002年)、覃启勋《朱舜水东瀛授业研究》(人民出版社2005年)、林和生等《朱舜水与德川光圀》(陕西教育出版社2012年),相关论文集有《朱舜水与日本文化》(人民出版社2003年)。关于近世思想研究论文集已出版两部:郭连友主编《近世中日思想交流论集》(世界知识出版社2003年)和成中英主编、韩东育执行主编《本体的解构与重建——对日本思想史的新诠释》(上海社会科学出版社2005年,所收日本近世思想家个人专论占全书半数)。

(3) 武士道研究

有关武士与武士道问题是新世纪以来国内重点关注的论题之一,也出现了一系列角度各异的著作,总体而言,研究者们多聚焦于武士道的伦理思想及其价值观等。李文《武士阶级与日本的近代化》(河北人民出版社2003年)在现代化的语境中探讨了武士阶级的历史作用,认为武士阶级的伦理价值大都具备易于向近代资本主义精神转化的性质,从而使这个阶级中的精英集团承担起社会转型期调整国家发展方向的历史重任。王炜《日本武士名誉观》(社会科学文献出版社2003年)讨论了武士阶级名誉观念的演变过程,并认为:虽然武士的时代已经成为历史,但是经统治阶级以集团主义等方式改造过的武士名誉观念至今仍受追捧,也是现代日本人不断进行重新解释的课题。唐利国《武士道与日本的近代化转型》(北京师范大学出版社2010年)梳理了山鹿素行武士道论与吉田松阴武士道言行的历史关联,认为吉田的言行是山鹿思想的发展,从而从正反两个向度为认识传统武士精神与迎接西方挑战的历史过程,提供了一条重要线索。娄贵书《日本武士兴亡史》(中国社会科学出版社

2013年)比较系统地探讨了武士的起源与发展历程、武士的军事统治及其武士道的伦理道德和价值观等诸多基础性问题,可视为武士通史研究。娄著余论中探讨了武士与大和民族、武士政权与资产阶级政权、武士道与日本文化等重大问题。

5. 日本文化论研究

这是一个经久不衰、受关注最多的论题,也是成果众多的研究领域。学者们的研究也开始摆脱上个世纪后二十年日本文化研究起步时单边褒扬、片面憧憬的初期状态,开始同时关注日本文化中正负两个方面的研究,使研究变得更加理性、客观。

覃启勋《日本精神》(长江文艺出版社 2000 年)指出日本精神是一个完整的体系,由原创精神和派生精神构成,并认为大化改新和明治维新两次文化转型期也是原创精神的弘扬期,这是日本成功的根本保证。另一方面,作者也重点揭示了日本原创精神畸变的原因和危害。杨宁一《了解日本人:日本人的自我认识》(天津人民出版社 2001 年)循着历史顺序,从正负两个方面探讨了从古代到战后不同历史阶段中日本人自我认识的历程,并对当代日本人自我认识中的诸多主要论点进行了梳理和分析,提供了一条了解日本民族诸多行动选择的内在线索。胡令远《文明的共振与发展:中日文化关系研究》(时事出版社 2003 年)旨在通过对诸如文学、文化、文明、伦理等领域的一些具体问题的分析解决两国的政治问题,认为只考虑政治上的诉求是难以解决中日两国关系中分歧的,而文化上的相互了解往往是解决国际间重大问题的一个重要前提。

李兆忠《暧昧的日本人》(金城出版社 2005 年)鉴于"大中华"和"大西方"的日本观都不把日本当一个独立的研究对象,因而作者力图基于多年旅日生活经历和客观细心的观察,从学术角度多层次地探讨了日本人的"暧昧文化",并认为"是日本文化本身的暧昧,造成了日本历史处境的暧昧"(前言),可谓言中肯綮。李冬君《落花一瞬:日本人的精神底色》(北京大学出版社 2007 年)以花道、茶道、俳道、武士道等日本诸道为切入点,讨论了日本人审美、文化美学等诸多论题,且从文化的角度解读历史,以探究日本人的"精神底色",为理解日本民族的历史进程提供了新颖的视角。杨伟《日本文化论》(重庆出版社 2008 年)讨论了诸如风土与文化、宗教意识的多重构造、日本家制度和文化结构、日本人的"间人主义"等课题,意在"撷取日本文化论上的热点问题和最能揭示出日本文化深层结构的议题来展开文化学上的分析,破解日本人和日本文化独特性的秘密之所在。"(前言)

李涛"日本三论"《大和魂:日本的根性窥探》《武士道:日本的全球视野》《罪与耻:日本的岛国属性》(中国友谊出版公司 2007 年)以书名为议论线索,论题涵盖了"双重性格的对抗""信仰的分裂""万世一系""罪与耻""民族的极端"等诸多重要论题,可谓是汇聚诸多日本文化论的一次大综合。作者的写作意图是:中国人不需要"仇日""媚日""惧日",但需要"知日",这似乎也是多数中国学者们的共识。

杨薇《日本文化模式与社会变迁》(济南出版社 2001 年)和《日本文化透视》(天津教育出版社 2010 年)是以史为据的日本文化论。前者勾勒出"日本原生文化"——"绳魂弥才"——"和魂汉才"——"和魂洋才"——"和魂美才"的内外融合的文化进化模式。后者对日本历史上的几次重要的文化转型做了较深入的分析,并认为后工业社会的日本,已呈现"病态社会"的征兆,陷入深刻的"道德困境"之中。孙绿江《道德的中国与规则的日本》(中华书局 2010 年)分别讨论了"道德与规则""家族与同族""宗教与哲学"等问题在中日两国的异同,结语认为:"中日两国的优势与不足在某种意义上恰好对立,只有清晰地认识两国文化的差异才能真正认识自己与对方。"

张建立《艺道与日本国民性——以茶道和将棋为例》(中国社会科学出版社 2013 年)以受众广泛的茶道、将棋为解剖对象,运用历史学、心理文化学和社会心理学等方法,探求日本国民性的特色,洋溢着醇厚的"文化味道",并进而以此来解析当代日本社会文化乃至政治、外交、经济等领域的问题,实为一部学术力作。

6. 宗教研究

日本神道研究又是一个迅速聚集学者们关注的研究领域，这大概是出于探寻"日本精神"基因的需要，某种程度上反映出"殷鉴论"的研究意识。范景式《神道文化与思想研究》（内蒙古人民出版社 2002 年）旨在以中国研究者的立场、观点和方法，探求神道文化与思想，是有关神道思想文化的综合性专史。该书探讨了神道的起源和历史上诸多重要流派及其与中国儒、佛、道各家融合的思想轨迹。

牛建科《复古神道哲学思想研究》（齐鲁书社 2003 年）是新世纪近世神道专题研究的开篇专著，通过对复古神道思想代表人物传承脉络的梳理，指出了复古神道思想排斥外来思想文化的狭隘民族主义等性质，以及对近代思想文化所产生的负面影响。王维先《日本垂加神道哲学思想研究》（山东人民出版社 2004 年）是对"儒神融合"神道的专题研究，作者认为垂加神道借助朱子学与神道思想的结合，婉转论证了天皇统治的合理性，从而把垂加神道定性为"政治哲学"。蒋春红《日本近世国学思想——以本居宣长研究为中心》（学苑出版社 2008 年）重在分析国学形成的社会土壤和对后世的影响，分别探讨了作为国学思想基础的"中国文化否定论"和"日本文化优越论"思想及其影响。刘琳琳《日本江户时代庶民伊势信仰研究》（世界知识出版社 2009 年）认为在天皇政治赋闲时代伊势信仰依然在日本社会中占有重要地位，是因为崇拜天照大神的意识与尊王思想之间存在着难以割断的联系，这种联系又对武士政权的走向以及日本现代化道路产生了巨大影响。可见，学者们不约而同地发现了神道被错用后产生的的严重的历史后果。

王金林《日本神道研究》（上海辞书出版社 2007 年）是从史学角度对神道及其相关思想文化进行理论研究的通史性著作。作者在全方位梳理神道发展脉络的同时，提出了诸多新观点，对学界多有启发。比如认为复古神道到幕末时期出现了从静态转向动态的趋势，这就为了解近代以来的国家神道提供了一条明晰的线索。王金林《日本天皇制及其精神结构》(天津人民出版社 2001 年)可视为从精神层面研究天皇制的通史，所论多有建树，也可作为深度了解日本神道的重要辅助参考。王守华、王蓉著《神道与中日文化交流》(河北人民出版社 2010 年)探讨了从神道起源到战后神道的变迁，所论内容涉及神话世界、神道祭祀、神道哲学以至于神道与环境保护等诸多层面。结束语虽题为"以史为鉴后事之师——关于靖国神社问题"，但却反映了期待"中日两国人民世世代代友好下去"的诉求。

上述著作之外，有关神道研究的论文集已出版三部，其中两部书名相同，王宝平主编《神道与日本文化》(北京图书馆出版社 2003 年)、崔世广主编《神道与日本文化》(中国社会科学出版社 2012 年)，另一部是刘岳兵主编《日本的宗教与历史思想——以神道为中心》(天津人民出版社 2015 年)。

与神道研究相比，佛教研究稍显寂寞，但杨曾文《日本佛教史》新版(人民出版社 2008 年，初版为浙江人民出版社 1995 年)洋洋 55 万字，作为日本佛教通史，介绍了佛教在日本初传、盛行和发展的全过程，并把论述日本民族佛教格局的基本形成作为重点，是国内填补空白的经典之作。鉴于该书近现代部分较为薄弱，杨增文、张大柘、高洪著《日本近现代佛教史》(昆仑出版社 2011 年)对佛教在明治、大正、昭和、战后各个重要时期所产生的社会影响做了较为充分的展开，并探讨了诸如"废佛毁释"、佛教与政治文化关系等重大问题。两部著作奠定了中国日本佛教史研究的基础。张大柘《宗教体制与日本的近现代化》(宗教文化出版社 2006 年)对日本战败前后两个不同时期政治背景下的日本宗教体制的形成与实施情况进行了考察，并以神道、佛教和各新兴宗教为宣点，揭示了日本宗教特点及其未来发展趋势，是国内对日本宗教体制研究的开拓之作。

7. 负面效应与战略文化研究

随着中日关系逐渐走向冰点，中国的日本文化研究也在悄然发生变化。上述介绍的一些著述中已经反映出一种趋势，即学者们一方面仍然坚持对日本文化中合理内核的研究和借鉴,但同时也加强了对日本文化中负面影响的研究。应该说,这种平衡正负效应的思路才是健康的研究态度。另外,如果从1980年开始算起到进入新世纪,中国的日本文化研究已近不惑之年,这也正符合中国日本文化研究多年积累后应该达到的成熟阶段。在这种综合条件下,一些学者本着以史为鉴、鉴往知来的态度,撰写了一系列依据史实、立足学术、着眼现实的研究专著,并对当今日本国家战略中日本文化的负面效应展开了多角度的立体化研究。

昆仑出版社2005年出版了系列专著:王向远(a)《日本对中国的文化侵略:学者、文化人的侵华战争》、(b)《"笔部队"和侵华战争:对日本侵华文学的研究与批判》、(c)《日本右翼言论批判:"皇国史观"与免罪情节的病理剖析》、齐红深《日本对华教育侵略:对日本侵华教育的研究与批判》。王著(a)按时间顺序讨论了诸多日本文人的侵华计划和侵华理论,并对侵华战争时期的在华奴化教育和宗教侵略的史实做了梳理分析。王著(b)对侵华期间日本诸多文学家及其侵华文学做了深入的研究和批判,是国内外第一部系统而扼要的日本侵华文学研究著作。王著(c)对诸如"大东亚战争肯定论""自由主义史观""南京大屠杀抹杀论"等诸多日本民间右翼思想言论进行了梳理分析,对他们美化和否定侵华历史、推卸战争责任、敌视中国的史观做了深入的剖析和批判。齐著前半部梳理了从清末民初开始到战败为止日本对华实行教育侵略和推行"皇民化"政策的过程,后半部以"亲历者口述实录"作为佐证。上述著作开辟了新的研究领域,也是对日本右翼言行的学术回应。

阎德学《武士之路:日本战略文化及军事走向》(人民出版社2006年)分别论证了日本战略文化的基本构成要素,诸如"日本人的灵魂所系的天皇制""被异化的武士道精神""追求强权的机会主义"等等,为认知日本政治军事走向开拓了一条新路径。不过,作者认为和平主义在一段时间内,仍将在日本社会发挥着稳定作用。与阎著的乐观相比,周兴旺《日本人凭什么》(世界知识出版社2006年)在主张虚心学习日本文化精华的同时,各章标题却透露出作者的忧虑,诸如:大和魂——日本的民族凝聚力分析、武士之道——日本的民族性格分析、丛林哲学——日本人的亚洲政策分析等等。显然,作者在担心,面对中国的和平崛起,日本人将要选择的道路,将决定着两国未来的命运,并期望该书能产生"激醒"作用。如果说上述阎著是日本战略文化的历史篇,那么,李建民《日本战略文化与"普通国家化"问题研究》(人民出版社2015年)则更注重现实。作者认为,日本的战略文化由集团主义、实用主义、危机感、结盟强者、易变性等诸多文化意识所构成,并指出"普通国家"战略文化因素包括实力主义、现实主义、不安心理等日本人的传统意识。作者把文化问题引入国家战略层面的研究,可谓是开辟新研究领域的学术力作。

2015年3月16日至4月29日《新民晚报》以"日本为何难谢罪"为题,刊载了29位中国学者从各自的文化视角撰写的33篇分析文章,对"日本右翼认罪难题"做出了综合解答。之后,由王卫新、胡令远主编集结成书《日本谢罪为什么这样难》(华东师范大学出版社2015年)。全书分设七篇:日本的历史责任及认识障碍、日本的皇国史观和天皇制、日本的自他认识和海外扩张、日本的政治传统和文化传统、日本的文明观和战争观、日本的集团主义和民众责任、日本的历史教育和教科书,从不同角度对书名所示问题做了学术性的深度解读。

8. 结语

总体而言20世纪的后二十年是日本文化研究的蓄势期,新世纪以来为爆发期,其间还可以发现若干变化趋势。就研究目的而言,学界经历了从被动了解日本向全面客观研究日本并形成中国研究特色的变化。就对日本文化的价值判断而言,经历了从单向憧憬褒扬到全面客观考察探求殷鉴的变化。不过,综观学界相关"殷鉴论"的研究,并没有影响学者们认知日本文化的客观性,而只是对此前一味褒扬之声的矫正,因为只有理性的学术研究才能对研究对象做出综合客观的评价,这也证明了中国的日本文化研究趋向理性和成熟。

关于存在的问题。首先,是有不少研究论题和观点重复雷同,有太多的泛泛之谈。其次,各研究领域的进展不平衡,比如宗教类中的神道研究成果颇丰,佛教研究显得势单力薄,而真正的道教研究甚至还没有起步。再次,就国际学术交流而言,与日本学界交流频繁且受益颇多,但与欧美学者的交流还没有全面展开。出现这些缺陷的原因固然很多,但学界研究的分散状态应该是重要原因之一。迄今为止,国内还没有一个具有实质性、全国性的日本文化研究学术团体,除中华日本哲学会比较活跃之外,其他领域大多各自为战,缺乏亲密接触式的学术交流。此外,也没有类似《现代日本经济》那样的日本文化研究的专门刊物。为克服上述短板,使今后的研究更加合理化、系统化、规模化,创办全国性专业学会和刊物,应该是亟待解决的问题。

三、日本的文化摄取之道(代结语)

1853年美国海军提督伯理率领舰队前来日本叩关,1854年迫使日本签订了《日美和亲条约》。由此,日本被迫打开国门,结束了封建德川幕府250年的"锁国时代"。自19世纪中叶至今的150年间,日本将西洋方式作为目标,经历了两次起伏跌宕。即通过第一次幕末开国和旋即发生的明治维新,成为欧美以外第一个走上了自主现代化道路的国家,其终点是1945年的战败,被历史无情地抛入了物质一贫如洗、精神极度"虚脱"的谷底。日本人大概永远也不会忘记迈克阿瑟对战败当时日本人揶揄式的评价,即日本人的"精神年龄是12岁"。战后初期处于"虚脱"状态的日本人对欧美人的看法发生了180度的大转弯,欧美国家从战时的"鬼魅"一变为"先进的楷模",于是日本"第二次开国",重新开始了现代化的进程。到20世纪60年代至80年代,日本又创造了经济高速增长的奇迹,再一次被欧美誉为"亚洲的凤凰"。然而20世纪90年代以来日本经济的长期低迷,似乎预示着日本文化能量的神话即将破灭,人们甚至认为长期以来对日本现代化发展模式的褒奖有些言过其实,"日本方式"似乎可以寿终正寝了。然而,这个岛国就像一只不死鸟,进入21世纪以来又惹起国际上的刮目相看,因为在这个国度居然出现了四位诺贝尔奖得主,人们再次将目光聚焦于日本。

日本何以在欧美以外的国家中率先走上现代化道路?又何以在战败后再次迅速崛起?当然,国际形势的大背景为其创造了有利的外部条件,这在学界已多有研究。然而不能否认,日本内在的文化因素同样发挥着举足轻重的作用。也正因如此,上个世纪70年代以来兴起的国际范围的日本学研究中的大部分著述聚焦在对日本文化的研究。学者们从各自的视角对这个"特异的民族"作了细致入微的解剖,也提出了令人目不暇接的观点。学者们还为日本文化贴上了形形色色的标签,诸如:合金文化、杂种文化、飞地文化、复合文化、盐卤文化、双重文化等等。这些标签看似五花八门,其实仔细揣摩,不外是在讲日本文化的非单一性,即复杂多变性。那么其中有无潜藏在上述表象之下的相对稳定的因素呢?笔者以为,完全可以把这一复杂的问题简单化,那就是日本人与生俱来的对外来文化的情有独钟。有读者可能会提出,难道只有日本热衷于外来文化吗?当然不是,然而日本人在与外来文化接触的过程中具有明显的常规特性,即:拿来主义的实用性、传统文化的稳固性、多元文化的并存性。

1. 拿来主义的实用性

日本人的拿来主义自有其路数,每逢大规模吸收某种新的外来文化时,表现得极其酣畅。即对外来文化先是照单全收,尔后在与这种外来文化的接触过程中筛选、淘汰,从而较少激烈的排异过程。就像丰盛的宴席,上等菜肴大多会被风卷残云,饱食之余,残羹剩饭弃之可也。历史上,日本对中国文明的成果几乎是全盘接纳,但却独独淘汰了孟子"易姓革命"的思想(因为它不符合日本"万世一系"的天皇制度)、宦官制度和三寸金莲的陋习。幕末开国以后更是全方位地将西洋文化摄于囊中,然后再作筛选,结果政治上采用了君主立宪制度,军事上引进了德国模式等等，而淘汰了民主代议制度（至于这种选择的正确与否另当别论）。二战后又大吃美国文化的宴席，但个人主义、个性开放却不太招日本人喜欢。这种首先来者不拒，然后再从容筛选的做法，自有其妙处。比照历史上中国对外来文化的态度，便可一目了然。鸦片战争之后，中国人对西洋文化的态度划分为若干阵营，诸如：排外主义、西化思想、中体西用论等等，相互间争论不已，似乎没有结论就无所适从。五四时期西化与传统的论战又复如是。然而，在重大历史变革的紧要关头，时间就是一个民族的生命。就在国人论得起劲儿、蹉跎岁月的时候，日本人已经向满清王朝"兴师问罪"，并掠走了两万万两白银！1909年一位匈牙利作家的剧本中有一段日本留学生的台词："让欧洲人去费脑子好了！为了达到今天的水平，欧洲人已牺牲了多少代人，有多少人成为殉道者而倒下。但我们只用十五年就把西欧文化中有价值的东西变成自己的了。"①近代以来日本正是靠拿来主义的效率后来居上，抢到了中国人的前面。

2. 传统文化的稳固性

日本文化具有极强的"传统保护"意识，即在大口品味外来文化的同时，许多传统文化会被完好地保存下来。今天的日本人在享受政治、经济等各类现代化方式的同时，极其自然地保留着传统的"日本方式"。二战后，日本在包括民主政治制度、自由经济原则、教育体制等诸多方面，几乎照搬了"美国方式"，但是却完好地保留了终身雇佣制、年功序列工资制和企业内部工会制度。正是这被称为日本企业三种神器的温情主义原则，成就了战后日本经济的奇迹（虽然有学者认为这三种神器即将成为历史，但至今为止仍然是日本大企业的主要模式）。再有，日本社会保留了与美国个人主义相反的"同心圆结构"（亦称为"洋葱结构"）的集

---

① 武安隆：《文化的抉择与发展——日本吸收外来文化史说》，天津人民出版社1993年，第5—6页。

团主义传统。在这种社会结构中,以距圆心的远近形成层次分明的圆,每一个圆都是一个利益集团。比如小到一个家庭、社区,大到企业集团以至国家。这种以集团为单位的归属意识,既加强了集团内部的凝聚力,又具有对外竞争意识。换言之,正是这种同心圆式的集团主义找到了"和"与竞争共存的合理位置。尤其是日本企业这一层次的集团,成为将劳资及所有员工捆绑在一起的命运共同体,从而避免了因极度竞争而使个人陷于精神孤独的社会悲剧。而以国家为圆的综合商社的情报共享体制,更是日本对外竞争过程中的杀手锏。笔者以为,尽管欧美人把这种牺牲个人主义为前提的集团主义体制定位为前近代的封建主义残余,但不能否认,这种以集团内部温情主义和资源共享为基础的对外竞争意识,确实是战后日本成功的一大法宝,同时也为全世界所面临的"竞争地狱"提出了一个解决方案。日本人的日常生活中同样保留着大量传统文化,诸如:现代人颇觉夸张的深躬大礼、日本各地数不清的喜庆化了的民间传统祭祀活动(成群的日本人身着和服,载歌载舞)、茶道、花道、剑道等等,可以说是俯拾皆是、随处可见。

3. 多元文化的并存性

如前所述,日本人较少对外来文化的排异性,他们可以极其自然地同时接纳世界上各种不同的文化。最令人不可思议的是,大多数日本人崇尚传统神道的同时,可以毫无避讳地敬仰佛教和基督教。婴儿出生后首先要去神社祈福,而婚礼一般在教堂举行,丧事则由寺院承当,这已经成为普通日本人的习惯。笔者还曾在日本人家里,看到同时供奉着神龛、观音和圣母玛利亚的奇景。在今天世界上宗教冲突不断升级的形势下,日本人坦然接纳复数宗教的做法,似乎应该给人类带来某种启示。再如饮食,和食、中华料理和韩国料理自不必说,法国、英国、意大利、阿兰陀(荷兰)、南蛮(葡萄牙)、土耳其、印度等各种风格的餐馆共聚日本。日本人身着笔挺的西装,行九十度深躬大礼的场面,更是淋漓尽致地勾画出其文化的混杂性。可以毫不夸张地说,日本文化恰似网罗了人类不同文化的世界村。日本学者加藤周一把日本文化定性为"杂种文化",可谓的中要害。

通观日本文化的上述一般特性,笔者以为,用"杂交优势"解读日本文化,是最恰当不过了。这种"杂交优势",可以不断地摄取世界强势文化的养分,融入自身传统文化的体内,从而防止了自身文化的退化。正如加藤周一所说:"知识人越是意识到文化问题,就越是倾向于考虑如何攻击日本文化的杂种性,并使其纯化。如果对明治以来的杂种文化运动的历史再进一言的话,来自知识人对这样的文化杂种性的反应,不外是纯化运动的历史。如果拘泥于此,必然是失败的历史。"①这个论断已经被历史证明,正是由于战时日本视欧美人为鬼畜,全面否定西方近代文化,最终落得险些亡国灭种的惨败。

4. 日本文化的自卑与自傲

正如上述,日本文化并非神话,它也给世人留下了惨痛和深刻的教训。近代以来日本文化的发展脉络警示人们,一旦偏离上述一般特性,就会出现文化失控的危险。与前述近代以来日本起伏跌宕的曲线发展过程相对应,日本人自卑情结和自傲心理也在交替登场。可以说,明治维新的成果源于日本人的文化自卑情结,而1945年的战败则是对日本人傲视外域文化的自傲心理的惩罚。正是这种文化自傲心理,酿成了"大东亚共荣圈""八纮一宇"等呓语,即幻想由"万世一系"的天皇来统治世界。而战后被占领时期文化自卑情结的重新登场,是日本再一次吸收外来文化,并达成经济高速发展的源泉。在这个过程中,丰田、日产令通用、福特、克莱斯勒等老牌公司叫苦不迭;尼康、佳能、奥林帕斯使德国蔡司相形见绌;索尼、松下给菲利浦以沉重的打击;精工、西铁成更使瑞士人险些丢掉生计。到20世纪80年代后期,日本失去了学习的目标,似乎也相信了欧美人所说的"日本神话"。于是乎,自傲心理又一次膨胀,

---

① 加藤周一:《日本文化的杂种性》,《思想》1955年6月号。

在计算机领域与美国人摆开阵势,试图让世界接受日本制式,结果一败涂地,丢掉了世界范围内的个人计算机市场。日本人的文化优越感使日本丧失了许多积极向上的文化意识,在经济上也出现了长期低迷状态,以至于有学者认为,日本的经济低迷也可以看作是日本的文化战败。这当然不能说是日本经济低迷的直接原因,但它无疑给了日本人当头一棒。然而,这一次日本人的反应能力似乎丧失了历史上对外来文化的灵敏度,经济的失败非但没能引起日本人的文化反省,反而出现极端的民族主义,甚至极右势力逐渐膨胀的苗头。这实在是日本文化史上的一次遗憾。

大江健三郎说过:"日本现代化的方向是学习西方、模仿西方,然而,我们的国家位于亚洲,拥有根深蒂固的本土文化。不明确的定位使日本成为亚洲侵略者,从而导致其被其他亚洲国家孤立,这种孤立不仅是政治上的,也是社会和文化上的。"①

那么今后的日本文化发展何去何从?笔者以为,前述日本文化的一般特性已经成为相对稳定的长久趋势,日本文化的纯化和纯粹西化都是不可能的。关键在于今后日本如何整合本土文化和外来文化,以找到自己在国际社会中的位置。对此,人们正在拭目以待。笔者想说的是:就任何一个民族的文化发展而言,妄自菲薄的自卑情结自不可取,理性的谦虚态度也是不可或缺,与此相对应,理性的文化自尊是进步的动力,而感情的盲目自傲则是致命的病源。这也正是近代以来的"日本故事"给人类带来的启示。②

(本章第一节原载《日本研究》1998 年第 1 期;第二节原载《南开日本研究·2016》,天津人民出版社 2016 年;第三节原载《国际先驱导报》2003 年 8 月 8 日—8 月 14 日,第 4 版)

---

① 约翰·内森著、周小进译:《无约束的日本》,华东师范大学出版社 2006 年,封面勒口。
② 这里补充了《国际先驱导报》因篇幅所限而删减的内容。